内蒙古自治区

农牧业优势特色产业（行业）发展报告

（2022年度）

◎ 胡有林　主编

中国农业科学技术出版社

图书在版编目(CIP)数据

内蒙古自治区农牧业优势特色产业（行业）发展报告 . 2022 年度 / 胡有林主编 . --北京：中国农业科学技术出版社，2023. 10
ISBN 978-7-5116-6457-0

Ⅰ. ①内…　Ⅱ. ①胡…　Ⅲ. ①农业经济-经济发展-研究报告-内蒙古-2022②畜牧业经济-经济发展-研究报告-内蒙古-2022. Ⅳ. ①F327. 26

中国国家版本馆 CIP 数据核字(2023)第 182012 号

责任编辑　李冠桥
责任校对　贾若妍　李向荣
责任印制　姜义伟　王思文

出 版 者　中国农业科学技术出版社
北京市中关村南大街 12 号　　邮编：100081
电　　话　(010) 82106632 (编辑室)　(010) 82109702 (发行部)
(010) 82109709 (读者服务部)
网　　址　https://castp.caas.cn
经 销 者　各地新华书店
印 刷 者　北京地大彩印有限公司
开　　本　170 mm×240 mm　1/16
印　　张　27. 25
字　　数　462 千字
版　　次　2023 年 10 月第 1 版　2023 年 10 月第 1 次印刷
定　　价　130. 00 元

《内蒙古自治区农牧业优势特色产业（行业）发展报告（2022年度）》

编 委 会

目　　录

内蒙古自治区玉米产业发展报告

玉米是内蒙古第一大粮食作物，种植面积大、总产量高、品质好、优势产区集中。内蒙古种植玉米面积已连续10年稳定在5 000万亩[①]以上，连续2年突破6 000万亩。近5年，内蒙古玉米种植面积、总产量、单产均呈增加态势。2022年，受内部种植结构调整影响，玉米种植面积略有减少，但单产和总产量明显增加，种植面积、总产量和单产均居全国第3位。

一、玉米产业发展基本概况

（一）基本情况

玉米是全球产量最高的粮食作物，同时也是全球最重要的饲用谷物，玉米的生产相对集中，主要分布在北美洲、亚洲、南美洲以及欧洲。我国玉米种植面积全球第1，产量全球第2。近5年中国玉米种植面积及产量均呈现倒“N”字形走势。2022年在国家扩种大豆油料作物政策引导下，全国玉米种植面积为64 605.15万亩，较2021年下降381.21万亩，降幅0.6%；总产量为27 720.30万吨，较2021年增加465.24万吨，增幅1.7%。

内蒙古的玉米面积产量均呈现增长趋势。2007年内蒙古玉米的播种面积突破3 000万亩，2011年内蒙古玉米的播种面积突破了4 000万亩，2014年内蒙古玉米的播种面积突破了5 000万亩，到2015年，内蒙古玉米播种面积达到5 907.49万亩，总产量达到2 652.25万吨，分别占内蒙古粮食作物种植面积和总产量的59.8%和80.6%，居全国第5位和第4位。自2016年国家实行玉米收储制度改革和镰刀弯地区玉米种植结构调整政策起，内蒙古非优势区玉米播种面

① 1亩约为667平方米，全书同。

积连续2年调减，玉米种植不断向优势产区集中。2018年以来，玉米的需求量稳定增长，伴随着玉米价格上涨及畜牧业和玉米深加工产业的快速发展，内蒙古玉米播种面积也呈逐年增加态势。至2021年，内蒙古玉米种植达6 306.9万亩，总产量为2 994.25万吨。2022年，在国家鼓励大豆玉米带状复合种植及扩种大豆油料政策引导下，内蒙古玉米种植面积略减，为6 291.87万亩，总产量略增，为3 098.36万吨，均居全国第3位。

（二）产区分布

我国玉米种植主要可分为6个区，分别是：西北灌溉玉米区、黄淮海平原夏播玉米区、青藏高原玉米区、北方春播玉米区、西南山地玉米区、南方丘陵玉米区。这6个产区中以北方春播玉米区种植面积最大，其中就包括了东北三省。而种植面积较大的几个省份包括黑龙江、河南、内蒙古、辽宁、河北、山东、吉林、山西等省（区）。

玉米在内蒙古12个盟（市）均有种植，优势产区主要集中在光热水资源丰富的大兴安岭南麓、西辽河流域、土默川平原和河套平原。其中位于内蒙古东部的呼伦贝尔市、兴安盟、通辽市和赤峰市［简称“东四盟（市）”］的玉米种植面积最大，约占内蒙古玉米种植面积的75%。该区域与东北三省共同构成我国“黄金玉米带”，与美国玉米带处于相同地理纬度。

（三）销售加工

玉米主要用于饲料、食品和工业原料。2022年全国玉米产量2.77亿吨，进口2 740万吨，均较上年增加，但玉米供需整体呈紧平衡状态。我国玉米消费以饲料为主，其次为工业消费和食用、种用消费，分别占总消费量的65%、30%和5%。随着国内玉米加工向精深加工不断拓展，玉米加工产品已经全面涵盖食品、化工、发酵、医药、纺织、造纸等行业。从产业链结构上看，玉米是饲料生产及下游深加工的主要原料，玉米生产端的整体供应和价格水平决定了下游的加工产量和产品成本。从市场行情来看，2020年以来，玉米成为粮食作物中价格波动较大的作物，2022年玉米价格重心重回震荡偏强走势，截至2022年12月31日，全国玉米均价为2 744.22元/吨，创10年来高位。

内蒙古是全国6个粮食净调出省区之一，每年调出原粮约300亿斤[①]，占总产的48%；饲料用量约200亿斤，占32%；深加工用量约100亿斤，占16%；食用、种用约占4%。尽管内蒙古不缺玉米，但由于全国玉米消费存在阶段性缺口，导致价格持续上涨，影响到区内玉米加工企业的生产和发展。目前，区内玉米加工企业主要以饲料加工为主，但技术先进的大规模玉米加工企业数量不多。2018年以来，内蒙古玉米收购价格稳步上涨，截至2022年，内蒙古玉米标准品平均收购价格为2 580.6元/吨，比2021年上涨4.40%。从月度价格走势看，玉米收购价格总体呈现稳中波动上涨走势：春节期间玉米上游销售处于阶段性停滞状态，2月中旬疫情反复，使得有售粮意愿的持粮主体销售速度被动放缓。第二季度，随着局部疫情防控形势好转，深加工企业开机率小幅回升，市场走货逐渐增多，玉米收购价格继续上涨，截至6月末，内蒙古玉米标准品平均收购价格为2 625.8元/吨，比年初上涨3.75%。7月受到国际粮价大幅回落、国内陈水稻持续投放、国内玉米需求总体较疲软三重因素叠加影响所致，玉米价格出现回落。进入8月，在新季玉米大规模上市前，市场所剩余粮有限，对玉米价格形成支撑。第四季度，新季玉米收获上市进度整体偏慢，收获和烘干成本增加，玉米价格继续上涨，12月内蒙古玉米标准品平均收购价格为2 621元/吨，比年初价格上涨3.74%。

（四）产业优势

1. 资源优势

内蒙古地域辽阔，光热资源丰富，雨热同期，降水多集中在5—9月，得天独厚的地理和气候优势使内蒙古成为我国重要的玉米主产区、高产区和优势产区。而位于东部的通辽市、赤峰市、兴安盟和呼伦贝尔市又是内蒙古的玉米优势种植区，该区域集中分布在北纬40°~45°，年降水量为300~450毫米，≥10℃积温为2 300~3 100℃，是北半球三大“黄金玉米带”之一，与美国玉米高产田分布区（北纬40°~43°的艾奥瓦州和伊利诺伊州）的生态条件相近，但比美国的光照时数更长、昼夜温差更大，有发展玉米生产优越的自然条件。此外，内蒙古玉米为一年一熟制春玉米区，与夏播区相比，玉米生长期更长，单产水

① 1斤为500克，全书同。

平更高，品质更好。

2. 生产优势

一是种植水平高。内蒙古玉米主产区规模化经营程度高、耕种收综合机械化水平高、栽培技术成熟，产业化发展基础好。通过多年试验示范推广，集成了一批玉米绿色高产高效种植技术。其中，玉米无膜浅埋滴灌水肥一体化种植技术已连续5年列入内蒙古农业主推技术，在内蒙古范围内推广。在该技术的基础上，开展耐密品种鉴选、合理增密、导航精量播种、滴水出苗、精确灌水、精准施肥、化控防倒、绿色防控、机械粒收等技术集成与示范推广，创新集成的玉米密植高产精准调控技术有效解决了水肥利用率不高、残膜污染日益严重等问题，推进了玉米高产高效与绿色生态的协同发展。二是玉米品质优。"东四盟（市）"是玉米生产的优势产区，日照时间长，昼夜温差大，玉米品质好。特别是通辽黄玉米，种皮均为黄色或略带红色的籽粒95%以上，玉米容重720克/升以上，角质率≥85%，淀粉含量≥72%，粗蛋白质≥8%，适合用于饲料生产，深受以玉米为主要原料的饲料加工企业青睐，具有较强的市场竞争力。三是深加工企业基础好。内蒙古依托扎兰屯市、阿荣旗、科尔沁区、开鲁县、托克托县等重点旗（县、区）的标准化生产基地和加工园区，建成了梅花生物、阜丰生物、金河生物等玉米深加工龙头企业，主要生产氨基酸等生物发酵类淀粉、酒精和饲料产品。四是养殖业生产需求量大。内蒙古是全国草食畜牧业第一大生产基地，2022年，畜牧业生产态势平稳，上半年内蒙古牛存栏803.1万头，增长12.1%；羊存栏6 539.2万只，下降3.3%。前三个季度牛存栏846.0万头，增长9.8%；羊存栏6 222.4万只，下降2.8%。农区和半农半牧区草食家畜存栏量占内蒙古牲畜总量的50%以上，每年需要青贮玉米4 000万吨左右，对玉米"粮改饲"和籽粒改青贮具有极大的拉动作用。

二、2022年玉米产业发展基本情况

（一）种植情况

2022年内蒙古粮食播种面积达10 427.76万亩，比上年增加101.28万亩；产量达3 900.64万吨，比上年增加60.34万吨。内蒙古玉米生产总体表现为"一

减两增”，具体表现为种植面积减少，单产和总产增加。其中，玉米播种面积占内蒙古粮食作物播种面积的比例由 2021 年的 61.1%下降到 60.3%，减少了 0.8 个百分点；玉米总产量占内蒙古粮食作物总产量的比例由 2021 年的 78.0%上升到 79.4%，增长了 1.4 个百分点（表 1）。

表 1　2022 年内蒙古及各盟（市）玉米生产情况

区、盟（市）	面积			单产			总产量		
	2021 年（万亩）	2022 年（万亩）	较上年增减（万亩）	2021 年（千克/亩）	2022 年（千克/亩）	较上年增减（千克/亩）	2021 年（万吨）	2022 年（万吨）	较上年增减（万吨）
内蒙古	6 306.90	6 291.87	-15.02	474.76	492.44	17.68	2 994.25	3 098.36	104.11
呼和浩特	349.04	359.12	10.09	411.47	433.97	22.50	143.62	155.85	12.23
包头	193.55	194.99	1.44	521.83	559.66	37.83	101.00	109.13	8.13
呼伦贝尔	983.07	713.78	-269.29	425.00	484.73	59.73	417.80	345.99	-71.81
兴安盟	1 109.82	1 163.27	53.45	485.00	486.96	1.96	538.26	566.47	28.20
通辽	1 653.31	1 691.76	38.45	506.51	519.07	12.56	837.43	878.14	40.72
赤峰	874.70	961.70	87.00	506.75	508.77	2.02	443.25	489.28	46.03
锡林郭勒	36.02	43.33	7.32	252.99	194.46	-58.53	9.11	8.43	-0.69
乌兰察布	174.94	218.49	43.55	262.00	272.31	10.31	45.83	59.50	13.66
鄂尔多斯	424.28	433.47	9.19	438.00	455.11	17.11	185.84	197.28	11.44
巴彦淖尔	477.56	480.43	2.87	534.89	563.81	28.92	255.44	270.87	15.43
乌海	6.20	6.56	0.36	532.00	537.61	5.61	3.30	3.53	0.23
阿拉善	24.39	24.95	0.56	547.31	556.74	9.43	13.35	13.89	0.54

一是面积略有减少。在国家鼓励大豆玉米带状复合种植和扩种大豆油料任务的背景下，内蒙古玉米种植面积有所下滑。统计数据显示，2022 年内蒙古玉米种植面积为6 291.87万亩，比上年减少 15.02 万亩，降幅为 0.24%。东四盟（市）玉米种植面积为4 530.51万亩，比上年减少 90.39 万亩；中西部地区玉米种植面积为1 761.36万亩，比上年增加 75.37 万亩。仅呼伦贝尔市玉米种植面积大幅减少，较上年减少 269.29 万亩，降幅为 27.39%；其余盟（市）玉米种植面积均有不同程度增加，其中赤峰市玉米种植面积增加最多，比上年增加 87.00 万亩，其次为兴安盟、乌兰察布市、通辽市，分别比上年增加 53.45 万亩、43.55 万亩、38.45 万亩。

二是单产、总产增加。统计数据显示，2022年内蒙古玉米单产为492.44千克/亩，比上年增加17.68千克/亩。除锡林郭勒盟外，各盟（市）玉米单产均有所增加。其中，增幅较大的有呼伦贝尔市、包头市、巴彦淖尔市和呼和浩特市，分别增加59.73千克/亩、37.83千克/亩、28.92千克/亩和22.50千克/亩；锡林郭勒盟因受早霜影响，玉米单产大幅下降，为194.46千克/亩，比上年减少58.53千克/亩，降幅为23.14%。2022年内蒙古玉米总产量为3 098.36万吨，比上年增加104.12万吨，增幅为3.48%。2022年内蒙古整体上玉米生育期间水、热条件匹配较好，病虫害发生程度较低，玉米成熟度较好，籽粒百粒重和容重有所提高，但赤峰市、兴安盟和锡林郭勒盟在生育后期先后遭遇早霜，对玉米产量和质量产生不同程度的影响。

（二）生长特点

2022年春季，内蒙古土壤墒情好，利于春播春耕，玉米播种进度整体较快。4月下旬，内蒙古玉米播种自西向东逐步开始，但东部区特别是通辽市受2021年冬季大雪及春季降雨影响，土壤湿度过高，部分地块积水，无法进行机械整地，玉米播种进度延缓；4月末，西部区特别是巴彦淖尔市受大风降温降雨影响，大部分播种地块停工，播种进度较慢。5月初，气温有所回升，土壤墒情普遍较好，内蒙古玉米播种进度明显加快，高于2021年同期水平。5月中旬，内蒙古玉米播种基本结束。

5月末至6月上旬，东部区受连续降雨和低温影响，玉米长势缓慢，长势最好的地块7~8片可见叶，较常年少2~3片叶。中西部地区受大风、干旱影响，大部分玉米8~9片叶，较差的5~6片，较常年少1~2片叶。进入7月，随着降雨增加和气温升高，玉米生长明显加快，从西到东，大部分玉米陆续进入大喇叭口期，生育进程有所追回。但东部地区部分地块遭受持续阴雨寡照等极端天气，玉米生长受到影响，部分旗（县）农作物因洪涝、风雹等因素出现了受灾、成灾乃至绝收状况。8月下旬，玉米全部进入灌浆期，受低温天气影响，玉米灌浆速度下降，干物质积累速度减缓。进入9月，内蒙古大部分玉米产区气温回升，光照充足，植株生长旺盛，对后期产量形成起到促进作用。9月19—22日内蒙古从东到西普遍降霜，对部分晚熟区玉米造成一定影响。从全年来看，内蒙古整体病虫害发生程度较低，东部地区部分地块发生大斑病、双斑萤叶甲，但受害程度较轻，对产量和品质影响不大。

（三）机械化水平

近年来，内蒙古积极实施农机购置补贴、农机深松整地作业补助、黑土地保护性耕作行动等重大政策。大力推广绿色高效新机具新技术，聚焦机械化与信息化融合，推动物联网、大数据、北斗导航等新技术在农机作业上的应用，推进农业机械化向全程全面和高质量发展。据统计，2020 年内蒙古玉米机耕面积4 581万亩，机耕率达 92. 15%；机械播种面积5 591万亩，机播率达 97. 47%；机收面积5 027万亩，机收率为 87. 65%，综合机械化率为 92. 4%。2021 年机耕率达 94. 99%，机播率达 97. 36%，机收率为 87. 43%，综合机械化率达到 93. 43%。2022 年各盟（市）大型机械保有量有所增长，机械化覆盖面积扩大，机耕率达 97. 33%，机播率达 97. 86%，机收率为 86. 2%，综合机械化率达到 94. 15%。

2022 年，内蒙古各盟（市）玉米粒收品种和配套粒收模式示范面积进一步扩大。其中，兴安盟粒收面积为 33 万亩，较上年增加 2 万亩。通辽市粒收面积为 20 万亩，较上年增加约 5 万亩。巴彦淖尔市粒收面积为 20 万亩，与上年基本持平。鄂尔多斯市粒收面积为 2. 3 万亩。

（四）种植品种

内蒙古玉米种植品种多杂乱，地区间品种差异较大。东部玉米主产区主要种植品种京科 968、利禾 1、利禾 5、裕丰 303、农华 106、天农九、农华 108、TK601 等，推荐种植密度均在3 500~4 500株/亩；西部玉米主产区主要种植品种科河 699、利禾 1、登海 618 等，推荐种植密度均在4 500~5 000株/亩。

（五）主推技术

玉米无膜浅埋滴灌水肥一体化种植技术作为内蒙古农业主推技术在 8 个盟（市）29 个旗（县、区）示范推广。其中，2019—2021 年在通辽市、鄂尔多斯市、赤峰市、兴安盟等地累计推广2 232. 92万亩，增产玉米 65. 78 亿斤，种植户增收 75. 65 亿元。大面积调查表明，与传统漫灌相比，该技术平均亩节水 126 立方米，亩节省化肥8.17千克；与膜下滴灌相比，该技术减少地膜3.5千克/亩。2022年，该技术在通辽市、兴安盟、赤峰市、鄂尔多斯市、巴彦淖尔市等地大面积推广，合计推广面积1 000万亩以上。其中，通辽市推广600万亩，平均亩产817.87千克，较常规种植亩产增加116千克；兴安盟推广163.07万亩，平均亩产712.21千克，较常规种植亩产增加106.78千克；赤峰市推广85.6万亩，平均亩产743千克，较露地种植亩产增加101千克，增产率为15.7%；鄂尔多斯市推广222.04万亩；巴彦淖尔市推广5.1万亩，平均亩产835.95千克，较常规种植亩产增加19.03千克。

玉米全膜覆盖机械化种植技术重点在山沙旱作冷凉区推广。2018—2021年内蒙古累计示范推广面积达到543万亩。2022年，该技术继续在赤峰市、乌兰察布市、鄂尔多斯市等地推广。其中，赤峰市推广96.2万亩，平均亩产758千克，较露地种植亩产增加152千克，增产率25.1%；乌兰察布市推广60万亩，平均亩产320千克，较常规种植增产15%左右。

玉米密植高产精准调控技术重点在灌溉区、平原地区和规模化种植区推广。2022年在通辽市、赤峰市、巴彦淖尔市、包头市、呼和浩特市等地大面积示范推广，其中通辽市推广面积达69.24万亩。同时，涌现了多个千亩万亩高产典型，其中，通辽市开鲁县千亩片平均亩产1 227.58千克，创东北大面积高产纪录，其中最高片亩产达到1 345.27千克；科尔沁区钱家店镇前西艾力村1.35万亩玉米，平均亩产1 087.93千克；科尔沁左翼中旗舍伯吐镇敖本台村1万亩玉米，平均亩产1 065.61千克；奈曼旗义隆永镇方家营子村1.25万亩玉米，平均亩产1 043.65千克，刷新了东北春玉米区万亩大面积单产纪录。

（六）成本收益

2022年，内蒙古玉米平均总成本1 055.7元/亩，比上年增加110.98元，同比增长11.75%。其中，生产成本703.66元/亩，同比增长8.78%；土地成本352.04元/亩，同比上涨18.19%。2022年各项农资价格普遍上涨。一是玉米价格连年上涨拉动种子费用小幅上升。种子费56.01元/亩，同比增加3.66元，增长6.99%。二是化肥费用涨幅较大。受国际形势影响，煤炭、原油、天然气等原材料价格飙升传导影响化肥价格上扬，2022年化肥费189.80元/亩，同比增长35.78%。三是农药费上涨。农药费18.74元/亩，同比上涨4.58%。四是租赁作业费增加。由于玉米种植结构调整，机械作业的地区和范围扩大，机械化水平提高，租赁作业增加，导致2022年租赁作业费176.11元/亩，同比增加10.46元，增幅6.31%。五是保险费增加。2022年保险费36.27元/亩，同比上涨30%。上涨主要原因是2022年内蒙古部分地区（兴安盟科尔沁右翼前旗等）试点玉米收入保险，从保成本上升为保收入（保费46.72元/亩，农民负担20%），虽然保险费用增加，但农民的保障水平远远超过成本保险和大灾保险，极大地稳定了投保农户种粮收入预期。

三、内蒙古玉米产业发展存在问题

（一）生产方面

一是育种技术落后，优质品种少。内蒙古玉米育种研发缺乏长期稳定的政策和项目支持，基础研究开展不足，育种技术落后；同时育种体系薄弱，目前内蒙古仅有内蒙古农业大学、内蒙古自治区农牧业科学院和部分企业开展玉米育种研究，专业人才匮乏，缺乏协作。内蒙古玉米品种多且杂，但优质高产、脱水快、宜机收、抗性好、稳定性强的优良品种较少，特别是适宜机械籽粒直收的品种更少，大多数品种在收获期籽粒含水量在30%以上，机械收穗损失率高，主栽品种在不同年景稳定性不强。

二是越区种植仍然存在，籽粒不能完全成熟度风险增大。受“品种熟期越长、产量越高”老观念影响，部分农户种植晚熟品种有过增产的经历，导致部分农户盲目引进种植晚熟品种，忽略了积温不足对玉米产量和品质的威胁。特别是2022年秋季来霜偏早，部分地块玉米未能正常成熟，减产严重。

三是水资源短缺，土壤肥力下降。内蒙古水资源总量仅为全国水资源总量的1.9%，耕地亩均水资源量仅为全国平均水平的1/3，土壤供水不足影响玉米产量。此外，主产区玉米重茬现象严重，缺乏合理轮作，导致耕层变浅，土壤有机质含量降低。如通辽玉米田平均耕层深度不足20厘米，土壤有机质含量不到1.0%，且犁底层的形成严重影响玉米根系的生长发育，降低玉米植株的抗倒伏能力。赤峰市也存在同样情况，加上当地农户常年浅耕、浅旋整地，秸秆还田少，仅有20%左右的秸秆还田，严重影响地力恢复。

四是中西部地区以小农户种植为主，规模化经营程度低。中西部仍以小农户种植为主，通过合作社流转的土地占少数，如巴彦淖尔市土地流转率仅为20%左右，不利于规模化、集约化、全程机械化和标准化生产。

五是农业机械化程度参差不齐，机械粒收技术不完善。国营农场、新型经营主体和种植大户农业机械化程度较高，但大部分小农户的农机具仍以小型机具为主，无法支撑规模化生产，制约了先进农业机械的推广。近年来，内蒙古很多地区引进了玉米籽粒直收机械，但还存在籽粒破碎率、产量损失率和成本偏高等问题。据统计，玉米直收籽粒破碎率平均达9.89%，产量损失量平均达49.98千克/亩，总损失率平均达5.77%，均值高于5%的国标标准。主要制约因素为：一是玉米粒收品种仍较为缺乏。特别是抗倒、脱水快和丰产性好兼备的品种不多，不能满足生产需求。二是缺乏配套烘干设备，导致直收的籽粒收贮、加工、销售渠道不畅，直接限制机械粒收技术的推广。三是粒收品种栽培技术不配套。种植密度偏低和栽培管理粗放导致粒收品种群体产量潜力未得到充分挖掘。四是籽粒直收机械少，国产粒收机械收获效率和质量偏低、较进口设备仍有差距，且配套卸粮、转运设备缺乏，不能满足玉米籽粒直接收获的需求。

六是存储方式不得当，导致品质下降。由于受传统习惯和近年玉米收购价偏低的影响，农户在收获后持续观望价格，不急于出售，且后期存储以露天堆放或简易棚囤积为主，影响果穗脱水，导致霉变率增高，玉米品质下降，农民种植收益受影响。

（二）加工及市场销售方面

受玉米用途广、加工产品多，产业链条长，涉及行业多等影响，玉米产业链生产端、加工端、消费端结合不够紧密，尚未形成有效协作机制，搭建对接平台和全产业协同发展局面。另外，内蒙古玉米加工企业主要以饲用为主，规模小、实力不强，产业链条短、精深加工产品少，产品附加值较低、整体产能水平不高是制约玉米产业链发展的重要因素。

近年来，玉米总销量呈现震荡下行的趋势，其中饲料玉米的需求先跌后涨，深加工需求先增后降。2022年替代品优势消失，玉米饲用消费有所恢复，但对需求提振作用相对有限。

（三）技术支撑方面

近几年，内蒙古各地集成的玉米栽培技术不少，但技术示范推广的资金支持力度有限，技术覆盖面偏低，到位率不高，支持能力发挥不充分。此外，制种基地配套设施不完善，缺少果穗烘干、智能作业等设施设备，用地、金融、保险等政策保障和服务能力也相对滞后，配套产业服务体系亟待完善。

四、玉米产业发展预测及下一步工作建议

（一）玉米产业发展预测

2023 年，中央一号文件明确提出要实施单产提升工程，玉米作为内蒙古第一大粮食作物，单产提升潜力巨大。通过分析近 2 年玉米价格走势和市场供需情况，发现玉米消费仍有较大的利好空间，价格仍将维持高位区间震荡走势，加之玉米密植高产精准调控等优质高效技术创新集成、生产投入增加等综合性因素，预计 2023 年玉米种植面积、产量和单产均将有所提升。

（二）下一步产业发展建议

一是稳定面积，优化布局。在稳定玉米种植面积的基础上，调整玉米种植布局和品种结构。进一步提高集中度，巩固提升优势区域玉米生产、玉米产能和市场竞争力。合理引导调减非优势地区玉米种植面积，在养殖业集中优势区引导籽粒玉米继续向粮草轮作、“粮改饲”和青贮玉米转变。

二是扩大制种基地面积，助力种业产出。依托国家玉米制种大县实施好大县奖励政策，充分挖掘内蒙古气候条件适宜制种的区域，扩大玉米制种基地面积，巩固内蒙古玉米制种优势地位。

三是推广优质高效栽培技术，提高单产水平。加快以玉米无膜浅埋滴灌水肥一体化、玉米浅埋滴灌密植高产为代表的绿色、节水技术的创新集成和示范推广。推广种养结合循环生产模式，科学推进青贮饲料、玉米秸秆综合利用。制订实施绿色生产技术、收获质量测试、品种选择等标准，加快完善玉米生产标准体系，提升玉米标准化水平，推进玉米生产实现绿色高质量发展。

四是加快玉米籽粒直收发展步伐。近年来，随着高质量发展理念的不断深入，玉米籽粒直收已成为今后玉米收获的主要方向。各地玉米籽粒直收发展速度明显加快，而内蒙古发展相对落后，成为玉米全程机械化生产的“最后一公里”问题。因此，要加大玉米籽粒直收机械和仓储设备的投入和补贴力度，促进“良种+良法+良机+规模化+烘干”协同发展，保障内蒙古玉米产业高质量发展。

五是加大对玉米深加工企业扶持力度，做优做强玉米产业集群。充分发挥内蒙古优质玉米生产基地的区位优势，培育和扶持玉米深加工企业，加快玉米深加工业的技术创新步伐，推动产业结构升级，提高内蒙古玉米的就地转化率，提升农民收益。建设玉米优势特色产业集群。其中聚焦以通辽市、兴安盟、赤峰市为重点的东部玉米优势产业带和以巴彦淖尔市、包头市、鄂尔多斯市为重点的沿黄灌区玉米优势产业带。重点发展玉米发酵类原料药、淀粉加工、玉米生物、饲料加工、酒水饮料等，打造全国重要的高淀粉、高蛋白玉米深加工基地。加快发展优质加工专业玉米，巩固提升优势产区种植面积，适当发展鲜食玉米，适应居民消费升级的需要，因地制宜发展青贮玉米，提供优质饲料来源，制订玉米绿色生产标准体系，提升标准化生产水平。

内蒙古自治区大豆产业发展报告

大豆是内蒙古第二大粮食作物。“十三五”期间，国家实施大豆振兴计划，内蒙古大豆产能实现恢复性增长，面积、总产和单产稳步提升。2022年，内蒙古深入贯彻落实习近平总书记关于扩种大豆的重要指示精神，多措并举提高农民种植积极性，大豆面积、总产、单产均创历史新高。

一、大豆产业发展基本概况

（一）基本情况

目前世界上有50多个国家和地区种植大豆，年种植面积19亿亩左右，总产约3.5亿吨，主产国有巴西、美国、阿根廷、印度、中国等。中国大豆种植面积世界排名第5，产量排名第4。

在我国大豆是仅次于三大主要粮食作物的重要农产品，也是最大宗进口农产品。“十三五”期间，在补贴政策扶持下，大豆生产恢复性增长明显，种植面积、总产量均实现“五连增”，分别突破1.4亿亩和1 900万吨，单产首次突破130千克/亩大关。2021年，受上年玉米价格大幅上涨和农民种植玉米意愿增强影响，大豆播种面积减少至1.26亿亩，与2020年相比减少2 200万亩，减幅14.9%，是连续六年增长后的首次大幅下跌。2022年，国家启动实施大豆和油料产能提升工程，并在全国首次大面积推广大豆玉米带状复合种植，任务面积1 510万亩。经过多方努力，大豆和油料产能提升工程取得“开门红”，2022年全国大豆种植面积达1.54亿亩，比2021年增加2 743万亩，是1958年以来种植面积最大的年份；产量首次迈上了2 000万吨台阶，达到2 028万吨，比2021年增加388万吨，创历史新高；单产132千克/亩，比2021年增加1.8千克/亩；大豆自给率由15%提高到18.4%，提高了3.4个百分点。

内蒙古是我国重要的大豆生产基地，面积和总产量约占全国大豆种植面积和总产量的12%，均居全国第2位。自2017年国家实施大豆生产者补贴政策以来，内蒙古大豆面积逐年增长，从补贴政策实施前2016年的1 385.1万亩，增加至2020年的1 802.5万亩。2021年，受上年玉米价格大幅上涨、农民种植玉米意愿增强影响，内蒙古主产区大豆、玉米争地矛盾突出，大豆面积出现明显下滑，减少至1 339.8万亩。2022年国家启动实施大豆和油料产能提升工程，下达内蒙古大豆种植面积任务1 754.8万亩，大豆玉米带状复合种植任务160万亩。为了完成大豆扩种任务，内蒙古进一步调整生产者补贴政策，拉大玉米、大豆生产者补贴差，缩小大豆玉米收益差，充分调动农民种植大豆积极性。在政策推动和价格拉动共同作用下，内蒙古大豆种植面积达到1 833.1万亩，超出国家下达目标78.3万亩，推广大豆玉米带状复合种植162.9万亩，大豆面积创历史新高（表1）。

表1　内蒙古大豆种植面积和产量统计表

年份	面积（万亩）	比上年增减（%）	总产量（万吨）	比上年增减（%）	单产（千克）	比上年增减（%）	占内蒙古粮食作物播种面积（%）	占内蒙古粮食作物总产（%）
2015	1 219.3	9.2	126.7	10.2	103.9	0.9	12.4	3.8
2016	1 385.1	13.6	150.8	19.0	108.9	4.8	13.6	4.8
2017	1 483.4	7.1	162.6	7.8	109.6	0.6	14.6	5.0
2018	1 641.4	10.6	179.4	10.3	109.3	−0.3	16.1	5.1
2019	1 784.7	8.7	226.0	25.9	126.7	15.9	17.4	6.2
2020	1 802.5	1.0	234.5	3.8	130.3	2.8	17.8	6.4
2021	1 339.8	−25.7	168.5	−28.2	125.8	−3.5	13.0	4.4
2022	1 833.1	36.8	245.4	45.6	133.9	6.4	17.6	6.3

（二）产区分布

我国绝大多数省份都有大豆种植，逐渐形成了北方春大豆种植区、黄淮海流域夏大豆种植区和南方多作大豆种植区的生产格局，三大区域大豆种植面积基本呈现5∶3∶2分布。北方春大豆种植区是我国最大的大豆产区，具体分布在包括黑龙江、内蒙古、吉林、辽宁、宁夏、新疆等省（区）及河北、山西、陕西、甘肃等省北部，种植面积和总产量均占全国的55%以上，其中黑龙江大豆种植面积、产量均居全国首位，内蒙古种植面积、产量均居全国第2位。

内蒙古大豆优势产区集中分布在东部的呼伦贝尔市、兴安盟、通辽市和赤峰市，面积约占内蒙古的92%（其中呼伦贝尔市约占73%、兴安盟占11%、通辽市占2%、赤峰市占6%），产量约占内蒙古的95%。中西部大豆种植面积较大的盟（市）为乌兰察布市，约占2%。

（三）销售加工

大豆是植物蛋白、食用油脂和蛋白饲料的重要来源，我国大豆年消费量1.1亿吨以上，其中，消耗国产大豆1 600万~1 800万吨，主要用于食品领域；消耗进口大豆将近10 000万吨，主要进入压榨企业，用于加工豆油、豆粕。2022年在国产大豆大幅增产的情况下，我国进口大豆9 108万吨，较上年减少544万吨，减幅5.64%，是我国大豆进口量连续第2年下降。

截至2022年底，内蒙古销售收入500万元以上的大豆加工企业共有20家，加工能力共125万吨，其中自治区级以上龙头企业有4家。2022年内蒙古实际加工大豆仅为61万吨，加工产品以油脂、豆粕、豆粉等为主，附加值不高。由于主产区大豆价格偏高，企业加工利润较低，导致主产区大豆加工企业多处于阶段性生产或停产状态。由于不能实现就地加工转化，主产区90%以上的大豆以原粮外销。

2022年，我国新季大豆上市后价格高开低走，市场交易清淡，农户惜售，收购进度缓慢。主产区大豆开秤价2.9元/斤以上，随后价格持续下跌，11月上旬毛粮价格2.7~2.8元/斤，12月上旬毛粮价格2.6~2.7元/斤，春节前毛粮价格2.5~2.6元/斤，环比下降0.1元/斤，同比下降0.5元/斤。

虽然11—12月呼伦贝尔地区国储库开始分级分价收购大豆，但收购任务量少，对提振市场作用极为有限。年前呼伦贝尔市、兴安盟大豆销售进度不到40%，较往年同期低30个百分点。

为尽快解决黑龙江和内蒙古两大大豆主产省（区）大豆销售问题，确保2023年该区域大豆面积稳定，春节前后国家采取一系列措施促进大豆销售。中储粮于2023年3月9日发布提价收购公告，价格为2.775元/斤，不要求蛋白含量。随着公告发布，大豆主产区呼伦贝尔市、兴安盟出现集中销售大豆情况，销售进度明显加快。

（四）产业优势

1. 资源优势

内蒙古大豆主产区土壤肥沃，土层深厚，以黑土和栗钙土为主，土壤有机质含量在 2%～10%，保水保肥效果好。该区域降水充沛，年平均降水量 350～500 毫米，受季风气候影响，主要分布在 7—9 月，占全年降水量的 70%左右，且雨热同期。无霜期 85～130 天，≥10℃积温 1 800～2 700℃，有利于大豆脂肪的形成和积累，是优质大豆理想的种植区。

2. 生产优势

内蒙古大豆集中种植在呼伦贝尔市岭东南的扎兰屯市、阿荣旗、莫力达瓦达斡尔族自治旗及鄂伦春自治旗南部和兴安盟的扎赉特旗、科尔沁右翼前旗、科尔沁右翼中旗，总播种面积占内蒙古大豆面积的 85%以上，该区域具备了区域化布局、规模化经营、标准化生产和产业化发展的条件和基础，特别是国营农牧场和合作社、涉农企业、家庭农场等新型经营主体，在大豆规模化生产过程中积累了丰富的经验，并拥有最先进的大豆专用播种、田管和收获机械，农机农艺可实现高度融合。

3. 竞争优势

大豆主产区远离工业园区，耕地开发时间短，化肥农药用量少，是闻名全国的一方无污染的净土，具有开发绿色食品得天独厚的环境和资源优势。2012 年内蒙古“阿荣大豆”被评为农产品地理标志保护产品；2014 年阿荣旗 100 万亩大豆获得了国家级绿色食品原料标准化生产基地认证；2017 年 7 月，阿荣旗被授予全国首批国家农产品安全示范县。大兴安岭农场局绿色食品大豆认证面积达到 50 万亩，有 7 家农场被确定为国家农产品质量追溯体系建设单位。

4. 科研优势

呼伦贝尔市农牧科学研究所是国家大豆改良中心呼伦贝尔市的分中心、国家大豆产业技术体系呼伦贝尔综合试验站、国家大豆原原种繁殖基地，内蒙古自治区大豆引育种中心。现育成大豆新品种 54 个，年推广面积达 700 万亩以上，其中登科5号在内蒙古地区年推广面积100万亩以上，蒙豆1137在全国每年推广面积160万亩以上。赤峰市农牧科学研究所大豆所在承担国家大豆产业技术体系有关工作同时，也选育出适合内蒙古中西部地区推广的赤豆1号、赤豆3号和赤豆5号等优质大豆品种。

5. 良种繁育优势

大豆主产旗莫力达瓦达斡尔族自治旗和鄂伦春自治旗为国家级大豆区域性良种繁育基地和国家级制种大县，从2019年开始每年奖励资金1 000万元。2022年，莫力达瓦达斡尔族自治旗和鄂伦春自治旗已编制上报了制种大县5年发展规划和年度实施方案，积极实施制种大县奖励项目。2022年底，内蒙古认定了兴安盟科尔沁右翼前旗为自治区级制种大县，拟安排300万元资金支持生物制种产业发展。同时，计划组织实施内蒙古大豆育种联合攻关项目，力争培育出符合市场需求，具有优势特色或重大推广价值的优质新品种。目前，内蒙古大豆制种面积达30万亩以上，居全国第3。

6. 产业发展优势

内蒙古按照国家关于推进农村产业融合发展的部署，建设大豆产业强镇3个，分别为莫力达瓦达斡尔族自治旗红彦镇、鄂伦春自治旗大杨树镇、扎赉特旗巴彦扎拉嘎乡；围绕大豆主导产业，创建国家现代农业产业园1个，位于扎兰屯市；创建大兴安岭大豆优势特色产业集群1个，涉及莫力达瓦达斡尔族自治旗、鄂伦春自治旗、阿荣旗、扎赉特旗、科尔沁右翼前旗、乌兰浩特市6个旗（县），通过项目建设，进一步延长了产业链条，构建了大豆产业良好发展格局，有效助推内蒙古大豆产业振兴。

7. 政策保障优势

2022年，根据财政部、农业农村部、银保监会《关于开展大豆完全成本保险和种植收入保险试点的通知》要求，经内蒙古自治区人民政府同意，内蒙古自治区财政厅、农牧厅、内蒙古银保监局共同制定了《内蒙古自治区大豆完全成本保险和种植收入保险实施方案》，在大豆主产区呼伦贝尔市、兴安盟重点旗（县）开展了大豆完全成本保险和种植收入保险试点工作。大豆完全成本保险试点旗（县）为呼伦贝尔市的莫力达瓦达斡尔族自治旗、鄂伦春自治旗、阿荣旗和兴安盟的科尔沁右翼前旗，种植收入保险试点旗（县）为兴安盟的扎赉特旗。

这两项政策有效提高了种植大豆的保险保障水平。

二、2022 年大豆生产情况

（一）种植情况

2022 年内蒙古大豆种植面积 1 833. 1万亩，产量 245. 5 万吨，单产 133. 9 千克/亩，种植面积、总产量、单产均创历史新高。

一是面积大幅增加。在国家扩种大豆油料的背景下，2022 年内蒙古大豆面积大幅增加，由 2021 年的 1 339. 8万亩增加至 1 833. 1万亩，增加了 493. 3 万亩，增幅 36. 8%。其中“东四盟（市）”扩种 420. 2 万亩（呼伦贝尔市扩种 305. 4 万亩，兴安盟扩种 72. 4 万亩、通辽市扩种 15. 8 万亩、赤峰市扩种 26. 6 万亩），占总增加面积的 85. 2%；中西部地区扩种大豆 73. 1 万亩，占总增加面积的 14. 8%，种植方式以大豆玉米带状复合种植为主（表 2）。

表 2　内蒙古主要盟（市）大豆种植面积　　单位：万亩

年度	呼伦贝尔市	兴安盟	通辽市	赤峰市	锡林郭勒盟	乌兰察布市	呼和浩特市	包头市	鄂尔多斯市	巴彦淖尔市
2020	1 413. 3	187. 8	35. 3	94. 7	1. 7	42. 8	12. 9	0. 5	12. 7	0. 8
2021	1 026. 9	136. 0	26. 8	87. 8	0. 2	32. 8	9. 9	1. 7	17. 3	0. 4
2022	1 332. 3	208. 4	42. 6	114. 4	0. 7	46. 0	22. 2	23. 3	28. 6	14. 5

二是总产量明显增加。2022 年内蒙古大豆产量较上年增加 77 万吨，增长 45. 6%。除了受面积增加影响外，大豆单产水平大幅提升也是产量增加的重要原因。

三是单产大幅提升。2022 年内蒙古大豆单产较上年增加 8. 1 千克/亩，增长 6. 4%，首次超过全国平均水平 1. 9 千克/亩。

（二）生长特点

大豆主产区呼伦贝尔市、兴安盟由于 2021 年秋季降雨偏多，2022 年春播期间土壤湿度过大，加上播种期降雨降温，导致大豆晚播一周左右。5—6 月低温天气偏多，大豆生长发育缓慢，但蹲苗效果相对较好。进入 7 月，气温快速升高，大豆生育进程加快。从开花结荚到鼓粒初期，降雨充沛，且多为晚上下雨、白天晴，日照时数明显增加，光热水资源匹配较好，有利于开花结荚和灌浆，大豆田间长势良好，结荚数量较往年增多。由于 7 月降水充沛，雨水缓和适宜，未发生疾风骤雨，大豆倒伏较往年少；由于连阴雨或高温高湿天气较少，病虫害发生较往年轻；由于干旱、冰雹、渍涝仅为局部发生，受灾面积较往年少。但进入 8 月后，大豆主产区出现严重秋旱，近一个月没有有效降雨，对大豆灌浆影响较大，大豆普遍出现百粒重下降、品质降低的现象。根据市场反馈信息，黑龙江和内蒙古地区 2022 年新季大豆蛋白含量均较往年平均偏低 2~3 个百分点，可以说 2022 年是大豆高产但不优质的典型年份。

（三）种植品种

目前内蒙古大豆品种类型较多，生育期跨度较大，从 1 850~3 500℃积温区都有大豆种植。种植品种不仅有内蒙古科研单位选育，也有从不同省份筛选引进适合内蒙古不同生态类型的优良品种，品种类型能够满足生产需求。

东北部地区是内蒙古大豆优势产区，品种类型丰富，如高蛋白品种有蒙豆 11、蒙豆 42、黑河 45、蒙豆 36、蒙豆 13、黑农 48 等；高油品种有蒙豆 32、登科 5 号、登科 1 号、蒙豆 14、蒙豆 26、蒙豆 28、蒙豆 33、垦农 18、东生 7 号等；广适高产品种有内豆 4 号、天源 1 号（华疆 2 号）、蒙豆 46、黑河 43、蒙豆 15、蒙豆 1137、蒙豆 359、蒙豆 43、合农 95、兴豆 5 号、赤豆 3 号等；特用大豆品种主要有札幌绿（毛豆）、东农 60（芽豆）、绥无豆腥 2 号等。中部地区筛选出的高油、耐密植、适合平播的高产品种有赤豆 3 号、赤豆 5 号、合农 50、合农 55、吉育 86、合农 71 等。西部地区有耐旱、耐瘠薄、耐阴的品种，如晋豆 21、中黄 30 等。

另外，根据生产中的问题，筛选出的耐重迎茬大豆品种有登科 3 号、兴豆 3 号、兴豆 5 号、兴豆 7 号等，耐大豆根腐病品种有登科 1 号、蒙豆 28、蒙豆 1137、蒙豆 43 等，耐密植品种有华疆 2 号、登科 1 号等。

（四）主推技术

内蒙古按照适宜规模化、标准化、全程机械化生产的要求，主要推广大豆垄三栽培、大垄高台、大垄密植浅埋滴灌和大豆玉米带状复合种植技术。其中，垄三栽培技术应用面积最大，2022 年推广 579 万亩；大垄高台栽培技术 2019 年被遴选为农业农村部主推技术，2019—2022 年连续四年被遴选为内蒙古农业主推技术，2021 年入选“科创中国案例库”，2022 年推广面积约 350 万亩，较上年增加 46 万亩；2018 年研发并创内蒙古大豆高产纪录的大豆大垄密植浅埋滴灌栽培技术，经过不断完善优化，2020 年上升为内蒙古自治区地方标准，2021 年正式发布实施，当年示范推广面积 5.3 万亩，2022 年推广面积达 10.4 万亩，该项技术入选了中国农学会“三新成果”和 2022 年中国农业农村重大科技新成果（新技术类）；大豆玉米带状复合种植技术于 2020 年依托国家农业重大技术协同推广项目实施，示范面积9 100亩，涉及 7 个盟（市）16 个旗（县）。2021 年示范面积 5.02 万亩，涉及 8 个盟（市）21 个旗（县）。2022 年国家下达内蒙古大豆玉米带状复合种植任务面积 160 万亩，实际完成 162.9 万亩，涉及 12 个盟（市）70 个旗（县、区），为推进内蒙古大豆东中西三区布局，全面提升大豆产能提供了新的技术途径。

（五）高产典型

近年来，内蒙古积极围绕大豆绿色发展加强技术集成创新，在有水浇条件的大豆产区集成示范推广大豆大垄密植浅埋滴灌栽培技术，2018 年、2019 年、2020 年连续三年刷新了内蒙古大豆单产纪录，促进内蒙古大豆生产增产增效。2018 年实测面积 1.18 亩，实收产量 291.1 千克/亩，刷新了 2005 年内蒙古创造的大豆 251.0 千克/亩的高产纪录。2019 年实测面积 1.017 亩，实收产量达 309.3 千克/亩，大豆亩产首次突破 300 千克，再次刷新了内蒙古大豆单产纪录，同时刷新了多年来东北北部地区的大豆单产纪录。2020 年实收面积 1.32 亩，平均产量达到 310.5 千克/亩，再次刷新东北北部地区大豆高产纪录。2022 年兴安盟扎赉特旗好力保镇五家子村，200 亩旱作大豆示范田平均产量达到 303.5 千克/亩，创造了内蒙古旱地大豆新纪录，获得全国大豆高产竞赛“金豆王”（春播净作）第 6 名。2022 年呼伦贝尔农垦集团扎兰屯大河湾农场三队 163 亩大豆示范田，产量达到 256.5 千克/亩，创造了内蒙古该积温带旱作大豆新纪录。2022 年包头市九原区 240 亩大豆玉米带状复合种植示范区，实收实测玉米产量达 802.4 千克/亩、大豆达 128.8 千克/亩，获得全国大豆高产竞赛“金豆王”

（带状复合种植）第10名。

（六）成本与效益

2022年呼伦贝尔市主产旗（县）种植大豆平均物化成本为260元/亩，人工35元/亩，地租600元/亩，总成本为895元/亩。与上年相比，成本投入增加约10%。种植成本上涨主要有两方面原因，一是由于近年玉米、大豆价格上涨拉动地租连年涨价，二是播种季化肥价格出现大幅上涨，涨幅超过30%。主产区大豆产量按照150千克/亩计算，平均售价2.55元/斤，产值为765元/亩，大豆生产者补贴按照呼伦贝尔地区267.13元/亩的标准计算，2022年种植大豆的纯收益为137.13元/亩。

该区域种植玉米的物化成本370元/亩，人工成本40元/亩，土地成本平均600元/亩，总成本为1 010元/亩。产量平均560千克/亩，售价1.3元/斤，产值为1 456元/亩，玉米生产者补贴按照呼伦贝尔市30元/亩的标准计算，种植玉米的纯收益约为476元/亩。

初步估算呼伦贝尔地区种植玉米比种植大豆亩收益多338.9元，即使叠加轮作补贴150元/亩，种植玉米的亩收益也较大豆多188.9元/亩。

三、大豆产业发展存在问题

（一）气候因素制约大豆生产

内蒙古95%以上的大豆种植在旱地上，产量受低温、降雨、阶段性干旱等气候因素影响较大。尤其是通辽市、赤峰市及中西部盟（市），年平均降水量偏少，不能完全满足大豆生长需求，加上该区域大豆主要种植在旱坡地上，没有灌溉条件，大豆受干旱制约，产量偏低，不能有效发挥该区域光热资源的增产优势。

（二）小农户分散种植制约种植水平提升

内蒙古小农户分散种植大豆占比较高。其中，呼伦贝尔市约占50%，兴安盟约占80%，通辽市、赤峰市及中西部盟（市）为100%。小农户使用的机械主要为国产中小型机械，整地、播种环节作业质量偏低，种植水平参差不齐，田间管理简单粗放，收获损失率高，单产水平明显低于规模种植户。

（三）优质高产稳产品种不足

内蒙古目前推广的大豆品种有区内选育的，也有从黑龙江、吉林等省份引进的，虽然基本能满足生产需要，但既能高产又能稳产的优良品种还明显不足。

（四）种植效益低而不稳

大豆属于低产作物，价格受国际贸易影响波动较大，加上主产区大豆收储、销售、加工等环节还不完善，就地加工转化率不足10%，大部分以原粮外销给流动商贩，销售途径不固定，导致农民种植大豆的收益低而不稳，种植户对大豆销售也心存顾虑，种植大豆积极性呈下降趋势。

（五）大豆加工企业运营状况不理想

内蒙古大豆加工产品主要为豆油、豆粕、豆粉等低附加值产品，市场竞争力弱。受进口大豆价格低和含油率高等优势的持续影响，主产区大豆压榨企业加工本地大豆利润低或没有利润，甚至开工就亏损，导致呼伦贝尔市、兴安盟大豆压榨企业多处于停产或阶段性生产状态，实际加工量不足加工能力的10%，不能带动当地大豆实现产业化发展。

四、大豆产业发展预测及下一步工作建议

（一）大豆产业发展预测

受2022年秋季大豆价格大幅下跌、玉米大幅涨价影响，农民种植大豆收益明显低于玉米，加上大豆销售不如玉米顺畅等原因，主产区2023年大豆种植意愿明显减弱。按照国家“稳面积、提单产”的要求，2023年内蒙古大豆面积要稳定在1 833.1万亩水平，需进一步调整生产者补贴政策，通过生产者补贴和轮作补贴叠加调控，缩小种植玉米、大豆收益差，调动种植大豆积极性，确保完

成任务面积。

（二）下一步产业发展建议

一是继续稳定和强化政策支持。大豆生产者补贴和耕地轮作补贴在调节内蒙古大豆面积方面发挥重要作用。在玉米种植收益不断增加、大豆价格持续降低的情况下，建议进一步拉大大豆和玉米生产者补贴差，耕地轮作项目重点向大豆生产倾斜，通过政策调控和项目倾斜，充分调动大豆种植积极性。同时扩大大豆完全成本保险和种植收入保险试点覆盖面，有效提高种植大豆的保险保障水平。

二是加强高标准农田建设和中低产田改造。通过建设高标准农田实现旱可灌、涝可排，减轻气候因素对内蒙古大豆生产的制约。同时要加强中低产田改造，提升地力水平，促进大豆增产。

三是大力发展社会化服务。通过社会化服务组织开展全过程、多环节或单环节的代耕代管服务，破解小农户分散种植的种种弊端，促进大豆的规模化、集约化、机械化、标准化生产，不断提升大豆种植和管理水平，促进大豆单产和种植收益稳步提升。

四是大力发展大豆种业。建议增加大豆良种繁育大县数量，扩大基地建设规模，加强优质高产大豆品种提纯扩繁，提高大豆良种供应能力。调动区内外科研部门力量，开展联合育种攻关，选育适宜不同生态类型区的优质高产稳产大豆新品种，加快品种更新换代，从源头上发力，促进大豆单产提升。

五是大力扶持大豆加工企业。建议依托大豆产业集群、国家现代农业产业园（大豆）等项目，扶持原有大豆加工企业，引进新的大豆加工企业在主产区建厂。对加工本地大豆的企业给予一定的投资补贴和加工补贴，鼓励企业加工本地大豆，促进主产区大豆实现就地加工转化。

内蒙古自治区马铃薯产业发展报告

一、马铃薯产业发展基本概况

（一）基本情况

马铃薯是世界上主要粮食作物之一，仅次于水稻、小麦和玉米，世界马铃薯主要生产国有中国、俄罗斯、波兰、美国、墨西哥，中国马铃薯的种植面积居世界第一位，约占27%。

马铃薯产量的增减变化一方面受当年的种植面积影响，另一方面主要受当年的天气因素、种植品种改良的影响。近年来，我国马铃薯产量持续增长，从同比增长率来看，自2011年以来，我国马铃薯产量于2014年、2015年、2019年出现3次同比下滑，其中，2014年、2015年主要受干旱天气及霜降期提前影响，2019年受种植面积减少、晚疫病等因素影响；2021年，我国马铃薯产量为1 830.9万吨（折粮），与2011年相比，增量为199.44万吨，增长达12.22%，年均复合增长率约为1.16%。2022年全国马铃薯种植面积在6 802.2万亩，较2021年减少146.6万亩，减少2.11%，2022年马铃薯产量在8 942.5万吨，较2021年减少10万吨，减少0.11%，总产量处于近5年低位。原因是北方一作区受春季干旱及8月提前到来的霜冻天气影响，中原二作区多地受多雨天气影响，造成内蒙古、河北等省份产区马铃薯不同程度减产。

马铃薯是内蒙古的四大主栽作物之一，是内蒙古的优势特色主导产业，是贫困地区巩固脱贫成果、增加收入的重要作物，内蒙古马铃薯综合生产能力居全国前列。2013年开始，随着内蒙古马铃薯生产由数量型发展向质量型发展转变，种植面积快速回调，2013年853.2万亩，2014年724.9万亩，2015年、2016年和2017年分别为678.1万亩、673.8万亩和648.2万亩，2018年内蒙古马铃薯播种面积下降到 526.46 万亩、产量 747.55 万吨；2019 年内蒙古马铃薯播种面积 446.10 万亩、产量 689.00 万吨；2020 年内蒙古马铃薯播种面积 416.10 万亩、产量 621.00 万吨；2021 年内蒙古马铃薯播种面积 401.79 万亩、平均亩产 1 529.45千克，产量 614.53 万吨；2022 年内蒙古马铃薯播种面积 336.04 万亩、平均亩产 1 637.10千克，产量 550.13 万吨，2022 年较 2021 年产量减少 64.4 万吨，播种面积减少 65.76 万亩。

（二）产区分布

根据我国气象条件和各地马铃薯耕作特点将全国划分为 4 个栽培区域，即北方一作区、中原二作区、西南混作区和南方冬作区。

北方一作区：该地区占中国马铃薯种植总面积的 50%，主要用于种薯、鲜食和加工消费，主要覆盖的省（区）有内蒙古、黑龙江、吉林、辽宁、甘肃、新疆、青海、宁夏、山西和陕西、河北北部。该地区的马铃薯通常在 4 月下旬至 5 月初种植，9—10 月收获。本作区气象特点是无霜期短，一般在 110~170 天，年平均温度在-4~10℃，大于 5℃积温在 2 000~3 500℃，年降水量 50~1 000毫米，本区无霜期短，气候凉爽，日照充足，昼夜温差大，适于马铃薯生长发育，是我国马铃薯主产区，一年只栽培一季，也是重要的种薯生产基地。

中原二作区：该地区占中国马铃薯种植总面积的 8%，主要用于出口和鲜食消费。该区域包括江西、江苏、浙江、安徽、山东和河南。春薯于 2—3 月种植，5 月或 6 月收获。秋薯于 7—8 月开始种植，10—11 月收获。本作区无霜期较长，180~300 天，年平均温度 10~18℃，年降水量在 500~1 750毫米。

西南混作区：该地区占中国马铃薯种植总面积的 37%，主要用于鲜食消费，该区域包括四川、贵州、云南、西藏、重庆以及湖南和湖北的部分地区，该区域的马铃薯种植时间通常在 9—11 月，并在翌年 2—4 月完成收获。

南方冬作区：该地区占中国马铃薯种植总面积的 5%，主要用于出口和鲜食消费，该区包括广东、福建、广西和海南。该区域的马铃薯在 10—11 月种植，并在翌年 2 月和 3 月收获。主要用于出口和鲜食消费。

2022 年内蒙古马铃薯种植面积主要分布在两大优势种植区，一是中西部阴山沿麓马铃薯种植区，以乌兰察布市、呼和浩特市、包头市和鄂尔多斯市马铃薯主产区为重点，种植面积186.712万亩，占到内蒙古55.56%，其中主产区乌兰察布市种植面积112.77万亩，占到内蒙古的33.56%；二是东部的大兴安岭沿麓和燕山丘陵区，以锡林郭勒盟的中部地区、赤峰市、兴安盟、呼伦贝尔市的“东四盟（市）”马铃薯种植区为重点，种植面积149.323万亩，占内蒙古近44.44%。

（三）销售加工

近年来，随着越来越多消费者对健康的关注，以及国家2015年提出的马铃薯主粮化战略引导，以马铃薯为原料的一大批主食、方便食品以及高附加值的马铃薯产品相继涌现。在食品加工业中，马铃薯可加工成各种速冻方便食品和休闲食品，如脱水制品、油炸薯片、速冻薯条等。在淀粉市场上，马铃薯淀粉比玉米淀粉更有竞争力，全世界淀粉产量的25%来自马铃薯。与其他作物的淀粉相比，马铃薯淀粉糊化度高、糊化温度低、透明度好、黏结力强、拉伸性大，在许多领域都有应用。如衍生物的加工、生产果葡糖浆、柠檬酸、可生物降解的塑料、黏合剂、增强剂及医药上的多种添加剂等。据测算，马铃薯加工成油炸薯条、薯片等膨化食品可增值5~10倍，加工成普通淀粉可增值1倍，特种淀粉可增值十几倍，生产生物胶可增值60多倍。

2022年马铃薯淀粉国内下游需求出现小幅下滑趋势，主要原因在于原料供应、下游成本、市场需求方面的影响，在马铃薯淀粉价格2022年维持高位的情况下，下游利润空间缩小，替代品影响显现。2022年受市场环境的影响，薯条、薯片等快捷方便食品和半成品（加工预制菜如土豆丝、土豆块等）需求略有增加。

1. 马铃薯市场销售情况

近几年鲜食品种V7、希森6号等品种因薯形好、黄皮黄肉、色泽漂亮受市场青睐，2022年V7秋季和冬季贮藏期间收购价格最高达到2.60元/千克；比2021年的最高收购价格2.10元/千克还高出0.50元/千克；2022年希森6号品种收购价格在1.55~1.90元/千克，比2021年最高收购价格1.60元/千克还高出0.30元/千克；冀张薯12号品种收购价格在1.30~1.70元/千克，比2021年同期收购价格高出0.30~0.60元/千克。此外2022年其他马铃薯鲜食品种价格也要高于去年同期水平。

150 克以下小薯主要用于淀粉加工，收购价格 0.70 元/千克左右，主要销往当地淀粉厂；2022 年淀粉专用薯价格在 700～1 200元/吨，按照淀粉含量高低（8.5%～19.5%），每增加 1%淀粉含量则按每吨增加 60～65 元进行收购。

新薯入窖后的价格也高于收获时的地头价，库存期间，2022 年 12 月底，3 两（150 克）以上 V7 价格在 2.00～2.60 元/千克，3 两以上希森价格在 1.70～2.00 元/千克，3 两以上冀张薯 12 号价格在 1.60～1.90 元/千克。

总体分析，2022 年秋季马铃薯市场行情较好，V7、希森 6 号、冀张薯 12 号、雪川红等鲜食主流品种的销售价格普遍较 2021 年同时期高 0.50～0.80 元/千克；种薯价格较 2021 年同期高 500～600 元/吨；小薯价格较 2021 年上涨 300 元/吨左右（表 1）。

表 1　2022 年内蒙古收获马铃薯鲜食薯销售价格　　单位：元/千克

品种	呼和浩特市	乌兰察布市	锡林郭勒盟
V7	1.80～2.20	1.80～2.20	1.60～2.40
希森 6 号	1.64～1.90	1.90～2.10	1.40～2.00
冀张薯 12 号	1.50～1.80	1.60～2.10	1.40～2.00
雪川红	1.75～1.90	1.70～1.80	1.60～1.80
沃土 5 号	1.90～2.10	2.00～2.10	2.00～2.40
实验 1	1.60～2.00	1.90～2.00	2.00～2.10
荷兰 15、大丰系列、斯凡特等		1.40～2.00	

注：标准为 3 两（150 克）以上，时间为 8 月底至 10 月中旬。

库存及销售区域：2022 年库存薯数量少于近年同期水平，部分产区库存量同比减少三四成，一方面在于总体种植面积的减少，另一方面因气候因素导致产量下降。内蒙古马铃薯鲜食薯销售区域主要分布在北京、哈尔滨、沈阳、大连、郑州、上海、武汉、南京、广州等地和内蒙古各大城市菜市场。

2. 加工转化情况

内蒙古现有销售收入 500 万元以上的马铃薯加工企业 49 家，年加工鲜薯能力达到 300 万吨以上。其中，马铃薯全粉加工企业 5 家，加工鲜薯能力 40 万吨左右，加工能力占全国的 35%左右；淀粉加工企业近 40 家，加工鲜薯能力 240 万吨，加工能力占全国的 30%左右，加工业主要以乌兰察布市为核心，全市现有薯都凯达、蓝威斯顿、蒙薯、健坤、希森等重点马铃薯加工企业 32 家。主要生产精淀粉、全粉、薯条、粉丝等产品。其中，薯条加工企业 4 家，淀粉加工企业 23 家，全粉加工企业 3 家，马铃薯酸奶饼加工企业 1 家，马铃薯无矾粉丝加工企业 1 家，马铃薯醋、酱油、料酒加工企业 1 家，马铃薯淀粉餐具加工企业 1 家，马铃薯鲜切加工企业 2 家。

据不完全统计，2022 年加工生产薯条薯饼 20 余万吨，生产消耗鲜薯 45 余万吨；净菜加工生产 0.35 万吨，消耗鲜薯 0.45 万吨；生产全粉 3 000余吨，全粉销往好丽友、达利、上好佳等集团做薯片原材料。

据不完全统计，2022 年度秋季加工期内，共生产出马铃薯淀粉约 8 万吨，马铃薯淀粉生产量比 2021 年减少 9.5 万吨，内蒙古加工淀粉消耗鲜薯量 65 万吨左右，加工淀粉所用鲜薯量占内蒙古总数量的 15%左右，与 2021 年同期相比，马铃薯原料价格大约为去年的 40%，单个淀粉含量的价格，由 2021 年的 60 元每个百分比提高到 80 元每个百分比，马铃薯一级品淀粉的价格每吨涨幅在 1 000 元，由 2021 年6 300元/吨上涨到7 300～7 500元/吨。优级粉上涨到8 500～8 800元/吨。

内蒙古的马铃薯高端淀粉销售区域主要在东南沿海广州、福建以及上海、山东、北京等地食品加工业。低端淀粉主要销售在餐饮行业和粉丝粉条行业。

（四）产业优势概述

马铃薯是内蒙古传统优势特色主栽作物，产区相对集中，产品质量好，产业基础扎实，内蒙古在马铃薯脱毒种薯繁育、绿色节本增效技术推广、标准化生产、规模化种植、产业化经营以及储藏加工、带动脱贫攻坚等方面仍然引领全国，具有比较突出的优势。内蒙古马铃薯种植面积、产量均居全国前列，马铃薯种植面积在 2010—2011 年曾突破1 000万亩，居全国第 1 位。受全国马铃薯市场供求关系、品种结构、加工业带动等影响，自 2012 年开始面积持续减少。2022 年种植面积下降到 336.04 万亩，马铃薯平均单产1 637千克/亩，高出全国平均单产水平约 323 千克/亩，产量 110 亿斤，分别居全国第 8 位、第 6 位。阴山沿麓和大兴安岭沿麓 2 个优势主产区，种植面积约占内蒙古 90%，其中，乌兰察布市种植面积 112.77 万亩，占内蒙古 33.56%，产量 140.1 万吨，占内蒙古 25.5%。

2022 年内蒙古全产业链产值 130 多亿元，保持全国第 5，其中种薯产值 28.5 亿元，占 20.5%；种植产值 76.9 亿元，占 55.2%；加工产值 33.8 亿元，占 24.3%。

1. 资源优势

内蒙古气候冷凉、昼夜温差大，自然降水规律与马铃薯需水规律基本吻合，加之光照强、雨热同季，对马铃薯生长发育十分有利。东部主产区海拔高、气候冷凉；中西部主产区风速大，传毒媒介少，病虫害发生频率低，生产出的马铃薯块茎大、薯形好、干物质含量高、病虫害少，蛋白含量、酸性、抗凝沉性、白度、黏度、糊化度等各项指标均优于国内其他地区，具有生产种薯和商品薯得天独厚自然条件优势，种薯和鲜食薯质量享誉全国。

2. 生产优势

内蒙古马铃薯优势产区主要集中在阴山沿麓的乌兰察布市、呼和浩特市、包头市、锡林郭勒盟的中部产区和赤峰市以及大兴安岭沿麓呼伦贝尔市、兴安盟的东部产区。这两大产区种植面积占内蒙古马铃薯种植面积的 90%以上，产量占 95%左右，集中了全部的加工、物流龙头企业。以乌兰察布市为中心的中部马铃薯产业优势区与产业集群，种植面积约占内蒙古 33.56%，加工、物流龙头企业占内蒙古的 70%左右；以呼伦贝尔市与赤峰市为中心的东部马铃薯产业优势区，围绕加工龙头企业和脱毒种薯生产企业为中心，是主要的脱毒种薯生产基地和绿色鲜食薯及加工专用薯生产基地。

3. 种薯繁育优势

内蒙古脱毒种薯面积和产量均居全国第 1。内蒙古原原种生产能力超 25 亿粒，年种薯生产面积 70 万亩，其中，原种生产面积 10 万亩以上，脱毒种薯交易量占全国 35%以上，畅销全国各地，可满足 1 300多万亩马铃薯生产用种需求。察哈尔右翼右前旗、四子王旗、牙克石市、正蓝旗 4 个旗（县）被认定为国家马铃薯区域性良种繁育基地。目前，内蒙古有种薯生产经营企业 71 家，其中，华颂、坤元太和 2 家繁育企业进入国家种业阵型企业，内蒙古已登记品种 40 个，占全国 8%。

4. 产业集聚明显

内蒙古马铃薯加工、物流龙头企业全部集中在马铃薯优势区，该优势区是我国最重要的淀粉、薯片薯条加工区，加工产能、转化率居全国首位。年加工量250万吨，加工率约45%，居全国领先水平。其中，清洗包装等产地初加工约32%，精深加工转化率为13%；精深加工产品中淀粉约80%、全粉约10%、薯片薯条等休闲方便食品约10%，分别占全国30%、35%、60%左右；衍生药、化工等产品和功能食品生产处于起步阶段。加工龙头企业中，内蒙古华欧淀粉工业股份有限公司是全国最大的精淀粉加工企业，生产的优级品淀粉产量占全国60%；薯都凯达、蓝威斯顿等国内外知名薯片薯条加工企业均在内蒙古设厂，产能居全国首位。

5. 竞争力优势

加工仓储初具规模。内蒙古马铃薯主要加工产品有全粉、薯条（片）、粉丝粉条、酱菜、醋饮、薯蛋白、营养口服液、酸奶饼、丰镇月饼、列巴、蒙古烧饼、赤峰对夹等，涵盖传统产品、休闲健康食品和民族特色产品等。目前内蒙古已建成现代化气调库119个，68万多平方米，可储130万吨马铃薯鲜薯，其中，乌兰察布市2020年新建高标准智能仓储库44万吨，内蒙古马铃薯总仓储能力达到280万吨。

6. 品牌优势

内蒙古“乌兰察布马铃薯”“阿荣马铃薯”“固阳马铃薯”均获得国家农产品地理标志产品证书，“武川牌”马铃薯获得国家A级绿色食品认证；“乌兰察布马铃薯”区域公用品牌打造初见成效，2008年，农业部认证了“乌兰察布马铃薯”地理标志；2009年被中国食品工业协会评为“中国马铃薯之都”，2011年，“乌兰察布马铃薯”在国家工商总局注册了地理标志证明商标；“后旗红”牌马铃薯获得国际品牌标准工程组织颁发的5A级国际品牌认证，2015年在第16届中国绿色食品博览会获得金奖；2017年，“乌兰察布马铃薯”荣获“中国百强农产品区域公用品牌”美誉；2018年被国家认定为“中国特色农产品优势区”；连续6年入选“中国品牌价值评价信息榜”；2022年“乌兰察布马铃薯”区域公用品牌入选了2022年农业品牌精品培育计划。

7. 支持政策

2020年10月23日，为贯彻落实习近平总书记考察内蒙古讲话精神，内蒙古自治区人民政府办公厅印发了《关于促进马铃薯产业高质量发展的实施意见》。提出了马铃薯产业发展的总体要求，明确了发展目标，提出了重点措施，制定了支持政策，细化了保障措施。

2020 年 6 月，《内蒙古自治区财政厅、发展改革委、农牧厅关于完善玉米大豆和马铃薯生产者补贴政策的通知》，将国家拨付内蒙古的玉米和大豆生产者补贴资金的 5%，每年拿出 4 亿多元，用于支持马铃薯产业发展。

2020 年 12 月 6 日，内蒙古自治区人民政府印发《关于印发〈种业发展三年行动方案（2020—2022 年）〉的通知》，要求提升马铃薯种业自主创新能力，建设马铃薯种业技术创新中心，发挥四子王旗、察哈尔右翼前旗国家级马铃薯良繁基地示范引领作用，推动马铃薯良种繁育基地建设，支持乌兰察布市、锡林郭勒盟、包头市扶持 3~4 家马铃薯“育繁推”一体化企业，保障马铃薯生产用种有效供给。

2021 年 4 月 22 日，内蒙古自治区党委、自治区人民政府印发自治区一号文件《关于全面推进乡村振兴加快农牧业农村牧区现代化的实施意见》，明确提出“加强马铃薯国家级良繁基地建设，全面提升种薯质量水平。培育推广优质苜蓿品种，稳步提高自给率。支持玉米、肉牛、设施蔬菜、草、马铃薯等种业技术创新中心建设。对农牧业优势特色产业种业创新项目，实行一次立项、多年滚动支持机制”。

2022 年 1 月 5 日，内蒙古自治区党委农牧办联合财政厅、农牧厅印发《2022 年内蒙古自治区优质高效增粮示范行动实施方案》，内蒙古建设 6 个 1 000 亩左右的马铃薯示范区，每个示范区均补贴 30 万元。

2022 年 5 月 11 日，内蒙古农牧厅印发《2022 年内蒙古自治区绿色高质高效行动实施方案》，聚焦玉米、大豆、马铃薯等作物，力争示范旗（县）马铃薯（折粮）700 千克以上（旱地 300 千克以上）。

2023 年 1 月 12 日内蒙古自治区十四届人民代表大会第一次会议上，内蒙古自治区主席王莉霞在 2023 年重点工作任务指出，乌兰察布要打造马铃薯产业发展示范区。

2023 年 1 月 19 日，内蒙古自治区人民政府印发《内蒙古自治区 2023 年坚持稳中快进稳中优进推动产业高质量发展政策清单》，支持建设肉羊、向日葵、马铃薯等百亿级产业建设农牧业优势特色产业集群。

二、2022年内蒙古马铃薯产业发展基本情况

（一）种植情况

根据统计数据，2022年内蒙古马铃薯播种面积336.04万亩、平均亩产1 637.10千克，产量550.13万吨，2022年较2021年种植面积减少65.76万亩，平均亩产比2021年增产107.65千克，增产幅度为7.04%，产量减少64.4万吨（2021年马铃薯播种面积401.79万亩、平均亩产1 529.45千克，产量614.53万吨）（表2）。

表2　2022年内蒙古各地区马铃薯生产情况

地区	面积（万亩）		面积较上年增减（%）	单产（千克/亩）		单产较上年增减（%）	总产量（万吨）		总产量较上年增减（%）
	2021年	2022年		2021年	2022年		2021年	2022年	
内蒙古自治区	401.79	336.04	-16.36	1 529.45	1 637.10	7.04	614.53	550.13	-10.48
乌兰察布市	151.35	112.77	-25.49	1 100.76	1 242.57	12.88	166.60	140.13	-15.89
呼和浩特市	45.26	42.47	-6.16	1 467.63	1 545.80	5.33	66.43	65.65	-1.17
包头市	15.76	10.91	-30.77	1 043.78	1 141.15	9.33	16.45	12.45	-24.32
鄂尔多斯市	25.05	18.55	-25.95	1 523.95	1 526.95	0.20	38.18	28.33	-25.80
巴彦淖尔市	2.65	2.00	-24.53	1 688.68	1 775.00	5.11	4.48	3.55	-20.76
锡林郭勒盟	63.62	72.95	14.67	1 610.08	1 678.89	4.27	101.95	122.48	20.14
赤峰市	31.64	25.13	-20.58	2 271.65	2 270.19	-0.06	71.88	57.05	-20.63
通辽市	3.19	1.60	-49.84	1 598.75	1 765.63	10.44	5.10	2.83	-44.51
兴安盟	3.34	2.14	-35.93	1 991.01	2 231.30	12.07	6.65	4.78	-28.12
呼伦贝尔市	60.22	47.51	-21.11	2 271.67	2 376.34	4.61	136.80	112.90	-17.47

1. 乌兰察布市

2022年种植面积112.77万亩，滴灌种植面积占总马铃薯种植面积的38%，平均单产1 242.57千克/亩，共生产马铃薯140.13万吨，2022年较2021年面积减少38.58万亩，平均单产增产141.81千克/亩，增产幅度为12.88%。马铃薯产量减少26.48万吨。

2. 呼和浩特市

2022 年种植面积 42. 47 万亩，滴灌种植面积占总马铃薯种植面积的 50%，平均单产1 545. 80千克/亩，共生产马铃薯65. 65 万吨，2022 年较 2021 年面积减少 2. 75 万亩，平均单产增产 78. 17 千克/亩，增产幅度为 5. 33%，产量减少 0. 775 万吨。

3. 包头市

2022 年种植面积 10. 91 万亩，滴灌种植面积占总马铃薯种植面积的 65%以上，平均单产1 141. 15千克/亩，共生产马铃薯 12. 45 万吨，2022 年较 2021 年面积减少 4. 85 万亩，平均单产增产 97. 37 千克/亩，增产幅度为 9. 33%，产量减少 4. 0 万吨。

4. 鄂尔多斯市

2022 年种植面积 18. 55 万亩，滴灌种植面积占总马铃薯种植面积的 39. 8%以上，平均单产1 526. 95千克/亩，共生产马铃薯 28. 33 万吨，2022 年较 2021 年面积减少 6. 5 万亩，平均单产基本持平，产量减少 9. 85 万吨。

5. 巴彦淖尔市

2022 年马铃薯种植面积 2. 0 万亩，平均单产 1 775. 00千克/亩，共生产马铃薯 3. 55 万吨，2022 年较 2021 年种植面积减少 0. 65 万亩，平均单产增产 86. 32 千克/亩，增产幅度为 5. 11%，产量减少 0. 925 万吨。

6. 锡林郭勒盟

2022 年种植面积 72. 95 万亩，滴灌、喷灌种植面积占总马铃薯种植面积的 92%，平均单产 1 678. 89千克/亩，共生产马铃薯 122. 48 万吨，2022 年较 2021 年种植面积增加 9. 63 万亩，平均单产增产 68. 81 千克/亩，增产幅度为 4. 27%，产量增加 20. 53 万吨。

7. 赤峰市

2022 年种植面积 25. 13 万亩，滴灌种植面积占总马铃薯种植面积的比例约为 53. 8%，平均单产 2 270. 19千克/亩，共生产马铃薯 57. 05 万吨，2022 年较 2021 年种植面积减少 6. 51 万亩，平均单产基本持平，产量减少 14. 83 万吨。

8. 通辽市

2022 年种植面积 1. 60 万亩，平均单产 1 765. 63千克/亩，共生产马铃薯

2.825 万吨，平均单产比 2021 年增产 166.90 千克/亩，增产幅度为 10.44%，2022 年产量减少 2.275 万吨，种植面积减少 1.59 万亩。

9. 兴安盟

2022 年种植面积 2.14 万亩，滴灌种植面积占总马铃薯种植面积的比例 10%左右，平均单产2 231.30千克/亩，共生产马铃薯 4.775 万吨，2022 年较 2021 年种植面积减少 1.2 万亩，平均单产增产 240.29 千克/亩，增产幅度为 12.07%，产量减少 1.875 万吨。

10. 呼伦贝尔市

2022 年种植面积达 47.51 万亩，滴灌种植面积占总马铃薯种植面积的 1.78%左右，平均单产2 376.34千克/亩，共生产马铃薯 112.9 万吨，2022 年较 2021 年种植面积减少 12.71 万亩，平均单产增产 104.67 千克/亩，增产幅度为 4.61%，产量减少 23.9 万吨。

（二）马铃薯田间生长情况

1. 马铃薯出苗情况

2022 年春季内蒙古大部地区，受前期低温及干旱影响，导致播种后，出苗时间推迟，缺苗断垄现象严重，植株生长速度慢，生育进程推迟。据农情统计数据，内蒙古有 164.7 万亩马铃薯生育进程推迟，占内蒙古马铃薯播种面积的 28.2%，主要位于呼伦贝尔市、乌兰察布市、呼和浩特市；马铃薯生育期推迟 5 天以内的有 43.0 万亩，占比 26.1%；5~10 天的有 120.2 万亩，占比 73.0%；10 天以上的有 1.5 万亩，占比 0.9%，受旱程度中西部地区重于东部区。

2. 马铃薯田间长势

中东部地区（锡林郭勒盟、赤峰市、呼伦贝尔市等地）马铃薯生长势接近正常水平；中西部地区（乌兰察布市、呼和浩特市、包头市等地）水地长势一般，旱地生长势较差。8 月上旬，在武川县和四子王旗的旱地调查与 2021 年种植的同一品种（冀张薯 12 号）的调查数据显示，马铃薯植株高度比 2021 年同期低 10~15 厘米。

3. 病虫害发生情况

病毒病在各地有一定程度的发生，约 5 万亩，主要发生在呼和浩特市、包头市、乌兰察布市、呼伦贝尔市；马铃薯早疫病发生大约10万亩，主要发生在呼和浩特市、包头市、乌兰察布市；马铃薯晚疫病发生3万亩左右，主要发生在呼和浩特市、赤峰市、呼伦贝尔市、乌兰察布市、锡林郭勒盟；黑痣病、枯萎病、黑胫病等土传病害在各地都有不同程度发生。芫菁（斑蝥）和草地螟在局部区域发生，为害较轻。

4. 马铃薯生长期间受霜冻情况

生长期间各地还出现了不同程度的旱灾、涝灾、冰雹、风灾等极端天气，特别是8月27日凌晨，出现了严重的霜冻天气，受灾程度较严重的有太仆寺旗、多伦县、商都县、兴和县、察右中旗、察右后旗以及河北的张北、沽源、康保等地相对较轻，四子王旗、武川县、化德县等地受气候严重影响，这对正处于膨大期和淀粉积累期生长阶段的马铃薯中晚熟品种影响较大，受霜冻灾害地区减产10%~15%。

（三）种植品种

1. 鲜食用品种

鲜食品种主要有：V7、希森6号、冀张薯12、雪川红、青薯9号、中加2号、兴佳2号、中加10号、沃土五号、实验1号、荷兰薯系列、华颂系列等品种。

受2021年市场收购价格的影响，2022年种植品种出现一定幅度的变化，V7种植面积有一定增加，希森6号略有减少，沃土5号作为较新的品种，2022年种植面积增加，其他品种种植面积变化不大。其中，V7的占比最大，达到总面积的35%~45%；希森6号占25%~35%；冀张薯12号下降到5%~10%；实验1号、中加2号、兴佳2号、华颂7号、荷兰薯系列等品种种植面积基本持平，占比10%~15%；沃土5号新增面积较大，占比达到5%左右；雪川红、川引等红皮黄肉品种基本持平，占比达到5%左右。

2. 淀粉加工用品种

种植品种主要有东农310，维拉斯、青薯9号、陇薯3号、陇薯14号、中薯18、中加10号、中加11号、内薯七号、大西洋、麦肯等。种植区主要分布在乌兰察布市四子王旗、察右中旗、察右后旗，呼和浩特市武川县和林格尔县，以及锡林郭勒盟太仆寺旗、赤峰市克旗等地，2022年区内种植户与内蒙古华欧公司签订的淀粉加工用品种合同收购订单约2万亩。

3. 薯条薯片加工专用品种

品种主要有麦肯、大西洋、英尼维特、夏坡地、布尔班克、克新1号、克新27号等。2022年，据不完全统计，内蒙古有合同订单的马铃薯加工薯条薯片专用品种，包括加工生产全粉的品种面积约20万亩，品种主要分布在锡林郭勒盟的太仆寺旗、多伦县，乌兰察布市、赤峰市、呼伦贝尔市、鄂尔多斯市等地（表3）。

表3 2022年内蒙古马铃薯主产区种植品种

种植地区（盟、市）	马铃薯品种
乌兰察布市	希森6号、V7、冀张薯12号、沃土5号、大西洋、雪川红、后旗红、青薯9号、麦肯、东农310、英尼维特、夏波蒂、荷兰薯系列、中加系列、华颂系列、民丰系列等
呼和浩特市	V7、希森6号、冀张薯12号、雪川红、实验1号、沃土5号、中加2号、青薯9号、东农310，维拉斯、青薯9号、陇薯3号、陇薯14号、中薯18、内薯七号、大西洋、麦肯、荷兰薯系列，华颂系列等
包头市	希森6号、V7、冀张薯12号、青薯9号、黄心226、兴佳2号、华颂7号、费乌瑞特、川引2号等
鄂尔多斯市	冀张薯12号、大西洋、克新一号、紫花白等
巴彦淖尔市	冀张薯12号、克新一号、大西洋等
锡林郭勒盟	品种有V系列、希森6号、大丰系列、冀张薯12号、大西洋、荷兰十五、布尔班克、斯凡特、麦肯、荷兰十四、雪川红、后旗红等
赤峰市	V7、希森6、大西洋、实验1号、冀张薯12号、沃土5号、德薯7、麦肯等
兴安盟	延薯5号、冀张薯12号、兴佳2号、京张薯1号，中加系列等
呼伦贝尔市	费乌瑞它、兴佳、中暑5号、尤金885、早大白、大西洋、V7、蒙薯13、黄金薯、沃土5号、闽薯、夏波蒂、杠37号等
通辽市	延薯系列、克新系列等

（四）新品种应用情况

1. 原原种（微型薯）生产量

2022年内蒙古种薯企业共生产微型薯15亿粒左右，繁殖的品种主要有希森6号、冀张薯12、V7、雪川红、青薯9号、大西洋、夏坡蒂、克新一号、英尼维特、布尔班克、沃土五号、荷兰薯系列、中加系列、华颂系列等 40 多个品种。

2. 新品种推广情况

2022 年内蒙古共登记马铃薯新品种 16 个，分别在武川县、四子王旗、察右后旗、太仆寺旗，牙克石市建设马铃薯“看禾选种平台”5 个，展示面积 500 亩，展示品种 71 个（展示当地主推品种 15 个），28 个为近 3 年通过国家登记的马铃薯新品种，分别有中加系列、中薯系列、华颂系列、京张薯系列和蒙薯系列等。平台筛选、展示和推广了一批表现好、抗性强、产量高的品种，加快了新品种更新换代步伐，提高了优良品种增产增效能力。

（五）主推技术

1. 主推技术

针对内蒙古马铃薯主产区水肥用量不合理、土传病害逐年加重等问题，坚持走绿色、可持续的发展道路，重点推广节水降耗、减肥增效、减药控害技术，逐步由粗放式生产向绿色、精准、高效、集约化生产方式转型升级。主推技术以水肥一体化高效利用为核心，根据土壤地力、目标产量及马铃薯需水需肥规律，通过选用优质品种、合理轮作、土壤深耕、种薯处理、测土配方施肥、增施有机肥、水肥耦合，提高水肥利用率；在病虫害防控上，结合马铃薯晚疫病数字化监控预警系统，生物防治与化学防治结合，进行病虫害综合防控、减少马铃薯用药量；农机农艺技术配套，实现全程机械化作业的优质高效技术模式。

2. 技术推广情况

推广的区域重点以内蒙古中西部地区的阴山沿麓马铃薯主产区、内蒙古东部的大兴安岭沿麓马铃薯种植区为主。

阴山沿麓区以乌兰察布市、呼和浩特市、包头市和鄂尔多斯市马铃薯主产区为重点，推广了抗旱节水、早熟高产、抗病虫害的优质专用品种，通过合理轮作倒茬、增施有机肥、测土配方施肥技术，以马铃薯节水精准灌溉、水肥高效利用技术为核心，集成高垄栽培、滴灌水肥一体化、病虫害综合防治、全程机械化等绿色标准化生产技术模式，提高了水肥利用效率，降低了种植成本，显著提质增效。

东部大兴安岭沿麓和燕山丘陵区以锡林郭勒盟的中部地区、赤峰市、呼伦贝尔市的马铃薯种植区为主，推广应用了选用性状优良的中早熟、高产优质、抗病性强的马铃薯专用新品种，推广了高垄滴灌、大垄高台等种植模式，配套土壤深耕、喷施叶面肥、马铃薯晚疫病预警系统预测、统防统治、全程机械化作业技术措施，增产效果显著。

3. 高产典型

2022年度，通过对锡林郭勒盟、呼和浩特市、乌兰察布市等马铃薯主推技术示范区实收测产，多个示范片亩产超过4 000千克，技术辐射覆盖面占内蒙古马铃薯播种面积的50%以上，为提高内蒙古马铃薯单产水平，增加种植效益发挥了很好的示范引领作用。

其中，锡林郭勒盟太仆寺旗千斤沟镇三结村殷富刚千亩示范基地种植品种为费乌瑞它，平均亩产5 173千克；千斤沟镇察布淖村河北久恩农业开发有限公司万亩示范基地种植品种为希森6号，平均亩产5 163千克；德胜沟村林海鹏千亩示范基地、永丰镇后房子村史庆河百亩示范基地、红旗镇双喜村董飞千亩示范基地平均亩产也均超过4 000千克。生态效益提升显著。

呼和浩特市武川县可镇霍家沟村天兔农产品专业合作社郭志强千亩方中的260亩连片V7品种示范地块平均亩产4 396千克；武川县大青山乡干只汗村聚金源种植专业合作社曹仝柱千亩方中的400亩连片雪川红示范地块，平均亩产4 211千克。

乌兰察布市察右后旗贲红镇黄羊城村种植户张伟，种植面积2 000亩，品种为沃土5号、雪川红，亩产达到4 500千克；察右中旗布尔镇圣和义村种植户聂永珍，种植面积600亩，品种为希森6号，亩产达到4 500千克；四子王旗大黑河乡罗罗图村种植户李亚平，种植面积2 600亩，品种为露辛达、沃土5号，平均亩产达到4 000千克。

通过马铃薯主推技术的推广应用，示范区马铃薯增产5%～10%，实现节水10%以上，水分利用效率提高20%以上，农药化肥利用率提高10%以上，达到节本增效10%以上目标。

（六）主要成效

1. 小农户、新型经营主体生产投入成本、基本收益变化情况

（1）生产投入成本。2022 年 4—5 月几种主要肥料价格如下：尿素3 000元/吨左右；磷酸二铵4 200元/吨左右；总养分 45%含量的硫基复合肥4 000元/吨左右；钾肥（硫酸钾）5 000元/吨左右。尿素、磷酸二铵、复合肥价格均较 2021 年同期每吨上涨 500~800 元，硫酸钾每吨较去年同期上涨2 000元以上，农机作业费由于柴油、配件等价格上涨，农机作业费和人工费用上涨 20%左右。

综合以上因素，因投入成本增加（包括用地成本，农资成本、水电成本和人工成本等），规模化马铃薯商品薯成本将增加 500 元/亩左右，马铃薯商品薯每亩种植成本已达2 000~3 200元，按亩产2 500~3 000千克粗略估算，每千克商品薯成本达到0. 67~1. 28 元。

（2）2022 年基本收益情况。2022 年新型经营主体平均亩产 3. 5 吨左右，销售价格按 1. 70 元/千克左右计算，产值5 950元/亩，扣除生产成本3 365元/亩，纯收益2 585/亩；小农户平均 2. 2 吨/亩，销售价格按 1. 50 元/千克左右计算，产值3 300元/亩，扣除生产成本1 604元/亩，纯收益 1 696元/亩（表 4）。

表 4　新型经营主体、小农户生产投入成本、基本收益情况一览表

支出项目	新型经营主体	小农户种植
种薯（元/亩）	175 千克×3. 6 元/千克=630	140 千克×3. 6 元/千克=504
租地费（元/亩）	700	—
耕翻整地（元/亩）	50	30
切种（元/亩）	0. 5 个工×150 元/个=75	75
播种（元/亩）	40	40
滴灌带（元/亩）	100	100
硫酸钾（元/亩）	15 千克×5 元/千克=75	5 千克×5 元/千克=25
复合肥（元/亩）	130 千克×4 元/千克=520	50 千克×4 元/千克=200
农药（元/亩）	8 次×15 元/次=120	4 次×10 元/次=40
灌水（元/亩）	10 次×10 元/次=100	5 次×10 元/次=50
中耕培土 2 次（元/亩）	2 次×30 元/次=60	2 次×30 元/次=60
播种、中耕、接滴灌带、浇水（元）	2 . 2 个工×150 元/个=330	1 个工×150 元/个=150

（续表）

支出项目	新型经营主体	小农户种植
喷施农药工费（元/亩）	0.2个工×150元/个=30	0.5个工×150元/个=75
机械杀秧、收获（元/亩）	40+80=120	40+80=120
收获马铃薯人工（元/亩）	90元/吨×3.5吨=315	90元/吨×2.2吨=198
机器设备折旧（元/亩）	100	—
总成本（元/亩）	3 365	1 604
销售收入（元/亩）	3.5吨×1 700元/吨=5 950	2.2吨×1 500元/吨=3 300
亩纯收益（元/亩）	5 950-3 365=2 585	3 300-1 604=1 696

2. 近年小农户、新型经营主体基本收益变化情况

2021年，主产区马铃薯收获后市场价格1.00~1.40元/千克，新型经营主体平均产量3.3吨/亩左右，销售价格按1.20元/千克左右计算，产值3 960元/亩，扣除生产成本和土地租赁成本2 865元/亩，纯收益1 095元/亩；小农户平均产量2.0吨/亩左右，销售价格按1.00元/千克计算，产值2 000元/亩，扣除生产成本和土地租赁成本1 304元/亩，纯收益696元/亩左右。

2022年，马铃薯收获后市场价格每千克1.5~2.0元，新型经营主体平均产量3.5吨/亩左右，销售价格按1.70元/千克计算，产值5 950元/亩，化肥价格每吨涨500~800元/亩、土地租赁费增加200元/亩以上，由此增加成本300~500元/亩，扣除生产成本和土地租赁成本3 365元/亩，实现纯收益2 585元/亩；小农户平均产量2.2吨/亩，销售价格按1.50元/千克计算，产值3 300元/亩，扣除生产成本1 604元/亩，纯收益1 696元/亩。

（七）形势变化分析

1. 种植面积减少原因

（1）一是部分小规模种植户正常的轮作倒茬；另外，马铃薯主产区一些区域在种植上出台了限水政策，对马铃薯的种植有一定的影响。

（2）近些年来，马铃薯市场主流品种变化较为频繁，价格波动较大，加工薯订单种植占比较小，马铃薯种植效益不稳定，风险较大，许多种植户赔钱；另外，在无霜期较长的地区，玉米、大豆等作物收购价格相对稳定，种植效益

较好，而且政府的种植补贴力度较大，对马铃薯种植有一定的冲击。

（3）种植成本的提高、利润降低。从 2021 年到 2022 年，马铃薯种植的地租、化肥、人工等生产成本不断上涨，收获季节较短，机械化收获还存在效率低，缺乏分级包装一体化专用机械的问题；同时劳动力成本增加，特别是用工旺季劳动力严重缺乏，导致种植成本增加。

（4）资金链断开。受 2021 年市场行情影响，一方面马铃薯种植户收益降低，很多种植户赔钱后无力再种，种植积极性不高；另一方面种植户资金短缺，融资困难，导致很多农场主被迫放弃。

2. 收益变化原因分析

马铃薯生产有着种植和市场销售的双重风险。

2022 年春季，内蒙古大部地区受前期低温及干旱影响，导致播种后，出苗时间推迟，缺苗断垄现象严重，植株生长速度慢，生育进程推迟，进入 7 月以来内蒙古马铃薯主产区降水较常年异常偏少，大部分地区出现旱情；后期早霜来临，旱地减产严重，平均种植效益为负收益。

2021 年马铃薯市场价格低，销路不畅，市场行情低迷，供大于求，导致价格偏低，2022 年，马铃薯主推品种比较畅销，出地价基本每千克在 1.6 元以上，较往年上涨 0.6~1.0 元，水地马铃薯种植户收益增加的原因是品种销售价格上涨幅度较高，所以水地马铃薯种植户收益显著提高，收益增加。

三、马铃薯产业发展存在的问题

（一）技术支撑方面

1. 科技支撑能力不足

马铃薯科研育种能力与产业发展需求不匹配，主要表现在育种创新能力不强，自主知识产权品种匮乏，加工专用薯种植面积较少。特别是缺少优质专用的高淀粉和加工薯条薯片的新品种，部分自主研发的鲜食品种产量、品质、抗病性等与主栽品种存在差距，内蒙古自主品种能够大面积推广的仅有中加 2 号、华颂 7 号、兴佳 2 号、坤元 9 号等，自主品种种植面积约 40 万亩，仅占内蒙古 12%，急需选育突破性的专用品种。

2. 种薯生产监管体系不完善

种薯繁育基地建设不规范，供种体系不健全，与国家制种基地“五化”（规模化、机械化、标准化、集约化、信息化）要求存在较大差距。部分种薯企业生产标准低，种薯生产没有完全实现 4 年以上轮作，良繁基地受到外来土传病害的威胁，质量不达标等种薯质量事故时有发生。自繁自育、无序竞争、私下销售的现象仍然存在。优质种薯缺乏，市场产品良莠不齐，监管能力弱，监管难、跟踪难、处置难成为普遍现象。

3. 绿色标准化生产技术覆盖面小

主产区商品薯常态化轮作制度未全面建立，轮作倒茬不及时，特别是一些马铃薯分散种植户，习惯种植观念一时很难转变，马铃薯主产区重迎茬种植现象普遍存在，土传病害有加重的趋势，严重影响商品薯和种薯的质量。因生产出的块茎品相差，致使以鲜食销售为目的的马铃薯种植受到很大影响。部分种植户更注重产量的提高，忽视节水、减肥、减药措施的使用，导致肥料、农药使用量增大，部分地区对马铃薯晚疫病预测预报技术落后，防治过程过量使用杀菌剂，造成药剂浪费，影响产品质量，耕地质量下降。规模化、标准化种植比例不高，存在经营分散，规模小等问题，适度规模经营比例偏低，高产高效集成栽培技术推广应用仍需大力提升。

（二）生产加工方面

1. 加工业带动能力不足

加工链条短，多数马铃薯加工企业还是停留在生产淀粉等初级加工阶段，虽然内蒙古有 49 家规模化以上的马铃薯加工企业，但产品中 90% 以上是淀粉，精深加工能力不足，缺少高附加值的加工产品，品种单一、附加值低，产业增值效益发挥不充分，加工企业总体上小散弱，工艺装备水平、产品研发和品牌营销能力不强，社会认知度和接受度较低，实际生产能力往往达不到设计生产能力，导致企业综合效益不高，对产业发展的拉动不强。

2. 加工产品种类不丰富

虽然内蒙古整体加工能力处于全国领先，但产品种类不丰富，精深加工龙头企业少。一方面加工产品中约 90% 为淀粉、粉条，内蒙古尚无马铃薯变性淀粉及其延伸食品、医疗、化工等高附加值产品生产企业。另一方面马铃薯产地净菜和预制菜加工等处于初级发展阶段，薯条薯片等休闲食品生产方面规模化企业较少。

3. 加工用淀粉原料短缺严重

近年来，内蒙古自治区政府加大了对马铃薯产业的扶持，马铃薯加工产业集群已初具规模。淀粉加工企业虽在高淀粉品种生产中有订单种植，但是适应性强、产量高、淀粉含量达标的品种寥寥无几。马铃薯淀粉加工业是马铃薯产业的托底产业，每年内蒙古淀粉加工企业都受加工原料严重不足的影响，当地农户通常将大薯卖到蔬菜市场，加工企业因成本所限只能收购一些小薯和不符合菜市场要求的残次薯，占当地马铃薯总产量的20%左右。淀粉加工产业发展面临原料薯供应不足的困境，急需选育、引进一批符合淀粉加工企业需求的加工专用品种，支撑淀粉加工企业稳定健康发展。

（三）市场销售方面

1. 种植收益波动大

内蒙古商品薯地头销售约占总量的60%，产品销售仍以分散型、统货销售为主，产后商品化处理和加工转化能力不足，产品种类不丰富，高附加值的精深加工有限。订单销售、农超对接尚不普遍，卖难滞销情况多有发生。近年马铃薯生产成本上升，特别是人工捡拾成本的提高，使得马铃薯主产区规模种植成本已超过3 000元/亩，小农户旱作种植成本也超过1 000元/亩，导致马铃薯市场价格波动较大，年际间价格最大差达到0.6~1.0元/千克。

2. 现代化储藏设施建设少

内蒙古马铃薯储藏设施目前仍以传统储窖为主，一般储窖设施损失率在15%以上，而现代化储藏设施损失率小于5%。内蒙古现代化储藏设施能力目前只有130万吨，仅占年产量20%左右。

（四）政策支撑方面

对马铃薯相关加工企业政策扶持力度仍有待加强。马铃薯这一作物种植成本高，目前内蒙古高淀粉加工薯按政策规定有20元/吨的加工企业收购补贴，其他基本没有补贴。例如一个年产万吨淀粉加工企业，加工转化马铃薯8万吨/年，原料淀粉含量每提升1%，原料可节约8 000吨，马铃薯按1 000元/吨测算，全年可节省800多万元。因此，在产业政策方面，建议加大对种植高淀粉加工专用薯的补贴力度，使淀粉加工企业稳定发展。

四、马铃薯产业发展预测及下一步工作建议

（一）马铃薯产业发展目标

按照内蒙古自治区党委和政府关于建设国家重要农畜产品生产基地的要求，以及内蒙古自治区政府工作报告提出的“打造乌兰察布马铃薯产业发展示范区，支持更多薯企在千里草原百花齐放”要求，聚焦“马铃薯百亿级产业扩规提质”的目标。重点突出“一个提升”、建设“两个基地”，即通过提升单产，逐步恢复种植面积；持续做强做优脱毒种薯生产基地，加快建成竞争力强的马铃薯食品加工基地；将“扶贫土豆”变成“致富土豆”，实现由马铃薯产业大区向产业强区迈进。

发展目标：2023年种薯繁育面积稳定在70万亩；播种面积稳定在340万亩左右，加工转化率达到50%，培育提升具有较高知名度的区域公用品牌1~2个，全产业链产值稳定在130亿元以上。力争到2025年选育出有竞争力的优质新品种1~2个，种植面积恢复到400万亩左右，种薯繁育面积稳定在70万亩以上，全国脱毒种薯市场占有率达到35%，加工转化率达到60%，巩固提升具有较高知名度的区域公用品牌2~3个，总产值达到150亿元。

（二）下一步发展思路

围绕马铃薯产业链种薯、种植和加工3个关键环节，按照育链、补链、延链、强链的思路，种薯端需做优做强本土“育繁推”一体化企业，构建良繁认证体系，打造种薯强区。生产端需恢复种植面积、提高单产，培育规模化、标准化、集约化企业，提高种植收益。加工端需大力发展净菜、预制菜、全粉利用、变性淀粉等加工企业，加强品牌建设和市场营销，发挥区位优势，扩大品牌影响力和市场占有率。措施如下：

1. 支持自主新品种研发

强化科技支撑，坚持“政产学研用金”结合，鼓励企业投入研发资金，打造创新联合体，促进科技成果转化。组建新品种研发攻关团队，实施马铃薯育种联合攻关，深入实施种业科技创新重大示范工程。支持企业做大做强，通过综合评价，一次性奖励位居前列的本土种薯企业。力争到2025年选育出有竞争力的优质新品种1~2个。

2. 打造优质种薯繁育基地

推进察右前旗、四子王旗、牙克石市、正蓝旗等4个国家马铃薯区域性良种繁育基地建设，健全完善马铃薯种薯良种繁育体系。开展种薯质量认证试点工作，强化种薯质量监管检测，保证规模化种植种薯质量检测全覆盖，提高种薯质量，提升种薯品牌价值和市场竞争力。通过“壮链”，促进产业主体联合、要素聚合、利益黏合，到2025年种薯繁育面积稳定在70万亩以上，全国市场脱毒种薯占有率达35%。

3. 稳定面积、提高单产

发展规模化、标准化和集约化种植，实施耕地轮作制度，落实3年以上轮作制度，控制土传病害。实施优质高效增粮示范区建设，搭建优质高效技术示范平台，推广优质高产抗病专用品种及马铃薯高垄滴灌水肥一体化技术。支持马铃薯种植业“三品一标”基地建设，通过推进以代耕代种、代管代收、全程托管为主的社会化服务，集成推广新品种，新技术、新设备，促进规模集约化经营，大幅提升技术到位率，带动单产提高。力争到2025年平均亩产由2022年的1 637千克/亩增加到2 000千克/亩，带动面积恢复至400万亩左右。

4. 打造马铃薯食品加工基地

发展鲜食薯、净菜加工和预制菜等产品，拓展以大型商超、中央厨房、高端客户定制需求为重点的新市场。鼓励开发搭配燕麦、酸奶等特色农产品的功能性食品，引领马铃薯产品健康化、休闲化，打造多元化马铃薯食品产业。支持察右后旗当郎忽洞苏木和武川县上秃亥乡2个国家农业产业强镇建设，加快推进察右前旗马铃薯国家现代农业产业园建设。通过“育链”，提升马铃薯产业价值、产品价值，逐步建成马铃薯食品加工输出基地。

5. 发展建设现代化储藏设施

支持主产区建设现代化气调库，补贴新建现代化智能气调储藏库，逐步提升内蒙古现代化储藏设施比例，保障商品薯高质量储存，通过“补链”，带动上中下游经营主体融入马铃薯全产业链，形成串珠成链、上下衔接、协同推进的发展格局。力争到 2025 年内蒙古现代化储藏设施损失率降到 5%以下。

6. 巩固精深高端加工

提升主产区马铃薯加工转化水平，重点扶持精深加工。在优势主产区巩固提升精淀粉、全粉及薯条薯片等精深加工优势，逐步扩大薯都凯达等现有大型加工企业生产规模，提升加工产能。鼓励国家和自治区级马铃薯产业化加工龙头企业新建、改扩建精深加工设备，用于生产变性淀粉等高端化、高附加值产品，通过“延链”，吸引规模大、带动强、技术高的精深加工企业入驻，打造马铃薯加工强区，提升产业附加值。

7. 培育品牌促进产业发展

加强“蒙字标”认证，规范马铃薯区域公用品牌体系建设，树牢乌兰察布市“中国薯都”地位。鼓励更多企业走品牌化道路，提升产品价值。制作系列品牌宣传片，借助央视等媒体和各类展会，加强品牌推介，提升品牌知名度和影响力，扩大销售范围，提高市场占有率。到 2025 年巩固提升具有较高知名度的区域公用品牌 2~3 个。

8. 强化金融保险支持

出台针对农业特点的金融产品，扩大抵押物范围，鼓励政府性融资担保机构为符合条件的马铃薯加工龙头企业扩大再生产提供贷款担保，降低担保费率，拓宽融资渠道。开展马铃薯价格指数保险保费补贴试点，逐步完善马铃薯金融及保险服务体系。

内蒙古自治区杂粮杂豆产业发展报告

一、杂粮杂豆产业发展基本概况

（一）我国杂粮杂豆产业概况

我国是世界上杂粮生产优势最强的国家，杂粮品种多、质量好、分布广，市场发展潜力较大。其中尤以谷子、荞麦、燕麦、糜子、绿豆、豌豆、蚕豆等作物种植面积大、产量高。中国谷子的种植面积和总产量居世界第 1 位；荞麦、糜子和黍稷种植面积和总产量均居世界第 2 位；高粱种植面积和总产量居世界第 8 位和第 6 位；蚕豆占世界生产量的 1/2；绿豆、小豆占世界生产量的 1/3；燕麦、豇豆和小扁豆是主产国，杂粮作物的出口量居第 1 位。

（二）内蒙古杂粮杂豆产业概况

1. 内蒙古杂粮杂豆发展概况

内蒙古由于特殊的地理位置与生态环境，种植杂粮杂豆作物具有悠久的历史和独特的地区优势。杂粮不仅种类多，而且种植面积也比较大，内蒙古各地市均有分布。近年来，内蒙古杂粮杂豆播种面积在1 000万亩以上，占粮食总播种面积的10%以上，总产量占内蒙古粮食总产的5%左右，是全国杂粮杂豆的三大优势产区之一。到 2022 年，内蒙古杂粮杂豆播种面积1 211. 7万亩，占内蒙古粮食面积 11. 6%，较 2021 年减少 197. 8 万亩，下降 14. 0%；总产量 46. 0 亿斤，占内蒙古粮食总产比例 5. 9%，较 2021 年减少 10. 4 亿斤，下降 18. 4%；单产 189. 8 千克/亩，较 2021 年下降 2. 6%。2016—2022 年内蒙古杂粮杂豆种植情况见表 1。

表 1　2016—2022 年内蒙古杂粮杂豆种植情况

年份	粮食作物		杂粮杂豆				
	面积（万亩）	总产量（亿斤）	面积（万亩）	占内蒙古粮食面积比例（%）	总产量（亿斤）	占内蒙古粮食总产比例（%）	单产（千克/亩）
2016	10 205. 1	652. 7	1 050. 4	10. 3	27. 7	4. 2	133. 0
2017	10 171. 4	650. 9	1 145. 7	11. 3	32. 8	5. 0	140. 2
2018	10 184. 8	710. 7	1 108. 4	10. 9	43. 2	6. 1	194. 6
2019	10 242. 0	730. 6	1 256. 6	12. 3	49. 3	6. 7	191. 0
2020	10 249. 8	732. 8	1 335. 5	13. 0	53. 7	7. 3	183. 7
2021	10 326. 5	768. 1	1 409. 5	13. 6	56. 4	7. 3	194. 8
2022	10 427. 8	780. 1	1 211. 7	11. 6	46. 0	5. 9	189. 8

2. 内蒙古杂粮杂豆产业发展现状

杂粮产业经过多年的发展，内蒙古杂粮杂豆区域化种植已初步形成规模，市场建设日趋完善，销售渠道日益拓宽，加工能力逐步增强，杂粮杂豆生产逐步走出“生态化、精细化、高端化”的路子，建立了杂粮高产、优质、绿色新品种平台，为农民生产选种用种提供科学依据；形成农科教一体化、产加销一条龙的研究、开发、生产、加工、销售、消费为一体的科学体系，开发相关高附加值产品，线上线下多种方式进行销售，大力发展杂粮杂豆产业；通过多个试验站开展新品种选育、节本增效技术研究等多项科研任务，对农民增收、农业增效、农村致富意义重大。

3. 杂粮杂豆产区分布情况

谷子：内蒙古是国家谷子主产区，谷子产业地区发展不平衡，内蒙古谷子种植面积 400 万亩左右，占全国的 20%左右。主要地区为赤峰市、通辽市、乌兰察布市、呼和浩特市、鄂尔多斯市、巴彦淖尔市、阿拉善盟；草谷子主要地区为呼和浩特市、包头市、乌兰察布市、锡林郭勒盟、赤峰市、通辽市。赤峰市作为内蒙古谷子的主要种植区，种植面积达 13. 3 万公顷，干旱年份达到 33. 3 万公顷左右，种植面积占内蒙古的 70%以上。内蒙古中西部谷子种植面积达 2 万公顷，个别年份达到 2. 8 万公顷左右。

豆类：内蒙古是我国食用豆主产区之一，常年种植面积约 500 万亩，占全国1/10。绿豆主要分布在中西部的呼和浩特市，东部的赤峰市、通辽市、乌兰浩特市。芸豆主要分布在中西部的呼和浩特市、乌兰察布市，东部的呼伦贝尔市。小豆和豇豆主要分布在呼和浩特市赛罕区、和林格尔县、托克托县，乌兰察布市丰镇市等地。蚕豆、豌豆、小扁豆和鹰嘴豆等适宜冷凉地区种植的豆类主要分布在内蒙古中西部的武川县、凉城县、丰镇市、卓资县、察右中旗、商都县等地。

高粱：作为内蒙古重要的旱粮，常年种植面积为200万亩左右，占全国高粱总播种面积的23%左右，种植面积居全国第一，产量也在全国遥遥领先，占全国比例超过30%。主要集中在中东部地区的通辽市、赤峰市、兴安盟等热量条件较充裕的沿河平川、旱平地、盐碱地及山地丘陵等边际耕地。通辽市年种植面积达50万亩左右，赤峰市种植面积达75万亩左右，兴安盟高粱常年种植面积达30万亩左右。近几年西部部分的地区也有种植，主要分布在乌兰察布市、呼和浩特市和鄂尔多斯市的部分旗（县）。

燕麦：内蒙古燕麦播种面积居全国第一，产量第二，产区集中在中西部阴山北麓的乌兰察布市、呼和浩特市、包头市北部，锡林郭勒盟、赤峰市等地。其中，乌兰察布市燕麦种植面积达121万亩，同比增加14万亩。锡林郭勒盟种植面积达89.86万亩。其中，武川县种植面积32万亩，种植面积仅次于马铃薯。包头市等地燕麦种植面积也有所增加。

荞麦：内蒙古荞麦面积和总产量均居全国第一，优势产区在中西部的乌兰察布市、呼和浩特市、包头和东南部的赤峰市和通辽市。其中，包头市荞麦种植面积49.11万亩，通辽市种植面积12.79万亩。

糜黍：内蒙古糜黍种植面积基本稳定在100万亩左右，主产区集中在鄂尔多斯高原地区、土默川平原和阴山南北麓地区、赤峰地区和通辽地区。其中，赤峰糜黍种植面积最大，2022年面积约30万亩（表2）。

表2　2022年内蒙古各地不同杂粮杂豆作物种植生产情况

地区	项目	谷子	豆类	高粱	燕麦	荞麦	糜黍	大麦	其他
兴安盟	播种面积（万亩）	7.70	27.83	35.78	4.16	0.36		0.032	2.44
	单产（千克/亩）	305.19	111.39	436.00	264.42	129.17		281.25	112.70
	总产量（亿斤）	0.47	0.62	3.12	0.22	0.0093		0.0018	0.055

（续表）

地区	项目	谷子	豆类	高粱	燕麦	荞麦	糜黍	大麦	其他
通辽市	播种面积（万亩）	42.60	31.30	31.73	0.55	12.79			8.99
	单产（千克/亩）	275.00	105	400.00	210.00	140			170
	总产量（亿斤）	2.25	0.40	6.39	0.18	0.12			0.06
锡林郭勒盟	播种面积（万亩）		2.00		89.86	0.57	0.20		0.12
	单产（千克/亩）		80.00		233.70	175.44	100.00		250.00
	总产量（亿斤）		0.032		4.2	0.02	0.004		0.006
乌兰察布市	播种面积（万亩）	28.00	11.00	13.00	121.00				40.00
	单产（千克/亩）	204.00	73.00	213.00	58.00				78.00
	总产量（亿斤）	1.16	0.16	0.54	1.40				0.6
呼和浩特市	播种面积（万亩）				32.00				
	单产（千克/亩）				40.00				
	总产量（亿斤）				0.26				
包头市	播种面积（万亩）	1.02		4.72	13.59	49.11			
	单产（千克/亩）	267.94		460.07	18.40	28.71			
	总产量（亿斤）	0.05		0.43	0.05	0.282			
鄂尔多斯市	播种面积（万亩）	3.08	0.15	2.70	0.004 7	2.06	3.00		0.07
	单产（千克/亩）	245.50	80.00	396.67	200.00	133.91	284.50		135.35
	总产量（亿斤）	0.15	0.002 4	0.21	0.000 2	0.06	0.17		0.001 8
赤峰市	播种面积（万亩）	295.62	56.51	89.89	23.14	50.65		0.41	
	单产（千克/亩）	239.39	67.63	394.89	168.63	118.78		0.01	
	总产量（亿斤）	14.15	0.76	7.10	0.78	1.2		143.24	

4. 杂粮杂豆主产区主要种植产品销售及加工情况

内蒙古杂粮杂豆价格视产品品质及口感价格随之浮动，目前市场销售渠道畅通，供需情况基本稳定，多为加工后销售（表 3）。

表 3　2022 年内蒙古各地杂粮杂豆价格　　单位：元/千克

地区	谷子	豆类	高粱	燕麦	荞麦	糜黍
兴安盟	3.4	9~12	2.4	4	4	
通辽市	5.6~6	13（绿豆）	3.8		6~7	

（续表）

地区	谷子	豆类	高粱	燕麦	荞麦	糜黍
锡林郭勒盟		4.8~10		2.5~4		
乌兰察布市	4.0	6~10	3.7	3.2~3.6	4~6	4~6
呼和浩特市	5.4~6	13（绿豆）	3~3.5	4.4~5	5.2~7	
包头市	10.8		2.2	5	5.4	
鄂尔多斯市	5~6	9（绿豆）	5.6（原粮3.2）			5
赤峰市	5.4	9.6（绿豆）	3.4	2.6	5.6	

聚焦以包头市、呼和浩特市、乌兰察布市为重点的中西部杂粮杂豆产业带和以赤峰市、通辽市、兴安盟为重点的东部杂粮杂豆产业带，围绕燕麦、谷子、荞麦等产业，重点支持优势产业带的龙头企业做大做强，延伸产业链条，开发杂粮杂豆全谷物产品和精细加工高附加值产品，培育杂粮知名品牌。目前内蒙古有以内蒙古阴山优麦食品有限公司、内蒙古燕谷坊生态农业科技（集团）有限公司、内蒙古塞主粮食品科技开发有限公司、内蒙古西贝汇通农业科技有限公司、三主粮集团股份有限公司等为首的加工企业积极发展订单农业，加大科技研发，挖掘杂粮杂豆功能营养和药用价值，已由原来的原粮收购、简单初加工为主逐渐向杂粮深加工转变。开发出精制杂粮粉、杂粮粥饭、杂粮饮品、燕麦乳、水果坚果燕麦片等高附加值产品，打造出“燕麦胚芽米”“田野杂粮”等燕麦名优品牌。多渠道、规范、健全的杂粮市场体系，实现产、供、销一体化，力争以研究促进生产开发，加工带动生产，形成推动相关产业迈向高端化、智能化、绿色化。要发展优势特色产业，发展适度规模经营，促进农牧业产业化、品牌化，使杂粮生产呈现良性循环态势。

二、2022年杂粮杂豆产业发展基本情况

（一）种植情况

截至2022年，内蒙古杂粮杂豆播种面积1 211.7万亩，占内蒙古粮食面积11.6%，较上年减少197.8万亩，下降14.0%。目前赤峰杂粮杂豆种植面积533.0万亩，占内蒙古杂粮杂豆总面积44.0%，乌兰察布市212.9万亩，通辽市

117.6 万亩，锡林郭勒盟 89.2 万亩，兴安盟 84.5 万亩，呼和浩特市 62.9 万亩，包头市 57.9 万亩，呼伦贝尔市 39.2 万亩，鄂尔多斯市 7.5 万亩，巴彦淖尔市 6.8 万亩，阿拉善盟 0.2 万亩。

（二）主产区主要种植品种及主推技术

1. 谷子

主产区种植的主要品种：金苗 K1、张杂谷、赤谷 K2、赤谷 K3、赤谷 10 号、赤谷 16 号、赤谷 17 号、辰诺金谷、黄金谷 1 号、大金苗。

主推技术：谷子轻简化栽培技术、垄膜集雨覆膜谷子种植技术、无膜浅埋滴灌种植技术、膜下滴灌种植技术。

2. 豆类

主产区种植的主要品种：绿豆种植区主推品种为科绿 1 号、科绿 2 号、白绿 8 号、白绿 11 号、赤绿 1 号、冀绿 6、冀绿 19、东方明绿、密荚王、大明绿等。芸豆种植区主推品种为英国红、状元红、龙小豆 3 号、龙芸豆 4 号、龙芸豆 5 号、奶花芸豆、品金芸 4 号、冀红 15、冀红 16 等。小豆、豇豆、蚕豆、豌豆和小扁豆以当地农家种为主，鹰嘴豆以蒙鹰 1 号、蒙鹰 2 号、白鹰嘴豆和当地桃豆。

主推技术：绿豆、芸豆轻简化高效栽培技术，包括地膜覆盖、膜下滴灌、浅埋滴灌高产栽培技术等。

3. 高粱

主产区种植的主要品种：以酿酒高粱为主，占比 98%；食用、帚用、饲用高粱占比极少，不足 2%。品种主要以早熟、中晚熟品种为主。主推品种有通杂 108、通杂 126、通杂 136、通杂 139、通早 2 号、吉杂 121、吉杂 130、吉杂 140、吉杂 210、敖杂 1 号、赤杂 28、赤杂 29、赤杂 101、赤杂 109、辽杂 19、辽粘 2、峰杂 2、齐杂 106、龙米粱 1 号等。

主推技术：高粱膜下滴灌栽培技术、高粱杂草综合防控技术和轻度盐碱地青贮高粱浅埋滴灌高产栽培技术、渗水（可降解）地膜高效种植技术、高粱机械化生产技术。

4. 燕麦

主产区种植的主要品种：坝莜 1 号、坝莜 2 号、坝莜 3 号、坝莜 13 号、花旱2号、内莜1号、燕科1号、白燕2号、白燕7号、坝燕4号、坝燕6号、蒙燕1号、蒙燕2号、内燕5号。

主推技术：全程机械化种植技术、喷灌节水技术、旱作高效栽培集成技术、燕麦高产栽培技术、有机燕麦栽培技术、燕麦粮草复种栽培技术、精量半精量播种技术等。

5. 荞麦

主产区种植的主要品种：风沙大粒荞麦、榆荞4号、西农T1106、赤甜1号、平荞8号、西农T1208、黑丰1号、云荞1号、吉荞10号、甘荞2号、小红花荞麦、小棱荞麦、乌盟大狗头荞麦、黎麻道荞麦、牡丹荞、北海道、美国温莎、日本大粒、大三棱、小三棱、茶色黎麻道。

主推技术：主要应用测土配方施肥及旱作节水技术，全程机械化综合高产栽培技术模式，荞麦大垄宽行全程机械化栽培技术、大垄双行种植技术。

6. 糜黍

主产区种植的主要品种：晋黍4号、晋黍8号、晋黍9号等晋黍系列、大白黍、黑黍子、大黄黍、赤黍2号、赤糜2号、固糜21（粳）等。

主推技术：覆膜微垄沟种植抗旱保墒技术、糜黍大垄双行丰产栽培农机一体化技术、旱地糜黍穴播高效栽培技术、浅埋滴灌、水肥一体化等技术。

三、产业发展中存在的主要问题

（一）优势区域不明显，规模化程度低

杂粮杂豆产量较低且易受市场与价格等因素影响，农户主要种植在种地产田，且以旱作为主，种植地块分散，大部分以小农户经营，杂粮杂豆种植风险大，抗风险能力差，种植技术落后、机械化程度低，难以形成标准化规模化种植，导致经济效益低。

（二）品种退化、混杂严重，难以保证品质

在杂粮杂豆栽培品种中，主要以当地品种为主，部分农户仍然种植自留种，

老化混杂，退化严重，引进品种混杂，更新代替的优质高产品种较少。种业研究比较落后，难以满足当前发展的需要，造成品质和产量呈逐年下降趋势，加工企业生产的产品很难打入国内外市场，难以形成产业规模。

（三）精深加工水平滞后，高附加值创造率低

内蒙古杂粮杂豆种类多，杂粮杂豆已成为符合当地气候和基础条件的重要产业，但由于地处内陆，思想观念落后、市场意识淡薄，致使杂粮杂豆营销市场受限，目前杂粮杂豆产品多数以原料直接出售或初级加工产品为主，而农产品加工大部分还停留在人工挑选，简单过筛去杂，表面抛光等初加工水平上，特别是在标准化种植、精细化加工、优势品牌培育等产业链关键环节的发展上还存在较大差距。缺乏创新产品、新工艺的研究开发，科技支撑缺乏，新技术应用、新成果转化的超前创新意识，特别是高附加值产品，如保健、花粉、药用产品的开发与生产滞后。

（四）龙头企业带动不强

随着多年发展，虽然培育了一部分具有发展前景的加工、销售龙头企业或合作社，但受各种因素制约，企业加工转化能力小，工艺技术落后，企业效益普遍不高，龙头企业带动能力弱，优势资源尚未形成优势产业。

（五）机械不配套

杂粮杂豆品种繁多、生长特性不一致，从播种、中耕、收获等环节缺乏成熟的配套农机具，人工成本居高不下，机械化作业水平有待提高。

四、2023年产业发展预测及产业发展建议

（一）2023年内蒙古杂粮杂豆产业预测

杂粮杂豆产业被列入内蒙古自治区“十四五”13个农牧业优势特色产业集群规划建设之中，推动内蒙古杂粮产业健康发展。在确保国家粮食安全的大背

景下，杂粮杂豆生产面临着向冷凉、干旱、盐碱、瘠薄的自然生态条件差，不宜种植玉米、大豆、水稻等大作物的区域转移的趋势，逐渐被作为种植结构调整作物。另外，内蒙古盐碱地1 585.3万亩，同时内蒙古是畜牧业大省，饲料饲草需求量大，而糜黍、燕麦等具有耐盐碱特性且为粮饲兼用作物，既可以改良利用盐碱地，又可以生产饲草，促进区域畜牧业发展。由于内蒙古自治区1亿多亩耕地中有一半左右是旱薄地，因此杂粮杂豆种植面积还有较大扩展空间。同时，随着人民生活水平的提高和健康意识增强，杂粮杂豆相关产品不断挖掘，大众消费会大幅增加，价格也有增高的趋势。

（二）产业发展的对策建议

1. 提升科学种植水平、推广实用新技术

引进、培育和推广优良品种是加快优势农产品发展的基础。要推广适宜当地种植的优质高效新品种，促进品种更新，提升产品品质。加强新技术、新品种的试验示范，扩大优良品种的覆盖率，要突出“名、特、优、新”。开展各环节的技术培训，实施病虫草害绿色防控，提升科学种植水平。加大灾害性天气的预警，提高种植期、收获期的抗风险能力。

2. 加大科研力度、提高技术转化水平

组织科研力量，加强高产、多抗、优质新品种及高产高效栽培技术的研发力量，重视抗旱、耐寒、抗逆性强的早熟品种的培育。针对不同生态区研发推广旱地优质高产品种、水浇地优质抗倒品种及配套栽培技术，加强杂粮杂豆在作物轮作、土壤培肥和绿色生产等方面的研究，并研发适宜作物高效生产及配套的播种机、收割机、脱粒机等农机一体化技术，提高杂粮杂豆生产水平，增强杂粮杂豆产业综合竞争力。

3. 提高深加工水平、建立龙头企业与农户利益联结机制

开展“产、学、研”结合的科技研发，引入新产品、新技术、新项目，建立高科技含量的分级包装、加工生产线，提升产品附加值。引导龙头企业与合作社、农户建立利益共享、风险共担的紧密合作关系。建立企业、农户“利益共享、风险共担”的新机制。进一步完善市场营销手段，促进产销衔接订单生产。实现杂粮杂豆生产、加工的集团化、规模化和有序化，提升产业整体竞争力。

4. 推动品牌创建

坚持因地制宜，突出特色，将内蒙古独特的文化融入品牌建设，提升品牌价值。支持相关企业、合作组织等争创国家级和省级杂粮杂豆品牌。利用好品牌对产业要素的积聚作用和市场对资源配置的决定性作用，瞄准市场需求，改革供给侧结构，实现全产业链增值增效，实现优质优价，提高产业效益，创立当地品牌。

5. 加大政策项目扶持力度

协调相关部门加大农业相关政策扶持力度，改善杂粮杂豆的基础设施条件和加大农业补贴力度。增加政策性农业保险扶持力度，降低杂粮杂豆种植风险，稳定种植效益，促进杂粮杂豆产业发展。

内蒙古自治区水稻产业发展报告

水稻是我国重要的口粮作物，全国60%以上居民以稻米为主食。近10年，全国水稻种植面积保持在4.5亿亩左右，总产量2亿吨以上，单产已突破470千克/亩。水稻也是内蒙古重要的优势口粮作物，近5年种植面积保持在200万亩左右，总产量100万吨以上，单产基本稳定在500千克/亩以上。近年来，受种植成本增加，稻谷价格低迷，种植收益偏低影响，内蒙古水稻种植面积呈逐年下滑趋势，稳定面积任务艰巨。

一、水稻产业概况

水稻是内蒙古重要的优势口粮作物，内蒙古水稻主产区也是优质粳稻的优势产区，但受水源条件制约，种植面积小，在全国30个水稻种植省（区）中排第19位，面积总产量仅占内蒙古粮食作物种植面积和总产量的2%左右。

（一）发展概况

2000年以来，内蒙古水稻生产呈先减少再增加又降低的倒“N”字形发展趋势。2000—2015年种植面积波动下降，2015年减少至132万亩，较2000年减少45万亩，减幅为25%。2015年后，随着种植结构调整、玉米临储政策取消、盐碱地改良推进，主产区水稻品牌影响力不断提升、种植收益相对稳定，内蒙古水稻种植面积开始回升，总产量和单产逐年提高。2019年内蒙古水稻种植面积达到241.01万亩，总产量136.2万吨，单产565千克/亩，均创历史新高。2020年后，受水资源条件限制及水稻种植成本连年提高、稻谷市场价格持续低迷，玉米、大豆市场价格上涨、生产者补贴和轮作补贴等政策影响，内蒙古水稻种植面积稳中略减。2022年内蒙古水稻种植面积持续减少，为175.8万亩，较上年减少56.9万亩，减幅24.5%；总产量为90.21万吨，较上年减少25.09

万吨，减幅 21.8%；单产 513.1 千克/亩，较上年增加 17.52 千克/亩（表 1）。

表 1　2015—2022 年内蒙古水稻生产情况

年份	粮食作物播种		水稻				
	面积（万亩）	总产量（万吨）	面积（万亩）	占内蒙古粮食面积比例（%）	总产量（万吨）	占内蒙古粮食总产比例（%）	单产（千克/亩）
2015	9 869.94	3 292.60	132.04	1.34	50.55	1.54	382.84
2016	10 205.11	3 263.30	163.26	1.60	69.80	2.14	427.53
2017	10 171.38	3 254.55	183.28	1.80	85.25	2.62	465.13
2018	10 184.78	3 553.30	225.67	2.22	121.85	3.43	539.95
2019	10 242.00	3 653.00	241.01	2.35	136.15	3.73	564.92
2020	10 249.8	3 664	241.3	2.35	123	3.4	509.74
2021	10 326.5	3 840.3	232.7	2.25	115.3	3.0	495.48
2022	10 326.5	3 840.5	175.8	1.70	90.21	2.3	513.1

（二）产区分布

内蒙古稻区属于高纬度寒地稻作区域，主要集中在北纬 42°~49°的东北部地区。稻田主要分布在嫩江水系的诺敏河、阿伦河、雅鲁河、绰尔河、归流河流域和西辽河水系的西拉木伦河、老哈河、新开河、教来河流域的冲积平原。按盟（市）分布看，内蒙古除锡林郭勒盟、乌兰察布市和阿拉善盟外的 9 个盟（市）均有水稻种植。但产区集中，东部的兴安盟、通辽市、呼伦贝尔市和赤峰市 4 个盟（市）水稻种植面积占内蒙古的 98%左右，其中兴安盟种植面积最大，单产水平最高，种植面积和总产量占内蒙古的 1/2 以上。在主产旗（县）中，兴安盟扎赉特旗水稻种植面积最大，占内蒙古水稻种植面积的 1/3，单产水平也最高，最高亩产可达 600 千克/亩以上，接近全国最高单产。中西部的呼和浩特市、包头市、鄂尔多斯市和巴彦淖尔市的沿黄河滩涂地也有部分水稻种植，其中鄂尔多斯市面积最大，最高时达 6 万亩以上。

（三）销售加工

内蒙古稻谷销售进度较快。内蒙古稻谷销售仍然以原粮为主，占 80%以上。

2022年，受国内稻谷市场价格提振影响，内蒙古稻谷销售进度整体较快。截至2022年底，内蒙古稻谷已销售近九成，整体进度快于上年，其中60%销往黑龙江、吉林等地，40%本地加工企业加工销售。下一阶段，随着需求量增加，加工企业加工量增大，市场需求加大，稻米价格趋于平稳，种植户惜售心理减弱，预计销售进度会有所加快，2023年4月左右或全部售完。

稻谷收购价格有所回升。2022年，内蒙古稻谷收购价格整体较上年略有增加。主产区12月稻谷收购价格基本为2.6~3.3元/千克，环比增长0.1~0.15元/千克，同比下降0.2~0.4元/千克。市场销售粳米零售价格整体稳中小幅上涨，截至12月内蒙古粳米平均零售价格为6.38元/千克，环比上涨0.63%，同比上涨1.92%。稻谷价格受品种、出米率和外观品相影响明显，品种定价和优质优价进一步显现，内蒙古兴安盟稻谷收购价格为3.0~3.44元/千克，较呼伦贝尔地区高0.10~0.4元/千克。优质稻谷销售进度快，且收购价格较普通稻谷价格高0.3~0.5元/千克。

加工企业规模偏小，产品以初级品为主。内蒙古水稻主产区有稻谷加工企业250余家，以中小型加工企业为主，约占80%，规模化加工企业不到20%，加工产品以大米为主。兴安盟作为内蒙古的水稻主产区，大米加工企业数量最多，有200家以上，年加工能力达到170万吨左右。其中，龙头企业54家，占22.5%；规模以上企业27家（其中，10万吨以上5家、20万吨以上2家），占13.4%。

（四）品牌建设

稻谷的主要加工产品是大米。大米品牌建设是提升影响力，提高市场占有率，增加种植收益的有效抓手。近年来，随着农业绿色发展要求的提出，农业品牌意识不断增强，各级政府品牌建设力度不断加大。目前，内蒙古已注册3个稻米区域公用品牌，分别是“兴安盟大米”“翁牛特大米”和“达拉特大米”；2017年5月，国家质检总局批准对“科尔沁左翼后旗大米”实施地理标志产品保护。其中，“兴安盟大米”的品牌估值超过180亿元，位列全国首批百强农产品区域品牌第12名，粮食类第3名。此外，兴安盟的绰勒银珠、天极、魏佳米业、岭南香、保安沼，呼伦贝尔市的阿伦新米、笑顺稻，通辽市的马莲河、连笙，赤峰市的龙乡玉品、三绿，鄂尔多斯市的达拉滩大米等产品品牌影响力也在不断提升。

（五）产业优势

内蒙古东部水稻主产区是发展优质粳稻的优势产区，特别是兴安盟地处北纬46°大兴安岭南麓生态圈、世界公认的寒地水稻黄金带，具有发展优质水稻生产的天然优势。一是洁净的生态环境。内蒙古水稻主产区主要集中在东四盟（市），该区域生态环境好，土壤有机质含量高，工业污染少，化肥农药使用量少，具有生产安全、绿色、优质稻米的天然优势。二是优质的稻米产品。主产区水资源丰富，四季分明，光照充足，雨热同期，昼夜温差大，一年生产一季稻，有利于稻谷干物质积累，生产的稻米口感好，米质优。经权威机构（通标标准技术服务有限公司）检测，“兴安盟大米”属一级优质大米，水分含量14.8%，富含B族维生素、维生素C、维生素E、烟酸和钙、硒等15种微量元素，米粒晶莹透亮，自带稻香味。三是规模化的生产条件。内蒙古水稻种植历史悠久，产区集中，主要分布在东四盟（市），也是粮食主产区，新型经营主体发展迅速，具备了区域化布局、规模化经营和产业化发展的基础。近年来，水稻规模化种植程度、机械化、标准化种植水平明显提升。

二、2022年内蒙古水稻产业发展基本情况

（一）种植情况

2022年内蒙古水稻生产总体呈“两减一增”，种植面积和总产量均较上年减少，单产增加。

一是面积减少。受稻谷市场持续低迷、水稻种植成本增加、收益下降和玉米价格持续走高、大豆生产者补贴政策支持力度加大等因素影响，主产区部分地区出现“水改旱”，内蒙古水稻种植面积减少。统计数据显示，2022年内蒙古水稻种植面积为175.85万亩，较上年减少56.86万亩，减少24.5%。各盟（市）均有减少，其中兴安盟减量最多，较上年减少41.08万亩，减少30.48%。二是总产量降低。受内蒙古水稻种植面积大幅减少影响，2022年内蒙古水稻总产减少，为90.21万吨，较上年减少25.05万吨，减少21.76%。其中兴安盟减量最多，为19.58万吨，减少28.54%。三是单产稳中有增。统计数据显示，

2022年内蒙古水稻单产为513.02千克/亩，较上年增加17.4千克/亩，增长3.28%。各主产盟（市）有增有减，整体呈东部主产区增加，西部盟（市）减少的趋势。其中，呼伦贝尔市增量最多，较上年增加35.22千克/亩，增长7.16%；包头市减量最多，减少83.49千克/亩，减少20.31%（表2）。

表2　2022年内蒙古各盟（市）水稻生产情况

区（盟、市）	面积			总产量			单产		
	2021年（万亩）	2022年（万亩）	增减（万亩）	2021年（万吨）	2022年（万吨）	增减（万吨）	2021年（千克/亩）	2022年（千克/亩）	增减（千克/亩）
内蒙古自治区	232.70	175.85	-56.86	115.30	90.21	-25.09	495.48	513.02	17.54
呼伦贝尔市	25.06	19.84	-5.21	12.33	10.46	-1.86	491.95	527.17	35.22
兴安盟	134.79	93.71	-41.08	68.60	49.02	-19.58	508.92	523.08	14.16
通辽市	33.91	31.19	-2.72	17.94	16.85	-1.08	528.99	540.43	11.44
赤峰市	29.09	23.23	-5.87	12.48	10.79	-1.69	429.03	464.45	35.42
呼和浩特市	0.54	0.24	-0.29	0.21	0.11	-0.10	389.01	451.71	62.70
包头市	0.32	0.12	-0.20	0.13	0.04	-0.09	410.94	327.45	-83.49
鄂尔多斯市	7.08	5.85	-1.23	2.86	2.26	-0.60	403.54	386.20	-17.34
巴彦淖尔市	1.55	1.32	-0.23	0.67	0.56	-0.10	431.60	425.81	-5.79
乌海市	0.38	0.34	-0.04	0.09	0.12	0.03	249.54	350.00	100.46

（二）生长特点

2022年内蒙古水稻生产属正常偏好年景，特别是东部主产区水稻生长期间整体光温水条件适宜，有利于水稻生长发育和产量形成，单产不同程度提高。播种育秧期，3—4月中下旬，东部主产区温度适宜，气温平稳，出苗整齐一致，秧苗素质高；西部种植区气温偏低，一定程度影响了出苗，特别是旱直播地块出苗率明显偏低。移栽分蘖期，5月，东西部主产区均出现低温天气，整体气温偏低，部分地区还伴有大风，造成移栽后缓苗返青慢，生育期较常年慢3~5天。孕穗抽穗期，6—7月，光照充足，晴天占比50%以上，温度快速回升，水稻发育进程加快，奠定了高产基础。通辽市科尔沁左翼后旗部分地区受大雨洪涝灾害影响稻田被冲毁，但受灾面积小，对整体产量影响有限。灌浆成熟期8—9

月，8 月前期低温，但持续时间较短，气温回升迅速，利于水稻正常灌浆和干物质的积累，9 月 19—22 日内蒙古大部分地区降霜，但对水稻影响较小，个别地块收获时含水量偏高，成熟度不好。

（三）种植品种

内蒙古水稻主产区依据积温条件不同，种植品种也略有差异，但均为常规粳稻品种。呼伦贝尔市水稻品种以垦稻 20、龙盾 106、龙庆稻 3 号、北稻 2 号、北稻 8 号、绥粳 16、绥粳 4、龙粳 21、龙粳 31、龙粳 39、龙粳 24、稼禾 1 号等高产优质、耐冷凉粳稻品种为主。兴安盟种植的水稻品种主要有绥粳 18 号、龙洋 16、龙稻 21、龙粳 31、东农 425、兴育 13A04、中科 5 号等优质粳稻品种。通辽市水稻品种主要有丰优系列、吉粳系列、通育系列和特种（黑、绿、红）香稻系列等，其中，水稻主产区科尔沁左翼后旗金宝屯镇及散都水稻区重点推广种植有吉林稻花香、吉林长粒香、吉林圆粒香、沈阳长粒香等。赤峰市主要种植品种为稻花香系列、松粳系列和龙洋系列，其中，松粳系列种植面积最大。巴彦淖尔市主要推广品种为宁粳 50、松粳 16、吉粳 816、宁粳 57、龙稻 18，其中，宁粳 50 种植面积最大。鄂尔多斯市主要种植品种稻花香、宁粳 38、宁粳 57、松粳 16 号、松粳 22 号、松粳 9 号、平粳 27 号、东北 899 等。

（四）主推技术

1. 水稻智能浸种催芽技术

该技术主要是通过智能循环加温，将温度控制系统水温调整为 25～28℃，实现高温破胸，适时催芽。该技术通过采取温水喷淋措施，确保催芽时期的温度要求，保证种箱内部温度一致，同时也起到控制种箱内种子自身升温，防止出现烧种现象。目前内蒙古已建成水稻智能催芽温室 5 处，全部在兴安盟，集中催芽育苗供苗能力达到 42 万亩。其特点和优势是通过智能化控制系统实现实时监测、智能调温，出芽效果比传统方式有明显提高，具有出芽整齐、芽势好、出芽快、芽率高的优点，且省时、省工。智能程控催芽方式催芽后芽率达到 96%以上，是目前较为理想的催芽技术。技术推广的制约因素主要是智能催芽温室建设的一次性投入较高，投资回收周期慢，基本均是由项目资金支持建设，在新型经营主体中的示范应用。

2. 水稻全程机械化栽培技术

近年来，随着规模化经营的不断推进，主产区积极开展水稻智能催芽、工厂化育秧技术、机械插摆秧、机械收获等全程机械化栽培技术，进一步提升内蒙古水稻全程机械化生产水平，主产区水稻生产全程机械化基本实现全覆盖，内蒙古水稻耕种收机械化水平达到90%以上。同时，部分地区还开展了无人机运苗、喷药、施肥等现代新型技术的试验示范。

3. 钵形毯状秧盘机械摆秧技术

该技术在兴安盟水稻生产旗（县）都有应用，推广面积占内蒙古水稻种植面积80%左右。水稻钵形毯状秧苗机插技术能有效解决常规毯状秧苗机插技术存在的问题，实现机插高产高效。该技术使用钵形毯状秧盘，培育的机插秧苗形成上毯下钵状，用常规插秧机即可进行钵苗机插。秧苗大部分根系盘结在钵中，插秧机按钵苗精确取秧，根系实现带土插秧，提高了秧苗质量，秧苗插秧后返青较快，发根以及分蘖较早，有利于实现高产。由于这项技术采用的是"盘+穴"育秧法，因此被称为钵形毯状秧。大面积推广应用可实现比普通机插亩增产20~40千克，亩增效60~120元，亩降低插秧费50元以上。

4. 水稻精确定量栽培技术

重点在兴安盟地区推广应用。该技术根据水稻植株的生长发育规律，用主茎叶出生的多少来确定水稻其他器官的生长发育状况，充分利用叶、分蘖、根、穗的相互关系来掌握水稻生育进程，调控管理措施的应用时间及相关肥、水用量，最终实现水稻增产增效、资源高效节约的目标。但该技术在应用推广时，需做大量前期的基础工作：调查当地主推品种的叶龄模式、确定关键叶龄期、确定合理基本苗、优化最佳水肥管理方式等，由于内蒙古长期缺乏相关基础研究，限制了该技术的大面积推广应用。

5. 水稻旱作覆膜滴灌栽培技术

兴安盟扎赉特旗从2016年开始引进试验示范水稻旱作覆膜滴灌栽培技术。该技术是以膜下滴灌水肥一体化技术为基础，改育秧移栽为机械覆膜滴灌直播，种子不经育苗和插秧，旱整地后即可直接播种、施肥、覆膜、铺管一次性完成。苗期旱长，生育中后期进行科学合理灌溉，其他如施肥、除草、防治病虫害等田间作业均在旱田条件下进行。2019 年、2020 年连续两年推广应用面积达到 10 万亩。2022 年受玉米市场价格上涨的因素影响，水稻旱作覆膜滴灌面积大幅减少，种植面积不足 1 万亩。

6. 水稻宽窄行高光效栽培技术

重点在兴安盟地区推广，面积在 5 万亩左右。该技术主要技术要点是通过专用播种机行距的调整使宽行距与窄行距合理配置，能够在保证水稻正常生长的同时，增加水稻有效穗数，从而提高水稻产量。主要优势：一是高效的光合作用促进水稻增产，宽窄行通风性、透光性良好，可比单行栽培提高 1.3～1.5 倍的光能利用率，从而减少枯叶、促进根系与基部营养的吸收，也增强了植株的抗倒伏能力；二是分蘖有效率高，栽培结构合理，宽窄行栽培优化了传统的田间生态环境，保证根部营养的有效供给，使植株根系发达、粗壮强健。

7. “水稻+”绿色高质高效种植技术

“水稻+”是以稳定水稻生产为前提，以优化稻田生态系统为基础，实现了种植业和养殖业结合，有利用改善稻田环境、拓展稻田功能、提高种稻收益、减轻资源压力。近年来，内蒙古在兴安盟、赤峰市、鄂尔多斯市等地开展了以稻田养鱼、养鸭、养蟹为主的水稻综合种养模式试验示范，示范推广面积逐年扩大，并依托合作社等新型经营主体对稻田认领、直播种稻等新型经营模式和降解秧盘、秸秆纤维地膜、沼渣沼液施用等绿色生产技术进行了有益探索。

（五）成本收益

2022 年内蒙古水稻主产区亩成本为 900～1 450元，按稻谷平均收购价格每千克 2.8 元，平均亩产 530 千克计算，亩收益 1 484元，亩纯收益 100～550 元，收益较上年提高 20%左右。生产成本中种子、化肥、农药等生产资料 250～300 元，占成本的 15%～20%；劳动用工 100～320 元，占 10%～20%；机械作业 150～350 元，占 15%～20%；地租 400～800 元，占 40%～60%。调查情况显示，2022 年内蒙古水稻成本较上年增加，其中，化肥、农药等生产资料较上年略有上涨；地租价格上涨明显，普遍上涨 100～200 元，涨幅在 20%～30%；随着机械化水平逐年提高，劳动用工减少、用工成本略有降低，但机械作业费用略有增加。总体上，2022 年稻谷收购市场价格较上年增加 0.3～0.5 元/千克，在成本持续增加的情况下，收益较上年略有增加。

三、水稻产业发展存在问题

一是重视程度不足。尽管水稻是内蒙古重要的优势口粮作物，但由于种植面积在内蒙古粮食作物占比偏少，各级政府及业务部门对水稻生产的重视程度不足，对水稻品种选育、技术集成等科研和推广工作的支持力度不够，造成优质米品种推广力度不大，绿色高产高效新技术推广应用较慢，技术队伍力量薄弱。

二是基础设施薄弱。水稻生产对田块整理，供排水工程要求较高，但近年来由于缺乏项目支持，田间基础设施老化，节水渠系不配套，造成水资源利用率低，影响水稻生产发展。特别是近 2 年，受玉米、大豆种植收益较好影响，东部主产区部分水田改种旱田，对水田配套渠系破坏较大，恢复困难。

三是种业创新能力不足。当前内蒙古专门从事水稻育种的科研部门和人员较少，育种手段仍以传统育种方式为主，个别育种单位开始探索分子设计育种等方式，但应用范围小，在基因编辑、全基因组选择等新兴交叉领域的人才不足，企业竞争力弱，种子生产水平不足。

四是自主选育品种占有率低。内蒙古科研育种单位自育的水稻品种在生产中推广的面积不大，主产区水稻种植品种多是来自黑龙江、吉林、辽宁、宁夏选育的品种，各地参考有效积温区域引进示范种植，缺乏优质稻米和加工专用品种。

五是高产高效生产技术缺乏。尽管当前内蒙古水稻生产已逐步由产量导向向品质导向转变，但由于重视程度不足，支持力度不够，水稻绿色化、轻简化生产技术储备不足，减肥、减药技术集成创新不够、技术标准化还需进一步提高。生产中还普遍存在育秧播种密度、插秧密度偏高，杂草防除措施不力，倒伏偏重等问题。

四、水稻产业发展预测及下一步工作建议

（一）2023 年生产形势预测

综合分析全国及内蒙古水稻生产、价格走势和市场供需情况，预计 2023 年

内蒙古水稻生产的趋势为：一是稳定水稻种植面积依旧困难。有利因素：2023 年 2 月，国家发改委已经明确 2023 年度水稻最低收购价格上调；近年来以兴安盟为代表的主产区品牌建设卓有成效，品牌影响力和价值不断提升。不利因素：国内外稻米市场供需保持宽松，稻谷市场价格相对稳定，涨幅空间有限；玉米、大豆价格向好，生产轻简，成本投入低；大豆、玉米生产者补贴及轮作补贴政策的实施。总体来看，种植户水稻种植意向偏弱，面积有进一步减少的趋势。二是优质水稻种植面积将进一步扩大。2022 年秋季稻谷收购过程中，加工企业优先收购优质稻谷、不同品种稻谷收购价格差异明显，品种定价，优质优价进一步显现。受此影响，预计 2023 年优质水稻种植面积将进一步扩大，优质稻米品种覆盖率和标准化生产技术覆盖率将进一步提高。三是小农户水稻种植收益将会继续下降。受土地流转价格和生产资料、用工成本逐年上涨的影响，预计 2023 年水稻生产成本仍会增加，而受库存影响，普通稻谷价格将基本保持稳定或略有下降，收益空间将进一步缩小。

（二）下一步产业发展建议

内蒙古水稻产业发展应紧扣稳面积，强品质，打品牌，拓功能，走“小而优，优而特”的产业发展之路。

一是稳定种植面积。结合内蒙古水源条件和种植传统，内蒙古水稻种植面积应稳定在 200 万亩左右。重点发展东部优势区，严格控制井灌稻，控制水资源匮乏地区水稻种植；适度发展中西部沿黄灌滩涂适宜区，提高盐碱地利用率和产出率。通过政策支持、项目引导、产业带动，逐步打造东部优质绿色水稻生产基地和中西部盐碱地水稻生产基地。

二是加强基础设施建设。结合高标准农田建设等项目实施，加大对水田基础设施建设投入力度，完善水田配套渠系，提高排灌能力，实现旱能灌、涝能排、沟渠通畅，同时也为机种、田管和机收等机械化作业创造条件，提高全程机械化率、单位面积产出能力和高产稳产能力。

三是强化品种选育。充分发挥区域优势，依托兴安盟农牧科学研究所、兴安粳稻研究所等区内科研机构，积极与国家产业技术体系及相关科研单位联合，以优质、多抗、高产为目标，将传统育种和现代育种技术相结合，针对不同区域，加大优质水稻新品种选育力度，提高自主品种选育能力和市场占有率。

四是加强技术集成。以“节水、减肥、减药”为重点，有针对性地开展试验示范，加强绿色、轻简、高效栽培技术模式创新集成和示范推广，推广应用集中育秧、机械插秧、氮肥后移、增施微肥、节水灌溉、病虫害绿色防控等技术，配套增施有机肥、秸秆还田、调酸改土等措施，不断提高精准管理水平，夯实绿色生产基础。

五是拓展稻田功能。水稻生产具有发展休闲农业的天然优势。各地可结合实际，合理发展“水稻+”，因地制宜开展稻田作画、稻田认养、体验收割等乡村旅游项目，利用“旅游+”“生态+”等模式，推动水稻生产与旅游、文化等产业深度融合，拓宽种植农户增收渠道，提升水稻产业附加效益。

内蒙古自治区小麦产业发展报告

一、小麦产业发展基本概况

（一）国际小麦产业概况

1. 总体情况

小麦是全球分布最广，种植面积最大的粮食作物，大部分小麦被用作食用，也有少部分用于工业消费和饲料消费。根据联合国粮食及农业组织数据库统计，近年来全球小麦产量呈现平稳增长趋势，据统计，2020/2021 年度全球小麦收获面积 2.22 亿公顷、单产为 3.5 吨/公顷、产量为 7.76 亿吨，较 10 年前分别增长 2.2%、16.7%和 19.3%。2021/2022 年度全球小麦产量为 7.79 亿吨，同比增长 0.4%，在产量增长的同时消费量也稳步增长，近 10 年全球小麦年消费需求由 6.5 亿吨增至 7.8 亿吨，增幅 20%，年均增长 1.7%。从长期来看，在当前全球气候变暖、极端天气现象增多的情况下，未来小麦生产不确定性加大，全球小麦供给稳定增长预期是确保全球粮食安全和国际小麦市场稳定的前提和必要条件。

世界种植小麦的国家很多，但产量主要集中在中国、印度、美国、俄罗斯、加拿大、澳大利亚和阿根廷等国家，这 7 个国家小麦产量占世界总产量的 57%。中国是小麦总产量唯一超过 1 亿吨的国家，位居世界第 1，其次是印度、美国和俄罗斯。全球小麦生产区域集中，从各大洲小麦种植分布来看，亚洲是主要种植区域，小麦生产主要集中在亚洲，面积约占世界小麦面积的 45%，其次是欧洲，占 25%，北美洲占 15%，非洲、大洋洲和南美洲各占 5%左右，各洲小麦产量分布情况与面积比例大体一致。

全球小麦单产地区差异及年份间波动较大。世界主要小麦产地中，欧盟地区小麦单产较高，近 10 年平均单产为 5.59 吨/公顷（约 373.5 千克/亩）；俄罗斯和乌克兰单产分别为 2.54 吨/公顷和 3.72 吨/公顷，还有较大提升空间。从主产国小麦单产波动趋势看，随着技术进步和良种推广，近 10 年欧盟、加拿大、美国等小麦单产保持增长态势；俄罗斯、乌克兰、澳大利亚等国家受天气影响较多，单产波动大，最高单产与最低单产分别相差 1.34 吨/公顷、1.36 吨/公顷和 1.12 吨/公顷，产量波动对全球小麦市场影响也较大。

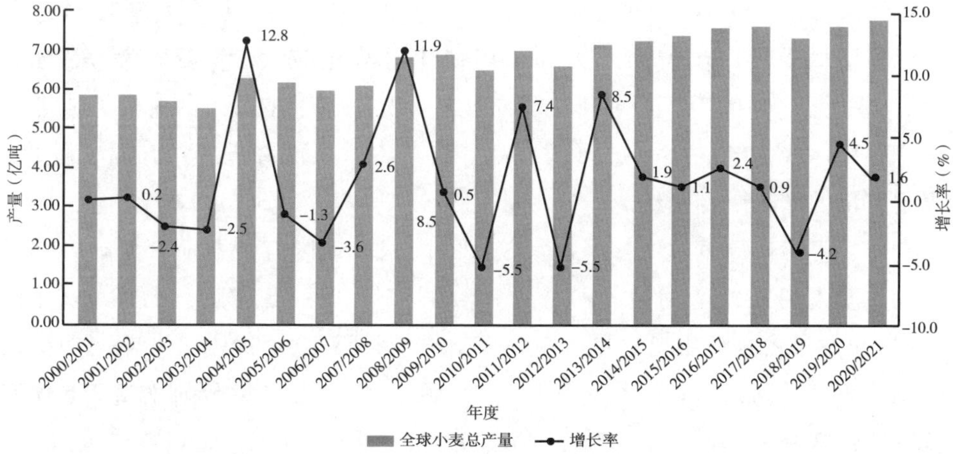

图 1　全球小麦产量及增长率

（图片来源：冯立坤，李喜贵，2021. 全球小麦供应、贸易及饲用形势［J］. 中国粮食经济，10）

2. 消费情况

小麦的消费是全球性的，全世界约有 40%的人以小麦为主食。小麦的供需结构决定了世界小麦贸易的特点：交易范围广、交易量大、参与国家多。不同类型国家消费水平和消费结构差异较大，据统计，东欧国家年人均消费小麦 262 千克，远远高于世界平均水平 100 千克，也高于发达国家水平 155 千克，发展中国家消费水平最低，人均年消费小麦只有 74 千克。中国小麦人均消费为 92 千克，高于发展中国家的水平，略低于世界平均水平，但远远低于发达国家和东欧国家的水平。

从消费结构看，发达国家以及处于转型期的东欧国家，食用比例只有 50%左右，低于世界平均水平（71%）；而作为饲料的比例较高，约占 1/3，高出世界平均水平（16%）近 1 倍。说明随着人们生活水平的提高，人均小麦消费数量将增加，但食用比例将降低，饲用比例将提高。小麦饲用消费总体增长而且波动较大。美国农业部发布的供需数据显示，2020/2021年度全球小麦饲用量1.57亿吨，占小麦产量的20.3%。近10年全球小麦饲料需求年均增长2.8%，小麦饲用消费增速超过食用消费。但受小麦价格、天气对品质变化及养殖需求等因素影响，小麦饲用需求年度间变化较大。

3. 贸易情况

总体来看，全球小麦出口国比较集中，进口国比较分散，贸易量相对稳定，国际贸易格局受出口国贸易政策和市场变化影响比较大。世界小麦贸易量自1981年超过1亿吨以后，近十几年相对比较稳定，一直在1亿~1.2亿吨徘徊。主要是因为一些传统的小麦进口国提高了自给率，从而降低了进口量，使世界小麦贸易量的增长受到制约。

全球小麦出口高度集中，出口量较大的国家和地区有俄罗斯、美国、欧盟、加拿大、澳大利亚、乌克兰、阿根廷、哈萨克斯坦和土耳其，上述9个国家（地区）出口量占全球出口总量的93.5%，据统计近10年美国、欧盟、加拿大、俄罗斯、澳大利亚、乌克兰等国家（地区），平均出口量分别为2 726万吨、2 772万吨、2 188万吨、2 573万吨、1 726万吨、1 325万吨，出口集中度（按照出口量/生产量来计算）分别为47.7%、19.2%、73.4%、44.1%、73.5%、57.8%。

小麦进口国则较为分散，主要集中在亚洲和非洲，南美和部分欧洲国家也有一些进口，进口国仅亚洲进口小麦的国家就达20多个，年均进口量超过100万吨的国家就有12个。根据进口数量划分，仅埃及、印度尼西亚和土耳其小麦进口量就超过1 000万吨，是世界主要的小麦进口国，意大利、巴西、日本和埃及小麦进口量都在600万吨左右，韩国进口量近几年保持在400万吨左右，菲律宾、印度尼西亚、巴基斯坦进口量也在300万吨左右。

（二）国内小麦产业概况

1. 总体情况

小麦是我国重要的粮食作物，也是主要的口粮作物，播种面积仅次于玉米和水稻，是第三大作物，“十三五”全国小麦平均播种面积3.57亿亩，总产2 621.78亿斤，单产367.8千克/亩。2022年全国粮食作物播种面积17.75亿亩，

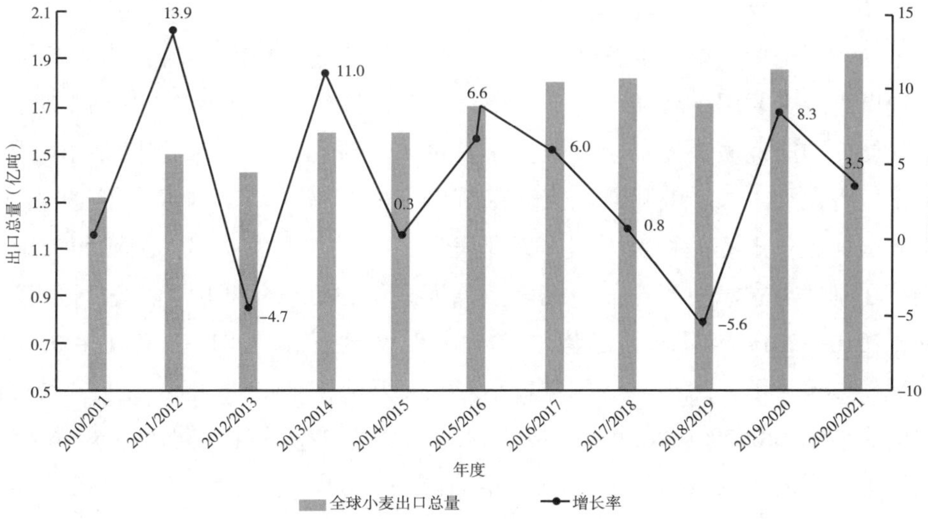

图 2　全球小麦出口总量及增长率

（图片来源：冯立坤，李喜贵，2021. 全球小麦供应、贸易及饲用形势［J］. 中国粮食经济，10）

比上年增长 0.6%；总产 13 731亿斤，比上年增加 74 亿斤，增长 0.5%；平均单产 386.8 千克/亩，比上年减少 0.2 千克/亩，下降 0.1%。2022 年全国小麦播种面积 3.53 亿亩，比上年减少 72.9 万亩，下降 0.2%，面积基本稳定；总产量 2 754.5亿斤，比上年增加 15.6 亿斤，增长 0.6%；单产 390.4 千克/亩，比上年增加 3 千克，增长 0.8%。

全国小麦多地出现高产典型，黄淮麦区千亩示范方突破 900 千克，长江中下游麦区接近 790 千克，强筋麦突破 850 千克，弱筋麦接近 750 千克，旱地小麦和稻茬小麦亩产分别突破了 650 千克和 750 千克。在高产典型的示范推广中，通过强化良种筛选、技术更新、管理细化等措施，可以推进普通田块单产的较大提升。我国小麦平均亩产仅为最高产量的 40%，单产提升空间很大。2011—2020 年，全国小麦种植面积减少了 1 700多万亩，总产量增加了 1 300多万吨，平均单产从 2011 年的 322.6 千克/亩增至 2020 年的 382.8 千克/亩，小麦单产年平均增长 6.02 千克，年均增长率 1.87%，主要靠品种单产潜力的提升，小麦良种对增产的贡献率已经达到 50%。培育和应用高产优质、适应气候变化、环境变化的重大新品种是实现产能提升的关键。另外，未来通过耕地质量提升、农业新技术集成推广、防灾减灾水平提高、机械化收获减损等技术和措施应用，都对小麦产能提升有非常重要的作用。

2. 小麦贸易

中国曾经是世界第一小麦进口大国，常年进口量在1 000万吨左右。多年来我国进口小麦主要用于品种调剂，小麦进口量仅占消费量的3%左右，以满足国内对强筋、弱筋优质小麦需求。我国小麦进口来源相对单一，近年来我国适当增加了立陶宛、法国、俄罗斯、哈萨克斯坦等“一带一路”国家小麦进口，进口来源国和进口小麦品种努力向多元化发展，但对加拿大、澳大利亚和美国小麦仍存在刚性需求。中商产业研究院数据库显示，近几年我国小麦进口量较为波动，2016—2017年呈增长趋势，2018出现短暂下降，2019—2020年恢复增长。最新数据显示，2020年我国进口小麦838万吨，创1996年以来进口数量新高，同比增幅140.2%；2021年小麦进口量累计达977万吨，同比增长16.6%；中国海关总署公布的数据显示，2022年国内小麦累计进口量为996万吨，同比增加1.9%；单价2 568元/吨，同比上涨25.96%；其中，自美国进口62.56万吨，同比大减77%；自加拿大进口179万吨，同比减少29.5%；自澳大利亚进口571.9万吨，同比增加109%；自法国进口169.8万吨，同比增加19.9%。从金额方面来看，2020年我国小麦进口金额累计达23.469亿美元，同比增长134.0%，近年增速最快；2021年小麦进口金额累计达30.779亿美元，同比增长31.0%；2022年小麦进口金额38.369亿美元，同比增长24.6%。

3. 价格情况

近年来，为了保护农民利益，各级政府出台一系列惠农补贴政策，小麦价格也整体呈现波动上涨的发展趋势，从2014年6月的均价2 458元/吨上涨到2022年的3 074元/吨，8年间上涨了616元/吨，增幅为25.06%，年均复合增长率约3.8%。

4. 消费结构

2021年我国小麦的总体消费量约14 880万吨，同比增加2 320万吨，增幅18.5%。其中，制粉消费8 800万吨，同比增加100万吨，增幅1.1%，占小麦总体消费量比例59%。饲用消费约4 500万吨，同比增加2 200万吨，增幅约95.7%（由于小麦大量替代玉米被用作饲料主粮，致使小麦饲用消费量大幅增长），占比为30%。小麦工业消费和种用量分别为970万吨和610万吨，同比各略增10万吨，占比分别为7%和4%。

5. 销售加工

在小麦销售加工方面，全国规模较大的面粉加工企业有五得利面粉集团有限公司、金沙河集团有限公司、益海嘉里金龙鱼粮油食品股份有限公司、中粮粮谷控股有限公司等，从面粉日加工能力来看，这几家企业加工量约占全国面粉总加工量的40%，日处理小麦能力分别达到4.49万吨、2.3万吨、1.7万吨、1.2万吨，产品涵盖各类型面粉、挂面、面包及糕点专用粉等。

（三）区内小麦产业概况

1. 发展概况

据第三次全国国土调查结果显示，目前我国耕地面积19.18亿亩，内蒙古耕地面积1.73亿亩，是全国耕地保有量过亿亩的4个省（区）之一，内蒙古人均耕地面积7.2亩，耕地总量位列全国第二，是全国人均耕地面积的5.3倍，内蒙古是全国13个粮食主产区和8个粮食规模调出省（区）之一。小麦是内蒙古的主要粮食作物和口粮作物，播种面积仅次于玉米和大豆，排第3位。

从播种面积来看，近20年来呈现一个先增后减的趋势，“十五”平均653.7万亩，“十一五”平均781.6万亩，“十二五”平均933.6万亩，“十三五”平均884.08万亩，2017年面积达到1 011万亩，再往后从2017年到2022年的5年间播种面积减少431.8万亩，平均每年减少86.4万亩。从总产量来看，近20年来平均为32亿斤，最多的年份是2018年50.4亿斤，2022年只有25.3亿斤。如果按人均年消费小麦90千克计算，内蒙古2 400万人口每年需要小麦43.2亿斤，内蒙古小麦生产自给率只有58.6%，每年需要从外调入17.9亿斤小麦来满足内蒙古的口粮需求，还远没有达到口粮绝对自给的要求。从单产来看，近20年来平均为408.5斤/亩，最多的年份是2018年562.8斤/亩，2022年只有436.4斤/亩，是全国平均水平的55.9%。目前，内蒙古小麦总体趋势是面积下降，单产偏低，总量不足。今后一段时间小麦生产的主要任务是恢复面积，提高单产，保障总产，要力争做到口粮绝对安全自给（图3）。

2. 产区分布

内蒙古小麦种植主要集中在以下区域：西部河套灌区，主要是以巴彦淖尔市为主，近些年平均播种面积100万亩，约占内蒙古15%；东部大兴安岭沿麓

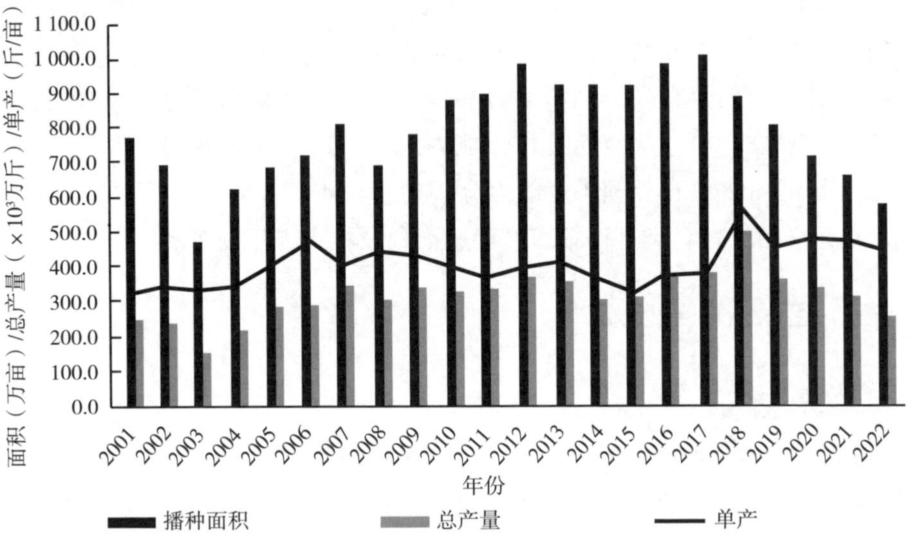

图 3　近 20 多年来内蒙古小麦生产变化趋势

（数据来源：内蒙古统计年鉴）

地区，包括呼伦贝尔市和兴安盟，近些年平均播种面积 350 万亩左右，约占内蒙古 55%；阴山北部丘陵区和燕山丘陵区，包括巴彦淖尔市东北部、呼和浩特市和包头市阴山以北，乌兰察布市和锡林郭勒盟大部、赤峰市北部，近些年平均播种面积 200 万亩左右，约占内蒙古 30%。

3. 产业优势

内蒙古小麦生产具有以下优势。

（1）西部河套灌区是我国粮食主产区，光热资源丰富，昼夜温差大，光照时间长，无霜期长，水源充沛，灌溉便利。小麦生长期间降水少，病虫害轻，生产出的小麦品质优良，用河套小麦加工的面粉面筋质量好，河套小麦收购价格和河套雪花粉销售价格在全国都是较高的。

（2）东部大兴安岭沿麓地区是我国强筋小麦种植区，无灌溉，以雨养为主，土壤肥沃，有机质含量高，化肥施用量少，气候偏冷凉，病虫害相对较轻，种植规模大，机械化程度高，生产成本低，可作为小麦加工企业的原粮基地。

（3）阴山北部、燕山丘陵区主要以旱地小麦为主，该地区降雨少，小麦病虫害发生轻，施用农药少，而且化肥施用量少，可以以此为优势大力发展绿色

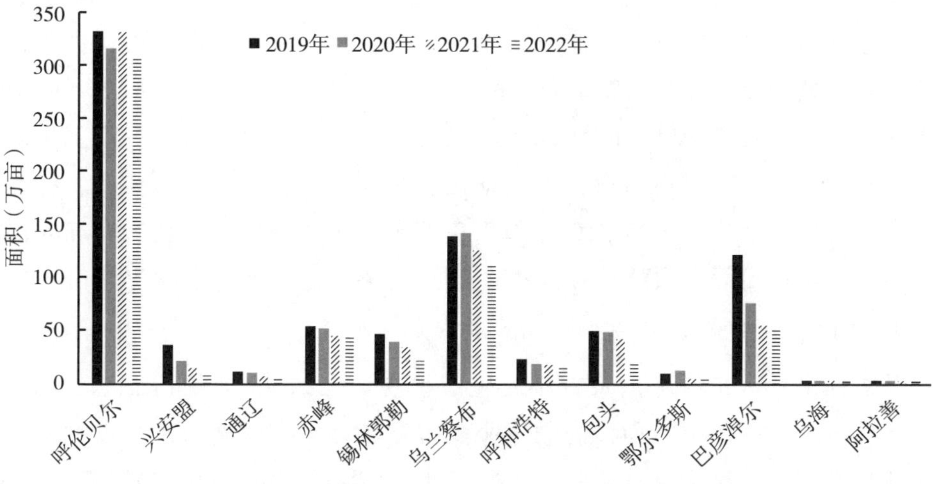

图 4　2019—2022 年内蒙古各盟（市）小麦种植面积

（数据来源：内蒙古调查年鉴）

有机小麦，提高小麦种植效益和产值。

4. 销售加工

内蒙古小麦根据种植区域不同，销售、价格等也有明显差异。西部巴彦淖尔市小麦主要被本地区加工企业收购，基本上可以全部就地加工转化，2022 年价格 3. 4 元/千克，较上年有所增加；东部大兴安岭沿麓地区和阴山北部、燕山丘陵区，区域内有带动能力的大型小麦加工企业较少，小麦就地加工转化少，种植户多直接销售原粮，或简单加工成面粉进行销售，无品牌、无包装，无附加值，产业链条短，缺乏竞争力。受全国小麦市场的影响，2022 年小麦价格在 2. 8 元/千克左右，较上年有所增长。从总体来看，内蒙古小麦价格较去年有所增长，且销售通畅。

二、2022 年内蒙古小麦产业发展基本情况

（一）总体情况

1. 总体生产情况

内蒙古小麦种植面积在全国排第 11 位，播种面积占全国 1. 82%，总产占全

国的1.0%，单产偏低仅为全国平均水平的53.3%。我国全部种植春小麦的省份主要集中在北方的黑龙江、辽宁、吉林、青海、西藏和内蒙古，内蒙古小麦均为春小麦，播种面积占全国春小麦面积的40%，总产是全国春小麦总产的31%，单产是全国春小麦平均单产的91.1%。在北方春小麦产区，内蒙古小麦生产还是非常有优势的，同时也占有重要的地位。小麦作为重要的口粮作物，在北方不仅满足人们日常生活需求，在保障粮食安全、调整种植业结构、增加农民收入、维护边疆稳定等方面都具有重要的作用。

2. 2022年内蒙古小麦生产情况

从总体来看，2022年内蒙古小麦生产呈现“三减”，即种植面积、总产量和单产均减少。在价格方面，内蒙古小麦价格较上年有所增长，小麦种植效益较上年略有增加。从气候因素来看，西部河套灌区春季由于部分地区潮塌严重，小麦播种较晚，且播种质量和出苗不好，造成亩有效穗数同比2021年有所降低，灌浆期温度较往年略高，部分地区出现干热风现象，使得千粒重较2021年略有降低。阴山北部农牧交错带大片区域春季严重干旱，影响小麦的出苗和生长，导致一部分小麦缺苗断垄、苗情较差，因旱造成产量损失。呼伦贝尔地区2022年雨水充沛，完全满足小麦生长需求，田间长势良好，只是后期降水较多影响小麦及时收获。

2022年内蒙古粮食作物播种面积10 427.7万亩，较2021年增加101.2万亩，增长1%；粮食作物产量780.1亿斤，较2021年增加12亿斤，增长1.6%，首次突破780亿斤，连续5年保持在750亿斤以上；粮食作物平均单产748.1斤/亩，较2021年增加4.3斤/亩，增长0.6%。2022年内蒙古小麦播种面积579.24万亩，占内蒙古粮食作物总播种面积的5.6%，比“十三五”平均水平减少304.84万亩，减少34.5%；总产25.28亿斤，比“十三五”平均水平减少14.4亿斤，减少36.3%；单产218.2千克/亩，比“十三五”平均单产减少7.86千克/亩，减少3.48%。与2021年相比，面积减少83.98万亩，减幅12.7%；总产量减少6.17亿斤，减幅19.6%；单产减少37.8斤，减幅8.0%。

面积减少的原因，一是小麦种植效益低，玉米种植效益高，大豆种植补贴高，玉米、大豆种植面积增加对小麦造成一定的挤压，这也是巴彦淖尔市、呼伦贝尔市和兴安盟小麦面积减少的主要原因；二是阴山北部农牧交错带旱作区2022年春季干旱少雨，造成小麦无法播种，致使小麦面积减少，这也是乌兰察布市和包头市小麦面积减少的主要原因。

小麦单产降低的原因，阴山北部农牧交错带旱作区 2022 年春季干旱少雨，导致 160 万亩——占内蒙古 1/4 面积的小麦减产，包括巴彦淖尔市东北部旱地、包头市北部、呼和浩特市北部、乌兰察布市大部、锡林郭勒盟大部和赤峰市北部部分地区。

（二）各生产区域情况

1. 西部河套灌区

（1）总体情况。该区域主要包括巴彦淖尔市、土默川，是内蒙古小麦高产区和优势种植区，2022 年面积、总产量和单产均有减少，全市小麦播种面积 51.83 万亩，较 2021 年减少 1.32 万亩；总产 3.18 亿斤，较 2021 年减少 1.07 亿斤；平均亩产 306.7 千克，较 2021 年减少 93.1 千克，较内蒙古平均水平高 88.5 千克。种植面积和单产减少的主要原因是种植小麦效益相对较低，影响种麦积极性，另外，春季土壤潮塌严重，一些计划种植小麦的地块只能改造其他作物。单产减少的原因是春季土壤潮塌严重，小麦播种较晚，造成亩有效穗数同比 2021 年有所降低，而且播种质量和出苗不好。另外，在小麦灌浆期温度较往年略高，部分地区出现干热风现象，使得千粒重较 2021 年略有降低，一些旱地小麦 2022 年干旱严重，单产降低。

（2）种植品种。小麦主栽品种有永良 4 号、农麦 2 号、农麦 4 号、农麦 5 号、巴麦 13 等，近年来审定的新品种有农麦 730、农麦 482、农麦 300、农麦 016 和巴麦 12 号、巴麦 15 号、巴麦 18、巴麦 22 号，目前正处于小面积示范阶段，还没有应用于大面积生产。从品质来看，有中强筋、中筋和弱筋等不同类型，可以满足人们对主食多样化的需求，但是缺少强筋类型小麦品种。

（3）主推技术。主推技术有春小麦两改三防配套绿色增效标准化栽培技术、春小麦套种晚播向日葵绿色栽培技术、春小麦绿色高效种植及麦后复种栽培技术。

（4）成本收益。每亩投入：种子为 4 元/千克，用种量 25 千克/亩，用种成本 100 元；机械为播种 30 元，耕翻 30 元，收获 50 元，共 110 元；浇水 110 元；化肥 100 元，除草剂、农药 10 元。合计每亩总投入 430 元。每亩产出：小麦 430 千克，价格 3.4 元，销售1 462元。每亩纯收益：1 032元。

2. 东部大兴安岭沿麓地区

（1）总体情况。该区域主要包括呼伦贝尔市和兴安盟，是内蒙古小麦主要种植区，2022 年小麦播种面积 312. 75 万亩，较上年减少 31. 15 万亩；小麦总产量 16. 33 亿斤，较上年减少 1. 81 亿斤；平均产量 261. 1 千克/亩，较上年减少 2. 67 千克。面积减少的主要原因就是该区域种植结构调整，大豆扩种对小麦面积造成挤压。2022 年小麦生长前期受一些干旱影响，中后期雨水较好，完全满足小麦生长需求，田间长势较好，单产较 2021 年略有减少。

（2）种植品种。小麦主栽品种有龙麦 35、克旱 16、克春 4、内麦 19、农麦 2 号、垦九 10、格莱尼、龙麦 35、龙麦 60、拉 2577、克春 8 号等，从整体上看，小麦品种多样且杂乱。近年该区审定小麦新品种华垦麦 1 号、2 号、4 号、晨阳 1 号、2 号、龙麦 96 等，目前还没有大面积推广，总体来看该生态种植区自育品种较少，以外省品种种植占多数，生产中缺少丰产稳产、品质稳定和抗旱抗病性好的品种。

（3）主推技术。主推技术有以保护性耕作为核心的小麦全程机械化综合配套技术，小麦抗旱、高产机械化综合配套技术，小麦避旱、稳产机械化综合配套技术。

（4）成本收益。每亩投入：种子为 2. 5 元/千克，用种量 22 千克/亩，用种成本 55 元；机械为播种 15 元，耕翻 20 元，收获 22 元，共 57 元；化肥 50 元，除草剂、农药 10 元。合计每亩总投入 172 元。每亩产出：小麦 250 千克，价格 2. 8 元，销售 700 元。每亩纯收益：528 元。

3. 阴山北部丘陵区、燕山丘陵区

（1）总体情况。该区域包括包头市北部、呼和浩特市北部、乌兰察布市、锡林郭勒盟、赤峰市北部，是内蒙古小麦主要种植区，也是内蒙古小麦单产水平较低的地区，2022 年播种面积 206. 1 万亩，较上年减少 51. 47 万亩；总产 5. 14 亿斤，较上年减少 3. 28 亿斤；平均单产 124. 7 千克/亩，较上年减少 38. 6 千克/亩。面积减少的原因，一是小麦效益低，玉米效益高对小麦的挤压；二是春季干旱造成小麦无法播种。小麦单产降低的主要原因是在小麦生长季节降水少、气候干旱、抗旱丰产稳产品种缺乏和旱地小麦种植技术落后。

（2）种植品种。阴山北部丘陵区旱地小麦主栽品种主要是当地品种玻璃脆、小红皮、大白皮，还有内麦 21、晋春 9 号、克春 4 号等，水浇地主要是永良 4

号和内麦19等；燕山丘陵区赤峰地区主要有赤麦2号、赤麦5号、赤麦7号、农麦4号等。该生态种植区近年来几乎没有小麦新品种审定和推广，丰产、抗旱品种缺乏，种植技术落后，严重制约着小麦产业发展。

（3）主推技术。主推技术有小麦机械化保护性耕作技术、干旱半干旱地区春小麦高效节水丰产技术。

（4）成本收益。每亩投入：种子为4元/千克，用种量15千克/亩，用种成本60元；机械为播种30元，耕翻30元，收获40元，共100元；化肥30元，除草剂、农药10元。合计每亩总投入200元。每亩产出：小麦110千克，价格2.8元，销售308元。每亩纯收益：108元。

三、内蒙古小麦产业发展中存在的问题

1. 品种缺乏，技术落后

生产中各区域普遍存在小麦品种缺乏，不能满足生产需求，小麦新品种推广力度小，更新速度慢，严重制约小麦产业发展。小麦标准化生产程度低，管理粗放，良种良法不同步，严重影响新技术的推广应用。

2. 种业创新能力不足

小麦科研和推广方面项目少、经费少，支持力度不够，从事小麦科研人员少、力量单薄，创新能力不足，品种和技术不能够有效地支撑产业发展。另外，生产上主栽品种长时间单一、退化混杂严重，尤其是优质专用品种缺乏，不能满足产业发展需求。

3. 良繁体系不健全，种企活力不够

多年来，内蒙古小麦良种繁育体系已不复存在，内蒙古几乎没有从事小麦研发的企业，成果转化应用没有市场，百亿级的小麦产业大而不强。

4. 种麦效益低，积极性差

小麦订单种植面积小，抗市场风险能力弱，收入不稳定。种植小麦比较效益差，种麦效益不高，容易出现丰产不丰收的情况，农户、合作社、农场种麦积极性低，小麦种植面积逐年减少，口粮安全问题突出。

5. 气候干旱，制约发展

内蒙古地处我国北方，小麦产区多数位于 300 毫米降水带以下，气候干旱，降水少，农业生产条件较差，虽然有部分水地小麦，但大部分小麦主要集中在地力瘠薄的旱地，缺水少肥，尤其是农田水利设施不配套，应对自然灾害的能力较弱，受气候干旱的影响严重，制约小麦产量形成，导致单产水平低。

6. 产业链不健全，发展不平衡

多数地区缺乏有带动能力的加工企业，产业链条短。缺乏具有一定规模面粉加工企业，种植户多简单加工成面粉进行自食或销售，甚至直接销售原粮，无品牌、无包装，无附加值，产业链条短，缺乏竞争力。没有形成完整的产业链，以小麦生产销售为主，小麦加工业发展较慢，发展不平衡。多数地区本地面粉加工企业规模小，资金链、产业链不强，加工能力不足，产品品牌打造投入少，市场销售方面力量弱。

7. 政策支持力度不够

小麦种植效益低，生产者种麦积极性差，再加上政策优势不强，粮食收储制度和小麦产业扶持力度不够，种植补贴不给力，加之价格影响，收储加工的积极性不高，制约着小麦生产。

四、内蒙古小麦产业发展的对策建议

（一）发展目标和思路

1. 发展目标

“十四五”和今后的发展目标是通过政策引导和技术措施，增加小麦种植效益，使内蒙古小麦恢复增长并稳定在 800 万亩，总产达到 40 亿斤，重点要提高单产水平，保障口粮绝对安全供给。

2. 具体思路

保障内蒙古东中西部小麦优势产业带种植面积，积极引导适度扩大内蒙古小麦种植面积。以巴彦淖尔市为主的沿黄灌区和以呼伦贝尔市为主的大兴安岭沿麓优质小麦产业带为重点，带动中部小麦发展，因地制宜推广强筋、中强筋、弱筋等优质专用品种。沿黄灌区推广秸秆还田、麦后复种绿肥、增施有机肥、除草剂和化肥减量等技术，持续推进减肥控水降本，推广复种增加效益。中部地区探索合理轮作模式，发挥小麦在轮作倒茬中的作用，扩大旱作技术应用面积，重点发展绿色、有机旱地小麦。大兴安岭沿麓优势区重点推广免耕轮作、秸秆还田、施用缓控释肥和微肥、有机替代等技术，重点打造区域公用品牌，推进产地加工业发展。

（二）下一步产业发展对策建议

1. 加快推进种业振兴

种业是农业的“芯片”，是产业发展的基础，要加强小麦种质资源收集整理和创新利用，通过生物育种技术加快小麦新品种选育，加大对小麦科研的支持力度，壮大科研队伍，增强科研力量，提高内蒙古小麦种业创新能力，解决制约内蒙古小麦产业发展的“卡脖子”问题。

2. 加快建立良繁推广体系

育种单位育成的新品种需要通过不断地良种繁育和示范推广，才能保障产业持续健康发展。加快建立良种繁育体系和稳定推广体系，从人员和经费给予长期稳定支持，争取把研发出好的品种和技术应用到生产，为内蒙古小麦产业发展提供品种和技术保障。

3. 培育壮大种业企业

目前，内蒙古种业企业呈现“多小弱散”状态，应支持通过广泛的兼并重组方式有效整合零散企业，打造一批集专业、精细、特色、新颖于一身的“专精特新”种业企业，推进种业企业向集种子选育、生产繁殖、推广营销为一体的“育繁推”一体化企业方向发展，培育内蒙古种业行业的产业链一体化龙头企业。

4. 推动创建区域品牌

内蒙古小麦生产有着独特的自然环境和区位优势，要因地制宜，突出不同产区特色，培育壮大区域品牌，提升品牌价值。支持企业在主产区建立加工生产厂区，实现原料就地加工转化，创立当地品牌。按照优质优价，提高产业效益，实现全产业链增值增效。

内蒙古自治区油料产业发展报告

一、油料产业发展基本概况

（一）基本情况

2018—2022年全国油料作物年均播种面积1.96亿亩，总产3 556.03万吨，平均单产181.88千克/亩。其中，油菜年均播种1.02亿亩，总产1 421.20万吨，平均单产136.70千克/亩；花生年均播种6 805.28万亩，总产1 789.63万吨，平均单产262.98千克/亩；向日葵年均播种1 280.01万亩，总产237.84万吨，平均单产188.61千克/亩；胡麻年均播种323.94万亩，总产31.71万吨，平均单产97.88千克/亩。全国油料作物按种植面积大小，分别是油菜、花生、向日葵、胡麻、芝麻。

从全国油料生产总体情况看，内蒙古的油料作物种类丰富，主要是向日葵、油菜、花生、胡麻，部分油料作物在全国占有重要地位。向日葵内蒙古均有种植，主要集中在黄河两岸、阴山北麓和东部丘陵地区。2018—2022年，内蒙古向日葵面积平均788.98万亩，占全国的61.64%，总产量151.10万吨，占全国的63.53%，平均亩产191.51千克，高于全国平均单产2.90千克。2022年巴彦淖尔市向日葵种植面积占内蒙古60.47%，产量占65.23%，是全国最大的向日葵主产区和集散地。油菜主要集中在大兴安岭西北及阴山北麓地区，年均种植面积368.72万亩，占全国的3.60%；产量35.26万吨，占全国的2.48%；单产95.62千克/亩，比全国平均水平低41.08千克。2022年呼伦贝尔市面积占内蒙古66.66%，产量占80.96%，是国内最大的春油菜产区，且品质优良、含油率高、机械化水平高，深受市场欢迎。胡麻主要集中在阴山南北麓地区，年均种植面积60.64万亩，占全国的18.72%；产量5.08万吨，占全国的16.01%；单产83.73千克/亩，低于全国平均水平14.15千克/亩。2022年乌兰察布市面积占内蒙古76.17%，产量占62.21%，是内蒙古胡麻的主要生产区。花生集中在西辽河流域的沙土带，年均种植面积70.29万亩，占全国的1.03%；总产量15.03万吨，占全国的0.84%；单产213.75千克/亩，比全国平均水平低49.23千克/亩。2022年通辽市面积占内蒙古82.45%，产量占88.13%，是内蒙古花生的集中生产地。

（二）产区分布

2022年内蒙古油料作物种植面积为1 113.43万亩，比2021年减少9.0%，总产量为169.90万吨，比2021年减少20.6%，平均单产152.59千克/亩，比2021年减少12.7%。2022年主要种植油料作物为向日葵、油菜、胡麻，少量种植花生，其中，向日葵面积占内蒙古油料面积的57.6%，比2021年减少11.6%，产量占内蒙古油料总产的68.9%，比2021年减少22.8%；油菜面积占内蒙古油料的34.2%，比2021年增加13.3%，产量占内蒙古的21.8%，比2021年增加14.7%；胡麻面积占内蒙古油料的4.2%，比2021年减少20.6%，产量占内蒙古的2.3%，比2021年减少13.1%；花生面积占内蒙古油料的4.0%，比2021年减少56.6%，产量占内蒙古的7.1%，比2021年减少53.1%。

1. 向日葵

向日葵主要集中种植在以巴彦淖尔市为代表的沿黄地区、以赤峰市为代表的东部丘陵旱作区和以乌兰察布市为代表的阴山北麓地区。2022年，巴彦淖尔市、鄂尔多斯市、乌兰察布市、赤峰市和包头市分居内蒙古向日葵种植面积前5位，占内蒙古向日葵总播种面积的89.33%，总产量的90.62%。

2022年巴彦淖尔市向日葵播种面积为388.16万亩，其中食用向日葵播种面积383.14万亩，油用向日葵播种面积4.12万亩。食葵以五原县占比最高，占巴彦淖尔市播种面积31%；油葵种植主要在磴口县、乌拉特前旗、乌拉特中旗，其中乌拉特前旗占巴彦淖尔市油葵播种面积的86%。巴彦淖尔市食葵平均单产为199.23千克/亩，比2021年降低7.6%，总产71.26万吨，较2021年减少6.4%。油葵平均单产为169.41千克/亩，比2021年降低5.7%，总产量0.55万吨，较2021年增加50%。赤峰市阿鲁科尔沁旗翁牛特旗和巴林右旗是赤峰市向日葵主要种植旗（县），占赤峰市向日葵种植面积的

71.75%，鄂尔多斯市向日葵种植面积50.21万亩，产量9.53万吨，其中杭锦旗分别占鄂尔多斯市面积及产量的67.15%和73.16%。乌兰察布市向日葵主要种植在商都县、四子王旗、察右中旗等土地平整、便于机械化作业的旗（县）。包头市固阳县、达茂旗、土默特右旗三地向日葵播种面积39.00万亩，总产量4.53万吨，占包头市面积及产量的94.20%和92.44%。呼和浩特市向日葵主要种植在武川县和土默特左旗，播种面积27.74万亩，总产量3.37万吨，占呼和浩特市面积及产量的95.33%和92.83%。锡林郭勒盟向日葵在各农业旗（县）均有分布，且面积呈逐年扩大趋势。其中太仆寺旗最多，约占48.93%；主要以食葵为主、少量油葵，锡林郭勒盟平均产量约164千克/亩。通辽市向日葵种植面积13.1万亩，平均单产201千克/亩，总产为2.63万吨，重点种植旗（县）为科尔沁左翼中旗、奈曼旗、扎鲁特旗、库伦旗，种植面积占通辽市的90.84%。兴安盟向日葵主要集中在科尔沁右翼中旗中部，种植面积在1.75万亩左右，占兴安盟播种面积的55.0%，其他旗（县）零星分布。

2. 油菜

油菜主要集中种植在大兴安岭西北及阴山北麓，以呼伦贝尔市的额尔古纳市、牙克石市、陈巴尔虎旗；乌兰察布市四子王旗、商都、察右中旗、察右后旗；呼和浩特市武川县和清水河县；锡林郭勒盟的乌拉盖管理区哈拉盖图农牧场、贺斯格乌拉牧场、乌拉盖牧场和巴音胡硕镇为主。2022年，呼伦贝尔市、乌兰察布市、呼和浩特市、锡林郭勒盟共种植油菜360.79万亩，占内蒙古油菜总播种面积的94.81%，总产量35.55万吨，占内蒙古总产量的96.17%。

呼伦贝尔市油菜生产主要集中在额尔古纳市、牙克石市、陈巴尔虎旗等地。其中，额尔古纳市油菜种植面积110.5万亩，占呼伦贝尔市46.9%，单产116.09千克/亩，总产量12.83万吨；牙克石市种植面积68.67万亩，占呼伦贝尔市27.07%，单产120.59千克/亩，总产量8.28万吨。乌兰察布市油菜以滩坡旱地种植为主，主要种植区域在四子王旗、商都、察右中旗、化德县，占乌兰察布市油菜籽总面积86.0%。呼和浩特市油菜主要种植在武川县，种植面积及总产量分别为19.7万亩、0.72万吨，占比分别为77.04%、73.6%，单产36.68千克/亩。锡林郭勒盟油菜主要在乌拉盖管理区哈拉盖图农牧场、贺斯格乌拉牧场、乌拉盖牧场和巴音胡硕镇，约占锡林郭勒盟种植面积的94.9%，平均单产约 128.46 千克/亩。

3. 花生

2022 年内蒙古花生播种面积为 44.51 万亩，总产量为 12.05 万吨。主要种植在通辽市科尔沁左翼右旗、科尔沁区、奈曼旗，兴安盟科尔沁右翼中旗南部，巴彦淖尔市乌拉特中旗及磴口县，赤峰市翁牛特旗及巴林右旗。

4. 胡麻

胡麻主要集中在阴山南北麓，以乌兰察布、呼和浩特和锡林郭勒盟部分旗（县）为主。2022 年内蒙古胡麻播种面积为 46.46 万亩，总产量为 3.89 万吨。乌兰察布市胡麻以滩坡旱地和小面积山旱区种植为主，主要种植区域在兴和县、商都县、卓资县、丰镇市、凉城县、察右前旗。呼和浩特市主要在和林县和清水河县种植。锡林郭勒盟主要在太仆寺旗及多伦县种植，约占锡林郭勒盟种植面积的 82.9%。

（三）销售加工

1. 向日葵

截至 2022 年 12 月，内蒙古向日葵市场行情较好，销售进度较快，葵花籽销售价格因品种、质量、商品性、地区不同而有所差异，价格在 3.5~18 元/千克，平均售价 12 元左右。

巴彦淖尔市食用向日葵开秤平均价格在 12~14 元/千克，目前均价 10.2 元/千克，与 2021 年同期相比提高了 2.6~4 元/千克；SH361、同庆 6 号、2399 等普货交易较快，价格行情涨幅明显，目前余货较少，货源主要集中在中间商手中，农户手中货余量不大，除个别品种有涨幅外，整体行情基本运行稳定。赤峰市除农户自用外全部卖给外地收购商，已销售 13.57 万吨，占总产量的 95.2%。平均售价 4 元/千克左右，从收获初期到目前价格并无明显变化，与 2021 年同期比较价格有所增加。鄂尔多斯市已销售 5.62 万吨，约占总产的 67.31%，与 2021 年同期相比销售进度较快。价格在 11~18 元/千克，与 2021 年同期比较价格略增。由于年末外地收购商撤出，本地收购商压低价格，导致向日葵收购价格下降约 1 元/千克，农户惜售待价，存在少量滞销。乌兰察布市约销售 4.7 万吨，占总产的 80%左右，葵花籽毛货收购价格为抗列当品种 7.0~

8.0元/千克，3638C为8.0~9.0元/千克，SH363在10.0~15.0元/千克，较2021年同期增长1.2~1.6元/千克。春节前为葵花籽出货高峰，按目前存量及市场行情预计，年后收货价格整体稳定，可能出现小幅回落。包头市已销售4.92万吨，占总产的100%，主要销往湖南、天津、东北、四川等地。收购价格为12.4~14.0元/千克，收获初期到目前价格变化趋势前高后低，与2021年同期相比价格降低0.4元/千克。呼和浩特市销售进度与2021年同期相比较慢，占总产的70%左右，主要原因是市场需求不旺和农民惜售。锡林郭勒盟葵花籽大部分出售给外地客商，个别品种（3638C、同辉18）收购价格为14.0~16.0元/千克，其他品种为10.0~10.4元/千克。通辽市已销售向日葵2万吨，占总产的76.0%，价格为9.0~11.0元/千克，与2021年同期相比持平。兴安盟已销售147.67吨，销售进度为35%，与2021年同期相比销售进度略慢。油葵价格在6.25元/千克左右，较2021年同期上涨0.45元/千克，食用葵价格为3.5元/千克左右，较2021年同期上涨0.2元/千克。

内蒙古现有向日葵加工企业130家，其中巴彦淖尔市120家，鄂尔多斯2家、乌兰察布市5家、呼和浩特市1家、通辽市2家。包括仓储物流、葵花籽初级筛选、炒货剥仁、榨油加工等多种加工转化形式。

巴彦淖尔市规模以上企业69家，年加工能力达110万吨；销售收入百万元以上的油脂加工企业26家，生产能力50万吨左右。本地拥有最大的油脂加工企业内蒙古鲁花葵花仁油有限公司，年加工能力5万吨，主要开展向日葵油生产加工，原料主要来自进口。鄂尔多斯市市级葵花加工企业分别为杭锦旗正昊商贸有限责任公司、鄂尔多斯市吉日客食品有限责任公司及小作坊30余家，以葵花籽收购、加工及销售为主，年加工能力3.4万吨，年营业收入额6.4亿元，葵花籽油主要销往本市、包头、呼和浩特等地，葵花籽炒货主要销往云贵川等地。乌兰察布市现有葵花籽初级筛选加工企业2家，原料50%由本地供给，年加工能力8.5万吨，年实际加工3.3万吨，产品销往全国各地；葵花籽炒货加工企业2家，原料50%由本地区供给，年加工能力12.5万吨，年实际加工2.3万吨，产品销往全国各地以及迪拜、土耳其等海外市场；榨油加工企业1家，加工原料全部由本地区供给，年加工能力0.1万吨，全产能加工，产品主要销往北京、河北、内蒙古、山西、陕西等北方地区。呼和浩特市向日葵除少部分用于满足本地规模企业，如土默特左旗的年年有余农业公司炒货加工需要外，主要销往天津、河北、浙江等地收购商或炒货企业。通辽市仅扎鲁特旗有2家炒货加工厂，年加工能力为80万千克左右。

依托2020年4月至2022年12月实施，总投资10亿元的内蒙古河套向日葵产业集群项目。到2022年，内蒙古科技研发推广示范效益1.5亿元；向日葵良种繁育基地建设年增收240万元；绿色标准化种植基地建设实现年增收2.1亿元；精深加工实现年利润3.8亿元；商贸流通实现年营业收入1.8亿元。内蒙古向日葵产业自治区级以上龙头企业达到30家、示范联合体达到15家，新增农民专业合作社国家级示范社2家，自治区级示范社5家；实现新增带动农户52 000户，增收1 000元/户，带动贫困户2 000户，增收700元/户。新增农民工就业1 000人，工作性收入30 000元/人。通过项目带动实现化肥农药双减少、用水用膜双控制、质量效益双提升，生态系统稳定性、环境承载力双提高，实现黄河流域高质量发展。

2. 油菜

截至2022年12月，内蒙古油菜销售进度较快，已完成销售65%以上，均价6.0~9.0元/千克，价格整体上涨，主要原因：一是前5年油菜价格始终徘徊在低位，种植面积逐年下降，加之种植成本增加、病虫害发生严重及不利气候影响导致产量较低，市场存量不足；二是国家政策调整使油菜种植有了政策性补贴；三是油菜籽品质提升。

呼伦贝尔市已销售70%，与2021年同期相比销售进度较快，销售价格稳定。均价6.1~6.3元/千克。乌兰察布市已销售90%。受旱情影响菜籽品相不一，收货价格在6.0~8.0元/千克不等，较2021年上涨1.0~2.0元/千克。产品多销售到当地油坊或调运外地，少量农户自留加工换取食用油。呼和浩特市油菜销售进度与2021年同期相比较慢，占总产量的70%左右，主要原因是市场需求不旺和农民惜售所致。油菜7.8元/千克，较2021年上涨39%。锡林郭勒盟油菜大部分出售给外地客商，油菜价格7.0元/千克。兴安盟已销售65%，价格为6.7元/千克，较2021年同期上涨0.9元。包头市已全部销往本地油坊。价格为8.6~9.0元/千克，与2021年同期相比价格上涨，因2022年气候干旱、无雨，价格小幅上涨。通辽市已全部销售，价格为6.2~6.4元/千克，与2021年同期相比持平。

内蒙古现有油菜加工企业3家，其中呼伦贝尔1家、乌兰察布2家。呼伦贝尔合适佳食品有限公司是内蒙古农业产业化重点龙头企业，主营芥花油、大豆油、亚麻油等植物油品，年加工能力15万吨，其生产的“呼伦花”牌芥花油，已获得绿色产品认证，销往全国多个省（市）。乌兰察布市现有菜籽油加工企业2家，全年生产，加工原料全部由本地供给，年加工能力0.15万吨，全产能加工，产品主要销往北京、河北、内蒙古、山西、陕西等北方地区。

3. 花生

截至2022年12月，内蒙古花生销售进度较快，已完成销售42%~70%，花生收购价格根据不同品质为5.2~9.0元/千克。加工主要为规模较小的小作坊，产品主要包括花生油、花生米、花生酱等。因内蒙古炒货花生品质好于其他地区，备受炒货企业青睐，因此花生市场缺口较大，供不应求。

通辽市花生已销售70%，销售价格为7.0~8.6元/千克，与2021年同期相比持平。赤峰市已销售70%，相比2021年同期稍有落后，价格9.0元/千克，较2021年同期有所上涨，除自用外全部卖给外地客商。巴彦淖尔市花生主要用于本地榨油及作为炒货销售，均价6.5元/千克。兴安盟花生销售为42%，与2021年同期相比进度略慢。花生收购价格根据不同品质为5.2~5.6元/千克，较2021年同期上涨0.7元/千克左右。

4. 胡麻

截至2022年12月，内蒙古胡麻已完成销售42%~70%，收购价格根据品质不同为7.0~8.5元/千克。受进口影响，近年胡麻价格相对稳定，为稳定原材料供应，部分油料加工企业选择进口胡麻。本地胡麻多就地加工换取食用油，少量销售到当地油坊或调运外地。

乌兰察布市胡麻总产量2.07万吨，已完成销售约2万吨，种植户已基本完成出货。由于受旱冻影响，胡麻籽品相不一，胡麻收购价格在7.0~8.0元/千克，较2021年稍有增加。锡林郭勒盟原料收购价8.0~8.5元/千克，价格较2021年提高15%~20%。呼和浩特市胡麻销售进度与2021年同期相比慢8%左右，主要销往本地中小型加工企业。

内蒙古现有胡麻油加工企业6家，其中乌兰察布市4家、锡林郭勒盟1家、呼和浩特市1家。乌兰察布市加工企业4家，可全年加工，加工原料55%来自本地区，年加工能力0.8万吨，实际年加工0.66万吨，产品主要销往北京、河北、内蒙古、山西、陕西等北方地区。锡林郭勒盟较大的油料加工企业为锡林郭勒盟红井源油脂有限责任公司，主要加工原料为胡麻和油菜籽，知名品牌为“红井源”亚麻籽油。年生产能力 10 万吨，近 2 年平均年生产 2 万~3 万吨。由于产量及价格原因，主要以进口原料为主。太仆寺旗、多伦县、正蓝旗等地有一些小型榨油厂，一般以当地胡麻为原料加工胡麻油。呼和浩特市胡麻加工企业较具知名度的为呼和浩特市农牧业产业化重点龙头企业内蒙古万利福生物科技有限公司，生产的“万利福”牌亚麻籽油，销往国内外。

（四）产业优势概述

内蒙古横跨“三北”，土地面积大、人均耕地多，日照充足、昼夜温差大，气候冷凉、雨热同步。内蒙古油料作物种植历史悠久、栽培模式丰富、加工企业门类齐全。经过多年的发展，向日葵面积和产量均居全国第一，油菜规模化、全程机械化水平居国内领先。

向日葵产区地势平坦、灌溉有保障、降水少；油菜产区纬度高，降水量少且集中，土层深厚，耕地有机质含量高，污染少，病虫害轻；胡麻产区植被良好，水源、土壤、空气清洁，气候寒凉，病虫害轻。自然生态条件非常适合发展油料作物种植，是发展绿色油料产品的理想地区。巴彦淖尔市是全国光热条件最好的地区之一，生产的向日葵产品同国内其他地区相比，具有籽粒大、饱满度好、籽粒均匀一致、粗蛋白质含量高、粗脂肪含量低、色泽鲜亮、口感纯正的优势，不饱和脂肪酸、维生素和微量元素等含量均高于其他种植地区，深受国内外市场消费者的欢迎，全国向日葵炒货高端产品原料 60%以上来自巴彦淖尔。五原县葵花籽、葵花仁产品获得有机食品认证，杭锦后旗蒙乔葵花籽获得绿色食品认证。巴彦淖尔市现已形成集种子研发、基地种植、精深加工、市场营销、旅游观光于一体的全产业链条。巴彦淖尔三瑞农科公司建成了国内唯一一家向日葵技术研究院、年加工能力5 000吨的大型现代化种子加工仓储中心，自主培育的优质向日葵品种占全国市场份额的 1/3，三瑞 9 号、三瑞 10 号、三瑞 11 号等新品种推动了向日葵品种更新换代，带动国产食葵杂交种全国市场占有率达 80%以上。巴彦淖尔市共建立向日葵交易市场 55 处，五原鸿鼎农贸市场是西北地区最大的向日葵交易中心，拥有全国向日葵定价权，年交易量 150 多万吨。巴彦淖尔市籽仁产业基地被商务部认定为国家级外贸转型升级基地，全市有籽仁加工出口企业 90 多家，年加工能力达 80 万吨，出口额占全市农产品出口额的80%以上。

呼伦贝尔市耕地开发时间短，土地规模大，机械化程度高，土壤以黑钙土为主，有机质含量4%以上，化肥农药用量少，病虫害发生轻，油菜种植区远离工业区，具有发展春油菜生产得天独厚的环境和资源优势。常年播种面积在200万亩以上，油菜种植以大型国营农牧场为主，组织化程度高，机械化栽培率达100%。各国营农牧场均有自己的试验站，开展不同品种类型对比试验，加快了油菜品种、适用技术、肥料农药更新速度。

呼和浩特市和林县山丘区，气候独特，昼夜温差大，适宜胡麻种植，产出的胡麻籽品质优、无农药污染，尤其是黑老窑乡孔独仑村，自然条件更具有优越性，年降水量多于其他地区，年有效积温在2 700℃以上，是有机胡麻主要生产基地。清水河县胡麻种植面积最高时达15万亩，胡麻油是当地的传统食用油，并在旱作农业中发挥不可替代的作用。

二、2022年油料产业发展基本情况

（一）种植情况

2022年内蒙古油料作物种植面积为1 113.43万亩，比2021年减少9.0%；总产量为169.90万吨，比2021年减少20.6%；平均单产为152.59千克/亩，比2021年减少12.7%。2022年主要种植油料作物为向日葵、油菜、胡麻，少量种植花生，且种植面积、产量、单产与2021年相比较，各作物均有变化，油菜增加，向日葵、花生、胡麻减少（表1）。

表1　2022年内蒙古主要油料作物生产统计

地区	作物	总面积/万亩	单产（千克/亩）	总产量（万吨）
内蒙古	油料作物	1 113.43	152.59	169.90
	向日葵	641.87	182.25	116.98
	油菜	380.54	97.15	36.97
	花生	44.51	270.67	12.05
	胡麻	46.46	83.71	3.89
	其他			

（续表）

地区	作物	总面积/万亩	单产（千克/亩）	总产量（万吨）
呼伦贝尔	油料作物	253.71	117.97	29.93
	向日葵	0.05		0.00
	油菜	253.66	117.99	29.93
	花生			
	胡麻			
	其他			
兴安盟	油料作物	13.48	138.61	1.87
	向日葵	3.18	186.57	0.59
	油菜	8.55	98.05	0.84
	花生	1.74	250.06	0.44
	胡麻			
	其他			
赤峰市	油料作物	52.73	192.86	10.17
	向日葵	46.35	197.72	9.16
	油菜	0.28	50.47	0.01
	花生	6.07	162.84	0.99
	胡麻	0.03		0.00
	其他			
通辽	油料作物	51.40	262.09	13.47
	向日葵	13.10	201.00	2.63
	油菜	1.60	133.79	0.21
	花生	36.70	289.50	10.62
	胡麻			
	其他			
锡林郭勒盟	油料作物	45.97	143.93	6.62
	向日葵	17.10	164.73	2.82
	油菜	20.45	121.94	2.49
	花生			
	胡麻	8.43	155.06	1.31
	其他			

（续表）

地区	作物	总面积/万亩	单产（千克/亩）	总产量（万吨）
乌兰察布市	油料作物	146.05	73.05	10.67
	向日葵	47.29	128.97	6.10
	油菜	63.37	33.93	2.15
	花生			
	胡麻	35.39	68.38	2.42
	其他			
呼和浩特市	油料作物	54.70	86.93	4.76
	向日葵	29.10	124.49	3.62
	油菜	23.31	42.05	0.98
	花生			
	胡麻	2.29	66.51	0.15
	其他			
包头市	油料作物	49.93	104.33	5.21
	向日葵	41.40	118.26	4.90
	油菜	8.21	37.22	0.31
	花生			
	胡麻	0.32	23.48	0.01
	其他			
巴彦淖尔市	油料作物	389.19	196.16	76.34
	向日葵	388.16	196.60	76.31
	油菜	1.02	30.21	0.03
	花生	0.00		0.00
	胡麻			
	其他			
鄂尔多斯市	油料作物	50.31	189.86	9.55
	向日葵	50.21	189.86	9.53
	油菜	0.09		0.01
	花生			
	胡麻	0.01		0.00
	其他			
乌海市	油料作物	0.05	—	0.01

（续表）

地区	作物	总面积/万亩	单产（千克/亩）	总产量（万吨）
阿拉善盟	油料作物	5.93	220.99	1.31
	向日葵	5.93	220.99	1.31
	油菜			
	花生			
	胡麻			
	其他			

（二）种植品种

综合考虑生育期、抗性（抗列当、霜霉病情况）、籽粒品相等指标，生产中主推品种分为3类：一是以SH363、SH361为代表的大日期长粒型品种，售价高、效益好，主要分布在巴彦淖尔、赤峰、乌兰察布、鄂尔多斯等区域；二是3638C、3638等小日期品种，适宜区域广，价格及竞争优势中上，主要分布在锡林郭勒、乌兰察布、呼和浩特等地；三是以三瑞系列为代表的抗列当品种，主要分布在通辽、呼和浩特、包头、巴彦淖尔等地，乌兰察布70%以上种植抗列当品种。

油菜品种在东部产区已实现优质杂交化，以青杂号系列为主，具有生育期短、抗倒伏、抗病、双低等特性；西部产区以芥菜型品种大黄菜籽为主，具有普适性好，水肥弹性高、抗旱性强等特性。花生品种以四粒红为主，巴彦淖尔引进种植高油酸品种冀花19号，成熟度较好、产量稳定。胡麻品种以晋亚7号、内亚9号为主，具有抗旱性强、分枝多、抗病性强等特性，但良种覆盖率较低、品种更新速度较慢（表2）。

表2　2022年内蒙古油料作物主推品种

盟（市）	作物	主推品种1			主推品种2			主推品种3		
		品种名称	种植面积（万亩）	平均单产（千克/亩）	品种名称	种植面积（万亩）	平均单产（千克/亩）	品种名称	种植面积（万亩）	平均单产（千克/亩）
呼伦贝尔市	向日葵									
	油菜	青杂5号	87.5	123.0	青杂12	80.5	121.5	青杂7号	25.3	119.3
	花生									
	胡麻									

（续表）

盟（市）	作物	主推品种1			主推品种2			主推品种3		
		品种名称	种植面积（万亩）	平均单产（千克/亩）	品种名称	种植面积（万亩）	平均单产（千克/亩）	品种名称	种植面积（万亩）	平均单产（千克/亩）
兴安盟	向日葵	S31	0.5	165.0	G101	0.3	162.0	三道眉	0.1	158.5
	油菜	青杂6号	1.7	210.0	青杂305	2.5	168.5	青杂9	2.9	200.0
	花生	四粒红	2.1	220						
	胡麻									
赤峰市	向日葵	SH363、363系	38.7	189.7	S606	8.2	198.0	CH9333	3.6	235.0
	油菜									
	花生	四粒红	2.4	344.0						
	胡麻									
通辽市	向日葵	FG363	5.0	220.0	三瑞363	4.0	215.0	三瑞279	1.0	210.0
	油菜	青油13	0.2	280.0	利杂107	0.2	280.0			
	花生	四粒红	6	320	大白沙	4.36	350			
	胡麻									
锡林郭勒盟	向日葵	3638C	5.0	170.0	同辉18号	5.0	170.0	凯福瑞1号	5.0	170.0
	油菜	利油杂107	6.0	140.0	圣光401	6.0	140.0	青杂7号	6.0	140.0
	花生									
	胡麻	内亚九号	4.4	75	坝选3号	4.4	75	晋亚7号	0.05	75
乌兰察布市	向日葵	SH363、C3167			3638C、3638			同辉15、金太阳1号		
	油菜	大黄菜籽			晋油6号			晋油12号		
	花生									
	胡麻	晋亚7号			内亚9号			轮选1号		
呼和浩特市	向日葵	3638、三瑞10号		205.0	同辉15、SH363		192.5	天葵5号、三瑞373		187.5
	油菜	本地品种	23.0	62.3						
	花生									
	胡麻	内亚九号	4.3	104.6						

（续表）

盟（市）	作物	主推品种1			主推品种2			主推品种3		
		品种名称	种植面积（万亩）	平均单产（千克/亩）	品种名称	种植面积（万亩）	平均单产（千克/亩）	品种名称	种植面积（万亩）	平均单产（千克/亩）
包头市	向日葵	三瑞11号	41.6	118.3						
	油菜	大黄油菜	10.0	28.0						
	花生									
	胡麻									
巴彦淖尔市	向日葵（食葵）	SH361	21.0	251.5	三瑞9号	17.0	223.4	同庆系列	24.0	217.2
	向日葵（油葵）	T562	3.0	169.4						
	油菜	大黄油菜	0.9	85.0						
	花生	冀花19	0.015	333.7						
	胡麻									
鄂尔多斯市	向日葵	SH361	22.4	144.3	SH363	19.6	143.8	HZ2399	6.0	120.0
	油菜									
	花生									
	胡麻									

（三）主推技术

内蒙古油料作物主推技术虽然取得了明显成效，但是受土地贫瘠、基础设施差等因素影响，单产水平仍需提高。

目前生产中采用的技术如下。

1. 向日葵扩行降密提质增效栽培技术

在节本降耗的同时实现了提质增效，通过降低密度，亩节约种子、地膜、化肥、用药及人工成本约75元。2022年巴彦淖尔市推广落实114.5万亩，平均产量为213.74千克/亩，价格10.8元/千克，亩效益达2 308.39元，较常规种植亩增产14.51千克，共实现亩节本增效351.24元。

2. 向日葵沟膜垄植抗旱抗盐耐列当栽培技术

采用机械施种肥、开沟、地膜覆于沟底至坡顶一次性作业，植株植于坡肩的一种集露、集雨、保水、养根、可灌可排、抗倒伏、抗盐、耐列当的栽培技术。2022年巴彦淖尔市推广5.1万亩，平均亩产206.05千克/亩，较大田亩增产6.82千克，按价格10.2元/千克算，较大田亩增收69.56元。

3. 向日葵全膜覆盖栽培技术

东部丘陵干旱区的赤峰市和乌兰察布市部分地区采用，达到保墒增温，增产增收目的。

4. 盐碱地水膜座沙播种技术

适用于沿黄灌区且盐碱化较重的区域，鄂尔多斯市应用面积30万亩左右，主要做法是先铺地膜，再进行大水漫灌压盐，待土壤干至能承住人时进行人工点播沙土封盖播种孔，其优点是地温高、出苗快、保苗率高。

5. 膜下滴灌及水肥一体化技术

鄂尔多斯市应用面积25万亩左右。主要优点是省水省工、节本增效。通辽市膜下浅埋滴灌占总种植面积的60%，平均单产为210千克/亩。

6. 无膜浅埋滴灌技术

通辽无膜浅埋滴灌技术占35%，平均单产为210千克/亩。

7. 油菜大型机械化免耕栽培技术

机械化栽培面积265.64万亩，覆盖率为100%，免耕技术推广面积170万亩，覆盖率为64%。采用优质双低品种、药剂拌种、种子精选、适时播种、合理密植（亩保苗在4万~6万株）、病虫草害专业化统防统治、秸秆还田、测土配方施肥等技术。采用先割晒后拾禾的分段式机械收获，减少田间损失，提高产量。

8. 胡麻缩垄增密宽幅条播栽培技术

受种植环境的限制，这一技术推广缓慢，主要在乌兰察布市部分地区采用。

（四）生产成本及收益

经调查，2022年内蒙古各油料作物亩成本、亩纯收益分别为：向日葵亩成本 520.0~1 570.4元，较上年增加 370.0 元，每亩纯收益为 240.0~1 628.6元，较上年减少 60.0~171.0 元；油菜亩成本 255.0~463.4 元，较上年增加 55.0~83.0 元，亩纯收益为 192.8~529.5 元，较上年增加 29.5~100.0 元；花生亩成本 785.0~2 354.2元，较上年增加 385.0~904.0 元，亩纯收益为 317.0~1 603.0 元，较上年增加 403 元；胡麻亩成本 285.0~431.0 元，较上年增加 105.0~120.0 元，亩纯收益为 169.0~273.3 元，较上年减少 31.0~227.0 元。成本增加原因主要是化肥等生产资料及土地流转费用上涨，收入增加主要是市场价格上涨及单产增加。

（五）气象条件影响

因 2022 年全年气象条件对油料作物生长影响较大，导致内蒙古发生不同程度减产。

呼伦贝尔市岭北个别地区苗期干旱，出苗不一致，导致后期油菜贪青，严重地区因下霜无法割晒。兴安盟春季干旱低温，作物生长季节有效积温偏低，影响了正常生长；中后期由于阴雨天气多，日照不足，且个别地区发生冰雹大风等灾害天气，致使病害发生；霜期较每年偏早，部分地区油菜、向日葵种植地块不具备灌溉条件，对产量有一定影响。赤峰市向日葵前期投入大，种植过程中有大风、菌核病、蓟马、早霜冻等危害，并且由于疫情影响导致物资流通不畅、人工费用上涨，给向日葵种植户造成一定的损失。锡林郭勒盟太仆寺旗、多伦县等南部农区春季低温干旱，部分旱作地区出苗受到影响；6 月上中旬太仆寺旗北部、正蓝旗部分地区受洪涝、冰雹等灾害影响；进入 7 月以后，南部农区一直没有有效降雨，影响产量。8 月 26 日早霜影响较大。乌兰察布市土壤墒情、气候条件差，旱情较重，全市 5 月 10 日至 6 月 20 日、7 月 10 日至 8 月初无有效降雨，影响了大部分油菜、胡麻及部分向日葵生产。另外，8 月 26—27 日察右前旗、商都县等地遭遇 2 次大范围早霜，影响作物成熟。呼和浩特市春季低温干旱少雨，土壤墒情差，影响出苗，造成出苗率降低。6—7 月降雨少，油料作物生长受到影响，7 月上旬、8 月下旬个别地区出现雹灾，造成结实受阻，影响产量。巴彦淖尔市播种前期气温偏低，部分向日葵出苗率低，到开花期遇连续降雨，多阴寡照，空气湿度较大，向日葵花盘结露，花粉结团，导致向日葵结实受影响，秕粒多，平均盘粒数减少，百粒重减少，产量降低；7 月底全市发生 2 次大规模暴雨、冰雹，部分地区受灾严重，尤其是大面积种植的同庆系列根系不发达，抗倒伏性差，导致减产。鄂尔多斯市向日葵开花授粉期间遭遇高温天气，造成部分地块授粉不良，秕籽多；灌浆期间雨水偏多，灌浆受影响。向日葵列当在杭锦旗发生严重，全旗发生面积达 21 万亩；此外杭锦旗沿河地区发生籽粒锈斑，影响籽粒品质，使得收购价降低 2~4 元/千克。

三、主要工作措施

（一）抓好重点工作和任务的落实

按照内蒙古油料产业发展要求，注重重点工作和任务的实施，统一安排，明确职责，分工负责，加强区市县三级协调沟通，做好全过程技术指导和精准服务。巴彦淖尔市高定位推动油料单品发展，重点建设食用向日葵、油葵、花生、油莎豆（特色油料作物）共 4 个油料单品，从单一抓技术向抓全产业链条转变，积极对接种植大户及企业加工等主体，全方位了解单品发展现状，找出发展瓶颈，提出发展对策。

（二）大力推广适用技术及优良品种

大力推广先进的种植模式及种植技术，提高水肥农药利用率，实现节本增效；加快品种更新换代，开展新品种引进试验示范，为销售奠定基础。巴彦淖尔市推广应用 SH361，同庆六号等 11 个向日葵、油菜、花生优质品种，主推包括向日葵扩行降密提质增效栽培技术、向日葵沟膜垄植抗旱抗盐耐列当栽培技术、小麦套晚播向日葵、向日葵套种葫芦栽培技术及向日葵“六推一防”综合配套栽培技术等。兴安盟主推向日葵免耕与耕地轮作结合技术减少土传病害发生、油菜推广免耕机械化精量直播技术提高出苗率、花生推广地膜覆盖配合早熟品种，达到稳产增产目的。

（三）高标准抓好科技园区建设

构建以园区为中心的示范带动模式，在充分发挥好园区的示范带动作用的同时，对周边种植区域进行辐射。开展新品种新技术新材料试验示范，筛选适合当地气候、土壤条件的优良品种进行种植。结合农业重大技术协同推广项目现场会及培训班等，提高了市、县两级技术人员及科技种植大户的理论与实践技能，提高各项主推技术到位率。有针对性地依托种植专业合作社和涉农企业，通过推广"部门+新型经营主体+收购企业+农户"的方式，提高园区建设质量和辐射带动能力。

（四）加强田间技术指导和宣传引导

通过在关键农时季节及时开展现场观摩、集中培训、巡回指导、测产验收等工作，建立专家对口联系制度，开展市场信息、生产技术、供需形势、产品销售等全过程服务。针对气候情况复杂、灾害频繁，技术人员及时掌握农业生产情况，深入生产一线进行技术指导，做好关键生育期管理，针对问题，制定解决方案，有效克服气候灾害的不利影响。充分利用新闻媒介及现场会挖掘好做法、好经验、好典型等进行宣传，在关键农时和重大活动时，通过微信、广播和电视等开展系列宣传报道，引导农民调整种植计划，发展向日葵等油料作物种植。

（五）加强生产主体培育扶持

鼓励种植大户、合作社、企业等新型经营主体开展土地流转和土地合作经营，坚持统耕统种、统防统治，提高油料作物产量、品质及效益。支持社会化、专业化服务组织围绕整地播种、施肥用药、收割收获等关键环节开展全托管或半托管等社会化服务，带动小农户提高油料生产轻简化、机械化、集约化水平。

四、油料产业发展存在问题

（一）生产方面

1. 自然灾害影响显著，病虫草害频发

内蒙古油料作物种植受自然灾害影响显著。呼伦贝尔市春季低温冻害对油菜播后出苗影响较大；巴彦淖尔市出现数次极端气候，冰雹、洪涝等灾害频发，

全市向日葵受灾面积达到 138.02 万亩，成灾面积 103.11 万亩，造成 7.04 万亩向日葵绝收。

病虫草害频发，农户种植积极性不强。主产区种植结构中向日葵占比过大，导致轮作倒茬困难，使得列当、锈病、菌核病、向日葵螟等病虫害累积严重。

2. 规模化、标准化生产水平低

较低的规模化、标准化生产水平影响油料作物产量和效益较低，同时制约测土配方施肥、节水灌溉以及全程机械化等先进适用技术的推广。比如技术管理不到位、农户选种不合理，科学水肥管理不到位等因素，造成向日葵生产成本较高。此外向日葵空瘪粒现象，大部分是因为水肥管理不当和授粉不良造成。

3. 种子市场多乱杂问题突出

近年来，随着种子市场开放力度加大，许多新品种进入市场，目前巴彦淖尔市在售的品种已突破 400 个，由于引进品种的经营企业多，进货途径不同，重复引种常有发生，一品多名、良莠不齐，造成了向日葵品种的多、乱、杂，农户由于对种子市场缺乏了解，过分相信经销商宣传，存在盲目购种用种现象。真正抗逆性强的优质高产品种少，更新也慢，给农民选种带来困难。

4. 机械化程度偏低，缺少规模优势

部分地区油料生产机械化水平不高，农民社会化组织程度低，没有规模优势。如巴彦淖尔市向日葵生产仍然以人工为主，大量人工投入增加了生产成本，用于向日葵生产的机械在研制和应用环节上远远跟不上生产，限制了农机农艺融合的发展速度，同时也难以满足整个产业发展的需求；巴彦淖尔市和鄂尔多斯市水膜种植是向日葵生产的重要技术，但种植方式还是以人工为主，成本较高。

（二）加工方面

加工销售是实现油料作物增值增收的重要途径，但内蒙古精深加工企业较少，多为以初加工为主的粮油加工贸易企业，部分地区本土加工企业较少，不利于油料产业发展。

兴安盟除内蒙古蒙佳粮油工业集团有限公司、内蒙古科沁万佳食品有限公司外，其余均为小型加工厂与农户小作坊，而蒙佳、万佳等企业以进口或外地订单形式收购油料作物为主，少量从当地收购。赤峰市向日葵等油料作物综合利用加工企业较少，向日葵花盘、茎秆和葵花籽壳等材料，缺乏相应的加工企业，未能得到充分利用，造成资源浪费。乌兰察布市粮油加工贸易企业较多，但都以初加工为主，胡麻、油菜多以乡村油坊加工为主。深加工种类少，缺乏龙头企业带动。行业协会、专业化组织缺位和发育不足，缺乏权威机构对行业信息进行调研、统计、分析、发布和指导。鄂尔多斯市向日葵产业融合还处于起步阶段，产业间分割明显，产业链短，以炒货、油脂等加工产品为主，加工层次较低，精深加工能力不强，仅有向日葵深加工企业 2 家，未形成“生产、加工、物流、销售”为一体的产业融合式发展，农产品加工转化率较低仅为 35%。本地没有大的向日葵集散基地，销售上没有定价权，使种植收益无法保障，风险较大。巴彦淖尔市精深加工发展相对滞后，以炒货类、剥仁、油脂等初加工产品为主，多数企业精深加工能力、高附加值产品的研发以及葵盘、葵粕等副产品综合利用的能力还有待提高。大部分企业加工技术和设备有待改进，普遍存在产品单一、包装档次不高，缺乏高技术产品，产业链较短等问题。

（三）市场销售方面

内蒙古部分油料作物产区主要依靠收购商收购，没有自己的区域优势和品牌，销售各自为战，且收购价格不稳定，经常出现压价现象造成种植户收益不高。

（四）技术支撑方面

内蒙古油料作物在技术支撑方面仍有欠缺，在新品种、新技术应用特别是机械化程度提升方面仍有很大的提升空间。

锡林郭勒盟没有规范的胡麻良种繁育基地，且旱作栽培技术上没有突破性进展，种植户多数自行引种导致品质及产量无法保证，缺乏品质好、单产高的旱地胡麻品种。乌兰察布市受经济效益制约，胡麻、油菜籽长期以来缺乏品种选育、栽培技术研究等经费和人才。巴彦淖尔市农机农艺融合不够，适用机械不足。

（五）政策支撑方面

目前，内蒙古油料作物生产在政策支撑方面仍显不足，发展环境有待进一步优化：一是按照国家种植业结构调整举措，补贴资金向粮食主产区倾斜，玉米、大豆、马铃薯生产者补贴较多，而针对油料作物的补贴相对较少；二是2022年国家、内蒙古自治区出台了一系列的油料作物提产能实施方案和补贴政策，但是因气候条件、土壤类型、市场、技术等因素影响农民种植油料作物的积极性；三是个别油料作物并不是当地政府重点扶持和发展的作物，而且农民购买种子、化肥等农资成本过高，导致种植动力不足。如锡林郭勒盟胡麻和油菜种植效益低，社会资本和技术在南部农区很少向上倾斜，北部只是依照传统作为轮作倒茬作物种植。要加大对油料生产的补贴力度，切实加强规范落实油料生产直接补贴、农资综合补贴和良种补贴。巴彦淖尔市只是针对向日葵制种和加工生产企业有贷款贴息政策，向日葵政策性种植业保险每亩3.6元，出险报销比例较低，每亩报销20~300元不等；花生引进时间短，技术和机械以及加工等方面还在探索，产量和效益难以保障，因此亟须有相应的政策倾斜和支持才能进一步扩大生产。

五、2023年油料产业发展预测

受国家扩油增粮、绿色高质高效行动、轮作休耕、生产者补贴等政策带动，以及2022年各油料作物收购价格上涨，种植效益提高影响，市场需求及后续行情预计整体稳定向好，预计2023年油料作物种植面积会有小幅增加。2023年生产要通过选择优良品种、机械化种植、水肥一体化等技术措施，提高产量和产品质量。

六、下一步产业发展建议

（一）加大新品种研发力度，推广提质增效栽培技术

一是加强各级技术推广部门及科研院所的引领作用，加大油料作物新品种

的引进及试验示范力度，根据内蒙古不同地区气候特点，因地制宜选育高产、优质、抗病、适宜机械化的油料新品种，继续引进名优特新油料作物芝麻、高油酸油葵、胡麻、高油酸油菜等新品种，充分挖掘油料生产潜力，丰富和优化油料作物种植结构。二是各级技术推广部门要联合科研院所、高等院校，围绕“四控行动”及绿色高产优质高效目标，集中力量开展试验示范，扩大技术影响力，为适用技术的大面积应用，实现均衡增产创造条件。

（二）加强示范基地建设，加快新品种新技术示范推广步伐

一是优势产区要按照油料作物生产标准化要求，建设标准化、规模化生产示范基地，完善农田水利设施、技术服务手段、农机作业机具，实现统一品种、统一种植、统一技术、统一管理。集中示范推广新品种和配套栽培新技术，提高油料作物生产整体质量水平。二是以示范基地为核心加强科技培训和技术指导服务，充分发挥农业科技示范园区带头引领作用，集中展示先进的农业技术，打造先进技术展示田、样板田、信息田，使种植户尽快掌握和推广应用新品种新技术。三是构建全程生产标准体系，抓好标准化生产，适度集中种植规模。建立并逐步完善油料生产标准，确保油料种植环节的安全、优质、高效。

（三）加快完善油料产业各环节的机械化和信息化装备

一是提升规模化机械化水平，鼓励和支持涉农企业、种植大户和农业合作社等，通过土地流转方式进行规模化种植，提高机械化作业程度，农机农艺相结合，提高统防统治能力，降低生产成本，提高生产效益。二是更新产品加工设备，提升产品加工的技术工艺，增加产品的附加值和竞争能力；三是提升油料作物生产、产品加工和市场营销方面的信息化水平，加强技术交流与服务。建立“创新团队+农技站+专业合作社及种植大户”的新型科技服务模式，加强全生育期技术跟踪服务，充分发挥基层农技推广体系主渠道作用。

（四）培育龙头企业，强化品牌建设，加快产业转型升级

油料产业化必须以市场需求为导向，通过市场配置各项生产要素，以市场流通拉动油料的生产和加工。重视加工产业发展，延伸油料产业链，提高产品

附加值。

一是通过培育和壮大龙头企业带动油料产业的发展，形成油料生产、加工、销售的有机结合、优化配置的产业化机制，提高油料的经济效益。二是积极培育地方特色品牌，提高产品知名度，增强市场竞争力。三是加快产业转型升级，加快本土加工收购企业和营销队伍建设，打通油料作物销售渠道，鼓励当地油料加工企业和种植户签订收购合同，扩大订单规模，解决销售问题，增加种植户收益。

（五）加强政策支持，促进油料产业发展

重视油料作物在农业结构调整中的地位，制定有利于油料产业发展的政策措施，充分发挥区域优势，优化种植结构，生产优质、高品位油料作物，尽快实现适度发展、规模生产。同时要加强扶持解决油料加工企业、种植大户收储销售中的资金、政策、土地、税收问题，引进一批具有较强市场活力的龙头企业。

（六）创新经营机制，促进小农户与现代农业发展有机衔接

各级农牧推广部门要积极帮助农民建立规范合作组织，提高农民的组织化程度，大力发展农民专业合作社，为油料种植户提供优质服务，实现以农促工，把油料产业做大做强。

内蒙古自治区蔬菜产业发展报告

一、蔬菜产业发展基本概况

（一）全球蔬菜产业发展概况

全球蔬菜生产主要分布在亚洲、欧洲和非洲，亚洲从新鲜蔬菜产量和收获面积来看，都是世界最主要的蔬菜生产地区，其中中国和印度又是亚洲最主要的蔬菜生产国家。

世界蔬菜单产排名前三位的是阿拉伯联合酋长国、冰岛、荷兰，这些国家国土面积小，人口少，相应的蔬菜生产面积也小，保护地栽培面积占比高，采取集约化栽培模式，又以番茄、黄瓜、甜椒等高产果菜类蔬菜为主进行生产，因此蔬菜单位面积产量高。美国、日本、韩国等国家的蔬菜单产水平则代表了当今世界蔬菜生产的先进水平。这些国家蔬菜栽培面积较大，且露地栽培面积也较大，单位面积产量保持在27~28吨/平方千米的水平。

发达国家蔬菜生产特点是农田基本建设条件好，蔬菜生产的生态环境好，生产过程中的机械化程度较高，蔬菜种子的良种化率高，蔬菜采后的冷链贮运以及加工、包装等环节均实现了机械化、自动化，从而使蔬菜产品达到安全、卫生和优质，这些都是当今蔬菜产业的发展方向。此外，发达国家蔬菜产品的深加工产业比较发达，加工产品占整个蔬菜产品的30%左右，如速冻菜、脱水菜、盐渍菜、泡菜、蔬菜汁以及蔬菜罐制食品和饮料等。

（二）我国蔬菜产业发展概况

1. 基本情况

从国际上看，我国是最大的蔬菜生产国和消费国，在我国蔬菜又是第一大农作物，产量超过粮食作物 1 亿吨以上。2021 年全国蔬菜种植面积 3.30 亿亩，年产量在 7.75 亿吨，占全球蔬菜产量的 50%。蔬菜产业成为农业的重要组成部分，蔬菜也成为经济地位最重要的作物，国家统计数据显示，2021 年我国蔬菜播种面积32 979万亩，相比 1990 年增加了 2.47 倍。目前我国蔬菜播种面积已由快速递增转向平稳发展阶段。

2. 生产分布

全国蔬菜生产格局已从过去“近郊为主、远郊为辅、农区补充”向“农区为主、郊区为辅”转变。生产基地逐步向优势区域集中，形成了六大优势生产区域，分别是华南与西南热带冬春蔬菜优势生产区、长江流域冬春蔬菜优势生产区、黄土高原夏秋蔬菜优势生产区、云贵高原夏秋蔬菜优势生产区、北部高纬度夏秋蔬菜优势生产区、黄淮海和环渤海湾设施蔬菜优势生产区。

3. 主要品种

我国现今拥有的栽培蔬菜作物（含食用菌、西甜瓜）至少有 298 种，分属 50 个科，其中，常年生产的蔬菜达 14 大类 150 多个品种。多品种、全周年、大流通格局逐步形成。据统计，种植面积超过1 000万亩的蔬菜种类分别为：大白菜、辣椒、白萝卜、黄瓜、番茄、芹菜、茄子、菠菜、蒜头、油菜、四季豆。其中，排名前三的大白菜、辣椒、白萝卜的面积占总面积的 24.46%。产量超过 4 000万吨的蔬菜种类分别为：大白菜、黄瓜、番茄、白萝卜、辣椒，其中，排名前三的大白菜、黄瓜、番茄的产量占总产量的 27.4%。

4. 价格波动

2022 年农业农村部重点监测的 28 种蔬菜全国平均批发价为 4.92 元/千克，较 2021 年持平略降 0.6%，较近 3 年（2019—2021 年）平均水平高 6.4%。价格整体运行遵循季节性波动规律为主，春节前后和 4 月初出现“双高峰”，秋季菜价异常偏高，峰值提前，冬季菜价季节性上行偏晚、偏缓（图 1）。

5. 贸易情况

蔬菜一直是我国第一大出口优势农产品，2021 年蔬菜出口总量 899 万吨，而且仍然保持顺差格局，出口额占全部农产品出口总额的 20%左右，进口占比相对较低，仅占 0.6%左右，蔬菜出口在扩大我国农产品贸易优势方面发挥着不可替代的作用。我国蔬菜出口主要集中在沿海省份如山东、广东、江苏、福建

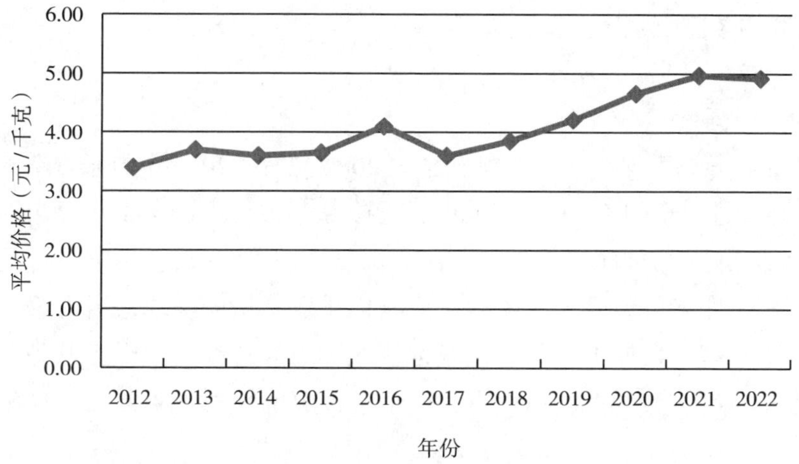

图 1　2012—2022 年全国蔬菜年均价格走势（农业农村部信息中心）

等，东盟、日本、韩国、俄罗斯等国家和地区是我国蔬菜的主要出口地。出口优势品种为蘑菇和大蒜，其他主要品种包括木耳、番茄、辣椒、生姜、洋葱、胡萝卜及萝卜等，2022 年大蒜出口量占比 19. 3%，番茄出口占比 10. 5%，进口以辣椒占比最大，为 48. 3%（图 2）。

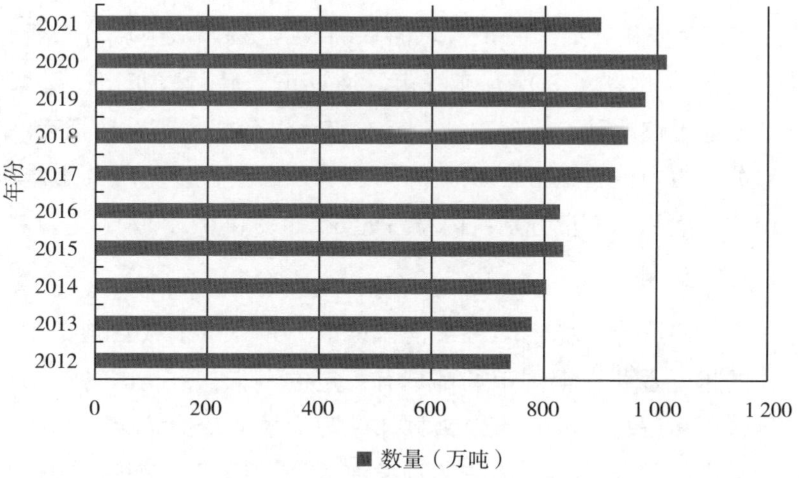

图 2　2012—2021 年全国蔬菜出口量（国家统计数据）

（三）内蒙古蔬菜产业发展概况

1. 基本情况

近年来内蒙古蔬菜产量一直排在全国20位左右。2021年内蒙古蔬菜总产量993.8万吨，排在全国第21位，其中，设施蔬菜占地面积211.7万亩，位居全国第8，设施蔬菜播种面积123.6万亩，位居全国第15位。内蒙古已成为京津冀、长三角、珠三角等地区重要的夏淡季优质蔬菜供应基地，国内第一大脱水菜生产基地，第二大加工番茄生产基地、县域最大的红干椒生产基地，赤峰市与山东省潍坊市、泰安市、临沂市、辽宁省鞍山市并列为我国北方设施番茄主产地。

2. 产区分布

内蒙古蔬菜生产的“三区两地”优势区域为燕山丘陵山区设施蔬菜区，围绕京津唐及南方市场的冷凉蔬菜区，巴彦淖尔市加工型蔬菜区，呼包鄂大中城市“菜篮子”供应基地，西辽河流域红干椒生产基地。

据种植业信息调度系统统计，2022年内蒙古蔬菜播种面积排在前3位的是番茄、辣椒和大白菜，面积占总播种面积的50.64%。设施蔬菜播种面积排在前3位的是番茄、辣椒和黄瓜，面积占总面积的81.19%。从区域分布看，蔬菜播种面积排在前5位的盟（市）有赤峰市、通辽市、乌兰察布市、巴彦淖尔市、包头市，产量前5位的是赤峰市、乌兰察布市、巴彦淖尔市、通辽市、包头市，面积和产量分别占内蒙古的81.15%和84.88%。内蒙古设施蔬菜生产以赤峰市占据主导地位，面积和产量分别占内蒙古的64.11%和67.80%。

3. 销售加工

内蒙古已初步形成了稳定的蔬菜销售渠道。赤峰市宁城县越冬番茄、以喀喇沁旗为主的越夏番茄在全国市场都享有一定的声誉，对全国番茄市场价格有一定的主导作用；以乌兰察布市、锡林郭勒盟为主的冷凉蔬菜，具有地域和气候优势，蔬菜产品品质高，外销蔬菜种类有番茄、洋葱、辣椒、结球甘蓝、胡萝卜、西蓝花、南瓜等，主要销往北京、天津、上海、广州、沈阳、西安、武汉等国内大中城市。

2022年内蒙古蔬菜地头价格按常年季节性波动规律浮动，设施越夏茬番茄平均价格 2.0 元/千克，较上年略有下降。最高 3 元/千克，最低 1 元/千克，平均亩产8 000千克左右。日光温室秋延茬均价 5 元/千克，较上年略有增加，平均亩产9 000千克左右。冷凉露地蔬菜主产区蔬菜地头收购价格基本稳定，其中大白菜2 800~3 400元/亩，芹菜6 000~8 000元/亩，莴笋2 000~3 000元/亩，西蓝花 2.2~3.6 元/千克，红、绿南瓜 1.4~1.8 元/千克，露地贝贝南瓜 1.8~2.2 元/千克，保护地贝贝南瓜 6~10 元/千克，和 2021 年价格比变化不大或略有下降，胡萝卜3 000~3 500元/亩，较 2021 年上涨 400 元/亩。

内蒙古蔬菜加工品主要以番茄酱和脱水菜为主，巴彦淖尔市为主要生产地，其中，番茄加工产品 85%以上出口欧洲、美洲、东南亚等地区，出口量约占全国的 1/5。巴彦淖尔市已成为全国第二大番茄生产基地，也是商务部认定的国家级番茄外贸转型升级专业型示范基地。中粮屯河、泰顺兴业是巴彦淖尔市最大的两家番茄加工出口企业。巴彦淖尔市“民隆”牌黄柿子系列产品在近年的销售市场上备受青睐。通辽市的红干椒产品畅销东南亚及国内市场，速冻鲜椒通过大连、青岛海关，向韩国出口。2021 年开鲁红干椒被评为“第四批中国特色农产品优势区”，并注册“开鲁红干椒”产品商标。红干椒加工品牌有“媛晶”“巧厨娘”和“人禾斋”等。

据 2022 年行业统计，内蒙古销售收入在 500 万元以上的蔬菜加工企业 82 家，加工能力 265 万吨，年实际加工量 110 万吨，年销售额 34 亿元，出口创汇 0.7 亿美元。加工企业 78%分布于巴彦淖尔市和赤峰市，17%分布在鄂尔多斯市、通辽市和呼伦贝尔市。主要加工品种有胡萝卜、红椒、甘蓝、番茄、洋葱等，产品有精制红干椒、番茄酱、脱水菜、酸菜、咸菜、酱菜、保鲜蔬菜，销往日本、韩国、美国、欧盟等国家和地区，以及我国的北京、香港、台湾、广东、上海、江苏、辽宁、河北、山东、湖南等地。加工品大多为初级加工，大包整装出口为主，以成品形式出口的产品相对较少。

2022 年加工番茄价格在 510 元/吨，较 2021 年上涨 2%左右，青红椒 0.55 元/千克，较 2021 年下降 8%左右；红干椒主要以外销为主，红鲜椒价格 2.5 元/千克左右，较 2021 年上涨 14%。，干椒 11 元/千克左右，较 2021 年上涨 22%。

4. 产业优势

全国有近 1 亿农民直接从事蔬菜生产，蔬菜种植面积占全部农作物的 13%，而产值占到 38%，远高于其他农作物，可见蔬菜产业是农民增收的重要渠道，一二三产业融合及乡村振兴的重要抓手。从全国范围看，山东、河北、辽宁等区域形成蔬菜产业集中地，蔬菜产品销往国内各大市场。内蒙古地处北部高纬度夏秋蔬菜优势生产区，光照强，温差大，具备生产绿色优质蔬菜的独特资源优势。

（1）地域条件优势。内蒙古地处夏秋淡季冷凉蔬菜基地的中心地带，高海拔、高纬度，气候凉爽，光照充足，环境污染轻，宜农耕地资源丰富，生产出的萝卜、芹菜、洋葱、甘蓝、大白菜、南瓜等风味足、口感佳。内蒙古开鲁县、科尔沁区、松山区、宁城县、太仆寺旗、临河区、五原县、杭锦后旗被列入国家蔬菜重点县。

（2）市场销售优势。全国蔬菜市场已形成按地域和季节优势互补的态势。夏天“北菜南运”是主力，而到了冬季，则是“南菜北运”。内蒙古露地冷凉蔬菜上市时间集中在 7—10 月，赤峰、通辽、乌兰察布、包头等盟（市）夏秋菜 80%以上全部外调，主要以大白菜、甘蓝、西芹、洋葱、胡萝卜、红干椒等品种为主，供应京津唐及南方市场。设施蔬菜方面，内蒙古主产区赤峰的越夏番茄、秋冬设施茄果类蔬菜 85%销往到上海、北京、天津以及东北各省。

（3）贸易出口优势。内蒙古红干椒、加工番茄、青红椒为主的加工型蔬菜，都具有稳定的国际市场，加工产品具有对欧美、日本、韩国、东南亚等地的出口优势。内蒙古认证喀喇沁番茄，化德大白菜，商都西芹等 25 个地理标志产品，注册蔬菜及其加工产品品牌在区内外享有盛誉，在俄罗斯、蒙古国、韩国、日本、东南亚等市场占有一定份额。

二、2022 年蔬菜产业发展基本情况

（一）种植情况

2022 年内蒙古蔬菜播种面积 406. 16 万亩，产量 1 586. 63万吨，其中，设施蔬菜播种面积 98. 70 万亩，产量 645. 82 万吨（种植业生产信息调度系统数据），大部分盟（市）由于粮食生产面积的扩增以及倒茬生产需要，蔬菜生产面积和产量较上年略有下降（图 3）。

2022 年蔬菜主要种植品种平均亩产量：辣椒 2. 0 吨、番茄 6. 3 吨、黄瓜 6. 6

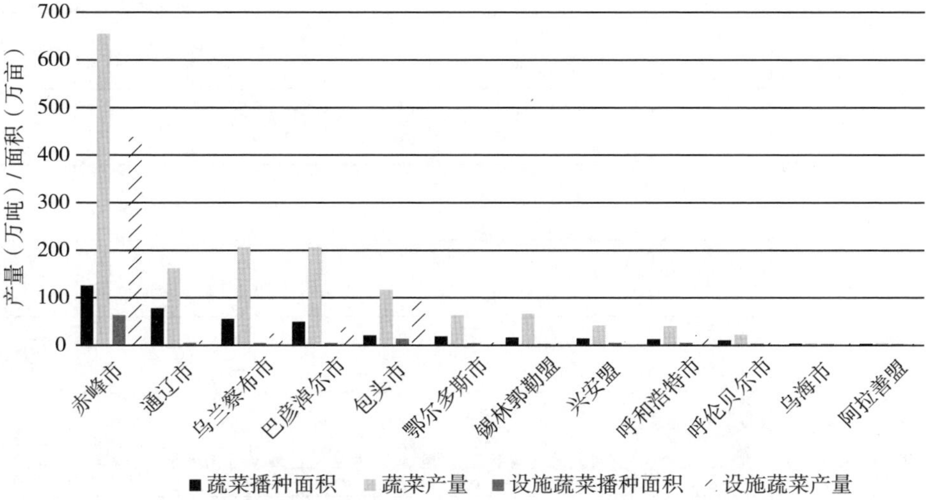

图3　2022年内蒙古各盟（市）蔬菜生产情况

（农业农村部信息种植业调度系统，下同）

吨，设施平均亩产量分别为辣椒5.1吨、番茄7.1吨、黄瓜8.2吨。平均亩产量基本和常年保持持平，受市场价格影响，番茄、黄瓜产值基本平稳，辣椒产值略有上升。

（二）种植品种

内蒙古种植蔬菜种类丰富多样，形成规模的主导品种有20多个，其中，辣椒、番茄、大白菜、胡萝卜等10种蔬菜播种面积在10万亩以上。各类品种在内蒙古各盟（市）都有广泛种植，播种面积排在内蒙古前3位的是番茄、辣椒和大白菜。

番茄种植主要分布在赤峰市、巴彦淖尔市和包头市。其中，赤峰以种植硬果番茄为主，巴彦淖尔市以加工番茄为主，包头市以鲜食番茄为主。辣椒种植主要分布在通辽市、巴彦淖尔市和赤峰市。通辽市以种植红干椒为主，巴彦淖尔市以种植酱用椒和朝天椒为主，赤峰市以种植鲜食椒为主。大白菜种植内蒙古的分布较为均衡，赤峰市、乌兰察布市、通辽市、锡林郭勒盟都广泛种植，品种以金皇后、玲珑黄、津绿80、秋菜王、秋绿60、水师营等为主（图4至图7）。

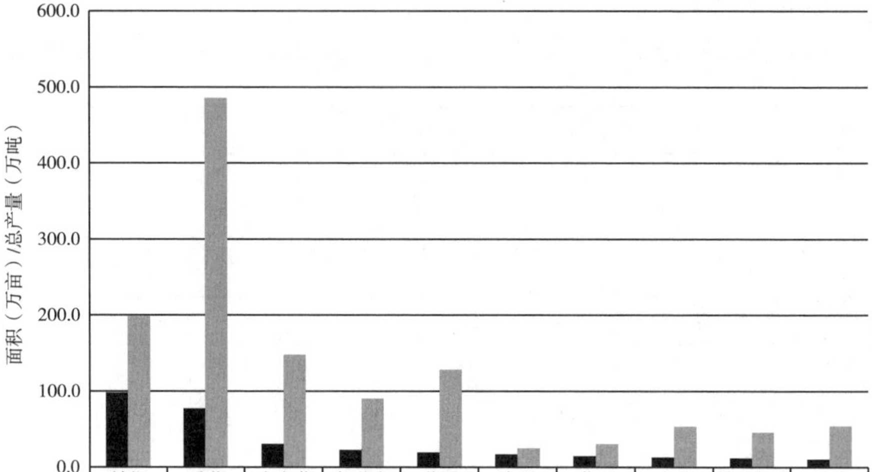

	辣椒	番茄	大白菜	胡萝卜	黄瓜	南瓜	菜豆	大葱	结球甘蓝	洋葱
■播种面积（万亩）	98.1	77.1	30.4	22.6	19.4	17.0	14.7	13.1	12.0	10.5
■总产量（万吨）	198.4	486.0	148.0	90.5	128.5	25.0	30.7	53.6	45.9	54.0

图 4　2022 年内蒙古主要品种蔬菜种植情况

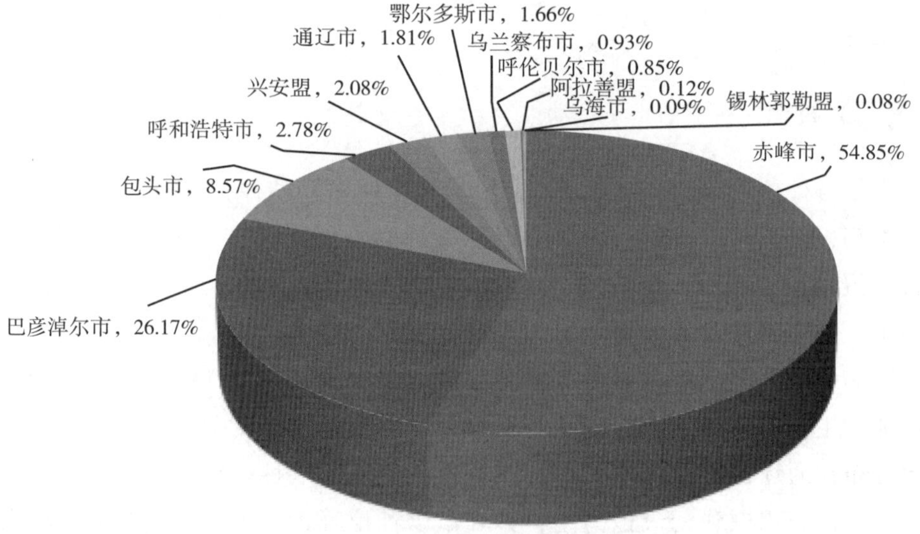

图 5　2022 年内蒙古番茄种植分布

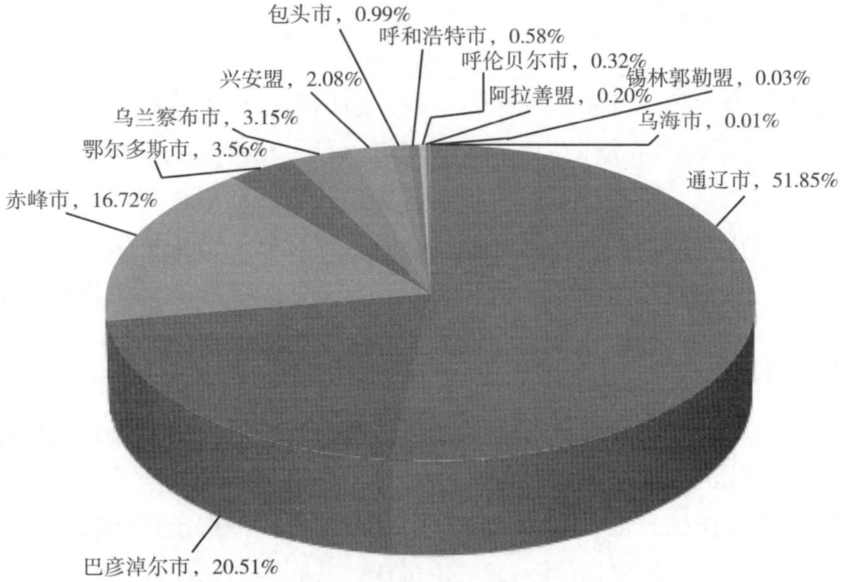

图 6　2022 年内蒙古辣椒种植分布

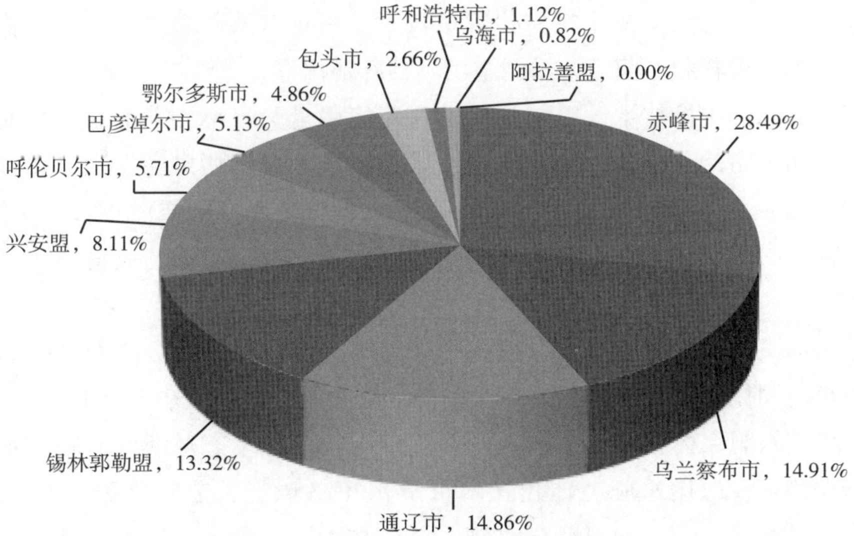

图 7　2022 年内蒙古大白菜种植分布

（三）主推技术

内蒙古致力于品种创新、技术创新和方法创新，在露地和设施蔬菜不同种植环境下，开展提质增效标准化技术集成与示范。在生产全过程推动绿色技术创新、组装和集成，体现农业技术的引领性、科学性和可操作性。主要推广抗病品种、集约化育苗技术、有机肥和生物肥替代化肥、微生物菌剂应用、轻简化栽培技术、高效茬口安排、减药减肥（“双减”）技术、病虫害绿色防控技术等。

集约化育苗技术，以穴盘为育苗容器，机械化精量播种，一次成苗现代化育苗技术，在苗期合理浇水追肥，及时防治病虫害，适当用生长素或矮壮素调节生长、培育壮苗，提高植株抗性。冲施微生物菌肥、氨基酸寡糖等，增加根系活性，提高植株抗逆性。同时推广嫁接育苗技术，抵御土传病害，培育健壮秧苗。目前内蒙古集约化育苗能力8.21亿株，共有集约化育苗中心69个，设施蔬菜中集约化育苗应用率达到95%以上。

设施蔬菜轻简化栽培技术，引进推广省时、省力、高产、高效、适合温室蔬菜生产的农业新技术、新设备，例如手自一体智能模拟放风器、轨道电动遥控运输车。示范机械化或半机械化栽培技术；一年多熟制栽培、免耕少耕栽培及套播套栽；缓释肥、菌肥、微肥施用；秸秆还田等。

病虫害绿色防控技术，以减少化学农药使用量为目标，采取生态控制、生物防治、物理防治、科学用药等环境友好型措施来控制病虫害发生，通过推广抗病优良品种，合理密植技术，高温闷棚、烟剂熏棚，悬挂诱虫板、防虫网，应用哈茨木霉菌、枯草芽孢杆菌等生物菌剂，释放丽蚜小蜂、捕食螨防治白粉虱和蓟马等防治技术实现病虫害绿色防控。

精准灌溉水肥一体化技术，根据种植作物生长发育对水分、养分的需求规律，制订不同作物灌水、追肥方案，适时定量灌水、追肥，省时、省力、节本、增效。应用水肥一体化技术，有效改善蔬菜生长的微生态环境，减轻病虫害的发生。据测算，应用水肥一体化技术可节水40%以上，节省化肥40%~50%。2022年在赤峰市开展了每日肥灌水肥一体化技术试验示范，通过连接每日肥灌系统，实现通过手机进行全程、远程智能控制，真正做到均匀施肥、精准施肥。

（四）成本收益

赤峰市调研数据显示，2022 年主栽蔬菜番茄，农户日光温室番茄一年两茬生产，亩投入成本 36 000元（包含种苗、肥药、地膜、水电、机械作业、人工），亩产 16 吨，纯收入 37 300元。冷棚番茄一年一茬生产，每亩投入成本 15 000元，亩产 9 吨，纯收入 15 000元。巴彦淖尔市调研瓜菜生产数据显示，日光温室黄瓜和番茄两茬生产，亩投入成本 26 000元，前茬黄瓜亩产 15 吨，后茬番茄亩产 7. 5 吨，纯收入 50 000元。冷棚西甜瓜和番茄两茬生产，每亩投入成本 20 000元，前茬西甜瓜亩产 1. 5 吨，后茬番茄亩产 8 吨，纯收入 24 000元。蔬菜种植收益受价格影响显著，价格季节性波动非常明显，2022 年全年番茄整体价格平稳，地头价格 1—2 月偏高，达到 8 元/千克。辣椒价格在 2022 年上半年出现明显上涨，最高达到 10 元/千克，下半年持续回落到往年平均水平，收益波动显著。

三、蔬菜产业发展存在问题

（一）生产阶段问题

结构布局——内蒙古蔬菜年度生产总量丰富，年人均占有量超过 600 千克，秋季露地蔬菜集中大量上市，70%以上销往外省，而在冬春季每月蔬菜产量仅为 20 万~30 万吨，自给率非常低。从各盟（市）分布来看，能开展越冬生产的温室集中在赤峰市，包头市、巴彦淖尔市、呼和浩特市和乌兰察布市有少量分布。产能整体上存在区域性、结构性、季节性过剩或短缺，无法满足消费者对蔬菜的多元化需求。

技术支撑——标准化生产普及率不高，蔬菜生产属于劳动密集型产业，劳动力成本不断增加，迫切需要提高轻简化技术和机械化的应用来降低劳动力成本，提高蔬菜产业的生产效率和种植户的经济效益。蔬菜生产包括品种选择、育苗、定植、田间管理、病虫害防治等多个环节，而且蔬菜种类多，规模化生产程度不高，需要全程标准化生产管理，才能保证产出的蔬菜品质优良。

专业人才——科研、技术推广部门从事蔬菜科研和技术服务人员较少，研究内容重复分散、缺乏协作，基础研究力量薄弱。从事蔬菜生产的多为中老年人群，专业知识、专业技能欠缺。蔬菜产业人才培养体系也不健全，在品种引进、育苗、种植技术、田间管理、疾病防控、物流仓储、市场销售等各个方面都需要壮大人才队伍，为蔬菜产业种植户、合作社、企业提供技术保障和人才支撑。

基础设施——内蒙古蔬菜生产基地的基础设施如沟、渠、路、水电、排灌、棚室等配套设施投入大、回报率不高，加上政府财政补贴少，基地设施设备简陋，抵御自然灾害能力弱。有一些温室大棚建设年代久，结构老旧，因重建资金投入大，农民自建意愿较低，导致设施利用率下降。另外设施的老旧也影响到生产的标准化和机械化程度，不利于蔬菜的提质增效。

（二）加工储运方面

加工——内蒙古蔬菜加工所需的原料，其供应基地规模化发展不足，供应的蔬菜质量高低不一；蔬菜加工工艺水平落后；加工企业和加工户生产规模小，龙头企业优势不强；产品的科技含量低，粗加工的产品覆盖面小，精深加工的产品种类少，产品的综合利用水平不高，新产品研发能力弱，加工产品延伸拓展得不够。质量安全体系建设不够完备，蔬菜加工业对蔬菜产业发展的促进带动作用不够。

储运——目前我国如大白菜、芹菜、韭菜等根叶菜有近 1/4 被耗损，流通中损耗率高达 25%~35%，而发达国家一般控制在 5%以下，我们还是存在相当大差距的。例如缺乏对产品劣变机制的研究，蔬菜选别、分级、预冷、包装等处理技术比较原始，采后高效低耗保鲜技术发展相对落后，冷库布点少，田头冷库几乎没有，冷链物流体系建设滞后等。

（三）市场销售方面

信息——产地蔬菜生产信息和销地（批发市场）蔬菜信息系统不完善，生产和销售信息获取不对称，导致生产者缺乏总体的供求信息引导，在蔬菜市场价格多变、供求矛盾转化快的新形势下，难以预测蔬菜产销趋势。

市场——内蒙古蔬菜产业的市场环境、市场发育程度、流通秩序还不够完善。产、运、销企业高效衔接不够，销售渠道狭窄，主动出击、开拓目标市场的行动力不足。在互联网时代，对新业态市场的开发利用也滞后。

效益——蔬菜种类品种繁杂多样，配套机械少，机械化水平低，而劳动力用工价格又不断走高，人工成本已经成为农业生产的主要成本，加之农资价格在2022年也出现显著上涨，导致蔬菜生产投入持续提高，比较效益不断下降。

四、蔬菜产业发展预测及下一步工作建议

蔬菜作为市民“菜篮子”的核心产品，不仅事关“三农”，事关乡村振兴，而且事关民生福祉，事关市民的幸福感和获得感。农业产业化发展有利于克服农户分散经营与社会化大市场的矛盾；有利于更大范围内和更高层次上实现农业资源的优化配置；有利于农业在家庭经营的基础上，逐步实现农业的规模化、专业化和商品化。

（一）提升标准化种植水平，促进节本增效

蔬菜种植品种繁多，生产管理各有差异，在生产的各个环节提升科技含量，提高种植技术精细化和标准化程度，对蔬菜生产提质增效至关重要。提升集约化育苗的水平，加强蔬菜生产机械和轻简化设备的研发，提高在整地、播种、田间管理、采收等各环节的先进技术和设备的普及率和到位率，降低劳动力成本，提高蔬菜生产效率，逐步提高蔬菜生产的机械化水平和物联网技术的应用覆盖率，向着智慧农业的方向发展。

（二）扩大保护地种植面积，提升生产能力

将土地利用及管理方式由粗放型向集约型转变，归并零散地块，扩大设施蔬菜面积。新建结构合理、性能优良、经济适用的新型设施，重点改造或重建老旧落后棚室，科学选择棚室材料，提高采光及保温性能，增强抵御自然灾害能力，提升蔬菜周年供应能力。

（三）科学施药施肥，推动绿色生产

蔬菜消费市场需求多元化发展，消费者对蔬菜的需求开始从数量增长型向质量增长型转变，产品质量影响产业发展水平，质优味美型蔬菜、营养保健型

蔬菜、天然野味型蔬菜、奇形异彩型蔬菜、绿色安全型蔬菜是未来市场的主导需求。严格落实禁止、限制使用农药的相关规定，推广蔬菜专用肥，减少使用化学防治，注重绿色防控，保障蔬菜质量的同时提升安全性。

（四）拓展加工品类，延长产业链条

2023年中央一号文件提出“提升净菜、中央厨房等产业标准化和规范化水平，培育发展预制菜产业。”预制菜首次被写入中央一号文件。蔬菜加工迎来新的发展契机，用好政策红利，蔬菜加工产业市场前景广阔。

发展预冷、保鲜、清洗、分级、包装等产品初加工，推进新型杀菌、清洁生产、智能控制、形态识别、自动分选等先进加工技术，提高加工效率，促进多元化开发、多层次利用、多环节增值。同时加大加工产品开发力度，向预制菜、冷冻菜等加工新领域拓展，发展蔬菜产品的系列加工和精细化加工，增加产品附加值。

（五）加强基地建设，发挥市场优势

以销售促生产，以市场谋发展是蔬菜产业发展的关键。建设服务全国、内蒙古或某一地域的蔬菜规模化生产经营基地，需要摸清消费需求，充分利用当地资源，加强与优势产区的协作，建立长期稳定、互利合作的产销关系。通过产销市场对接、农社对接、农超对接、线上线下对接等方式，拓展蔬菜产销供应链渠道。通过建设网络信息体系，分析市场、预测市场、寻求市场、占领市场。

（六）完善流通体系，提升竞争能力

建设多层次、广覆盖的完善流通体系，集批发市场、物流配送、实体零售、电商网络全方位立体构建，优化流通环境，完善流通体系，多形式多渠道扶持销售量大、带动力强的龙头企业、流通协会、营销大户。强化各类交易行为的法治化管理，营造放心经商、公平竞争的宽松环境，确保流通有序畅通，着力提升经营主体在市场中的竞争能力。

内蒙古自治区中药材产业发展报告

一、中药材产业发展基本概况

（一）国际中药材产业概况

中药材作为防病治病的特殊商品已得到广泛关注与运用，据统计，全世界有40亿人认可并使用中药材，占世界人口的80%。国际主要存在4个大型植物药材市场：一是欧美植物药材市场，以北美、西欧为主；二是以日本的汉方药、韩国的韩药为代表的传统市场；三是东南亚及中国的港澳台组成的华裔传统中药市场；四是非洲、阿拉伯市场。

1. 欧美市场

欧盟将植物药分为新植物药、固有应用植物药和传统植物药3种，要求都必须达到质量的可控性和疗效的可重复性，以应用现代医学为多。到目前为止只有地奥心血康胶囊、天士力丹参胶囊和香雪板蓝根颗粒3种中药制剂成功完成欧盟传统药注册。1972年美国尼克松总统访华后，针灸和中医在美国处境大大改善。目前我国对美国出口中药产品如甘草、五味子等都是作为膳食补充剂在各大超市食品专柜出售。

2. 日韩市场

日韩的中医药都是我国古代传统中医药与当地文化结合的产物，日本通过我国经典名方《伤寒论》《金匮要略》等制作汉方制剂，1976年日本政府已将汉方药纳入医疗保险。中医药最初传到韩国被称为东医，后改为韩医。韩药和日本汉方制剂均开发了拳头产品，如韩国人参系列产品人参公社旗下正官庄人参，日本生产的救心丹年销售额可达上亿美元。日韩中药产品质量标准严格、科技含量高、包装精致、宣传到位，在中成药国际市场上占有较大份额。

3. 华裔传统中药材市场

东南亚得益于良好的双边贸易关系以及受到中华传统文化影响，对中医药的认同较高。东南亚国家中新加坡、马来西亚、泰国、越南、印度尼西亚是中医药产品主要消费国，在大部分国家中医及中医师的地位已经合法化。同时东盟作为“海上丝绸之路”的重要枢纽和“一带一路”建设的重点区域，已成为我国中成药出口的第二大市场，对打开欧美市场，突破国际化壁垒发挥了巨大的作用。

4. 非洲、阿拉伯市场

中非在传统医药上有着悠久的交流史，现代中医药在非洲也发展良好，尤其是南非，卫生部组织中医师永久注册考试，允许中成药进入药材市场。非洲人口众多，疾病负担极重，却只拥有少量卫生资源。我国自主研发的青蒿素类药品价格低廉，疗效确切，受到非洲药品市场和非洲人民的欢迎。同仁堂、天士力等中国医药企业也为非洲中医药发展作出了巨大的贡献。

2013年9月习近平总书记提出“一带一路”倡议，为中医药国际化提供了新的机遇，促进了传统文化产业的转型升级。现阶段“一带一路”辐射范围已涵盖东盟、南亚、西亚、中亚、北非、欧洲，涉及国家和地区经济总量达21万亿美元，占全球的29%；涉及总人口44亿人，占全球的63%。海外中医对中药材需求量越来越大。

（二）我国中药材产业概况

在国家政策和大健康产业需求的推动下，中药材种植积极性高涨，种植面积不断增加，从2015年的2 853万亩增至2020年的5 638万亩，增幅达97. 6%；播种面积占农作物总播种面积的比例逐年增长，从1995年占比0. 19%到2021年占比为1. 83%；中药材市场规模不断扩大，从2015年的901亿元增至2020年的1919亿元。

在《全国道地药材生产基地建设规划（2018—2025年）》的建设布局中，根据中药资源的分布区域和主要药材的特点，将全国道地药材基地划分为东北、华北、西北、华东、华中、华南、西南七大道地药材产区。

东北道地药材产区大部属温带、寒温带季风气候，是关药主产区。包括内蒙古东北部、辽宁、吉林及黑龙江等省（区），中药材种植面积约占全国的5%。

华北道地药材产区大部属亚热带季风气候，是北药主产区。包括内蒙古中部、天津、河北、山西等省（区、市），中药材种植面积约占全国的7%。

西北道地药材产区大部属于温带季风气候，较为干旱，是秦药、藏药、维药主产区。包括内蒙古西部、西藏、陕西、甘肃、青海、宁夏、新疆等省（区），中药材种植面积约占全国的30%。

华东道地药材产区属热带、亚热带季风气候，是浙药、江南药、淮药等主产区。包括江苏、浙江、安徽、福建、江西、山东等省，中药材种植面积约占全国的11%。

华中道地药材产区属温带、亚热带季风气候，是怀药、蕲药等主产区。包括河南、湖北、湖南等省，中药材种植面积约占全国的16%。

华南道地药材产区属热带、亚热带季风气候，气温较高、湿度较大，是南药主产区。包括广东、广西、海南等省（区），中药材种植面积约占全国的6%。

西南道地药材产区气候类型较多，包括亚热带季风气候及温带、亚热带高原气候，是川药、贵药、云药主产区。包括重庆、四川、贵州、云南等省（市），中药材种植面积约占全国的25%。

（三）内蒙古中药材产业概况

中药材在内蒙古有着悠久的种植历史和区位优势，是内蒙古重要的优势特色经济作物。内蒙古中药材以草木类植物为主，共有1 200余种，占全国最常用药用植物的36%，种植面积占全国耕地面积的5%左右。

1. 发展概况

2018年以来，随着国家对中药材种植的逐步重视和受新冠肺炎疫情的影响，中药材的需求量逐年增加，价格大幅上涨，内蒙古中药材生产规模和产业发展水平均呈现持续快速发展态势。2022年中药材面积、总产量分别较2018年增加88%和77%（图1）。

2022年内蒙古中药材产值103.6亿元，较2021年增加2.9亿元，较2018年增加64.5亿元，近5年中药材总产值变化情况见图2。由于2022年中药材整体价格走高，农民整体收益稳定，尤其是一些植物抗生素类药材（受疫情影响）涨幅明显。未来随着劳动力成本的持续增加，农资产品的价格上涨，以及

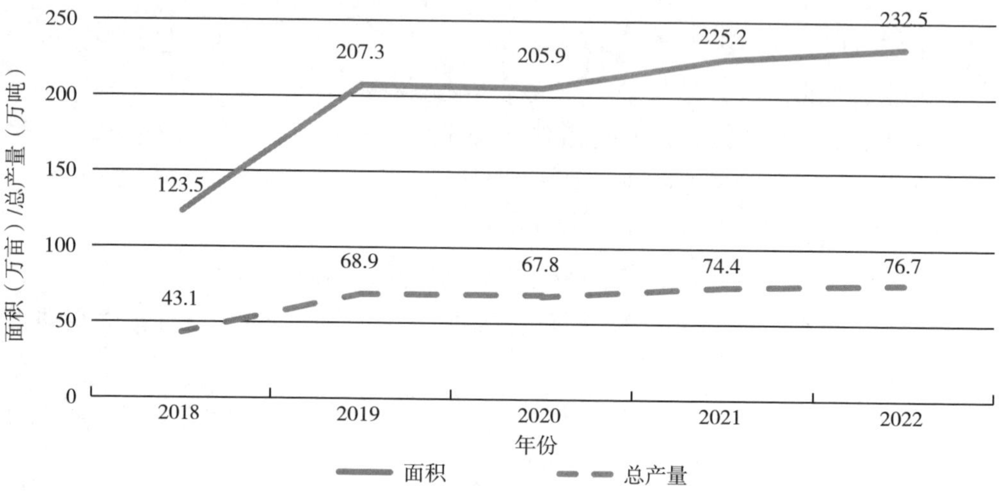

图 1　2018—2022 年内蒙古中药材种植情况

来自气候变化、市场波动等诸多方面不确定因素的影响，中药材生产的收益极易出现波动，其中，生态种植、仿野生栽培等优质道地中药材价格会总体上涨。

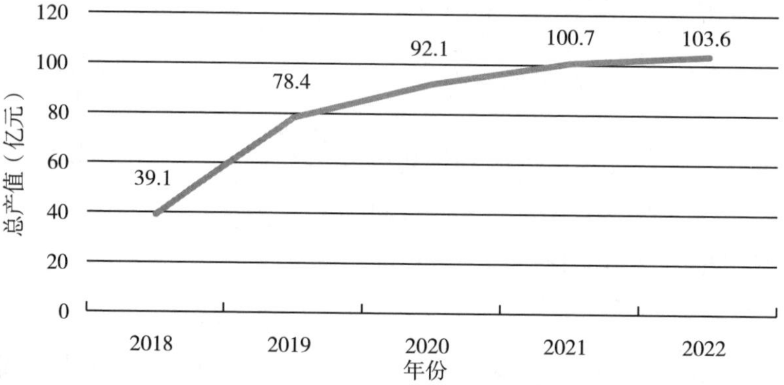

图 2　近 5 年内蒙古中药材总产值变化

2. 产区分布

内蒙古自治区自西向东北狭长分布，横跨“东北道地药材产区”“西北道地药材产区”和“华北道地药材产区”三大优势种植区域。

东北道地药材产区包括呼伦贝尔市、兴安盟、通辽市、赤峰市，是内蒙古中药材的主要产区，2022 年种植面积约 158. 3 万亩，占内蒙古总面积的 68. 1%。

主要有黄芪、水飞蓟、桔梗、苦参、赤芍、防风、苍术、北沙参、牛膝等。

华北道地药材产区包括呼和浩特市、包头市、锡林郭勒盟、乌兰察布市，种植面积约20万亩，占内蒙古总面积的8.6%。主要有黄芪、黄芩、党参、柴胡、小秦艽等。

西北道地药材产区包括巴彦淖尔市、阿拉善盟、乌海市、鄂尔多斯市，种植面积约为54.2万亩，占内蒙古总面积的23.3%。主要有肉苁蓉、锁阳、甘草、枸杞等。

内蒙古各盟（市）中药材的面积、产量及占比见图3、图4。

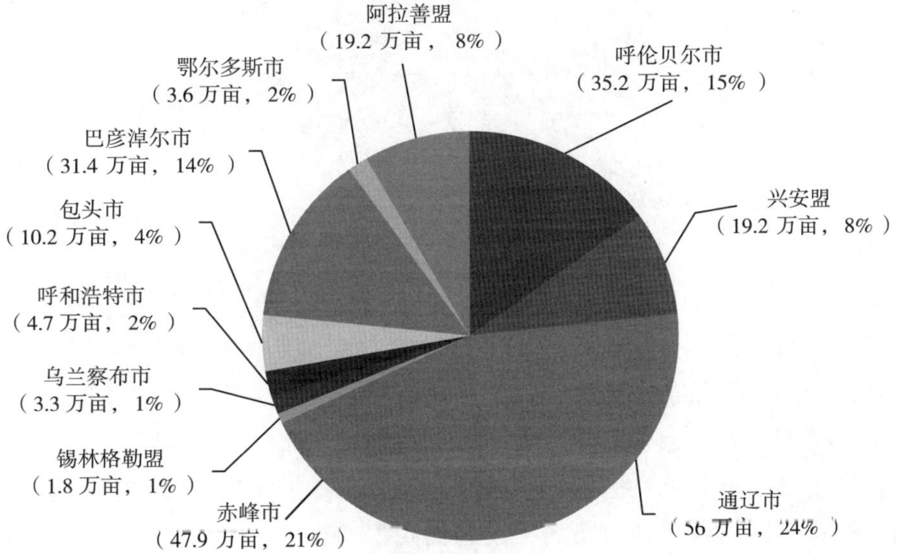

图3　2022年内蒙古各盟（市）中药材面积分布

3. 销售加工

内蒙古中药材产业已形成了涵盖药材良种繁育与种植、饮片加工、新药开发、蒙中成药生产、保健食品生产及销售的全产业链体系。2022年内蒙古中药材产值100多亿元，内蒙古达到规模以上中药材专业种植合作社400多家，中药材种植、加工企业60多家，从业人员15 000余人，其中销售收入达500万元以上的加工企业30多家。中药材的加工主要以中药材的清洗、切片等初加工原药

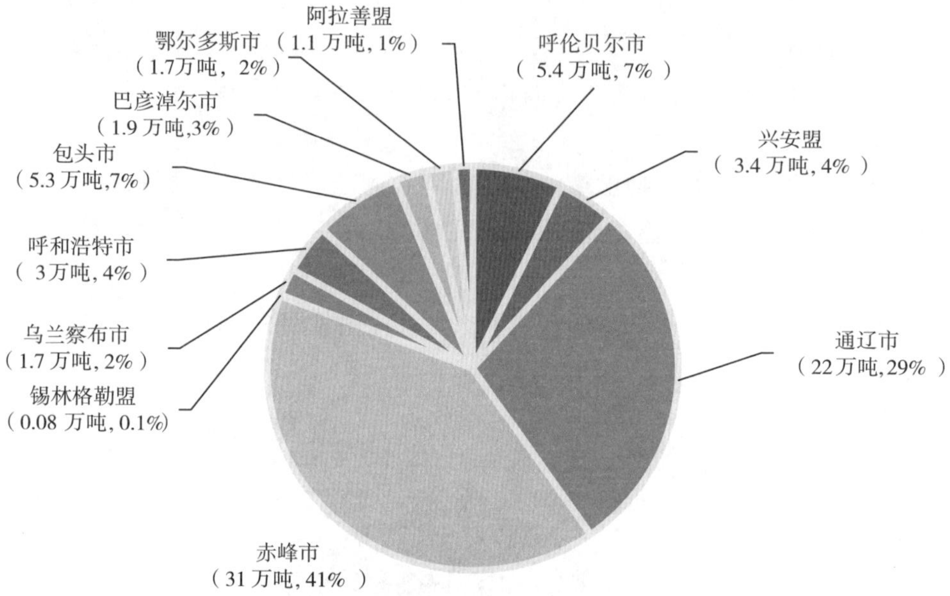

图 4　2022 年内蒙古各盟（市）中药材产量分布

材和以中药材为原料的食品和保健品为主。加工种类主要有中药切片、饮片、蒙药等药用品；礼品茶、汤炖料、中药粉、药酒、果糕类等食品及保健品；还有黄芪羊等衍生品。

内蒙古已初步形成了稳定的中药材销售渠道，主要销往河北省安国市，安徽省亳州市等国内各大药材市场，还远销我国的香港、台湾、澳门，并出口到日本、韩国、新加坡、东南亚等国家和地区。据经作系统统计，内蒙古共有药材交易市场 6 个，其中赤峰市 1 个，为赤峰市牛营子药材市场；包头市 3 个，均在包头市谷阳县，呼和浩特市 2 个，分别在武川县和和林格尔县。其中赤峰市牛营子药材市场总建筑面积达 2. 8 万平方米，有 120 余家药商入驻，经营品种包括北沙参、桔梗、黄芪、黄芩、甘草、防风、赤芍等 20 多种地产中药材，同时还经营种子种苗和中药饮片加工，年吞吐中药材达 8 万吨，年交易额达 10 亿元，成为我国东北及内蒙古东部中药材集散地，同国内 28 个省（区、市）建立营销业务，市场经纪人队伍达千余人。内蒙古蒙芪药业有限公司是包头市固阳县农牧业产业龙头企业。“正北芪”牌黄芪已经占领国内多数省、市的药材市场，北京同仁堂、天津赛诺制药等药厂都与固阳黄芪协会建立业务关系。并且通过广东转口我国香港发往日本、美国、韩国、新加坡、马来西亚等国家和地区，备受消费者青睐。赤峰荣兴堂药业是喀喇沁旗率先进行中蒙药材饮片加工的企业，让中蒙药材产品有自己的谱系，自己的 DNA，彰显了牛家营子的产地品牌和魅力。生产加工各种饮片达 600 多个品种，质量超过国家自然药物标准，深得国内及日本、韩国等汉药企业的青睐和信任。公司销售额以年增长 50%的速度增长，年销售额达到 1.5 亿元。巴彦淖尔市有“先锋枸杞”“明安黄芪”等地域品牌、“华融扶祥”“吕布红”和“王爷地”甘草等企业品牌，其中，“王爷地”品牌为内蒙古自治区著名商标。“巴彦淖尔河套枸杞”“巴彦淖尔河套肉苁蓉”为国家地理标志保护产品，乌拉特前旗有“中国枸杞之乡”的美誉。

二、2022 年中药材产业发展基本情况

（一）中药材种植情况

2022 年内蒙古良种繁育基地共有 40 多个，以兴安盟、赤峰市和通辽市为主，主要繁育品种为黄芪、苍术、赤芍、白鲜皮、甘草等，育种（育苗）方式主要以大田育苗为主，其中赤峰市有 3 家资源圃以采集野生芽头移栽、提纯复壮为主。内蒙古中药材种子种苗基地面积为 9.4 万亩，年繁育中药材 10 亿株。

2022 年内蒙古药材种植成规模以上的生产基地有 400 多个，其中 500～999 亩的有 100 多个，大于1 000亩的有 150 多个，主要分布在东部区四盟（市）。2022 年主要中药材种植面积及产量、产值如图 5。

（二）中药材种植品类

2022 年内蒙古种植面积超过 10 万亩的中药材有黄芪、肉苁蓉、枸杞、沙棘、水飞蓟、桔梗、苦参、黄芩、防风、苍术等中药材，占内蒙古中药材种植面积的 79.8%。

1. 黄芪

2022 年种植面积为内蒙古中药材种植面积的 13.6%，主要为蒙古黄芪和膜荚黄芪，在内蒙古大部分地区均有种植，种植面积较大的地区为赤峰市、通辽市和包头市。内蒙古黄芪年流通量占全国总量的 80%以上，其中，赤峰种植的

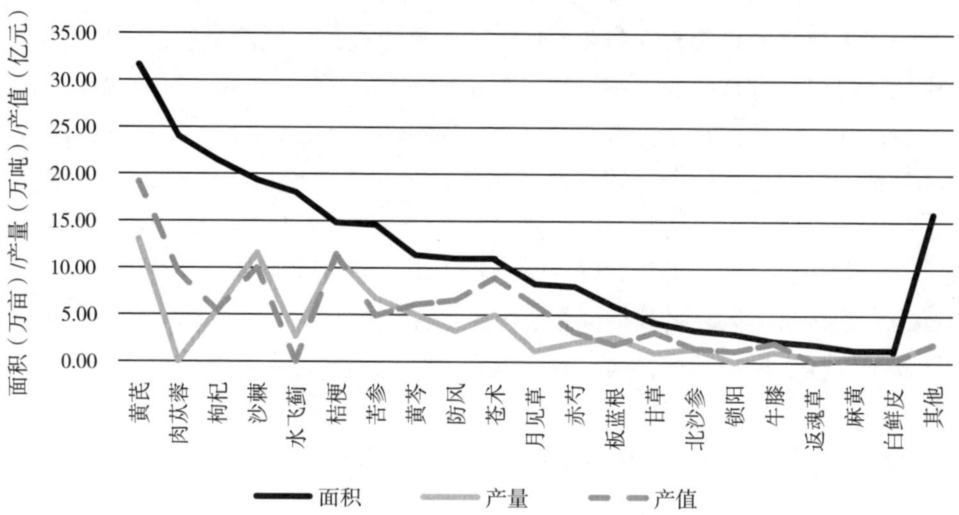

图 5　2022 年主要中药材种植面积、产量及产值

蒙古黄芪所含的主要成分黄芪甲苷的含量达到 0.13%，已认证成为国家农产品地理标志中药材。包头市固阳县是正宗的“正北芪”道地产区，目前依旧是全国蒙古黄芪的主产区。巴彦淖尔市的“明安黄芪”也成功申请我国区域品牌标志。

2. 肉苁蓉

被誉为“沙漠人参”，2022 年种植面积为内蒙古中药材种植面积的 10.3%，主要分布在阿拉善盟和巴彦淖尔市，主要品种为荒漠肉苁蓉。“阿拉善肉苁蓉”被国家市场监督管理总局批准注册为地理标志著名商标，“阿拉善肉苁蓉”“巴彦淖尔河套肉苁蓉”被列入地理标志保护产品。

3. 枸杞

2022 年种植面积为内蒙古中药材种植面积的 9.2%，主要分布在阿拉善盟和巴彦淖尔市。枸杞的种类有红果枸杞和黑果枸杞，主要品种有宁杞 1 号、宁杞 7 号、蒙杞 1 号等品种，形成了“先锋枸杞”“巴彦淖尔河套枸杞”等品牌，巴彦淖尔市乌拉特前旗有“中国枸杞之乡”的美誉。

4. 沙棘

2022 年种植面积为内蒙古中药材种植面积的 9.2%，主要分布在鄂尔多斯市、赤峰市、呼和浩特市和通辽市。品种为柳叶沙棘、中国沙棘、云南沙棘、大果沙棘系列、围选1号和中棘1号。鄂尔多斯市沙产业的龙头企业有6家，其中以沙棘产品为主的天骄资源发展有限公司，工业总产值达2.12亿元，净利润1 318万元。

5. 水飞蓟

2022年种植面积为内蒙古中药材种植面积的7.8%，主要分布在呼伦贝尔市。水飞蓟的种植全程采用机械化栽培，省工、省力。

6. 桔梗

2022年种植面积为内蒙古中药材种植面积的6.4%，主要分布在赤峰市、通辽市。赤峰市的桔梗是国家农产品地理标志认证药材，产量占到全国产量的60%，成为国内最大的桔梗主产区。

7. 苦参

2022年种植面积为内蒙古中药材种植面积的6.3%，主要分布在通辽市的奈曼旗、科尔沁左翼后旗、库伦旗和扎鲁特旗。内蒙古苦参的SFG（槐属二氢黄酮G）含量较高，品质优良。

8. 黄芩

2022年种植面积为内蒙古中药材种植面积的4.9%，内蒙古大部分的地区均有种植，主要分布在赤峰市、呼伦贝尔市。内蒙古黄芩主要以仿野生种植为主，兴安盟的“科尔沁右翼前旗黄芩”被誉为“十大优质黄芩产地”之一，黄芩苷和醇溶性浸出物的内在质量比较高。

9. 防风

2022年种植面积为内蒙古中药材种植面积的4.7%。主要分布在赤峰市、通辽市、兴安盟和呼伦贝尔市。主要以大田种植为主，还有少量的仿野生栽培。内蒙古的防风密集，为草原优势种，被国内外用户称为“关防风”。

10. 苍术

2022年种植面积为内蒙古中药材种植面积的4.7%。主要分布在呼伦贝尔市、兴安盟、通辽市和赤峰市。苍术亩纯收入较高，例如兴安盟水泉镇和突泉县溪柳镇种植的苍术，五年一亩苍术纯收入35 000元，年均纯收入7 000元。

（三）主要工作

在内蒙古中药材优势产区，立足规模化种植、集约化管理，推广绿色生态种植模式，主推合理轮作、土壤改良、精细整地、优选壮苗、机械化作业、滴灌节水、标准化田间管理、病虫害绿色防控、适时采收等多项关键技术于一体的药材提质增效栽培技术；在加大力度推广现有的成熟技术的基础上，增加力量完善集成有苗头的技术，积极研发有推广前景的后备技术。如赤峰市在有水源条件的旱平地或旱坡地发展“果药间作”“林药间作”等立体种植模式；赤峰市、通辽市、巴彦淖尔市进行了黄芪仿野生栽培技术的示范，包头市开展的黄芪高垄栽培技术、测土配方施肥技术、控肥增效技术等试验取得了突破性进展；兴安盟苍术的“林药”间作模式，采用模仿野生生境的生态种植方式，从源头上提升了道地药材质量和安全性，正在持续试验和摸索中。

（四）成本收益

药材品类繁多，价格涨跌幅波动较大，总体来说药材种植的收益亩产值较高，例如赤峰市药材年平均亩产值为7 400元左右。其中，水浇地药材种植平均亩产值8 300元左右，亩纯收益3 900元左右，是种植玉米纯收益的4~5倍；旱坡地仿野生药材种植，年平均亩产值4 500元左右，年平均纯收益2 500元，是种植谷子、杂粮等纯收益的4倍；仿野生黄芪年平均亩产值4 000元，年平均亩纯收益3 640元，是种植谷子纯收益的7倍；仿野生黄芩年平均亩产值2 000元，年平均亩纯收益1 600元，是种植谷子纯收益的3倍。

三、药材产业发展存在问题

近年来，内蒙古中药材产业发展虽初见成效，但产业的发展仍处于传统方式向规范化、规模化种植方式过渡，由产量向品质过渡的初级阶段，产业化生产存在着诸多问题。

（一）生产加工方面

1. 药材种植科技含量不足

种植过程中施肥、灌溉、病虫害防治等环节还主要依赖传统经验，存在品质与产量调控、轮作与种类配置、采收加工技术不成熟等问题。中药材种植规范化水平不高，按 GAP 严格实施规范化生产的基地不到道地中药材生产面积的 10%。

2. 药材精深加工不足

仍以出售原药材为主，主要以干燥、切片、粉碎等初加工为主。缺乏科技含量和附加值更高的成分提取等深层次加工，产业增值能力和带动能力弱，而且仓储物流等配套基础设施极度匮乏，产品质量难追溯。

3. 药材的安全性问题突出

仍然存在重金属超标、农残超标、水源污染、生长调节剂不规范使用等问题。

（二）市场销售方面

一是中药材供需缺乏权威统一的信息发布渠道和制度，供需脱节导致跟风种植现象严重，价格涨跌幅波动较大，生产与需求的协调、稳定发展受到严重威胁。

二是传统中药材市场产品、交易方式落后；新兴电子商务刚刚起步，交易规范、标准缺乏。

三是中药材是一二三产紧密相连的特殊产业，“生产—加工—销售”的产业链尚未形成，抗市场风险能力较弱。

（三）技术支撑方面

1. 种业专业化水平有待提升

中药材种业商业化育种正处于萌芽阶段，新品种的选育、生产、繁育、加工、销售等环节的专业化水平不高，主要表现在：一是绝大多数中药材没有主栽品种，品种布局区域化尚处于空白。二是中药材种子种苗商品化率低，远不能满足区域和行业发展需要。三是中药材种业基本处于“企业自繁自用、农户自产自销及乱引种苗”的状况，种子种苗市场不规范。四是中药材植物新品种保护相对薄弱。

2. 中药材生产机械化水平亟待提高

中药材有其特殊性，一是种类多、面积小、标准化程度低，难以实现规模化种植；二是种植区域多为山区丘陵，难以实现机械化；三是部分传统初加工方式流程复杂，机械无法替代。从土地整理、种子处理、播种移栽、灌溉、施肥、农药使用、中耕除草、采收采挖、清洗净制分级、干燥保鲜、包装都需要探索推进机械化进程。

四、中药材产业下一步工作建议

（一）坚持市场主体，发挥政府引导作用

坚持以市场为导向，整合社会资源，立足区域优势，形成“公司+基地+农户”“种植大户+农户”等多种生产运营模式，充分发挥企业的主体作用和政府规划引导、政策激励和组织协调作用，提高中药材质量和效益。

（二）建立和健全道地中药材种子种苗繁育基地

建设道地中药材良种苗木繁育基地，分品种、分区域集成道地中药材种子种苗繁育栽培技术规范，开展道地中药材提纯复壮、扩大繁育和优良品种展示示范，加快建设一批标准高、规模大、质量优的道地中药材种子种苗繁育基地，提高道地中药材供种供苗能力。

（三）继续推进道地中药材基地建设

按照科学规划、区域化布局、规范化种植、产业化经营标准，积极推广规模化、规范化、产业化种植，提高种植效益。建设一批特色鲜明、优势突出的道地中药材生产基地，在解决道地中药材生产全局性和根本性问题上重点突破，加快道地中药材基地建设，发挥基地的辐射和引导作用。

（四）建立和完善标准化体系机制

继续制定和完善符合中药材种植及加工的质量标准。建立以市场为主体的中药材商品规格等级标准和道地中药材标准，强化标准战略和品牌战略的实施，培育具有自主品牌的道地中药材品种，逐步从品牌发展为优势集群品牌。

（五）建立和健全中药材生产服务网络

加快人工智能、环境监测控制、物联网等信息化技术在中药材生产的应用，提升中药材生产信息化水平。利用网络云平台，在中药材主产区、主要交易市场建立数据采集中心，并与国内外优秀中药材生产企业进行需求信息对接，构建中药材产销信息监测网络，适时发布信息，引导合理安排生产，促进产销衔接。

内蒙古自治区食用菌产业发展报告

一、食用菌产业发展基本概况

（一）国际食用菌产业概况

近年间，全球食用菌产量基本稳定，2020 年全球食用菌种植面积约为 13.7 万公顷，同比增长 31.5%；全球食用菌产量约为 1 225.5万吨，同比增长 3%。目前中国是全球食用菌最大的生产国、消费国和出口国，中国食用菌年产量占世界总产量的七成以上。中国之外的食用菌总产量约 900 万吨，主要集中在发达国家。排在世界前 3 位的食用菌生产国家是中国、意大利、美国，分别占全球食用菌总产量的 71.29%、7.98%和 4.09%。食用菌主要出口国有中国、荷兰、波兰、英国、法国，其次还有越南、印度、日本和韩国。销售额排在前 3 位的国家为中国、荷兰、波兰，所占比例依次为 51.01%、11.21%和 10.27%。

1. 世界主要国家食用菌人均消费情况

随着人类生活水平的不断提高，食用菌已成为人类三大食物结构的组成部分，食用菌消费量也随之日益增长。欧盟地区法国、意大利、德国等国家是食用菌消费的主要国家，每年人均消费量约 3 千克；美洲以美国、加拿大、墨西哥、巴西、秘鲁等国为主，每年人均消费量约 2.5 千克；亚洲市场以日本、韩国和中国香港为主，日本每年人均消费量为 5 千克，中国香港每年人均消费量约 4.8 千克，中国虽然是食用菌产量最大的国家，但每年人均消费量不足 0.5 千克。

2. 世界食用菌主要栽培品种和生产模式

食用菌中，双孢蘑菇、香菇、平菇、黑木耳被评为世界四大栽培食用菌。世界工厂化食用菌栽培品种主要有木腐菌的金针菇、杏鲍菇等，草腐菌的双孢蘑菇等。双孢蘑菇是欧美国家的主栽品种，而香菇则在亚洲国家占主导地位。

目前从生产栽培模式来看，食用菌行业主要存在三种栽培模式，即传统农户生产模式、公司+农户生产模式和工厂化生产模式。目前随着科技的发展和食用菌需求的增长，主要生产国家从欧洲向亚洲转移，栽培由单一品种向多品种发展，生产方式由人工栽培向机械化生产发展。

3. 世界食用菌主要生产地区产业发展概况

（1）欧美国家。欧美食用菌的发展以双孢蘑菇为主，其占整个食用菌生产和消费量的99%以上，以荷兰、法国为重要生产国。荷兰食用菌产业内部分工明确，菌种生产、培养料制备和栽培生产是独立的三个分支，同时专业的设备生产厂和覆土生产厂为食用菌产业提供配套服务。自双孢蘑菇实现标准化栽培，此后产量逐年增长，产量基本稳定在80万吨左右。

（2）亚洲地区。亚洲国家中，中国、日本、韩国是比较重要的食用菌生产强国。中国不但是亚洲最大食用菌生产国，而且是全球食用菌最大的生产国，主要生产香菇、黑木耳、平菇等。日本生产香菇、金针菇、真姬菇、灰树花、滑子菇、平菇等，近些年总产量一直维持在40万吨左右。韩国平菇种植面积最大，产量最高。东南亚国家近些年食用菌发展较快，主要是越南、泰国、印度尼西亚、印度和马来西亚等，产量分别为17.0万吨、12.1万吨、6.1万吨、5.0万吨和2.0万吨。

（3）非洲地区。食用菌有农产食用菌和林产食用菌两大类，农产食用菌主要包括平菇、双孢菇、杏鲍菇、金针菇、蟹味菇等。食物供给一直是非洲经济和社会的主要问题，鉴于中国食用菌在农村人口脱贫致富中发挥的作用，近些年非洲的纳米比亚、赞比亚、坦桑尼亚、肯尼亚和埃及都陆续开始了食用菌的生产。高端市场需求的双孢蘑菇工厂化的成套栽培技术引自欧美，优质高效的平菇栽培技术来自中国。

4. 全球食用菌市场规模

全球食用菌主要厂商有雪榕生物科技、如意情生物科技、中国绿宝集团、HOKTO和众兴菌业科技等，全球前五大厂商共占有大约1%的市场份额。目前中国是全球最大的食用菌市场，占有超过85%的市场份额，之后是欧洲和北美市场，二者共占有接近5%的份额。全球栽培食用菌市值300亿～340亿美元，药用菌产品100亿～120亿美元，野生菌5亿美元，总计405亿～465亿美元。

2021 年全球食用菌市场规模为 503 亿美元，2022 年预计达到 549 亿美元。

（二）国内食用菌产业概况

中国领土辽阔、地形复杂、气候多样，是菌类良好的滋生地，孕育着丰富的食用菌资源。中国食用菌产业的发展有其鲜明的低成本产业特色，注重发挥社会效益和生态效益，成为许多发展中国家借鉴的成功典范，为世界食用菌产业的繁荣作出了有益贡献。我国食用菌产业在发展农村经济、帮助农民脱贫致富、开发新的食品和药品资源、保障人民健康等方面作出了重要贡献。

1. 产能不断提升，产量已超4 000万吨

近年来，我国食用菌产量不断增加。中国食用菌协会统计调查数据显示(图 1)，2010—2021 年，中国食用菌总产量由 2 201. 16万吨增长至 2021 的 4 133. 94万吨，11 年间增量达1 932. 78万吨、增幅约 87. 81%、年均复合增长率约 5. 89%。

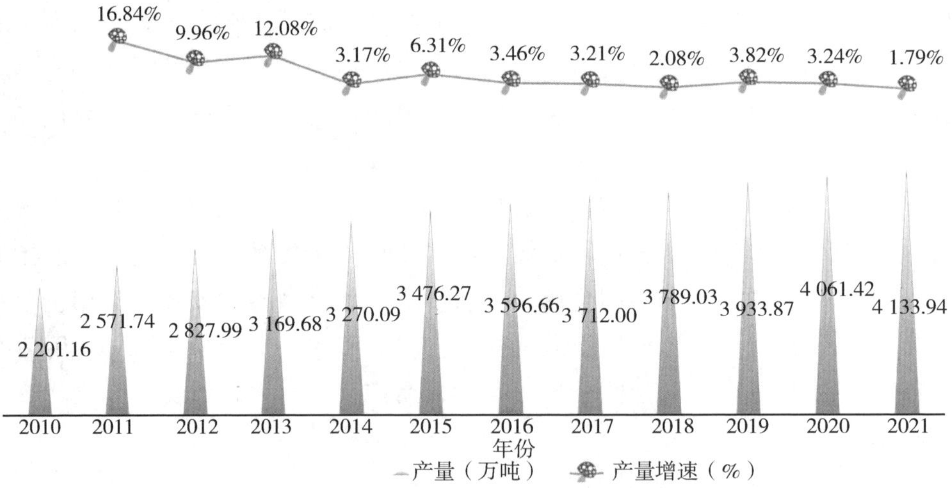

图 1　中国食用菌总产量变化趋势

2. 总产值平稳增长，突破3 000亿元

我国食用菌市场总产值随着食用菌产量的提升也整体呈正增长态势，仅 2017 年小幅下滑（图 2）。中国食用菌协会统计调查数据显示，2010—2021 年，全国食用菌总产值由1 413. 22亿元增长至 2021 年的3 475. 63亿元，近 11 年间增

量约2 062. 41亿元、增幅约145. 17%、年均复合增长率约9. 38%，整体增速明显高于产量增速。

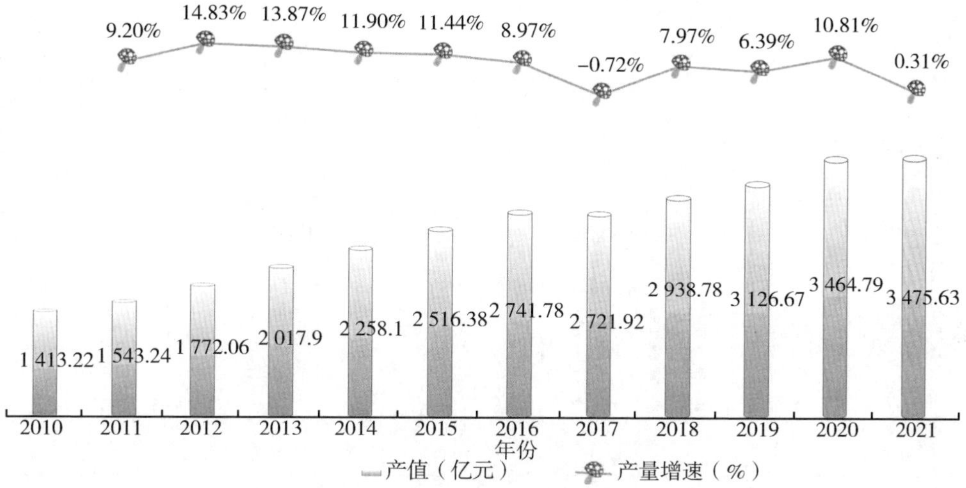

图 2　中国食用菌总产值变化趋势

3. 我国食用菌产业布局

（1）区域分布格局呈带状分布。我国食用菌产业发展快速，分布区域遍布全国各省（区、市），从山区到平原均生产食用菌，根据各地气候及资源特征，我国食用菌产业呈现带状分布，如东北三省、华中河南、湖北及山东、浙江沿海地区形成黑木耳产业带；东北辽宁、华北地区的河北东北部、华中河南、湖北以及山东、浙江沿海地区形成香菇产业带；西南的四川、重庆、贵州、云南及华中的湖北、河南，华北的山东、河北形成羊肚菌种植产业带。

（2）各省产业规模对比。河南产量与产值均位居全国首位。中国食用菌协会数据显示（图 3），从食用菌产量来看，2020 年全国食用菌产量最大的为河南省 561. 85 万吨，在全国比例约 13. 83%；其次是福建省 452. 5 万吨，在全国比例约 11. 14%；再次是山东省 332. 53 万吨，在全国比例约 8. 19%。从产值来看，河南省食用菌产值约 401. 63 亿元，位列全国第一，在全国比例约 11. 59%；云南省和河北省依次位列第 2、第 3，产值分别为 281. 26 亿元和 244. 97 亿元，在全国比例分别为 8. 12% 和 7. 07%。与 2020 年中国食用菌产量前 20 省份相比，产量排名第 17 的云南省食用菌产值位列前 3（全国第 2），云南省虽然食用菌总产量仅 74.68 万吨，但由于其高价野生食用菌占比较大，带动总体食用菌产值达到 281.26 亿元，全国排名第 2。

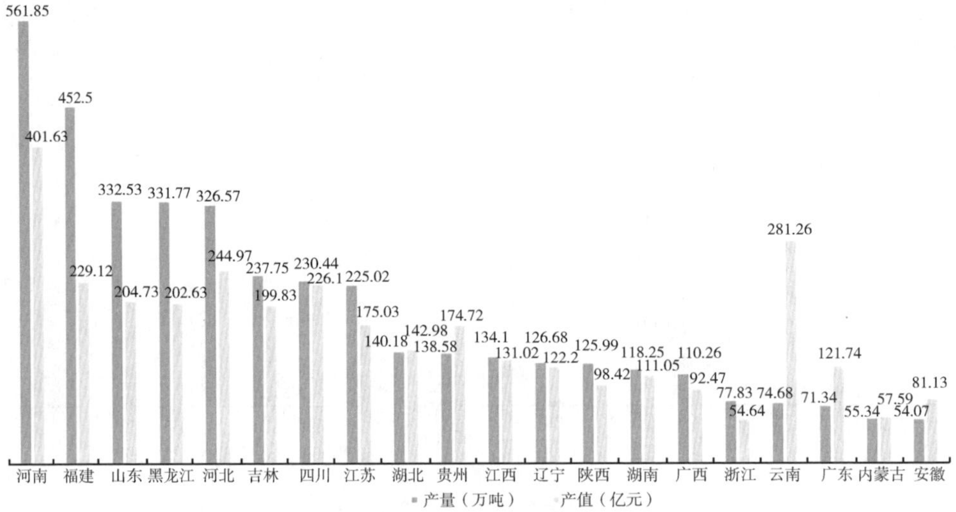

图 3　2020 年中国食用菌产量和产值前 20 省份

4. 我国食用菌进、出口现状

我国是世界食用菌主要出口国，进口量很少。据我国海关统计，2021 年我国主要以进口菌丝、鲜或冷藏类、盐水腌制暂时保藏类、干货类和罐头类食用菌，进口量为 0.39 万吨，进口额为 0.11 亿美元。

受新冠肺炎疫情影响，2019—2020 年，我国食用菌行业出口量和出口额均有所下降，2021 年，出口量和出口额略有增长。2020 年我国食用菌行业出口量为 64.72 万吨，出口额为 27.8 亿美元；2021 年出口量为 65.19 万吨，出口额为 28.7 亿美元（图 4）。

（三）内蒙古食用菌产业概况

1. 发展概况

“十三五”期间，内蒙古食用菌产业进入一个新的发展阶段，产业结构、区域布局不断优化，设施条件、装备水平得到提升，产品质量、产业效益明显提高，规模化、集约化、园区化、标准化生产成为产业发展的主流。在我国食用

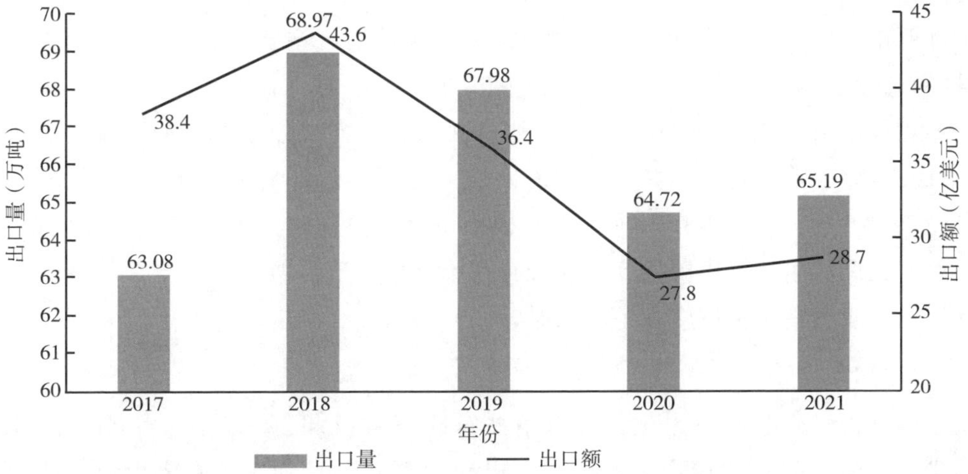

图 4　2017—2021 年我国食用菌产品总出口量、出口额情况

菌“三物融合、三产协同”的推动作用下，2021 年内蒙古食用菌总产量排在全国第 20 位，栽培品种达 20 多个。2022 年内蒙古食用菌种植规模约 3.15 亿棒（袋），产量约 25 万吨，产值约 17.48 亿元，已成为我国部分地区绿色优质食用菌的重要供应基地之一。食用菌产业不仅是一个循环、高效、可持续发展的环保优势产业，而且是社会效益、经济效益为一体的产业，食用菌产业已成为内蒙古设施农业产业结构调整的主要方向。内蒙古食用菌产业已向集菌种研发、种植、精深加工、冷链物流、先进技术推广为一体的全产业链发展。

2. 产区分布

内蒙古境内野生菌类资源特别丰富，独特的自然气候孕育了大量珍稀、有价值的典型野生菌类。在阿拉善盟贺兰山的原始森林中，生长着一种稀有的美味山珍紫色丝膜菌；在广袤的内蒙古锡林郭勒草原上生长着世界著名的、蒙古高原特有真菌物种蒙古白丽蘑；在赤峰的丘陵、原始次森林和亚高山湿地草甸地区生长羊肚菌、鸡油蘑、紫云盘和有着“食用菌之王”美称的红蘑等；在兴安盟美丽的阿尔山上生长着桦树蘑、榛蘑；在呼伦贝尔草原南部、北部大兴安岭森林是草原白蘑、花脸蘑、松茸、草蘑、榆黄蘑、天然木耳和自然生长猴头的天然宝库。

依据内蒙古各盟（市）资源分布特点，滑子菇、黑木耳、平菇种植区主要分布在中东部的赤峰市、呼伦贝尔市和兴安盟；香菇种植区主要分布在中西部的赤峰市、巴彦淖尔市和呼和浩特市；羊肚菌种植区主要分布在赤峰市和呼和浩特市；北虫草种植区主要分布在赤峰市的敖汉旗和松山区。

赤峰市 12 个旗（县、区）均有种植食用菌，主要分布在宁城县、敖汉旗、克什克腾旗、喀喇沁旗、林西、巴林左旗。呼伦贝尔市食用菌生产主要分布在鄂伦春自治旗、扎兰屯市、阿荣旗、根河市、海拉尔区，主要集中在鄂伦春自治旗。巴彦淖尔市食用菌生产主要分布在临河区、五原县、磴口县、杭锦后旗、乌拉特前旗、乌拉特后旗 6 个旗（县、区）。

3. 销售加工

内蒙古鲜菇以内销为主，主要销往东北三省及北京、天津、上海、广州、深圳等国内一些大中城市；外销主要以盐浸菇和干菇为主，主要出口俄罗斯、哈萨克斯坦、日本、韩国、东盟、美国及东南亚等国家和地区。各类菇品借助天猫、苏宁易购、淘宝等电子商务平台实现了网上销售，初步形成了线上、线下的立体销售网络。

食用菌产品以盐渍、烘干、保鲜和速冻等加工方式为主，主要加工香菇、灵芝、黑木耳、北虫草和滑子菇等，加工企业或合作社有 20 余家，加工产品有 30 余种。产品有干香菇、干木耳、灵芝孢子粉、灵芝切片、黑木耳饮料、黑木耳粉、黑木耳即食食品、功能性复合调味品菇精、香菇酱、火锅底料、香菇碎片、原味或麻辣味的草原白蘑酱等。

4. 品牌建设

长期以来，内蒙古食用菌品牌建设一直以企业品牌和产品品牌为主。但随着农业绿色发展要求的提出，农业品牌意识不断增强，各级政府的支持力度不断加大，食用菌品牌建设力度不断加强。目前，内蒙古已注册的食用菌区域公用品牌有 3 个，分别是“扎兰屯黑木耳”“阿尔山黑木耳”“根河黑木耳”。2011 年农业部批准对“阿尔山黑木耳”实施农产品地理标志登记保护。2015 年农业部批准对“宁城滑子菇”实施农产品地理标志登记保护，2017 年农业部批准对“鄂伦春黑木耳”实施农产品地理标志登记保护，2019 年“鄂伦春黑木耳”入选第四批全国名特优新农产品名录。2021 年 6 月，“扎兰屯黑木耳”进入中国与欧盟首次互认 100 个农产品地理标志保护目录之中。此外，内蒙古蒙根花集团倾力打造蒙根花食品——“漠菇”食用菌品牌，“林西草原花菇”成功入选全国名特优新产品名录，克什克腾旗 2 个香菇品种被认证为绿色食品。呼伦贝尔市黑朵朵、森通、蒙森、傲林山珍等产品通过绿色、有机食品认证，“黑朵朵”品牌黑木耳荣获中国国际农产品交易会金奖。

5. 产业优势

（1）气候优势。内蒙古气候冷凉、高温期短、昼夜温差大，特别是大兴安岭沿麓地区自然条件优越，森林覆被率高，为食用菌的生产创造了良好自然条件，符合绿色、优质、高产食用菌的生产要求，在此环境下生产的菌类，营养丰富、风味浓厚，备受消费者青睐。

（2）区位优势。内蒙古土地广袤、交通便利、边境口岸众多，毗邻八省区，是京津冀协同发展辐射区，独特的区位优势，内蒙古成为国内反季节栽培食用菌的理想场地。

（3）资源优势。内蒙古资源丰富多样，便于取材。农牧业较为发达，东部地区森林覆被率较高，有丰富的农（玉米、小麦等粮食作物的秸秆和下脚料）、牧（牛羊等粪便、生态建设的枯草）、林（加工后的木屑、沙柳柠条等灌木枝条）剩余物质资源可用于食用菌生产的原材料。此外，大面积荒漠化、盐碱化土地为食用菌的生产提供了充足的土地储备。

（4）产业优势。食用菌是集生态效益、社会效益和经济效益于一体的优势产业。食用菌可以使农牧林废弃物无害转化、就地升值，使其物尽其用、变废为宝。食用菌生产后的菌棒、菌渣、菌糠可以加工成生物菌肥，成为农业生产上优质的有机肥。随着食用菌产业在农业生产中的地位日益显现，推动了内蒙古食用菌产业向着更快、更好的目标迈进。

（5）竞争力优势。有效控制生产过程中的劳动力成本，是提高食用菌产品市场竞争力的有效手段。随着农业生产机械化水平的提高、乡村城镇化建设的加速，农业剩余劳动力也大幅增加。食用菌产业属劳动密集型产业，内蒙古与南方食用菌主产省市相比，在食用菌生产过程中劳动力成本相对低廉，有效降低了生产成本，产品具有较强市场竞争力，这是内蒙古食用菌产业发展的潜在优势。

（6）科研优势。内蒙古食用菌产业全产业链专家组是由内蒙古自治区农牧业技术推广中心、内蒙古自治区农牧业科学研究院、内蒙古大学和内蒙古农业大学相关专家组成，共同开展食用菌品种选育和配套技术的相关研究与推广工作，实现了食用菌产、学、研、推全面合作，齐心协力，共同发力。其中，内蒙古自治区农牧业技术推广中心在开展食用菌产业技术推广的同时，选育出适合内蒙古中西部地区推广的香菇、羊肚菌等优质品种，获批专利 2 个，制定地方标准 7 项。内蒙古农牧业科学研究院是国家食用菌产业技术体系内蒙古综合试验站，目前选育出新品种 5 个，制定地方标准 10 余项。

二、2022 年内蒙古食用菌产业发展基本情况

（一）种植情况

据种植业信息调度系统统计（表 1），2022 年内蒙古食用菌种植规模约 3.15 亿棒（袋），产量约 25 万吨，产值约 17.48 亿元，较 2021 年同比分别降低 4.5%、11.84%和 19.30%。食用菌总产量和总产值前 3 位是赤峰市、呼伦贝尔市和巴彦淖尔市，3 个盟（市）食用菌产量合计占总产量的 93.76%，产值合计占总产值的 87.13%。

表 1　2022 年内蒙古各盟（市）食用菌种植生产情况

盟（市）		香菇	木耳	北虫草	平菇	滑子菇	其他	合计	排名
呼伦贝尔市	总产量（万吨）	—	0.42	—	0.1	1.13	0.06	1.71	2
	总产值（万元）	—	4 705.44	—	741	11 122.56	1 141.38	17 710.38	
兴安盟	总产量（万吨）	0.02	0.15	0.01	0.03	—	0.01	0.22	6
	总产值（万元）	180	1 340	225	210	—	727	2 682	
通辽市	总产量（万吨）	0.06	0.02	—	0.04	—	0.03	0.15	4
	总产值（万元）	480	160	—	112.5	—	9 150	9 902.5	
赤峰市	总产量（万吨）	3.43	0.35	1.06	0.21	15.58	—	20.63	1
	总产值（万元）	34 275	1 740	8 512	856	77 900	—	123 283	

（续表）

盟（市）		香菇	木耳	北虫草	平菇	滑子菇	其他	合计	排名
锡林郭勒盟	总产量（万吨）	—	—	—	0.32	—	—	0.32	9
	总产值（万元）	—	—	—	1 620	—	35.25	1 655.25	
乌兰察布市	总产量（万吨）	0.03	—	—	0.25	—	—	0.28	10
	总产值（万元）	180	—	—	1 173	—	—	1 353	
呼和浩特市	总产量（万吨）	0.13	—	—	0.07	—	—	0.20	5
	总产值（万元）	1 566	—	—	514.5	—	780	2 860.5	
包头市	总产量（万吨）	—	—	—	0.18	—	—	0.18	7
	总产值（万元）	—	—	—	1 080	—	1 200	2 280	
鄂尔多斯市	总产量（万吨）	0.05	—	—	0.12	—	—	0.17	8
	总产值（万元）	556.8	—	—	640.68	—	582.22	1 779.7	
巴彦淖尔市	总产量（万吨）	1.05	0.03	—	0.03	—	—	1.11	3
	总产值（万元）	9 305.6	139.5	—	140	—	1 745.9	11 331	

（二）种植品种

内蒙古食用菌种类已达20余种，大宗品种主要有滑子菇、黑木耳、平菇、香菇、北虫草等，珍稀品种如猴头菇、白玉菇、灵芝、羊肚菌、赤松茸等，主要种植品种见表2。

表2　2022年内蒙古大宗菇类种植品种

大宗菇类	种植品种
滑子菇	早壮、早生2号、丹滑16号、滑子菇C3、滑子菇112等
黑木耳	黑29、黑山、黑威单片、黑威伴金、黑威15、黑木耳2号等
香菇	香菇6号、香菇808、香菇0912、香菇168等

（续表）

大宗菇类	种植品种
平菇	平菇 2026、德丰 5 号，平菇 8129
灵芝	红灵芝、赤灵芝
北虫草	孢子头北虫草、尖头北虫草
羊肚菌	六妹、七妹系列
猴头菇	猴头 2 号、猴头 5 号等

产量前 5 名分别是滑子菇、香菇、平菇、北虫草和黑木耳，合计占食用菌总产的 99. 4%。与 2021 年相比，五大菇类总产量和占比均有浮动（图 5）。

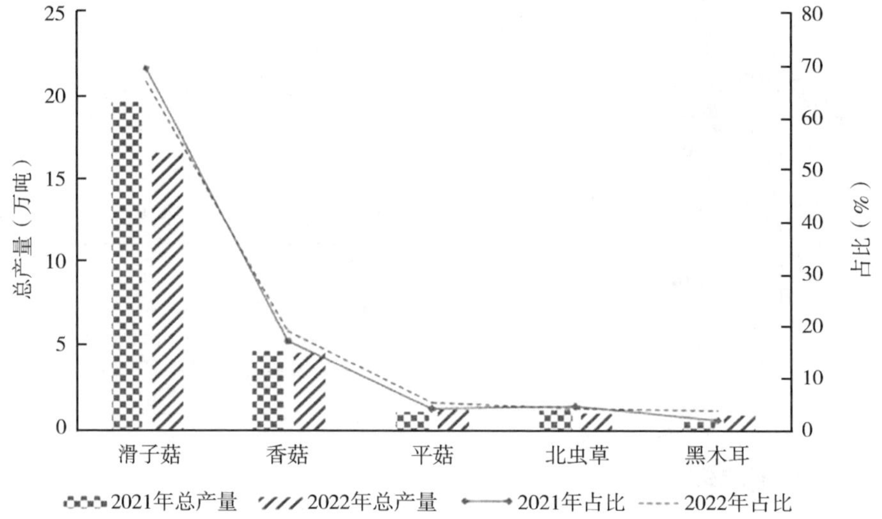

图 5　2022 年内蒙古五大菇类总产量及占比增幅情况

（三）主推技术

2022 年围绕“滑子菇、香菇、北虫草、黑木耳等大宗品种种质创制及专业化稳产高效关键技术创新与集成示范”和“工厂化及地方特色种类种质创新、新品种培育及标准化生产关键技术研发、集成与示范”2 个重点任务，全面实施“食用菌全产业链科技支撑行动”，围绕大宗种类的“设施制棒（包）、生态出菇”模式推进技术突破和示范应用。开展了黑木耳、香菇、大球盖菇天然林下地摆栽培，黑木耳吊袋栽培，滑子菇霉菌污染综合防控，北虫草层架蓝光栽培和羊肚菌优质绿色高效栽培等技术。从菌种制备、料袋制作、病虫害防控、接种、发菌、出菇管理、适时采收等各个生产环节做到精细化管理，坚持“以防为主，综合防治”，达到了多产菇、多产绿色优质标准菇的目标。

（四）主要成效

据种植业信息调度系统数据显示，2022 年栽培滑子菇平均亩成本约 5. 8 万元，亩产值约 9. 6 万元，亩纯收益约 3. 8 万元；栽培香菇平均亩成本约 4. 3 万元，亩产值约 8. 5 万元，亩纯收益约 4. 2 万元；栽培平菇平均亩成本约 3. 5 万元，亩产值约 7. 25 万元，亩纯收益约 3. 75 万元。北虫草平均每盆成本约 3 元，每盆产值约 5 元，每盆纯收益约 2 元。按每亩地摆放 15 000盆计算，亩成本约 4. 5 万元，亩产值约 7. 5 万元，亩纯收益约 3 万元。木耳平均亩生产成本约 2. 5 万元，亩产值约 6 万元，亩纯收益约 3. 5 万元。

（五）形势变化分析

受新冠肺炎疫情影响，2022 年内蒙古商超、餐饮食用菌消费量、线上渠道销售均受到不同程度的冲击，食用菌生产和流通在一定程度上受阻。食用菌生产规模和产值除呼伦贝尔市有较大降幅外，其他主产区盟（市）均相对平稳。造成呼伦贝尔市有较大降幅主要有 3 个原因：第一，受 2021 年洪涝等不良天气影响，部分棚室无法继续生产；第二，当地滑子菇、木耳等种植年限较长，食用菌生产设施老旧，菌盘污染现象严重，食用菌普遍减产；第三，由于地租上涨、人工成本增加等因素，菌农放弃生产而外出务工等。预计 2023 年在当地老旧温室改造等相关政策引导下食用菌生产规模将有所恢复。

三、食用菌产业发展存在的问题

（一）生产企业合作社小而散，管理粗放，没有形成优势产业

因为得天独厚的地理条件和自然条件，食用菌产业已经发展成为内蒙古特

色产业，但是未成为优势产业，食用菌产业发展仍然有提升空间。食用菌生产以农户、合作社和企业生产为主，大型工业化生产占比较小，食用菌合作社和生产企业普遍规模不大，栽培条件和管理方式参差不齐，尤其是分散生产的栽培户，管理更加粗放，直接导致食用菌生产产量低、品质不佳的问题出现。

（二）优良品种选育有待发展

良种是农业生产最重要的生产资料，内蒙古菌种加工设施和技术相对落后，部分菌种厂硬件不足、生产不规范，从发展的角度，发展食用菌产业必须菌种先行，没有高标准和足够数量的菌种厂，就谈不上快速发展食用菌产业。

（三）发展不平衡

内蒙古中东部食用菌发展较快，西部发展较慢。主要生产的食用菌如黑木耳、滑子菇、平菇、灵芝、猴头菇等都属于木腐菌，发展较快，而草腐菌如双孢菇等栽培较少，发展较慢。在森林资源丰富的大兴安岭周边食用菌产业发展较快，而在草原资源丰富的呼伦贝尔、锡林郭勒部分旗（县）食用菌产业发展较慢，甚至没有。

（四）品牌打造、标准化、规范化生产不够

食用菌产业发展还处于低水平运行阶段，规模化程度低，缺乏科学的规范标准和新技术的推广应用，需要政府加强引导，出台完整的产业规划和配套扶持政策。另外，食用菌生产缺乏品牌及知识产权保护意识，现有品牌少，没有知名品牌，多数合作社、种植大户没有相应的品牌，食用菌只能散卖，收益有限，这些问题的存在都影响栽培食用菌的效益，进而影响菌农栽培积极性。

（五）产品深加工能力有待提高

食用菌产业链条短，缺少精深加工龙头企业，产品附加值低。食用菌产品进入市场时大多是初级原料水平，深加工领域的科研和开发工作薄弱，精深加工的潜力与空间还有待于挖掘和利用。

（六）食用菌生产原材料（培养基）受限，导致生产规模上不去

生产的香菇、黑木耳、滑子菇等主要食用菌种类属于木腐菌类，每年需消耗大量的原材料（培养基），原料短缺问题十分突出。由于行业管理的原因，一方面是木腐菌类生产原材料短缺，另一方面是林区大量不能成材的林下剩余物干枯腐烂，浪费严重。需要政府层面来统筹协调，变废为宝。同时，鼓励废弃菌渣的合理利用，防止乱堆乱放，造成环境污染。

（七）技术支撑和研发力度不足

技术支撑和研发力度不足，不能满足实际生产需要，一些新技术推广普及不到位，菌农生产凭经验，企业研发处于自发状态，整体生产水平不高。

四、食用菌产业发展预测及下一步工作建议

（一）食用菌产业发展预测

习近平总书记在中央农村工作会议上强调，要树立大食物观，构建多元化食物供给体系。食用菌产业作为近年来乡村振兴的重要抓手，已成为内蒙古农业结构调整和建设重要农畜产品生产基地的重要内容之一。内蒙古食用菌是北方冷凉地区特色现代农业的重要组成部分，也是内蒙古区域经济发展、农民增收致富的重要途径。食用菌反季节栽培在内蒙古已经推开，将成为我国食用菌产业发展中新的亮点。

食用菌生产经营开始向机械化、轻简化栽培方向发展，开始从数量增长型向质量效益型转变，开始提倡走精深加工的道路，开始注重发展优势产品、开发珍稀品种。以羊肚菌为代表的珍稀食用菌已成为内蒙古新兴的食用菌品类，目前已有多个盟（市）开始引进栽培，但部分生产环节和相关技术还不够成熟。2022 年羊肚菌种植面积约 577. 1 亩，产量 178. 6 吨，产值达3 696. 9万元。2023 年羊肚菌栽培规模有望进一步扩大。

（二）下一步工作建议

1. 加强顶层设计，做好产业发展规划

依据内蒙古食用菌产业发展基础及产业的特色，在空间、品种、市场、重大科技研发、平台建设、人才队伍培养及产业服务等全产业链上准确定位，做好“十四五”期间及更长远目标规划。巩固推进食用菌产业与全面实施乡村振兴战略深度融合，促进内蒙古食用菌产业全面升级、加快实现绿色高效、现代化发展。

2. 加大科研投入，强化产业科技支撑

依托政府科技计划，加大科技研发资金投入，加强对食用菌产业发展中关键、薄弱环节的技术攻关，建立产学研用一体化的科技研发及服务体系。加快建设菌类生物种质资源库、菌种研发平台和育种中心，加强菌种生产、代料加工、栽培技术、产品深加工、废料回收等环节机械化、智能化研究，提高食用菌种植科技含量，降低劳动力生产成本，推进食用菌生产向智能化、精细化、轻简化的方向发展。

3. 推动集约化发展，促进产业提质增效

积极引进培育大中型食用菌生产加工企业，发挥龙头企业的拉动、辐射、集约效应，形成产业集群，增强食用菌产业影响力。利用食用菌栽培基地和加工企业的龙头作用，突出菌种生产重点环节管控，完善栽培服务和销售服务体系，延伸产业链条。推广“公司+基地+农户”的模式，建立订单生产，由公司提供菌包，农户分户种植，产品由公司回收，统一销售，确保农户的种植效益，实现企业和农户的双赢。

4. 提升品牌意识，推进“蒙菇”品牌体系建设

积极开展“三品一标”提升行动，重点在赤峰市、巴彦淖尔市和呼伦贝尔市建设一批“三品一标”基地，以食用菌标准化、轻简化栽培为核心，以大宗食用菌品类生产为重点，深入推进食用菌品种培优、品质提升、品牌打造以及标准化生产，构建以自治区级公用品牌为核心，区域性公用品牌、企业品牌和产品品牌为组成的“蒙菇”品牌体系，提升“蒙菇”产业市场地位，推动产业结构调整和品牌升级，提高产业综合效益，不断增加内蒙古食用菌产业竞争力。

内蒙古自治区葡萄产业发展报告

一、葡萄产业发展基本概况

葡萄原产亚洲西部，世界各地均有栽培，世界各地的葡萄约95%集中分布在北半球，中国主要产区有安徽的萧县，新疆的吐鲁番、和田，山东的烟台，河北的张家口、宣化、昌黎，辽宁的大连、熊岳、沈阳及河南的芦庙乡、民权、仪封等地。我国是全球最大的鲜食葡萄生产国和消费国，2022 年中国葡萄产量达1 431.4万吨，增加了 11.90 万吨，同比增长 0.84%。目前，葡萄产业已成为许多地方农业生产的支柱产业，在乡村振兴、精准扶贫工作中发挥着重要作用。葡萄按用途可分为鲜食、酿酒、制干、其他加工品种，以及砧木品种。葡萄产品多样性要丰富得多。人们根据生活需要、加工品的贮运性要求、营养保健作用等因素，还将葡萄加工成葡萄干、葡萄汁、葡萄籽饮料、葡萄籽油等常见产品。

葡萄作为园艺作物在内蒙古独具自然气候条件，光照充足，昼夜温差大，在我国葡萄产业发展中具有独特的优势。目前内蒙古葡萄及葡萄酒产业已成为乌海市、包头市、呼和浩特市托克托县、赤峰市马鞍山等地区的支柱产业。

为全面分析内蒙古葡萄产业发展现状、优劣势及机遇和挑战，针对存在的问题提出对策，为精准施策、科学种植技术推广提供参考依据，助推内蒙古果树产业更好发展，促进农民增收、农业可持续发展、乡村振兴，制定本产业报告。

（一）国际葡萄产业概况

葡萄在全球及我国水果生产中均占有重要地位，是全球产量仅次于柑橘、香蕉和苹果的第四大水果，约占全球水果总产量的 11%。同时，干鲜葡萄及葡萄加工品——葡萄汁、葡萄酒也是全球重要的水果及水果加工品，年贸易量和贸易额均较大。

1. 全球鲜食葡萄产量

葡萄风味优美、营养丰富，除了鲜食以外，还可以酿成葡萄酒，加工成葡萄干、葡萄汁、葡萄果醋等产品。由于其适应性强、见效快、经济效益高，用途广泛，近年来鲜食葡萄的发展迅猛。美国农业部数据显示，2017年全球葡萄产量大幅度增长，主要归功于中国葡萄产量的继续猛增以及土耳其葡萄产业的恢复，但由于中国和土耳其受不利天气的影响，2018年世界葡萄总产量下降了70.5万吨，降至2 438.6万吨。其中，中国的鲜食葡萄遭受到严重的霜冻导致减产，2018年后全球鲜食葡萄的产量呈现逐年上涨的趋势，按照当前形势，预计2022年全球鲜食葡萄的产量为2 741.7万吨。

在所有种植葡萄的国家中，生产出的葡萄用途不一，主要用于鲜食、酿酒和制造葡萄干。全球鲜食葡萄主要分布在中国、印度、土耳其、乌兹别克斯坦、欧盟，其中，中国是世界上最大的鲜食葡萄生产国，其产量常年占世界总产量的50%左右，新疆葡萄甲天下，尤其以吐鲁番的葡萄最负盛名，吐鲁番是我国葡萄主要生产基地，总产量占全疆的52.84%，是全中国的1/5。由于这里气温高、日照时间长、昼夜温差大，特别适合葡萄的生长。现有葡萄品种有无核白、红葡萄、黑葡萄、玫瑰香、白布瑞克等500多种，仅无核白葡萄就有20个品种，它的含糖量可高达22%~24%。堪称“世界葡萄植物园”。据统计，近年来全球鲜食葡萄产量前3的地区为中国、印度、土耳其，预计2022年其产量分别为1 260.0万吨、285.0万吨、223.6万吨，3个地区合计占全球鲜食葡萄总产量的64%（图1）。

2. 全球鲜食葡萄消费量

据统计，2018年全球鲜食葡萄的消费量下降，下降至2 394.8万吨，同比减少3.73%，由于中国和土耳其不利天气的影响，全球鲜食葡萄的产量下降，导致消费量也随之下降，2018—2021年全球鲜食葡萄的消费量逐年增长，2022年全球鲜食葡萄的需求量约为2 688.4万吨。

全球鲜食葡萄消费量主要分布在中国、印度、土耳其、欧盟、巴西，中国是全球主要的鲜食葡萄生产国，也是主要的消费国，随着居民的消费水平提高以及膳食纤维结构的调整，全球的鲜食葡萄的消费量持续增长，尤其是电子商

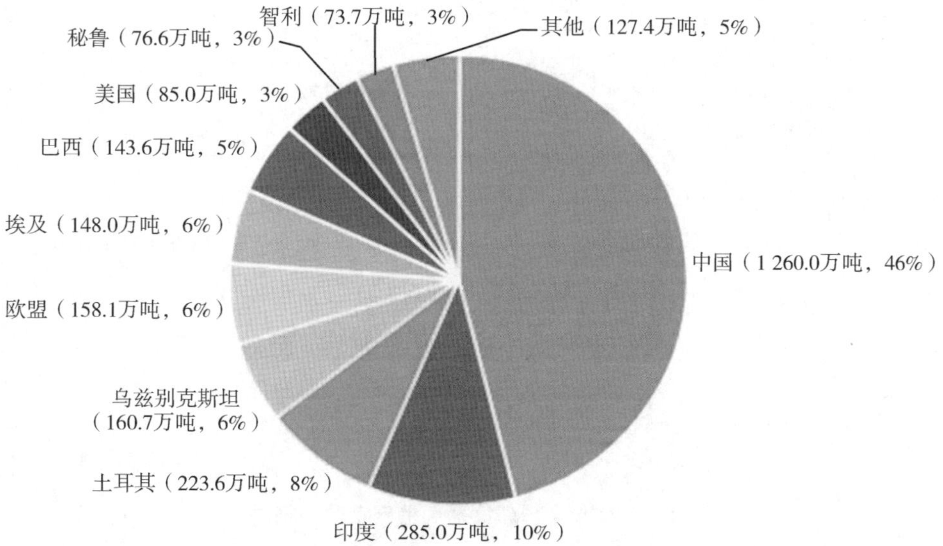

图1　2022年全球鲜食葡萄产量分布格局

务的快速发展以及运输行业的发展进一步拉动了葡萄产业的快速增长，2022年中国鲜食葡萄的消费量达到1 239.5万吨，占全球鲜食葡萄的总消费量的一半；印度的鲜食葡萄消费量为227.0万吨，占全球鲜食葡萄消费量的9%，土耳其的鲜食葡萄消费量为196.6万吨，占全球鲜食葡萄消费量的8%（图2）。

3. 全球葡萄市场分析

2018年，由于主要鲜食葡萄生产国天气等不利因素的影响，全球鲜食葡萄的产量与需求量下降，2018年后鲜食葡萄的进口量逐年增加，据统计，2021年全球鲜食葡萄进口量为358.4万吨，同比增长0.36%，预计2022年全球鲜食葡萄的进口量达到349.1万吨，较2021年全球鲜食葡萄的进口量下降9.3万吨，较2017年增长4.6万吨。

（二）国内葡萄产业概况

我国是世界最大的鲜食葡萄生产国和消费国，我国葡萄种植面积稳定在1 000万亩以上；产量持续增加，2018年达1 366.7万吨，成为世界上第一产量大国；年消费量基本保持在1 000万吨左右；价格波动与产量和季节性有较大关系。

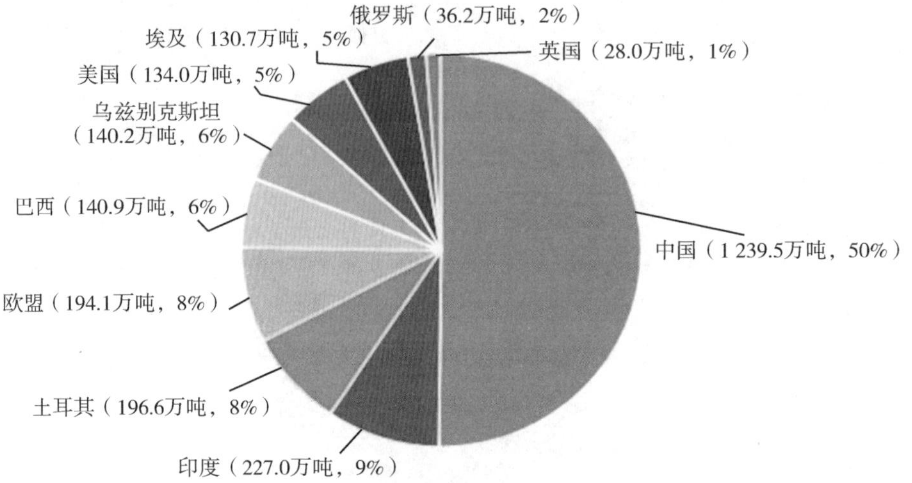

图 2　2022 年全球新鲜葡萄消费量分布格局

我国葡萄种植区域分布集中，主产区在新疆、陕西、河北和山东等历史优势种植区。2018 年新疆、陕西、河北、云南和山东种植面积分别为 214.4 万亩、70.1 万亩、62.7 万亩、61.5 万亩和 54.3 万亩，占比分别为 19.7%、6.4%、5.8%、5.7%和 5.0%。5 个省份种植面积达 462.9 万亩，占总面积的 42.6%。

1. 2022 年全国不同品种的葡萄价格趋势变化

2022 年 12 月 28 日，全国 28 类葡萄中，仅有阳光玫瑰的价格出现了上涨，涨幅为 1.1%，当日报价为 20.22 元/千克。均价下跌的品种有 2 个，其中，水晶葡萄的价格下跌幅度最大，当日价格为 3.0 元/千克，下跌了 0.30 元/千克，跌幅为 9.09%（表 1、表 2）。

表 1　2022 年 12 月 28 日全国不同阳光玫瑰葡萄价格涨幅榜

品种	2022 年 12 月 28 日价格（元/千克）	2022 年 12 月 27 日价格（元/千克）	涨幅（%）
阳光玫瑰	20.22	20	1.1

表 2　2022 年 12 月 28 日全国不同品种葡萄价格跌幅榜

品种	2022 年 12 月 28 日价格（元/千克）	2022 年 12 月 27 日价格（元/千克）	跌幅（%）
水晶葡萄	3.0	3.30	9.09

（续表）

品种	2022 年 12 月 28 日价格（元/千克）	2022 年 12 月 27 日价格（元/千克）	跌幅（%）
茉莉香葡萄	18.04	18.44	2.06

2022 年 12 月 28 日华东地区的阳光玫瑰价格涨幅最大，涨幅为 2.42%，报 22.06 元/千克（2022 年 12 月 27 日价格报 21.52 元/千克）。西南地区的水晶葡萄价格跌幅最大，跌幅为 9.09%，报 3.0 元/千克（2022 年 12 月 27 日价格报 3.30 元/千克）。

西北地区的阳光玫瑰 2022 年 12 月 28 日价格最高，报 25.36 元/千克，较前一报价日（2022 年 12 月 27 日价格报 25.28 元/千克）上涨了 0.24%。西南地区水晶葡萄今日价格最低，报 3.0 元/千克，较前一报价日（2022 年 12 月 27 日价格报 3.30 元/千克）下跌了 9.09%（表 3）。

表 3　2022 年 12 月 28 日不同地区葡萄价格涨跌幅情况统计

地区	品种	2022 年 12 月 28 日价格（元/千克）	2022 年 12 月 27 日价格（元/千克）	涨跌幅（%）
东北	茉莉香葡萄	23.84	23.84	0
	阳光玫瑰	12.20	13.14	-7.15
华北	阳光玫瑰	18.32	18.32	0
	茉莉香葡萄	15.12	16.50	-8.36
华东	阳光玫瑰	22.06	21.52	2.42
华南	阳光玫瑰	16.80	16.80	0
华中	阳光玫瑰	19.36	19.36	0
西北	阳光玫瑰	25.36	25.28	0.24
西南	弗雷葡萄	10.00	10.00	0
	茉莉香葡萄	6.50	6.50	0
	阳光玫瑰	23.30	23.30	0
	水晶葡萄	3.00	3.30	-9.09

2022 年 12 月 28 日，全国 64 个主要的葡萄产地中，均价上涨的产地有 1 个，均价下跌的产地有 1 个。其中，陕西省渭南市大荔县的阳光玫瑰价格涨幅最大，涨幅为 1.79%，报 17.10 元/千克（2022 年 12 月 27 日价格报 16.80 元/

千克）。山东省烟台市龙口市的阳光玫瑰的价格下跌幅度最大，跌幅为5.12%，报20.40元/千克（2022年12月27日价格报21.50元/千克）。云南省红河哈尼族彝族自治州蒙自市的阳光玫瑰价格的报价最高，报39.96元/千克，较前一报价日（2022年12月27日价格报39.96元/千克）持平。云南省红河哈尼族彝族自治州弥勒市水晶葡萄价格今日的报价最低，报3.00元/千克，较前一报价日（2022年12月27日价格报3.00元/千克）持平（表4、表5）。

表4　2022年12月28日全国不同产地葡萄价格涨幅榜

产地	品种	2022年12月28日价格（元/千克）	2022年12月27日价格（元/千克）	涨幅（%）
陕西省渭南市大荔县	阳光玫瑰	17.10	16.80	1.79

表5　2022年12月28日全国不同产地葡萄价格跌幅榜

产地	品种	2022年12月28日价格（元/千克）	2022年12月27日价格（元/千克）	跌幅（%）
山东省烟台市龙口市	阳光玫瑰	20.40	21.50	5.12

2. 2022年葡萄出口数量大于进口数量，进出口同比减少

我国是世界最大的鲜食葡萄生产国和消费国，2021年中国葡萄产量达1 499.8万吨，同比增长4.78%，葡萄产业已成为很多地方农业生产的支柱产业，在乡村振兴、精准扶贫工作中发挥着重要作用。在满足内需的同时，部分产品主要用于出口，我国已成为全球重要的葡萄出口国之一，2022年1—9月中国葡萄出口数量为21.04万吨，出口金额为42 745.77万美元；进口数量为17.73万吨，进口金额为51 587.04万美元（图3、图4）。

从进出口均价来看，自2021年起我国葡萄进口均价明显高于出口均价，2022年1—9月中国葡萄进口均价为2.91美元/千克，出口均价为2.03美元/千克。

分省（区、市）来看，2022年1—9月云南葡萄出口额完成16 003.58万美元，占全国葡萄出口总额的40%，全国排名第1；广东葡萄出口额完成9 234.83万美元，占全国葡萄出口总额的23%，全国排名第2；福建葡萄出口额完成

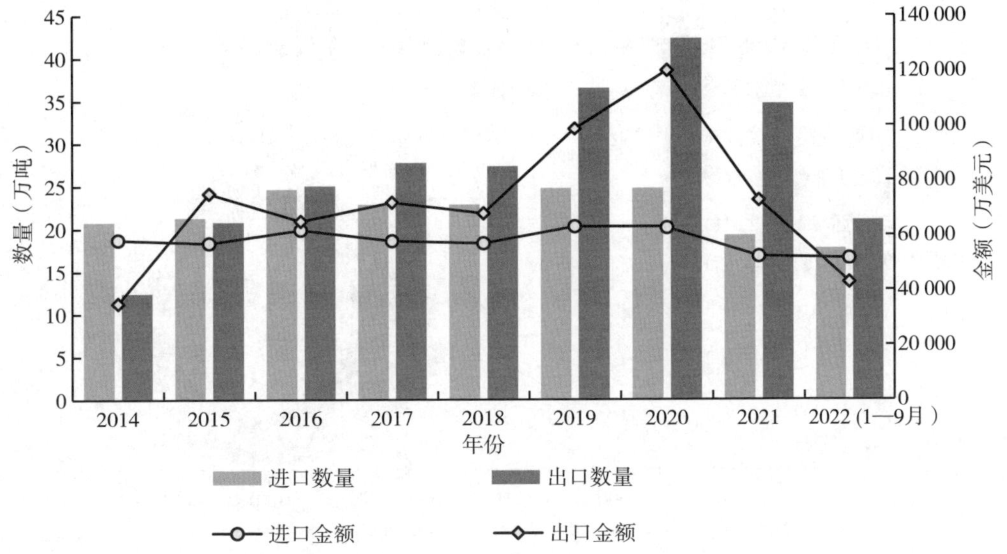

图 3　2014—2022 年中国葡萄进出口情况

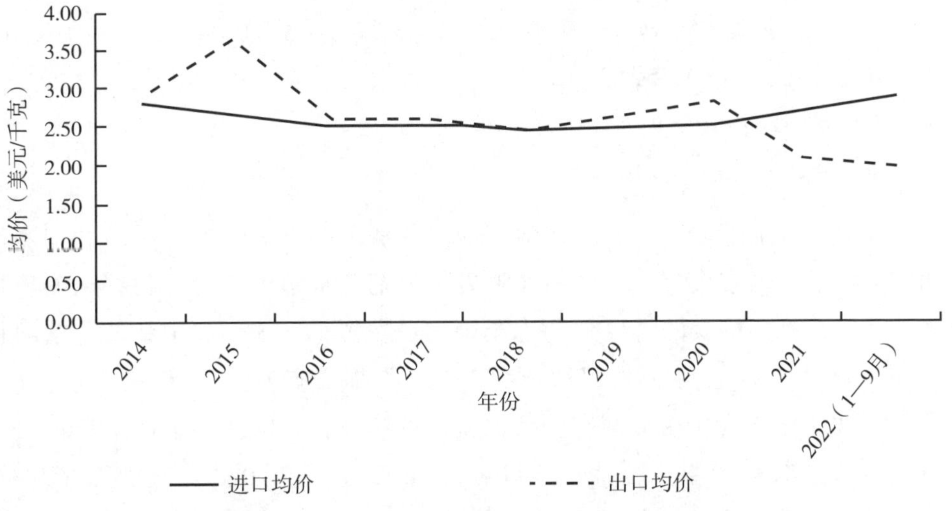

图 4　2014—2022 年中国葡萄进出口均价走势图

4 472. 77万美元，占全国葡萄出口总额的 11%，全国排名第 3（图 5）。

从出口目的地来看，2022 年 1—9 月中国葡萄主要出口至泰国、越南、印度尼西亚、菲律宾、孟加拉国、中国香港、马来西亚、印度、俄罗斯、新加坡等

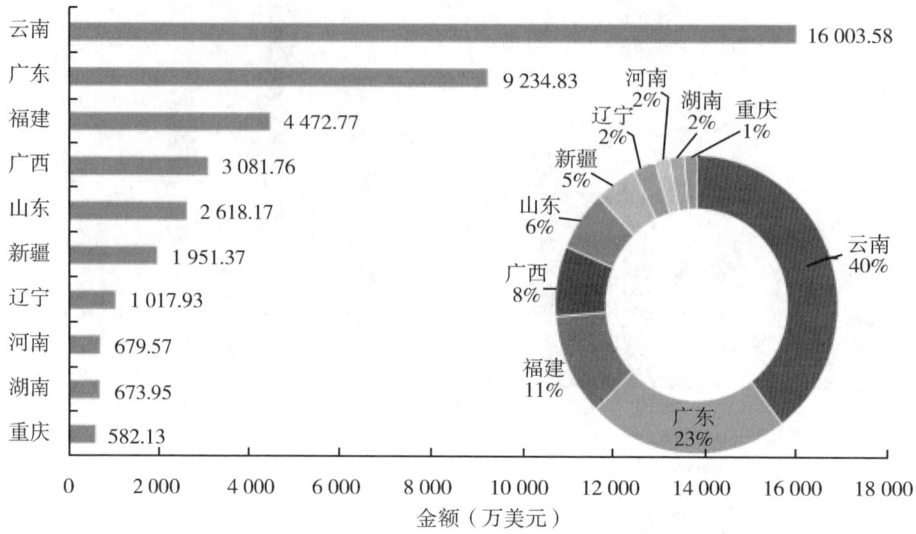

图 5　2022 年 1—9 月中国葡萄出口额排名前 10 的省（区、市）统计

地，出口额分别为 15 121. 00 万美元、12 638. 19 万美元、5 433. 68 万美元、2 708. 61万美元、2 230. 45万美元、1 609. 15万美元、965. 45 万美元、733. 62 万美元、580. 44 万美元、340. 51 万美元。

3. 葡萄产业市场分析

国家经济增加带动行业发展，随着国内经济不断发展，葡萄种植和酿酒产业也随之发展，国家大力支持农村产业发展，葡萄种植已成为乡村振兴的重要支撑。我国是世界最大的鲜食葡萄生产国和消费国，近 5 年我国葡萄种植面积稳定在1 000万亩以上，并且产量在持续增加，年消费量基本保持在1 000万吨左右；价格波动与产量和季节性有较大关系。近年来，我国葡萄干产量呈现出波动变化趋势，2021 年中国葡萄干产量约为 18 万吨，较 2020 年减少 1. 6 万吨。我国葡萄种植面积呈现出波动增长趋势，2012 年中国葡萄种植面积为 61. 275 万公顷，2020 年增长至 73. 07 万公顷。优质葡萄需求与日俱增，消费模式多样化，新机遇带来新挑战，推动葡萄产业的转型升级与高质量发展。

鲜食葡萄消费呈增长趋势。我国鲜食葡萄消费量逐年增长，2014 年消费量 916 万吨，2015—2017 年均在 1 000万吨以上，2018 年略有减少，为 943 万吨。

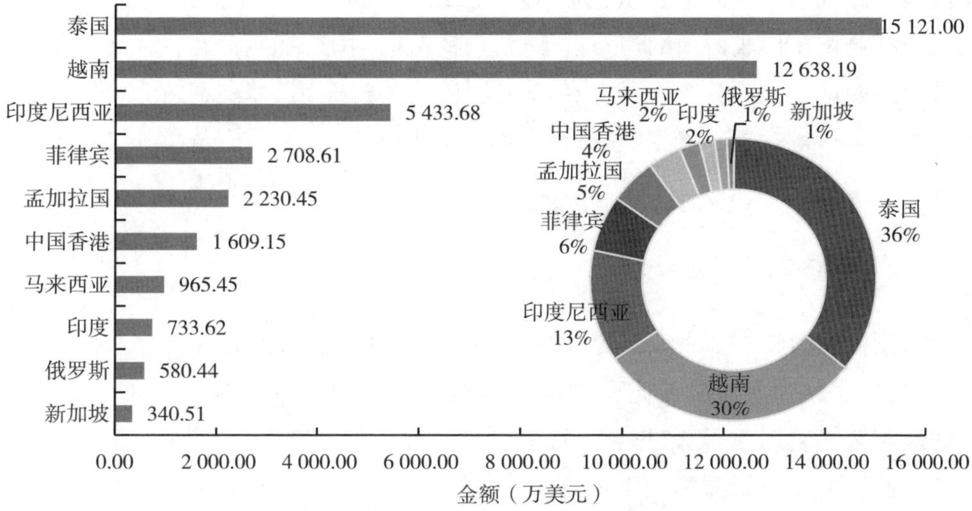

图 6　2022 年 1—9 月中国葡萄主要出口目的地

葡萄市场供给主要来自国内生产。

现我国消费模式多样化，电商带动线上消费。我国葡萄消费以鲜食为主，销售渠道以水果超市、商店、零售窗口为主，生鲜农产品电子商务、冷链物流和水果连锁店快速发展，丰富了葡萄购买渠道和选购方式。

优质葡萄需求量与日俱增，优质、传统、一般品种价格差别较大。随着居民收入水平提高和消费升级，消费者更加青睐优质、特色、品牌葡萄。水果批发市场价格监测数据显示，优质葡萄品种批发价高至每千克 40 元左右，一般品种为 16~20 元，传统品种仅为 6~10 元，优质葡萄价格高且不愁销路。

我国占有率最高的品种为巨峰葡萄，为 23%。自 1959 年巨峰葡萄被引入中国，并在全国各地大面积推广，成为深受果农欢迎的主栽品种。阳光玫瑰葡萄是近年来发展最快的品种，是日本以安芸津 21 号为母本，白南为父本，杂交选育出的欧美种葡萄，集丰产稳产、抗病、大粒、耐储运、口感佳为一体，人气很高，市场份额为 14%。红提、夏黑葡萄、克伦生葡萄等品种占有率也排名靠前，成为目前市场上越来越受欢迎的葡萄品种。

葡萄产业链以葡萄酒加工生产为主：近年来，中国消费者对进口葡萄酒的需求量越来越大，其市场销售每年都在以 60%~70%的速度增长。中国的葡萄酒市场主要集中在北京、长江三角洲、福州、厦门、珠江三角洲五大地区。另外，潮汕地区和成都地区的消费量也较大。2022 年以来，随着中国市场的变化，新的消费趋势正在形成，新的消费群体也渐渐显露。国产葡萄酒目前主要是张裕、长城、王朝这三大品牌，也就是传统定位认为的行业第一阵营，第二阵营目前有威龙、华东等，第三阵营主要是一些地方性品牌，如云南红、汉森、通天、皇轩、怡园莫高等。

（三）区内葡萄产业概况

内蒙古总面积 118.3 万平方千米，占中国土地面积的 12.3%，是中国第三大省（区）。内蒙古地势较高，平均海拔高度1 000米左右，基本上是一个高原型的地貌区气候以温带大陆性季风气候为主。有降水量少而不匀，风大，冬季漫长严寒，夏季短暂温热，昼夜温差大，有效积温高，光热资源丰富，土壤 pH 值呈中碱性，果树种植具有甜度高、病虫害少、着色好等优势，部分地区适宜葡萄生长，属我国西北部葡萄栽培区。内蒙古产区包括乌海市和呼和浩特市的托克托县等地区最适合葡萄的种植。

1. 发展概况

近年来，为满足消费者对不同风味葡萄的多样化需求，内蒙古从全国各地筛选引进了爱神玫瑰、美都沙、阳光玫瑰、紫光脆皮等具有玫瑰、草莓、巧克力不同风味的特色葡萄品种。以本地集散市场、观光采摘、直营店等销售形式为主，近几年也通过网络的形式销往呼包鄂和临河等周边城市，作为礼品通过长途客车、火车、飞机等带到国内其他省（市）。因品种、投入与管理、上市时间和地理位置的差异等，造成收益也有所差异，露地鲜食葡萄售价在 6~60 元/千克，设施葡萄售价在 24~100 元/千克。

2. 产区分布

内蒙古产区包括乌海市、呼和浩特市的托克托县等地区。气候较干燥，年降水量为 300~500 毫米，生长季节较短，年活动积温在3 000~3 500℃，最热月平均气温 21~23℃。绝对低温为-30℃左右，栽培葡萄除采用抗寒、抗旱砧木嫁接苗外，冬季需要埋土防寒。其葡萄主要产区为乌海市地区，葡萄的栽培面积已达1 000余公顷。包头、呼和浩特两市栽培面积也接近1 000公顷。以上 3 个市的葡萄栽培面积占内蒙古耕地总面积的 50%以上。乌海市地区主栽葡萄品种为龙眼、马奶子、无核白和无核黑等，近几年引入了红地球、里扎马特、瑞必尔和无核白鸡心等优质品种。包头市和呼和浩特市地区均以巨峰品种为主，欧美杂交种的早、中熟品种紫珍香、京亚和巨玫瑰，欧亚品种的里扎马特、京玉和京秀等品种，正在逐步取代小粒、劣质品种。

（四）产业优势概述

1. 区位优势

内蒙古气候昼夜温差大，有效积温高，土壤结构和水分条件良好，pH 值呈中碱性，空气干燥清爽，少有病虫害发生，适合葡萄生长。目前内蒙古葡萄产业仍然呈上升趋势，主产区为乌海市、包头市、呼和浩特市、赤峰市等。

2. 资源优势

葡萄是投资少，见效快，效益高的经济型水果。葡萄有较强的适应性，在亚热带和寒温带地区都有大量的种植和分布，平地、山地、沙滩、盐碱地、房前屋后、房顶、荒坡隙地均可种植，且经济寿命长，一般生长年限达 30~50 年。葡萄结果早，产量高，定植后 2~3 年开花结果，3~4 年丰产。每亩产量可达 1 000~2 000千克，有机葡萄的产量可达每亩1 000千克左右。

内蒙古西部以沙壤土居多，有利于葡萄根系生长，其中包头市土壤硒含量较高，可以生产富硒有机葡萄。内蒙古东部土壤类型以黑土地为主，养分含量高，更有利于葡萄的生长和生产。因此内蒙古地区的环境更适宜葡萄的生产。

3. 生产、竞争力优势

具有葡萄产业人才团队。团队由多年来致力于葡萄产业发展研究的专家、学者、农技科技人员、科技特派员等组成，致力于葡萄品种选育、葡萄种植栽培技术、葡萄抗寒性等性状、葡萄产业及葡萄酒工艺研究与指导，与内蒙古农牧业技术推广中心、内蒙古农业大学、内蒙古大学、葡萄种植合作社等多家单位、学校联合合作，对葡萄抗寒品种选育及无性繁育体系研究、有机葡萄标准化栽培产业体系研究等开展了项目联合攻关、合作研发、成果转化与推广，通过专家领衔、科研院校助力、农技人员引领、科技示范户带动，选育适宜内蒙古种植的葡萄抗寒丰产优良品种，探索葡萄种植相关的配套栽培技术，推广有机葡萄栽培应用，充分发挥内蒙古葡萄产业发展优势，全力推进内蒙古葡萄和葡萄酒产业绿色健康高质量发展。

开展技术研究与应用。总结并实践着适宜内蒙古的成熟的栽培技术，在葡萄品种研究、葡萄种植栽培技术研究、葡萄性状研究和葡萄产业及葡萄酒工艺研究等方面做了很多工作，在葡萄种植、栽培技术研究方面：从葡萄立地环境的空气、土壤、肥料、水源、品种、生物防治、控产增质等技术方面对包括花果技术、土壤要求、栽培环境温度与湿度、整枝技术、肥水技术和病虫害防治技术进行全方位综合研究，积极探索其相关的配套栽培技术和环境治理及生态保护工作。尤其是针对内蒙古寒冷的气候条件，对因寒地栽培葡萄冻根问题而提倡的嫁接栽培、高寒地区节能型日光温室的建造及日光温室葡萄栽培关键技术的研究与应用有较为深入的洞察。就葡萄品种的综合性状研究方面：从葡萄的组织结构、生理代谢、激素等方面对葡萄的丰产性、抗寒性、越冬性、抗病性等方法进行了研究，分析了部分引种葡萄品种抗寒性、不同防寒覆盖物对葡萄越冬的影响、叶面喷硒对葡萄果实品质的影响及增施 CO_2 对温室葡萄产量影响等，为内蒙古葡萄抗旱、抗寒、绿色有机栽培及富硒葡萄的生产研究夯实了基础。此外对内蒙古以乌海为主的酿酒葡萄品种特性、酒质特征、酒庄葡萄酒的质量及风味特质也深入研究，助推酿酒葡萄品种及葡萄酒区域化发展。

4. 企业优势

近几年，随着葡萄产业蒸蒸日上的发展势头，内蒙古涌现出一大批优秀的葡萄企业。比如乌海市加大葡萄新品种的培育和引进力度。引进葡萄名优新品种近20个，以鲜食为主，延长上市时间，在发展露地葡萄的同时，加快示范葡萄园、观赏葡萄园、生态葡萄园、保护地反季节葡萄等的发展。根据市场需求，葡萄行业协会孕育而生，葡萄保鲜取得突破性进展。葡萄保有面积3 400余亩，种植面积为2 800余亩种植品种达50余种。产量约16万千克。涉及葡萄种植、加工、贮藏、流通的企业10余家，其中，生产加工葡萄酒企业1家，吉奥尼酒庄，年生产能力300吨，产品品种为18款。保鲜流通企业11家，贮藏保鲜能力达12万立方米。鲜食葡萄销售收入过亿元，葡萄加工产品销售收入达2亿元。

5. 政策依据

2022年12月中共中央总书记、国家主席、中央军委主席习近平出席中央农村工作会议并发表重要讲话强调，全面推进乡村振兴、加快建设农业强国，是党中央着眼全面建成社会主义现代化强国作出的战略部署。强国必先强农，农强方能国强。要全面推进产业、人才、文化、生态、组织“五个振兴”，统筹部署、协同推进，抓住重点、补齐短板。产业振兴是乡村振兴的重中之重，要落实产业帮扶政策，做好“土特产”文章，依托农业农村特色资源，向开发农业多种功能、挖掘乡村多元价值要效益，向一二三产业融合发展要效益，强龙头、补链条、兴业态、树品牌，推动乡村产业全链条升级，增强市场竞争力和可持续发展能力。

《内蒙古自治区“十四五”农牧业优势特色产业集群建设规划（2021—2025）》指出，到2025年，内蒙古主要农畜产品加工转化率力争达到80%，培育形成在国内外具有较高知名度的农畜产品区域公用品牌30个以上，绿色、有机农产品年均增长6%以上。强调要以乌海市为中心，与阿拉善盟、巴彦淖尔市、鄂尔多斯市联手，发挥区域和绿色生态优势，打造优质沙漠葡萄种植基地和葡萄酒加工基地。

把葡萄产业与农民增收、区域发展、产业融合相结合，是落实乡村振兴的具体措施。比如说打造专属“内蒙古自治区的特色葡萄”作为产品向全中国乃至全世界推出，以托克托县葡萄作为例子，托克托县葡萄是内蒙古的主要地方品种之一，已有200多年的栽培历史。并逐渐形成了具有地区特色的著名葡萄产区，它具有皮薄、味香、含糖量高及色美等特点，生长势强，抗病力强，丰产高产，亩产可达5 000千克左右。一般于9月上旬开始成熟。这种葡萄，不但是鲜食佳果，也是酿酒的上乘原料，著名的托克托县葡萄酒就是用这种葡萄酿制成的。托克托县葡萄以及托克托县葡萄酒完全可以作为当地特产，再加上当地文化一起作为特产推销出去，带动当地经济，为农民增收，并且也做到了文化的传承，一举两得。

二、2022年葡萄产业发展基本情况

（一）种植情况

内蒙古从东至西可分为两大气候区。从东部呼伦贝尔草原至阴山河套平原一带为内蒙古草原气候区，冬季寒冷漫长，平均气温达-28 ℃，不适合葡萄种植。从阴山以西阿拉善沙漠高原至巴丹吉林沙漠的沙漠气候区，气候较温和，

是内蒙古葡萄种植的主要区域。目前内蒙古葡萄产业种植面积及产量仍然呈上升趋势，主产地有乌海市、包头市、呼和浩特市、赤峰市、阿拉善盟等。

（二）品种结构

内蒙古冬季寒冷漫长，要保证葡萄安全越冬，选择抗寒品种是关键，因此品种结构以抗寒葡萄为主，以贝达、山葡萄、河岸葡萄、董氏葡萄（蘡薁）等为砧木，培育嫁接葡萄苗，扦插扩繁。主要鲜食葡萄品种有巨峰、红提、阳光玫瑰、红地球、夏黑无核、玉波一号、玉波二号、无核鸡心白、茉莉香、宝光等。除鲜食葡萄之外，内蒙古以乌海为核心区可种植的酿酒葡萄品种有：红葡萄品种赤霞珠、品丽珠、蛇龙珠、梅鹿辄、西拉等，白葡萄品种霞多丽、雷司令、山葡萄、贵人香等。详细划分如下。

早熟品种有利于调节市场供应，早熟品种可以选择：潘诺尼亚（欧亚种）、凤凰 51（欧亚种）、郑州早红（欧亚种）、京早晶（欧亚种）、京秀（欧亚种）、京亚（欧美杂交种）、紫珍香（欧美杂交种）、早熟红无核（欧亚种）、申秀（欧美杂交种）、京玉（欧亚种）、奥古斯特（欧亚种）、维多利亚（欧亚种）、香妃（欧亚种）、金皇后、火焰无核（欧亚种）、夏黑（欧美杂交种）等。

中熟品种可以选择：玫瑰香（欧亚种）、里扎马特（欧亚种）、黑奥林（欧美杂交种）、藤稔（欧美杂交种）、瑰香怡（欧美杂交种）、巨峰（欧美杂交种）、葡萄园皇后（欧亚种）、无核鸡心白（欧亚种）、阳光玫瑰（欧美杂交种）、甜蜜蓝宝石（欧亚种）、黎明无核（欧亚种）等。

晚熟品种可以选择：红提（欧亚种）、晚红（欧亚种）、秋红（欧亚种）、龙眼（欧亚种）、美人指（欧亚种）、新玫瑰（欧亚种）、圣诞玫瑰（欧亚种）、科瑞森（欧亚种）、红意大利（欧亚种）等。

近几年市场上推广品种：妮娜皇后（欧美杂交种中）、茉莉香（欧美杂交种）、蜜光（欧亚种早）、浪漫红颜（欧美杂交种）、爱神玫瑰（欧亚种早）、宝光（欧亚种）、玉波 1 号（欧亚种）、玉波 2 号（欧亚种）等。

用于酿酒加工的品种主要有：赤霞珠（欧亚种）、品丽珠（欧亚种）、蛇龙珠（欧亚种）、梅鹿辄（美乐）（欧亚种）、西拉（欧亚种）、马瑟兰（欧亚种）、威代尔（欧亚种）、山葡萄（东亚种）、烟 37（欧亚种）、北醇、北红；霞多丽（欧亚种）、雷司令（欧亚种）、琼瑶浆（欧亚种）、赛美蓉（欧亚种）、龙眼（欧亚种）、长相思（欧亚种）、白玉霓（欧亚种）等。

用于加工制干葡萄的品种为无核白（中晚熟品种）。

（三）主推技术及主要工作

1. 主推技术

采用 CO_2 气体肥料提高葡萄光合作用能力，抑制好氧微生物，增强葡萄的抗逆性；采用实生葡萄砧木嫁接提高葡萄品种抗寒能力的技术；有机葡萄高标准栽培技术及推广应用；葡萄越冬防寒技术，采用新型材料+少量土的方法，节约用工 50%。

2. 技术路线及措施

技术路线：区划葡萄产地然后进行技术研究提供技术服务指导并进行分析检测，最后进行经验交流，总结经验进行推广应用。

措施：首先是产加销一体，产学研用结合。组织企业、合作社、种植大户参与有机葡萄种植、酿造技术的科研工作，努力提高产品的科技含量与附加值；帮助葡萄种植机构提高职工及技术人员的素质，树立品牌意识；引进国内有影响力的酿酒葡萄及葡萄研究所有关专家担任企业技术指导，抓好葡萄酒酿造技术培训工作；引进国内外先进的葡萄酿造生产线，努力提高产品质量，高起点、高要求抓好品牌建设，争创国际名牌；打造生产、销售、加工全产业链发展模式，延长产业链，拓宽销售渠道，提高市场占有率。

然后是绿色有机种植、管理技术应用于推广。绿色有机葡萄种植指在生产中少用或不用化学合成农药、化肥生长调节剂，不使用转基因工程技术，经过有机食品认证的葡萄。

绿色有机葡萄种植管理需按照有机葡萄的栽培技术，树立健康的栽培理念。葡萄对有机肥需求量大，而且葡萄生产中有机肥的使用与葡萄果品的产量与质量形成有很大关系，重视葡萄园的灌溉施肥技术，测土配方施肥技术体系应以水分管理为核心，加强葡萄树相和植株诊断技术，改进施肥的时间和方式，提倡使用二氧化碳气肥，找到精确使用量和使用时间。在葡萄生产中 1~2 年苗期内进行“双减”替代技术，“双减”就是在农业生产中减少化肥和农药的使用量，提高葡萄农产品质量的技术措施。在绿色有机葡萄栽培生长过程中，只施用或主要施用生物有机肥改良土壤，不施或少施用化肥和生长调节剂，采用保护性杀菌剂防病，对得到高质量的葡萄和可持续的葡萄栽培技术起着很重要的作用。可以充分利用天然条件，激发植物自身潜在的“天然动植物刺激物质”，加快植物平衡生长和发育，增强植物的抗病虫、抵抗自然灾害的能力，从而获得高产、优质的农产品。研究表明，在葡萄栽培过程中使用刺激性活性物质可以使叶片增厚，抗病性增强，提高坐果率，降低极端天气对葡萄的影响。

3. 主要示范区

利用农业公司或者葡萄合作社闲置的大棚和低质低产的葡萄园。主要在呼和浩特市周边的土默特左旗、托克托县、赛罕区进行“有机葡萄标准化栽培技术”推广示范。已在包头市、鄂尔多斯市、呼和浩特市完成设定试验基地 5 个，试验田 1 450亩；在呼和浩特市、赤峰市、土默特左旗建立示范基地 3 个，示范田 1 330亩；协助内蒙古天福祥生态农业有限责任公司、内蒙古金马鞍葡萄酒业公司、内蒙古欣丰生态农业公司、内蒙古正缘农牧业科技有限公司、内蒙古阿勒坦现代农业公司、内蒙古吉奥尼葡萄酒业有限责任公司、托克托县郝家窑村委会完成有机认证2 260万亩。已进行葡萄越冬防寒试验、有机肥料试验、葡萄病虫生物防治试验、微量元素试验、葡萄品种抗性试验、葡萄酒品质试验等研发试验。

4. 主要成效

社会效益。进行绿色有机葡萄的栽培标准化体系研究最终能实现在提高葡萄酒生产企业的经济效益的同时，增加农民收入，对于解决农村、农民和农村经济发展的问题具有重要意义。在内蒙古开展有机葡萄栽培和有机葡萄酒的规模化开发生产，可以在内蒙古农业产业战略性结构调整中起到重要作用，通过改变农业安全生产种类与结构，提高农业生产的经济效益。优质的有机葡萄酒能提高我国葡萄酒产品在国际和国内市场上的竞争力，尤其是开拓国际市场，增加内蒙古农产品在国际市场上的出口量。提高内蒙古目前葡萄的卫生安全质量，满足人民对高质量的葡萄和葡萄酒产品日益增长的需求。

进行绿色有机葡萄栽培能够提升内蒙古葡萄产业技术体系发展水平，提高企业及周边葡萄种植户种植技术水平，提高葡萄产品的科技含量与附加值；提高葡萄产品质量，改善生态环境，增加环境的负氧离子浓度。丰富食品资源，普及有机食品。

实现绿色有机葡萄标准化栽培，促进环保、生态和可持续发展，逐步形成内蒙古有机葡萄的产、供、销、加工产业体系。增加农民就业岗位，增加农民收入，改善乡村民俗，丰富农民物质文化生活；丰富内蒙古草原旅游文化内容，提高广大人民群众身心健康水平。

经济效益。

（1）呼和浩特市欣丰生态农牧业有限公司完成30亩日光大棚设施有机葡萄种植，连续2年丰产稳产，采用有机葡萄标准化栽培技术+抗逆葡萄品种，2020年采用促早栽培并认证有机葡萄，总栽培面积为30亩，共30个大棚，平均一个大棚就种植了一亩，平均每株有15千克的产量，销售价格最低为60元/千克；在棚外还有酿酒葡萄的种植，总种植面积为10亩。“五一”成熟开园采摘，亩产量2 000千克，年经济效益为110.73万元，收益增加50%以上。

（2）鄂尔多斯市天福祥生态农业有限责任公司种植有机葡萄日光温室30亩，亩产量1 500千克，观光采摘50元/千克，年经济效益为20.33万元。

（3）呼和浩特市和林格尔县正缘农牧业有限公司种植有机葡萄100亩，亩产量平均2 000千克，采摘60元/千克，年经济效益为205.42万元。

（4）赤峰市喀喇沁旗马鞍山的金马鞍葡萄酒业公司，对当地3 500亩山葡萄种植采用有机葡萄栽培技术，其中，800亩认定为有机葡萄，亩产量平均1 500千克，年经济效益为291.36万元。另外，严格要求葡萄产品原料质量，2018—2019年连续2年生产葡萄酒300吨，马鞍山葡萄产品酿酒加工生产的野生山葡萄酒，经中国绿色食品发展中心审核，2019年2月2日被认定为绿色食品A级产品，商标名称为蒙鸿+拼音，产品编号为LB-48-19020501035A，产品远销北京、上海，企业年创利800万元。

（5）乌海市吉奥尼葡萄酒庄以乌海沙漠葡萄酒产区为依托，种植有机酿酒葡萄面积800亩，平均亩产量2 000千克，充分发挥乌海湖边小气候、小产区的优势，秉承“好的葡萄酒是种出来的”理念，以吉奥尼——乌海湖边的酒庄酒为品牌形象，不可多得的巨湖小气候，病虫害罕见，黄河水灌溉，采用有机种植管理模式，形成了得天独厚的3S（阳光、海岸、沙滩）葡萄种植区，将吉奥尼打造成为一个小而精、小而细、小而专、小而特的原生态葡萄庄园，年收益高达1 600万元。

（6）呼和浩特市赛罕区丰源生态农牧业科技协会基地全程采用有机葡萄技

术管理，严格按照国家有机农产品质量标准进行，种植有机葡萄 100 亩，亩产量平均2 000千克，采摘 60 元/千克，年经济效益为 177. 7 万元。

以上是一些典型例子，通过科学试验、示范推广，为增加就业率，实现脱贫致富，建设新农村发挥积极作用。

生态效益。内蒙古沙漠葡萄种植对沙漠退化和改造利用，以及防沙固沙有重要意义。目前内蒙古常规栽培葡萄产业出现了果农难卖和收入下降的问题，其重要原因就是果农缺乏技术和优质栽培技术不能得到有效推广，重产轻质，大量施用化肥、农药，激素使用无度，导致果实品质严重下降，食品安全失去了最基本的保障。随着市场经济的发展，人民生活水平的提高，优质果品的需求量加大，特别是加入 WTO 以来，国际市场水果竞争激烈，生产优质果必将是葡萄产业发展的必由之路。有机葡萄的生产是安全卫生与优质同时强调的生产过程，是对环境的保护与产业的可持续发展。因此，进行有机葡萄标准化栽培与有机葡萄酒的生产将具有巨大的市场发展前景。

在内蒙古发展绿色有机葡萄产业，有利于提高社会效益、生态效益、经济效益，对解决“三农”问题有着重要意义。2022 年，借助有机葡萄重点项目，内蒙古地区特别是呼和浩特周边葡萄和有机葡萄种植品种增多，面积也不断扩大。内蒙古地区是最早在葡萄上施用二氧化碳气肥的地区，施用二氧化碳气肥既可以减少普通化肥对环境的影响，又可以提高葡萄果实的质量和产量。

例如呼和浩特市欣丰生态农牧业有限公司使用引种及对比实验，采用高接换种技术，改良品种；减肥减药技术，通过在果树生长不同时期施用二氧化碳气肥、生物农药等实现“双减”增效；病虫草害物理防控、有机肥施用及高效低毒药剂筛选应用综合防治技术；农机农艺融合，打药、施肥、除草、整地等环节的果园机械化技术；配合疏花疏果、花穗整形、果穗套袋等传统技术及果园生草覆草、水肥一体化等，将这些技术辐射周边农户种植有机葡萄，逐步形成呼和浩特市绿色发展特有的“葡萄小镇”，为内蒙古葡萄产业的长远发展、战略定位提供技术保障。改善呼和浩特市郊区境内的环境和提高大气环境的负氧离子浓度，为环境作出了贡献。

（四）形势变化分析

绿色、有机可持续发展市场需求。随着社会的进步和市场经济的发展，人民生活水平得到了显著的提高，对优质果品需求量增加。由于国际市场水果竞争激烈，发展有机产业，生产优质果品是葡萄产业发展参与国际竞争的必经之路。近年来，常规葡萄种植方式经常出现鲜食葡萄卖果难和收入低的问题。主要是由于种植葡萄的果农缺乏技术经验，专业技术人员的断层，重产轻质，大量使用化肥、农药和激素，导致果实品质下降，食品安全不能得到保障。同时，随着人民生活质量的提高，对食物安全健康提出更高的要求，有需求的地方就有市场，种植绿色无公害的有机葡萄已经成为未来葡萄产业发展的必然趋势。

内蒙古西部区以种植露地葡萄为主，要适当发展保护地葡萄；东部区寒冷，以保护地葡萄为主，适当发展露地葡萄；选择适合温室种植的早熟品种，要耐高温，抗病；选择耐盐碱性强的葡萄根系，开发和治理盐碱地种植有机葡萄；露地种植抗寒且根系发达的品种做砧木，培育嫁接苗，例如巨峰、山葡萄。种植有机葡萄的同时，注意鲜食葡萄品种和酿酒葡萄品种的比例，建立葡萄酒庄园，生产绿色、有机葡萄酒。生产过程管理：按照各品种标准化生产技术规程进行修剪、施肥、灌溉和采收，严格按照“无公害葡萄生产化学农药限定使用的时间和用量”对症下药，不得随意增减浓度和施用次数，并严格执行农药安全间隔期。

要进行绿色有机种植基地示范，推广有机葡萄栽培技术，普及消费者对有机葡萄产品的健康认识，提升葡萄产品的质量，满足消费者的市场需求。加强对种植有机葡萄的农户、合作社进行技术培训，制定有机葡萄标准化栽培技术规程以及加工系列标准。

三、产业发展中存在主要问题

（一）产业前端：品种单一，模式单一

内蒙古葡萄品种单一，主栽品种少，鲜食葡萄种植中新优品种及无核品种占比小，早中晚熟品种搭配不合理，成熟期过于集中，季节性销售压力过剩，而反季节上市及面向个别消费人群的新品种则相对较少，新优品种收集保存缺乏系统研究，不能满足高档消费者对鲜食葡萄的需求。内蒙古地区的葡萄产业

发展面临的问题是没有充分利用地理、环境的优势，葡萄产业仍是小作坊、小农户形式，没有形成规模化、机械化的种植模式，缺少对应的科技支撑。

（二）产业中端：乱用肥料，土壤肥力下降，葡萄品质受影响

为求高产，不计成本地大量使用化肥和农药。滥用激素问题普遍，葡萄种植户只盯着大个、好看的外观品质，片面追求早上市卖个好价钱，前期控制旺长、拉长、保果、膨大 4 次，后期催熟、上色最少 2 次，一年用 6 次以上。长期使用速效肥，使得土壤肥力下降、通透性降低、土壤板结严重，pH 值升高、有机质降低、土壤生产能力下降。追求高产量，直接导致葡萄成熟期延后、上色不均或不上色，含糖量不高，口味变淡，病害严重等影响品质的问题发生。品质下降又导致了效益的下降。因此提高葡萄种植、修剪、花果管理、减肥减药、绿色病虫草害防控等各环节配套科技水平，提升果品质量，使葡萄产业发展沿绿色有机种植模式发展势在必行。

（三）产业后端：生产成本高，销售渠道单一

由于内蒙古地区主要在荒地建设葡萄园区，种植经营成本投入相对较高；近些年葡萄酒产业迅速崛起，部分农户从种植鲜食葡萄转变为种植酿酒葡萄，尽管产量相对提高，但由于酿酒葡萄售价低，农户的收入并没有明显地提高；内蒙古自治区葡萄种植机械化率低，由于劳动成本上涨，生产成本增加，种植效益下降；内蒙古冬季寒冷，无霜期短，葡萄需要埋土防寒才能越冬，越冬后，由于覆土原因还会滋生杂草，导致成本增加，从而限制了产业化发展。种植模式主要是大棚架和篱架两种模式。虽然现在消费多样化了，但在内蒙古还是多零散销售，坐等地头销售的现象非常普遍。

（四）产业全链：知名品牌少，全产业链体系需进一步完善

内蒙古葡萄生产基本以家庭为单位，龙头企业及专业合作社规模小、数量少，品牌意识薄弱，缺乏市场竞争力，小规模生产者没有能力和实力考虑品牌战略，加上人们对有机葡萄的认识不足，生产的葡萄大多未经合法的有机认证，盲目追求产量、大果、无核，品质无法保证，导致品牌化率低，在推销中为他

人做嫁衣，销售渠道相对单一。

内蒙古葡萄精深加工少，产业链发展以葡萄酒加工生产为主要形式，由于酿酒葡萄种植地和加工地相对集中，因而产业集群效应明显，品牌和品质逐渐成为葡萄酒市场的决定因素，葡萄酒趋于高端化，但是葡萄酒加工一直以来在葡萄总产量中占据较低比重，葡萄酒市场份额虽在逐步上升，但仍然占小部分，产业化，组织化全产业链发展程度还需要大力提升。

四、内蒙古葡萄产业发展对策建议

（一）发展思路及发展目标

推动农业高产、优质、高效发展的基础上，实现控肥增效、控药减害、控水降耗、控膜提效。亩均化肥、减少农药使用量。响应习近平总书记在中央农村工作会议的讲话内容依靠科技和改革双轮驱动加快建设农业强国。紧盯世界农业科技前沿，大力提升我国农业科技水平，加快实现高水平农业科技自立自强。着力提升创新体系整体效能，解决好各自为战、低水平重复、转化率不高等突出问题。以农业关键核心技术攻关为引领，以产业急需为导向，聚焦底盘技术、核心种源、关键农机装备等领域，发挥新型举国体制优势，整合各级各类优势科研资源，强化企业科技创新主体地位，构建梯次分明、分工协作、适度竞争的农业科技创新体系。要打造国家农业科技战略力量，支持农业领域重大创新平台建设。深化农村改革，必须继续把住处理好农民和土地关系这条主线，把强化集体所有制根基、保障和实现农民集体成员权利同激活资源要素统一起来，搞好农村集体资源资产的权利分置和权能完善，让广大农民在改革中分享更多成果。内蒙古葡萄发展要适度规模经营，支持发展家庭农场、农民合作社等新型经营主体，加快健全农业社会化服务体系，把小农户服务好、带动好，把农民每年的经济效益日渐提上来。

（二）发展对策

1. 调整优化品种结构，降低定植密度和单位产量

品种优良化和栽培区域化是品种表现最优化、地区发挥特色化的必要保证。

内蒙古自治区葡萄产业发展品种选择要兼顾早中晚熟相结合，要培育抗寒品种、杂交育种缩短生长期，以及浸种催芽、适时早播等方法，或者用熏烟法、大田灌水或是设置防风林、防风墙和风障来阻挡寒风，改变气候的条件。不断改进防寒措施，增加设施葡萄栽培。使用保温材料、废旧保暖物，减少埋土厚度，起到环保、节约人工的作用。

降低定植密度和单位产量，将每亩定植密度从1 000株减少到几百株、几十株到几株，实现稀植、优质、高效的种植。单位亩产控制在1 000~2 000千克，理想控制在1 500千克左右。将每亩用工从56个减少到45~50个。

2. 控制化肥、控制激素、控制农药使用量，提升果品品质

严格控制化肥使用量，增加有机肥和生物菌肥的用量，实现配方施肥或肥水一体化施肥。引导消费者正确认识激素产品，教育种植者，科学合理使用激素。实现有机化栽培，控制、合理、正确使用农药。根据内蒙古自治区葡萄种植不同立地环境积极引进配套栽培技术，如通过引种及对比试验，采用高接换种技术，改良品种；通过在果树生长不同时期施用二氧化碳气肥、生物农药等实现减肥减药增效；通过物理防控、有机肥施用及高效低毒药剂筛选应用实现病虫草害综合绿色防治；通过在打药、施肥、除草、整地等环节的果园机械化技术农机农艺融合；并配合开展了疏花疏果、花穗整形、果穗套袋等传统技术及果园生草覆草、水肥一体化等技术探索与研究。

3. 提高管理水平，提高果品质量，提高经济效益

将病虫草害绿色防控推广起来提高管理。可推广应用农业防治（栽植密度、整形修剪、果穗套袋、土壤改良等）、生物防治（生物菌肥，捕食螨、赤眼蜂天敌防治、性信息诱杀等）、物理防治（粘虫板、理化诱杀等）、使用低残留化学农药（矿物源农药、植物源农药、微生物源农药等）等绿色有机葡萄病虫草害绿色综合防控技术。

树立商品经济的理念；利用现代工业产品武装葡萄产业；用现代科技成果来经营葡萄产业。根据市场需求，按照大粒、无核、浓香、优质、绿色发展方向，生产出好吃、好看、安全的高品质葡萄。通过提高品质、打造品牌、休闲采摘提高竞争力，提高葡萄产业的经济效益。

4. 塑造本地知名品牌，融合当地文化，拓宽多元化销售渠道

继续打造知名品牌，开展特色果品文化，可以大幅度增加果树产业经济效

益。提升果品品质，打造品牌。要遵循可持续发展原则，在乌海、赤峰、托克托县等葡萄主产区打造地域品牌将当地文化融入。通过宣传推广，提高品牌知名度，又传扬了文化，开拓市场占有率。拓宽横向产业链。发挥现代化农业的生产性、观光性、娱乐性、参与性、文化性、市场性，带动农牧民经营主体把好生产端，农牧业产业化重点龙头企业农牧业产业化联合体把好加工端。开发旅游观光农业，作为农业教育基地、农业科研基地等拓宽农业生产横向产业链，建立葡萄旅游观光、葡萄酒庄、葡萄文化教育基地、葡萄产业园及加工技术集成示范基地。可设立功能分区比如葡萄种植区为观光提供田园风景，同时葡萄观赏区可设立葡萄品种区及葡萄酒文化长廊，使游客在观赏葡萄园美景的同时了解葡萄历史文化、科技园区设立葡萄酿造加工及生态示范区，使游客了解葡萄酒酿造加工程序，增加品酒趣味性；产品销售区设立鲜食采摘葡萄酒销售及乡村集市，满足消费者购买需求；服务园区带动住宿餐饮三产发展的同时，为游客提供良好的农家乐体验。

建设龙头“企业+基地+农户”机制，构建“市场牵龙头、龙头带基地、基地联农户”的农业产业链经营模式，形成“产业园区+服务基地+区域农业”的销售产业体系。以汉森酒业公司为代表的“龙头+基地”模式，充分发挥龙头企业对地区农业及果品发展的引领示范带动作用，通过葡萄生产原料基地建设来为自己提供产品原材料；以吉奥尼酒业公司为代表的“企业+农户”模式，对当地葡萄进行收购和加工，同时通过与农户或者合作社签订种植合同，保障对葡萄的管理和收购统　按照企业规定的标准来实行。

内蒙古自治区肉牛产业发展报告

2022年，在全球新冠肺炎疫情阴霾的持续笼罩下，我国肉牛产业发展面临诸多风险与挑战，国内育肥牛市场价格上半年后期跌幅明显，全年均价低于上一年水平。犊牛、架子牛、繁育母牛等商品牛源市场价格承压下行，养殖经济效益随之下滑。牛肉市场价格高位运行、走势平稳且保持季节性变化规律特征，牛肉进口总量继续增长，进口价格触顶回落。

一、肉牛产业发展

（一）全国肉牛生产现状

2022年，我国牛存栏量10 215.85万头，较2021年增加398.6万头，同比增长4.1%。全国牛存栏量前10名的省（区）分别是云南、四川、内蒙古、西藏、青海、新疆、黑龙江、甘肃、贵州、湖南（表1）。2022年，全国肉牛出栏4 840万头，同比增长2.8%，增加了132万头。牛肉产量718万吨，同比增长2.94%，增加了20.49万吨。我国人均牛肉消费量为6.85千克/人，同比增长9.2%，比2021年增加49.5%。2022年，全国牛肉需求量达930万吨以上，与当年牛肉产量718万吨相比，牛肉需求缺口达212万吨以上。随着人们生活水平提高和对肉类需求的调整，牛肉的需求量将会进一步提高。

表1　全国肉牛存栏前10省份排序

地区	云南	四川	内蒙古	西藏	青海	新疆	黑龙江	甘肃	贵州	湖南
存栏（万头）	871.0	830.5	732.5	657.1	642.4	616.3	515.0	512.8	479.4	435.1

（二）全国牛肉进出口量

2022年，我国牛肉进口268.95万吨，同比增加15%，平均到岸价格6 600美元/吨，同比上涨23%，我国进口的牛肉主要来自巴西、阿根廷、乌拉圭、新西兰、澳大利亚，这5国合计进口235万吨，占比87%；其中从巴西进口110.4万吨，占比41%，从阿根廷进口49万吨，占比18%；从乌拉圭进口35.6万吨，占比13%；从新西兰进口21.6万吨，占比8%；从澳大利亚进口18.2万吨，占比6.8%；从美国进口17.8万吨，占比6.6%；美国已成为我国进口牛肉的第六来源国；其余从白俄罗斯、玻利维亚、智利、俄罗斯、哥斯达黎加、乌克兰、塞尔维亚、巴拿马、南非、匈牙利、加拿大、纳米比亚、法国、拉脱维亚、荷兰、意大利、哈萨克斯坦、墨西哥、立陶宛等国家进口（图1、图2）。

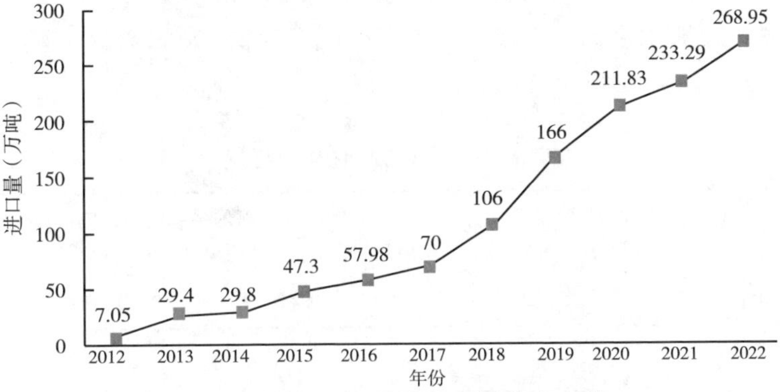

图1　2012—2022牛肉进口量年度走势

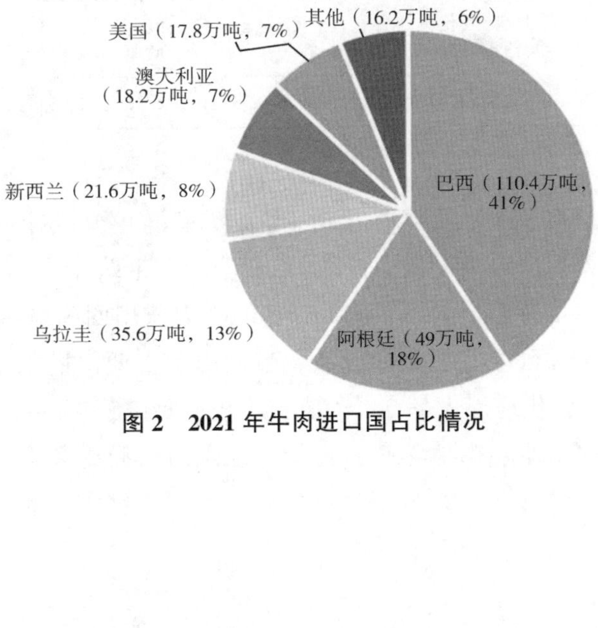

图2　2021年牛肉进口国占比情况

（三）内蒙古产业发展现状

2022 年，内蒙古肉牛存栏 658.9 万头，增长了 12.46%；出栏 428.8 万头，增长了 4.5%；牛肉产量达到 71.9 万吨，增长了 4.6%，占全国牛肉产量的 1/10，有望连续 3 年保持全国首位。

1. 内蒙古肉牛产区分布

内蒙古肉牛养殖主要集中在通辽市、赤峰市、锡林郭勒盟、呼伦贝尔市及兴安盟 5 个盟（市），占内蒙古肉牛出栏的 79.9%。通辽市肉牛出栏量接近内蒙古出栏的 1/3。内蒙古已形成的三个肉牛养殖带，约占内蒙古牛肉产量的 90%。其中，以通辽、赤峰、兴安盟为重点的中东部优势养殖区，约占内蒙古牛肉产量的 55%；以呼伦贝尔、锡林郭勒为重点的天然草原养殖区，约占内蒙古牛肉产量的 30%；以鄂尔多斯、巴彦淖尔为重点的西部养殖新兴区，约占内蒙古牛肉产量的 5%（表 2、表 3）。

表 2　各盟（市）肉牛出栏量　　单位：万头

盟（市）	通辽市	赤峰市	锡林郭勒盟	呼伦贝尔市	兴安盟	呼和浩特市	包头市	鄂尔多斯市	乌兰察布市	巴彦淖尔市	阿拉善盟	乌海市
出栏量	100.08	73.97	68.00	58.80	27.00	21.67	20.72	14.34	12.30	10.85	2.43	0.19

表 3　各盟（市）牛肉产量　　单位：万吨

盟（市）	通辽市	赤峰市	锡林郭勒盟	呼伦贝尔市	兴安盟	呼和浩特市	包头市	鄂尔多斯市	乌兰察布市	巴彦淖尔市	阿拉善盟	乌海市
产量	17.00	12.23	11.42	9.22	4.72	3.79	3.61	2.38	2.06	1.83	0.38	0.05

2. 良种繁育

内蒙古先后培育了中国西门塔尔牛（草原类型群）、科尔沁牛、华西牛等优良品种。拥有 4 家国家级肉牛核心育种场，5 家种公牛站，认定了 6 家自治区级肉牛核心育种场。培育出全国排名前 100 名的乳肉兼用西门塔尔牛 32 头，以西门塔尔为主的采精种公牛存栏近 500 头，带动内蒙古西门塔尔牛养殖比例达到 90%。肉牛优质冻精供应能力超 800 万支，不仅满足内蒙古供种需求，其中，通辽市、赤峰市、兴安盟、锡林郭勒盟村级冷配点对行政村和自然村覆盖率达到

90%以上；还供应甘肃、宁夏等省（区）。

3. 屠宰加工

据2022年内蒙古农牧业产业化报送系统不完全统计，内蒙古拥有销售收入500万元以上肉牛加工企业达到79家，实现销售收入78.4亿元，总产值达到80.4亿元。设备加工能力由2016年的31.93万吨提高到现在的94.2万吨，增长了近2倍，年均增长17%。其中，在中东部优势养殖区分布集中了销售收入500万元以上规模企业33家，拥有内蒙古78.5%的肉牛加工能力；天然草原养殖区集中了规模企业15家，拥有内蒙古10%的肉牛加工能力；西部高端养殖新兴区分布规模企业10家，拥有内蒙古7%的肉牛加工能力。

4. 品牌建设

全国与肉牛相关的62个“全国农产品地理标志”，内蒙古就有7个，在拥有该标志的20省（区）中排第2位（第1位是青海省，拥有15个）。在全国累计认定的44个与肉牛相关的“全国名特优新农产品”中，内蒙古就有16个，在拥有该认定的12个省（区、市）中，排第1位。科尔沁牛已入选中国农业品牌目录，被列为农业农村部精品培育品牌。呼伦贝尔牛肉品牌全年授权产品产量达1.4万吨，品牌溢价率达到56%，产值达11.08亿元；“兴安盟牛肉”入选“内蒙古农牧业品牌目录”，扎赉特旗还被农业农村部列为脱贫地区农业品牌帮扶对象，将由农业农村部市场与信息化司和中国畜牧业协会共同帮扶打造“兴安盟牛肉”区域公用品牌。

二、肉牛产业取得的成效

（一）项目建设

农牧厅共争取近4.3亿元，支持肉牛产业链建设。其中，在种业上：争取了国家良种推广资金6 700余万元，支持22个肉牛主产旗（县）开展良种化建设和肉牛生产性能测定，对国内排名前100名的西门塔尔种公牛给予每头5万元的后补助奖励。在通辽市建立了自治区肉牛种业技术创新中心。在养殖上：争取国家肉牛扩群提质项目2.1亿元，对宁城县、多伦县、科尔沁右翼中旗、库伦旗等 8 旗（县）的 14 万头（以上）基础母牛进行补贴。在通辽市、赤峰市、兴安盟等 8 个盟（市）开展育种、饲养管理、杂交改良等示范推广，直接带动项目区肉牛8 600头，辐射带动肉牛 21 万头。

（二）培育龙头企业

支持加工龙头企业参与项目建设，共利用国家农口资金1 560万元，支持通辽市哈林肉业、华阳牛业、绿丰泉等 8 家企业参与项目建设。同时，通过对自治区级肉牛龙头企业监测与认定，现内蒙古共认定了肉牛自治区级龙头企业 77 家，新增了 23 家。其中，国家级龙头企业 6 家。

（三）产业融合发展

争取了国家资金5 000万元，在通辽市、兴安盟、赤峰市 3 个盟（市）的科尔沁左翼后旗、科尔沁左翼中旗、宁城县等 8 个旗（县）为开展科尔沁肉牛产业集群续建项目的建设；争取国家3 000万元及自治区4 000万元，创建了兴安盟科尔沁右翼中旗国家级肉牛产业园和赤峰市阿鲁科尔沁旗、林西县，锡林郭勒盟正蓝旗、乌兰察布市丰镇市 4 个自治区级肉牛产业园，争取了国家奖补资金2 000万元，在库伦旗、阿鲁科尔沁旗实施国家级肉牛产业强镇项目建设。落实内蒙古农牧业产业化资金1 000万元直补支持科尔沁右翼中旗全国全产业链典型旗（县）建设。

（四）营造市场

在中央电视台、北京首都机场及部分一线城市重点部位投放品牌广告，加大品牌宣传力度；利用微信公众号、抖音等新媒体平台，开展《内蒙古品牌推介——品牌会客厅》直播访谈等栏目，不断推介内蒙古牛肉品牌。组织区内肉牛加工企业参加了第九届绿博会、第十九届农交会和黄河流域订货会等展销会，拓展内蒙古牛肉品牌产品的销售渠道。同时，支持部分企业在北京、上海、广州等一线城市，建立内蒙古绿色农畜产品销售中心，推动更多优质绿色农畜产品品牌走出去。

三、肉牛产业存在问题

（一）种业优势发挥不够

2022 年内蒙古生产冻精 800 万剂，外销 240 万剂，但在区内冻精农区使用更多，呼伦贝尔、锡林郭勒两大草原牧区及鄂尔多斯市、巴彦淖尔市等西部产区肉牛冷配覆盖率仅为 50%，低于内蒙古平均水平 20 个百分点，优势没有充分发挥，外销仍有很大的空间。

（二）标准基地建设不足

2022 年，作为养殖大市，通辽出栏达标育肥牛仅为 30 万头，占通辽市全市出栏 125. 7 万头总量的 24%；锡林郭勒盟本地肉牛达标屠宰量为 1. 5 万头，占其出栏量 92 万头的 1. 6%。

（三）精深加工能力较弱

企业规模小，作为全国最大肉牛产区，内蒙古最大的肉牛加工企业赤峰的中敖食品 2022 年产值 18 亿元，而邻近的吉林长春皓月肉业为 120 亿元；没有全国农产品加工业 100 强企业，更无上市企业。管理能力弱，内蒙古肉牛加工企业普遍缺乏管理经验，“科尔沁牛业”既有基地，又有研发人员，更有品牌优势，但管理经验不足，一直未能做大做强。产品附加值低，内蒙古肉牛 80%以上为初加工，更缺少皮、骨、油、血、脏等副产品加工。与山东省相比，其阳信一个县就拥有 300 多家牛肉制品和副产品企业，做到了“吃干榨净”。而内蒙古肉牛养殖规模与加工效益严重失衡。

（四）品牌效益尚未显现

内蒙古牛肉的地理标志品牌与区域公用品牌数量均位居全国前列，但对品牌的利用率却不高，议价能力低，品牌的市场认知度和占有率还较低，更缺乏讲好品牌故事的本领。

（五）发展机制尚不健全

内蒙古肉牛产业还没有真正建立起良性的发展机制，虽有布局和规划，但没有解决问题的及时性机制，又没有对链条发展进行细化和具体化，更没有具体的扶持政策。企业自主发展，缺少合作，优势不能互补，缺乏竞争力，使得肉牛产业链“前重中短末弱”。

四、对策及建议

（一）以种业提升补产业链

打造全国肉牛种业强区，在产业链前端实现增收增效。一是争取国家种业提升项目，开展保种场、华西牛核心育种场建设和肉牛生产性能测定，到 2025 年力争再培育出 1~2 家国家级肉牛核心育种场。二是实施后奖补政策，建设 277 个冷配站点，推广 540 万剂良种、10 万剂华西牛冻精的使用和实现 260 万剂良种冻精的销售。三是加强与中国农业科学院等科研院所及高校合作，开展育种联合攻关，到 2025 年力争再培育出 2 个肉牛新品种（品系）。

（二）以标准化提升产业链

打造标准育肥强区，在产业链生产养殖端实现增值。一是争取国家“扩群提质”项目，将内蒙古 8 个旗（县）能繁母牛存栏再提高 10%。二是实施自治区标准化养殖项目，支持 200 家肉牛规模养殖场（户）提升改造设备。三是大力发展设施畜牧业，支持建设 10 个（日处理能力不低于 5 吨）无害化处理场。四是在肉牛养殖标准上做文章，创建 300 个肉牛标准化示范场，以示范为样板，推行“标准设施、标准饲养、标准管理和防疫规范”的标准化养殖，努力让内蒙古的育肥标准成为全国标准。到 2025 年，力争支持规模养殖场达到 600 个，力争创建 900 个达到生产高效、环境友好、产品安全、管理先进的示范养殖场。

（三）以精深加工提升产业链

打造成加工强区，在产业链中端提升附加值。一是在内蒙古农牧业招商引资方案的基础上，细分出肉牛加工产业招商方案，完善充实招商引资库。二是在招商质量上下功夫，盯住农牧业加工100强和上市公司，牵住头部企业，吸引规模大、带动强、技术高的集团性企业入驻，支撑一方产业，激活一方市场。三是争取国家科尔沁肉牛产业集群、国家现代农业产业园和产业强镇项目建设。四是在科尔沁右翼中旗等3个旗（县）开展屠宰加工项目建设。对创新型中小企业、“专精特新”中小牛肉产品加工企业给予资金支持，助力其发展壮大。五是集中各类资源，支持将通辽市打造成为全国肉牛产业第一重镇，以“集聚效应”辐射带动周边盟（市），形成肉牛“增长极”，大幅提高精深加工和副产品加工水平，力争到2025年内蒙古肉牛加工转化率提高到65%。

（四）以品牌提升产业链

打造成品牌强区，在产业链末端实现溢价。一是加大“科尔沁牛、呼伦贝尔牛、兴安盟肉牛”区域公用品牌宣介力度，讲好绿色、高端品牌故事。二是开展“蒙”字标认证，建立质量安全可追溯体系，在重点地区和示范养殖场开展分品种品质品鉴工作，提高市场认可度，提升消费占有率，实现优质优价。三是加大对冒牌、套牌和滥用品牌行为的惩处力度，维护品牌形象。四是积极参与线下订货会、绿博会、农交会等活动；对京津冀等地区专业营销机构进行指导；鼓励开辟线上特色馆等集合专区，支持电子商务共享云仓及配送，B2B、B2C、直播等建设，提升配送时效，拓宽销售渠道。

（五）以机制提升产业链

打造肉牛产业链强区。一是按照内蒙古自治区党委、政府决策部署，由政府一位副主席任“链长”，组建肉牛产业工作专班及专家团队，建立“链长+专班+专家团队+链主企业”的工作模式，全面推行“高位化调度、扁平化管理、协同化推进”的工作机制，加强产业链战略性研判，政策供给等重大事项及解决实际问题。二是推动头部企业担任“链主”，在串珠成链、协同推进的基础上，组建肉牛全产业链“联合舰队”，形成立体式集团军作战，促进主体联合、要素聚合、利益黏合，带动上中下游和纵横侧各类经营主体融入肉牛全产业链，形成全产业链“链主、链队、链农、链创”抱团闯市场，逐步实现品牌共创、渠道共建、利益共享、风险共抵的产业联盟。三是继续开展肉牛养殖保险，增强抵御风险能力。四是实施《自治区农牧业龙头企业（牛羊）助保贷引导资金实施方案》，创新开发金融产品，鼓励政府性融资担保机构为龙头企业扩大生产提供贷款担保服务。

五、2023年肉牛市场趋势展望

（一）国内肉牛行情持续面临下行压力

新冠肺炎疫情发生3年多的时间以来，国内外经济下行压力凸显，负面连锁效应积聚。当前虽然进入“后疫情时代”，但全球普遍高通胀及消费疲软的态势却恐难在短期内扭转，终端消费价格与实际消费水平难免存有落差，保持高位坚挺的牛肉价格也未必能反向拉动肉牛市场行情，给养殖者带来与牛肉商家相匹配的市场议价能力和行业话语权，加之自2021年下半年开始出现基层牛源不断蓄积导致市场行情持续低迷挫伤养殖从业群体的积极性，基础母牛弃养抛售宰杀进入肉牛市场流通的情况有进一步抬头之势，预计2023年国内肉牛市场行情也将随着传统消费淡季的来临而加速进入下行通道。

（二）养殖经济效益普遍下滑，繁育母牛养殖环节尤为明显

多重因素导致的肉牛市场行情下行，使得2022年肉牛养殖经济效益也随之普遍下滑，而由于各类商品牛源价格出现了比育肥牛更为显著的回落，其养殖经济效益的下滑程度较育肥牛而言也更加严重。预计2023年，肉牛养殖经济效益依然不容乐观，对于现有规模化舍饲繁育母牛养殖从业群体而言，压力与挑战升级，形势尤为严峻，但风险向来伴随机遇，经过此轮冲击之后，肉牛产业结构与市场格局或将通过优胜劣汰法则迎来新的起点，开创新的局面。

六、2023年肉牛产业发展展望

农业农村部出台了《落实党中央国务院2023年全面推进乡村振兴重点工作部署的实施意见》，提出深入开展肉牛增量提质行动；大力发展青贮玉米和苜蓿等优质饲草，因地制宜开发利用农作物秸秆及特色饲草资源；加强国家种业基

地建设，深入开展种业企业扶优行动；强化品牌建设，实施农业品牌精品培育计划，加快农业品牌标准体系建设等重点工作内容。

经过2~3年的持续支持和努力，内蒙古肉牛存栏力争达到1 000万头，牛肉产量力争突破100万吨以上，力争培育出2~3家产值超100亿元的行业领军企业，全产业链产值力争达到1 000亿元。

内蒙古自治区肉羊产业发展报告

一、肉羊产业发展基本情况

（一）我国肉羊产业发展概况

2022 年我国肉羊生产继续向好，羊出栏量、存栏量和羊肉产量同比增长率均为近 5 年最高。从存出栏量看，2022 年，全国羊出栏 33 624. 0万只，比 2021 年增加 579. 0 万只，增长 1. 8%；2022 年末全国羊存栏 32 627. 0万只，比上年末增加 658. 0 万只，增长 2. 1%。从出栏率看，近 5 年羊只出栏率都突破了 100%，说明我国肉羊生产性能不断增强。从羊肉产量看，2022 年羊肉产量达 525. 0 万吨，比 2021 年增加 11. 0 吨，增幅为 2. 0%。已经实现了《推进肉牛肉羊生产发展五年行动方案》中提到的“到 2025 年羊肉产量稳定在 500 万吨”的发展目标（表 1）。

表 1　2017—2022 年中国羊出栏量、存栏量和羊肉产量情况

年份	出栏量（万只）	存栏量（万只）	羊肉产量（万吨）
2017	30 797. 7	30 231. 7	471. 1
2018	31 010. 5	27 913. 5	475. 1
2019	31 699. 0	30 072. 1	487. 5
2010	31 941. 0	30 654. 8	492. 3
2021	33 045. 0	31 969. 0	514. 0
2022	33 624. 0	32 627. 0	525. 0

数据来源：中华人民共和国国家统计局（www. stats. gov. cn）。

（二）内蒙古肉羊产业发展概况

内蒙古是全国羊肉生产能力最强、肉羊品种最多、肉羊地理标志认证数量最多、羊肉外销量最大的省区，肉羊产业在畜牧业形成了涵盖种业、饲草、养殖、加工、销售等环节于一体较为完整的链条，肉羊产业被农业农村部确定为全国农业产业链重点链，2022 年全产业链产值达到 1 080亿元，比 2021 年增加 120 亿元，首次突破千亿元级，成为内蒙古农牧业 7 个重点产业链中继玉米、奶业之后又一个千亿级产业。

2021 年全国绵羊年底只数18 637.68万只，2022 年羊肉产量 525.0 万吨，内蒙古居全国首位（表2）。

表 2　2021 年全国绵羊存栏前 10 名省（区）

地区	存栏（万只）
内蒙古自治区	4 611.90
新疆维吾尔自治区	4 142.85
甘肃省	1 991.03
青海省	1 341.47
山东省	980.00
河北省	970.65
黑龙江省	725.19
山西省	687.08
西藏自治区	672.34
吉林省	592.45

1. 养殖环节

2022 年末内蒙古羊存栏 4 611.9 万只，占全国总存栏 14.14%，年出栏 4 849.4万只，羊肉产量 80.8 万吨，占全国羊肉产量 15.39%，占内蒙古肉类总产量的 31.60%。肉羊养殖量 100 万只以上的养殖大县发展到 47 个（赤峰市 7 个、呼伦贝尔市 6 个、锡林郭勒盟 6 个、巴彦淖尔市 6 个、鄂尔多斯市 5 个、乌兰察布 4 个、兴安盟 4 个、通辽市 4 个、包头市 3 个、呼和浩特 2 个），养殖量占内蒙古的 83.0%。年出栏 1 000只以上大型肉羊规模养殖企业（场）1 797个，比 2020 年增加 39 个（表 3）。

表 3　内蒙古各盟（市）羊存栏量（绵羊+山羊）　　单位：万只

盟（市）	2019 年	2020 年	2021 年
赤峰市	873.36	900.16	937.18
鄂尔多斯市	825.84	836.07	850.29
巴彦淖尔市	740.90	779.64	812.17
兴安盟	772.44	813.86	769.08
呼伦贝尔市	702.49	667.26	670.60
锡林郭勒盟	631.00	588.31	584.08
通辽市	550.84	576.43	582.45
乌兰察布市	359.64	367.72	372.03
包头市	237.77	267.04	272.23
呼和浩特市	189.05	193.31	201.62
阿拉善盟	82.64	75.35	77.18
乌海市	9.94	9.02	9.27

内蒙古种羊场发展到 306 个，其中国家级肉羊核心育种场 6 家，自治区级核心育种场 4 家，具备年生产 20 万只种公羊的供种能力，引进品种种公羊供给能力稳定在 5 万只以上。内蒙古赛诺羊业公司每年向新疆、甘肃、宁夏、河北、山东等省（区）外销种公羊 2 000 只以上，生产能力和技术水平处于全国行业领先地位（表 4 至表 6）。

表 4　内蒙古肉羊品种情况

序号	品种名称	命名时间
1	蒙古羊（地方）	1989 年收录于《中国羊品种志》
2	乌珠穆沁羊（地方）	1986 年内蒙古自治区人民政府正式命名
3	苏尼特羊（地方）	1997 年内蒙古自治区人民政府正式命名
4	呼伦贝尔羊（地方）	2002 年内蒙古自治区人民政府正式命名
5	乌冉克羊（地方）	2009 年农业农村部列入遗传资源
6	滩羊（地方）	1989 年收录于《中国羊品种志》
7	巴美肉羊（培育）	2007 年国家畜禽遗传资源委员会正式命名
8	昭乌达肉羊（培育）	2012 年国家畜禽遗传资源委员会正式命名

（续表）

序号	品种名称	命名时间
9	察哈尔羊（培育）	2013 年国家畜禽遗传资源委员会正式命名
10	戈壁短尾羊（培育）	2019 年国家畜禽遗传资源委员会正式命名
11	草原短尾羊（地方）	2020 年国家畜禽遗传资源委员会正式命名
12	杜蒙羊（培育）	2022 年国家畜禽遗传资源委员会正式命名

表 5　国家级肉羊核心育种场情况

序号	名称	确定年份	批次
1	内蒙古赛诺种羊科技有限公司	2016 年（2021 年核验）	第一批
2	内蒙古草原金峰畜牧有限公司	2019 年	第三批
3	内蒙古富川养殖科技股份有限公司	2019 年	第三批
4	呼伦贝尔农垦科技发展有限责任公司	2019 年	第三批
5	内蒙古苏尼特右旗苏尼特羊良种场	2019 年	第三批
6	敖汉旗良种繁育推广中心	2021 年	第五批

表 6　自治区级肉羊核心育种场情况

序号	名称	确定年份	批次
1	鄂温克族自治旗艾伊提草原短尾羊种羊场	2022 年	第一批
2	东乌珠穆沁旗赫希格畜牧业发展有限责任公司	2022 年	第一批
3	镶黄旗察哈尔羊种羊场	2022 年	第一批
4	内蒙古三阳牧业有限公司	2022 年	第一批

2. 加工环节

2022 年内蒙古肉羊屠宰加工企业 330 家，其中年销售收入 500 万元以上加工企业 242 家，实际加工羊肉 68 万吨；有国家级肉羊加工龙头企业 7 家、自治区级肉羊加工龙头企业 60 家，新三板挂牌肉羊加工企业 3 家；将澳菲利食品股份有限公司、额尔敦食品有限公司、羊羊牧业股份有限公司、赤峰宏发食品有限责任公司、内蒙古伊赫塔拉牧业股份有限公司 5 家公司确定为内蒙古肉羊产业链链主企业，予以重点培育扶持。

3. 销售环节

2022 年内蒙古肉羊加工企业销售收入总额 232 亿元，其中销售收入 500 万元以上加工企业销售额 186 亿元，销售收入 1 亿元以上加工企业销售额 108 亿元。每年销往区外羊肉约 72 万吨，占内蒙古羊肉产量的 65%。区外市场份额中京津冀地区占 39%、长三角地区占 22%、粤港澳地区占 9%、川渝地区占 5%、东北地区占 13%、其他地区占 12%。网络电商销售发展迅速，顺丰、京东冷链羊肉制品销售额达到 37.5 亿元。内蒙古羊肉类产品注册商标达到 2.27 万个，获绿色认证羊肉产品 146 个，有机认证羊肉产品 133 个，地理标志农产品登记保护羊肉产品 20 个。现有 6 个肉羊区域公用品牌，授权企业 33 家。3 家企业成为内蒙古首批获得“蒙”字标认证企业（表 7、表 8）。

表 7　内蒙古各盟（市）当年出栏和自宰肉用羊　　单位：万只

盟（市）	2019 年	2020 年	2021 年
巴彦淖尔市	1 135.54	1 366.74	1 434.66
兴安盟	779.56	838.88	841.65
赤峰市	627.16	684.86	688.31
锡林郭勒盟	847.85	706.38	678.33
乌兰察布市	669.17	615.76	593.32
呼伦贝尔市	698.62	596.94	582.25
鄂尔多斯市	474.42	582.47	556.35
通辽市	398.45	447.84	484.60
包头市	487.97	423.74	460.26
呼和浩特市	283.59	342.17	322.91
阿拉善盟	35.88	53.48	46.79
乌海市	20.12	14.86	15.93

表 8　内蒙古各盟（市）羊肉产量　　单位：吨

盟（市）	2019 年	2020 年	2021 年
巴彦淖尔市	195 859	232 346	243 174
兴安盟	114 192	142 610	142 660
赤峰市	112 201	116 426	116 669

（续表）

盟（市）	2019年	2020年	2021年
锡林郭勒盟	149 425	120 084	114 976
乌兰察布市	112 045	104 680	100 567
呼伦贝尔市	130 394	101 480	98 691
鄂尔多斯市	82 805	99 019	94 302
通辽市	64 987	76 134	82 130
包头市	81 726	70 607	78 014
呼和浩特市	43 913	54 748	54 734
阿拉善盟	6 924	9 091	7 931
乌海市	3 439	2 526	2 700

二、肉羊产业发展存在问题

从全产业来看，内蒙古肉羊产业大而不强，产业链前大中小后弱，产业链前后端延伸不足，肉羊生产大区优势无从体现。尽管内蒙古肉羊养殖居全国领先位置，自身优势明显，但从产业链角度看中游、下游短板突出。

（一）产业规模化水平低

内蒙古近四成出栏肉羊以活畜销往区外，80%的加工企业仍以屠宰或分割等粗加工为主。90%以上的羊皮、羊毛作为原料低价流往区外。各企业单打独斗，没有形成规模销售效益，冷链物流配套不完善，主销区市场缺少具有影响力的产品集中地、集散地。

（二）加工龙头企业实力弱

肉羊加工企业小、散、弱，企业间产品同质化竞争严重，活羊收购价格竞争激烈，仅锡林郭勒盟肉羊加工企业就多达130多家。区内没有销售收入10亿元以上的龙头企业，2022年销售额第一的巴彦淖尔市澳菲利公司销售收入8.9亿元，仅占销售收入1亿元以上重点企业销售额的8.2%。

（三）品牌优势体现不充分

区域共用品牌和地理标志品牌授权利用率不高，市场占有率、认知度较低。地方政府对授权企业监管不到位，存在个别企业以次充好的现象。内蒙古仅 47 家企业获得绿色有机认证，占规模以上企业 13.8%，绿色有机羊肉产量仅占总产量的 3.6%。

（四）行业标准体系不完善

羊肉制品分级分类标准不完善，优质羊肉没有量化标准，质量和产地优势难以体现。生产加工标准体系不健全，不同生产模式下加工产品品质参差不齐，羊肉产品可追溯体系建设和使用滞后。

三、肉羊产业发展预测及下一步工作建议

（一）工作思路

深入贯彻落实习近平总书记“明确经济发展的重点产业和主攻方向，推动相关产业高端化、智能化、绿色化”等重要指示批示精神和内蒙古第十一次党代会精神，围绕内蒙古由农畜产品产量大区向农牧业产业强区转变的总体目标，牢固树立新发展理念，落实高质量发展要求，坚持生态优先、绿色发展导向，聚焦培育领军加工企业，聚焦肉羊精深加工，聚焦做大肉羊品牌，提升产业集中度和质量水平，推进生产、加工、流通、品牌、销售一体化发展，延伸产业链、提升价值链，做优做强肉羊产业。

（二）基本原则

坚持政府引导，市场运作的原则。充分发挥政府的组织推动作用，通过政策引导，鼓励种羊场改制，鼓励社会资本兴办种羊场，构建以政府投入为引导、企业和社会广泛参与的多元化投入新机制，推进种羊生产、推广市场化，增强供种保障的能力。

坚持发挥优势，突出特色的原则。立足资源禀赋和发展基础，建立牧区与农区养殖区域布局和不同生产方式相适应的良种繁育体系，形成主导品种突出、区域特色明显、生产定位明晰、品种结构合理的肉羊良种发展布局。

坚持科技支撑，转变发展方式的原则。以提高个体生产性能和羊肉品质为主攻方向，大力培育、推广、利用肉羊优良品种，提高良种化程度，转变增长方式，增加农牧民收入。

（三）工作目标

到 2025 年，肉羊存栏稳定在6 000万只以上，羊肉产量突破 120 万吨；培育 2~3 家全国领先具有较强影响力的行业“领头羊”企业，力争 1~2 家肉羊链主企业在主板上市，初步形成创新能力强、产业链条全、绿色底色足、联农带农紧的肉羊全产业链，力争肉羊全产业链产值达到1 200亿元以上，实现肉羊生产大区向产业强区转变。

（四）工作内容

重点聚焦肉羊产业大而不强、产业链条短、企业实力弱等突出问题，立足产业链各环节现状突出重点、分类施策。养殖端依托规模养殖场培育社会化服务组织，带动中小散户实现标准化生产。加工端重点推动本土链主企业整合现有资源要素，做大做强，通过强强联合、以大带小，打造产业联合体。在增加羊肉生产加工量的同时，积极发展羊皮食品加工和羊毛纺织加工。销售端引进区外知名餐饮企业及综合性传媒企业，加大内蒙古优质羊肉产品宣传推广。

（1）持续培育链主企业。按照农区、牧区、半农半牧区肉羊产业布局，重点培育澳菲利、额尔敦、羊羊牧业、伊赫塔拉、赤峰宏发 5 家链主企业。财政厅、银保监局、金融监管总局、农牧厅等部门加大财政支持手段和金融产品创新，优先保障链主企业兼并重组、股份合作、资产并购，打造自主创新能力强、加工水平高、竞争优势明显的大型企业集团。对链主企业新进主板上市的给予一定奖励。以重点加工企业、规模化养殖场为节点，完善联农带农机制，推进社会化服务体系建设，把农牧户组织好，带动到产业体系中来。

（2）促进加工企业升级扩量。对年实际屠宰加工量达到一定规模的加工企业给予一次性补贴和贷款贴息，支持链主企业围绕羊肉精细分割、冷鲜肉、熟制食品、速冻食品、预制菜肴、功能保健食品、内脏、皮毛骨血油副产品等方面大力发展肉羊精深加工，延伸产业链，提升价值链。借助助保贷财政专项引导资金，重点支持5家链主企业解决流动资金融资问题，力争2023年带动企业销售收入增长10%以上。支持巴彦淖尔市羊上羊、草原鑫河、羔端肉业三家企业实施羊皮食品加工项目，配套设施设备建设及新产品研发，推动羊皮食品产业化发展。

（3）支持现代产业园区建设。支持链主企业主导创建自治区级肉羊现代农牧业产业园，围绕企业服务半径集聚产能，打造年产值超10亿元的肉羊加工园区，提升肉羊产业聚集度。积极招商引资吸引上下游关联企业入驻，实现加工园区化、园区产业化、产业集聚化、分工专业化，促进肉羊产品就地就近加工转化增值。发展皮毛等副产品精深加工，以巴彦淖尔市国家农业高新技术产业示范区、锡林郭勒盟苏尼特右旗羊毛制品特色集镇建设为重点，引进天尔、中科融汇、浩森、春雪、金天阳等绒纺加工企业，推动产业集聚、集中发展。

（4）突出品牌化建设。鼓励企业提升标准化生产水平，对主导或参与制定国家（行业）标准的企业，分别给予一次性奖励。加强产品质量管控，完善肉羊品牌标准体系。率先依托链主企业产品分类，优化产品标准、企业标准，在此基础上制定完善“蒙”字标认证标准体系、区域公用品牌标准体系，逐步形成覆盖不同档次肉羊品牌的完整标准体系。率先实现羊肉产品可追溯管理，加强产地、质量管控信息化建设，严格落实企业质量管理主体责任。鼓励开展有机农产品、绿色食品和农产品地理标志认证，推动“蒙”字标认证。举办和参加产销对接和品牌宣传推介会10场以上，推动5家链主企业全部获“蒙”字标认证。

（5）拓宽产品销售渠道。支持链主企业发挥自身优势，瞄准不同地区羊肉消费习惯，发展连锁餐饮、直销门店、专柜、体验店等经营实体，打造销售主阵地；大力发展网络营销，依托知名电商平台建立特色产品网店。加强与大型超市、餐饮连锁对接，建立区域性冷链物流中心；通过各类展会、外交部推荐平台、香港经贸合作活动、“一带一路”合作等方式，多措并举拓宽优质肉羊产品销售渠道。

内蒙古自治区绒山羊产业发展报告

一、绒山羊产业发展基本概况

（一）国际绒山羊产业概况

世界山羊绒的主要生产国家有中国、蒙古国、伊朗、阿富汗、哈萨克斯坦、吉尔吉斯斯坦、巴基斯坦、土耳其等。其中，中国和蒙古国是世界最主要的羊绒生产国，两国羊绒产量占世界羊绒总量的90%以上。其中，我国产量更是占到世界总量的1/2以上，是世界羊绒产量最大的国家。中国的羊绒平均直径为16微米左右，在所有国家中最细，在原料性质上，中国、蒙古国等国家和地区的羊绒品质最好。但是，由于产品研发和品牌建设不足，导致中国羊绒品质第一却缺乏国际话语权。美国、英国、日本、意大利等国家虽然进入行业的时间较后，且山羊绒产量极少，不具有原料优势，但他们拥有世界顶级的羊绒品牌和奢华的设计师品牌，使得山羊绒制品的全球中高端市场目前由意大利、英国等发达国家的国际性品牌所占领。

1. 2022年全球羊绒产量与2021年相比预计有所增加

整体来看，近10年来全球羊绒产量在2.5万~3万吨。2017—2020年，全球羊绒产量呈逐年下降的趋势。据测算，2020年全年，全球羊绒产量为2.63万吨，同比下降3.7%，达到近5年来最低值。2020—2022年，全球羊绒产量呈缓慢回升趋势，2022年产量预计回升至2.7万吨以上（图1）。

2. 2022年全球羊绒贸易呈现贸易逆差

中国原绒进口在世界占比很高，是重要的羊绒进口国。根据中国海关总署数据，2022年中国羊绒累计进口量为7 679.71吨，相比2021年同期的4 732.51吨增加了62.28%；受到新冠肺炎疫情影响，2022年中国羊绒累计出口量为

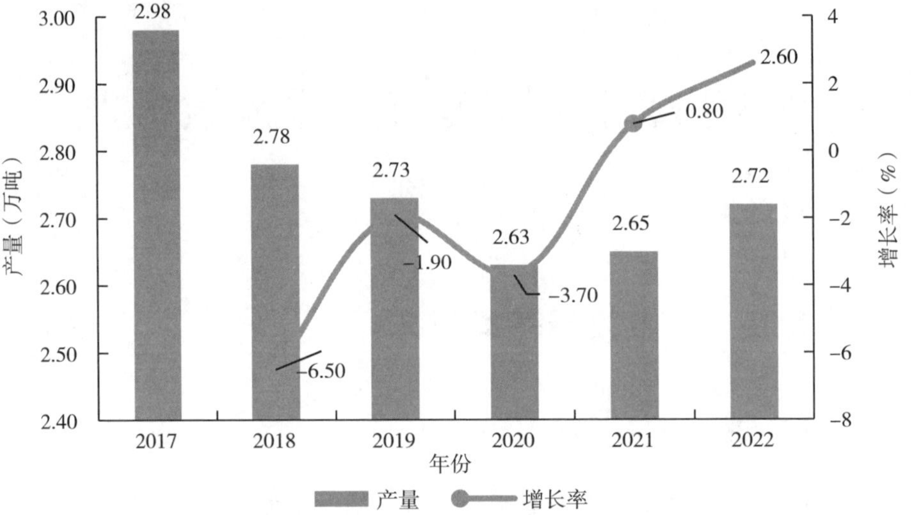

图 1　2017—2022 年全球羊绒产量变化情况

31. 59 吨，相比 2021 年同期的 53. 86 吨减少了 41. 3%。

3. 全球羊绒市场规模

随着纺织服装行业的不断发展，羊绒服饰的规模也在不断增大。根据 DATA BRIDGE 的全球羊绒成品报告，2019 年，全球羊绒成品（服装和服饰）市场规模为 30. 3 亿美元。2020 年，新冠肺炎疫情暴发，全球羊绒制品的市场规模下降至 28. 4 亿美元。2021 年，疫情后时期，经济和市场复苏，羊绒行业市场规模持续回升至 32. 0 亿美元（图 2）。

4. 全球羊绒品牌竞争格局

整体来看，目前意大利、英国、美国品牌占据羊绒高端市场，具有较大的竞争优势；而中国、蒙古国等羊绒产量大国，尽管具备原材料优势，但在品牌塑造方面还缺乏竞争力。而在同等技术、原料、设备和管理水平的情况下，国际羊绒产业已经由原来的产品质量竞争逐渐发展为个性竞争，品牌价值之争，欧美品牌则明显更具优势。

5. 全球羊绒市场分析

羊绒产业是全球中高端服饰产业链中最具代表性的产业，从近几年国际市场的发展态势看，呈现出明显的两极分化走势：奢侈品消费市场持续稳健增长，

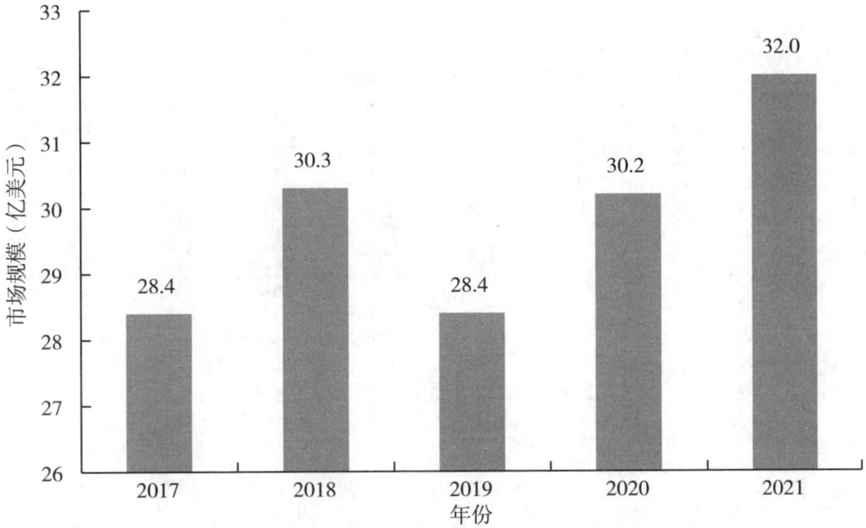

图 2　2017—2021 年世界羊绒成品市场规模

但品牌溢价无法转化为国内供应链收益；中端和大众消费市场需求整体平稳，主要是销售主体对存量市场的竞争。从国内市场看，羊绒行业整体出口量自2000 年以来整体呈下滑趋势，羊绒出口量从 274. 8 吨下滑至 33. 44 吨，羊绒衫出口量整体呈增加趋势，从 896 万件增加到2 798万件，羊绒围巾从最高43 750万件降低到 546 万件。

（二）国内绒山羊产业概况

2022 年我国羊绒产量 1. 46 万吨，占世界羊绒产量的 50%以上。羊绒制品的原料——山羊绒主要产于我国，尤其是高档羊绒，产区主要在内蒙古、青海、甘肃等地区，目前，世界大部分的羊绒原料在中国完成初加工处理，超过 3/4 的羊绒产品产自中国（图 3）。

1. 2022 年羊绒价格呈波动下降趋势

2018 年 6 月至 2022 年 10 月，清河羊绒价格指数变动情况如图 4 所示。总体而言，分梳无毛绒呈波动下降趋势，在 2020 年大幅下降后稳定在 79%~93%。2022 年，分梳无毛绒的价格仅有 2018 年 6 月的 84. 41%。

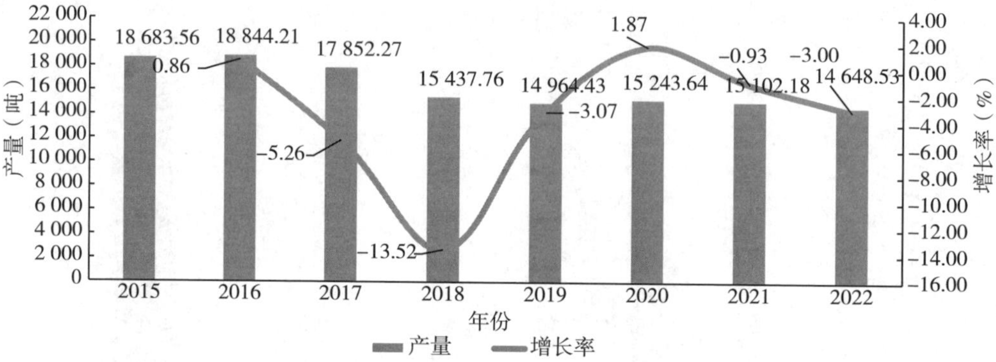

图 3　2015—2022 年我国羊绒产量变化情况

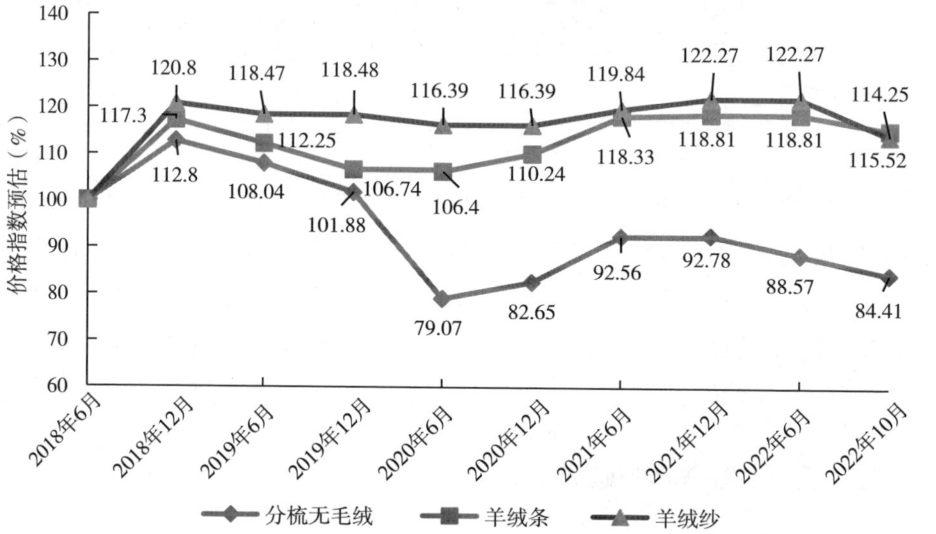

图 4　2018—2022 年清河羊绒价格指数预估

（注：清河 · 中国羊绒指数以 2018 年 6 月价格为基期价格）

2. 2022 年羊绒进口同比增加、出口同比增加

2022 年我国羊绒累计进口量为7 693. 12吨，比上年同期的4 777. 24吨增加了 61. 04%；累计进口额为 3. 59 亿美元，比上年同期的 2. 13 亿美元，增加了 68. 85%。2022 年，我国羊绒出口量达到5 531. 55吨，同比上升 34. 74%；2022 年，山羊绒出口金额为 4. 93 亿美元，同比上升 48. 49%。2022 年，羊绒贸易顺差累计为 2. 7 亿美元，比上年同期增长 92. 96%。

3. 羊绒产业市场分析

原绒市场方面，供给端表现为原绒产量在2016年达到1.88万吨峰值后开始下降，2022年下降到1.54万吨，受服装产业供给侧结构性改革影响，以及生态保护政策和国内羊绒政策导向，预计短期内原绒供给将小幅下滑。需求端表现为羊绒加工代表企业产业链后向一体化程度较高，需求稳定，预计未来中短期内需求稳定。

原绒精加工产品市场，供给端表现为2018—2022年纱线产量总体呈下降趋势，2022年我国纱线产量为2 333.6万吨，同比下滑5.8%，预计未来短期内我国羊绒纱线的供给将受纱线整体产量下滑影响，供给走弱。需求端表现为河北、江苏对于原绒的需求较强，意大利对我国的无毛绒需求强烈，2022年我国向意大利出口了约3 800吨未梳其他山羊绒，占比达70%。柬埔寨、越南、土库曼斯坦、美国、泰国、意大利等国对我国不同品类的羊绒纱线需求较高，预计未来短期内我国羊绒精加工的需求地区、需求量仍保持稳定。

羊绒制品市场，供给端表现为行业步入成熟期后，规模数量型增长受到资源有限性的制约而增长缓慢，预计未来羊绒成品向个性化、创新化趋势发展。需求端表现为羊绒制品的优秀性能符合居民的消费变革趋势，需求向高端化发展，由量转质，全球经济复苏进程和国际市场需求恢复速度将有所放缓，短期来看，预计羊绒服装需求将小幅下滑；中长期来看，中国羊绒产业的资源优势、加工优势突出，通过全面创新和品牌化发展，预计国际市场份额将进一步提高。

（三）区内绒山羊产业概况

内蒙古是中国乃至世界羊绒原料的主产区及最大的羊绒制品深加工和出口省区，绒山羊产业是内蒙古经济发展的特色优势产业，在繁荣市场、扩大出口、吸纳就业和增加农牧民收入等方面发挥了重要作用。2022年以来，为深入落实习近平总书记交给内蒙古的五大任务，把推进羊绒产业发展作为建设国家重要农畜产品生产基地重要内容，内蒙古按照扩大数量、提高质量、增加产量，坚持系统思维、链式思维、融合思维，保优势、补短板、强弱项，推进羊绒全产链业高质量发展，实现由羊绒产业大区向产业强区转变，全力打造世界“绒都”。

1. 发展概况

2022年，内蒙古绒山羊饲养量1 512.1万只，较2021年减少46.49万只，减少 2.98%。2021 年羊绒总产量6 109吨，较上一年度减少 609 吨，降低 9.07%，占全国羊绒总产量的 40.5%，2022 年内蒙古羊绒产量预计为6 000吨左右。销售收入 500 万元以上的 103 家羊绒加工企业实现销售收入 100.9 亿元，带动羊绒制品占到全国市场的 60%，羊绒产业全产业链产值近 150 亿元（表 1、表 2、图 5）。

表 1　内蒙古绒山羊饲养量变化情况

年份	饲养量（万只）
2018	1 631.97
2019	1 623.23
2020	1 629.26
2021	1 558.59
2022	1 512.10

表 2　内蒙古羊绒产量变化情况

年份	产量（吨）
2018	6 607
2019	6 312
2020	6 718
2021	6 109
2022	6 000（预计）

2. 产区分布

内蒙古绒山羊（阿尔巴斯型、阿拉善型、二狼山型）主产区在内蒙古西部三个盟（市）。一是以鄂尔多斯地区为代表的具有世界羊绒及羊绒制品领头羊地位的集群发展板块。二是以巴彦淖尔市为代表的羊绒分梳精加工板块，同时也是国内最大的无毛绒生产基地之一。三是以阿拉善盟为代表的高品质原绒生产输出板块。罕山白绒山羊主产区位于赤峰市、通辽市，已形成蒙东地区产业发展格局。乌珠穆沁白山羊主产区位于锡林郭勒盟东、西乌珠穆沁旗，目前以品种保护工作为主。

3. 产业优势概述

（1）区位优势。内蒙古是中国乃至世界山羊绒原料的主产区及最大的山羊

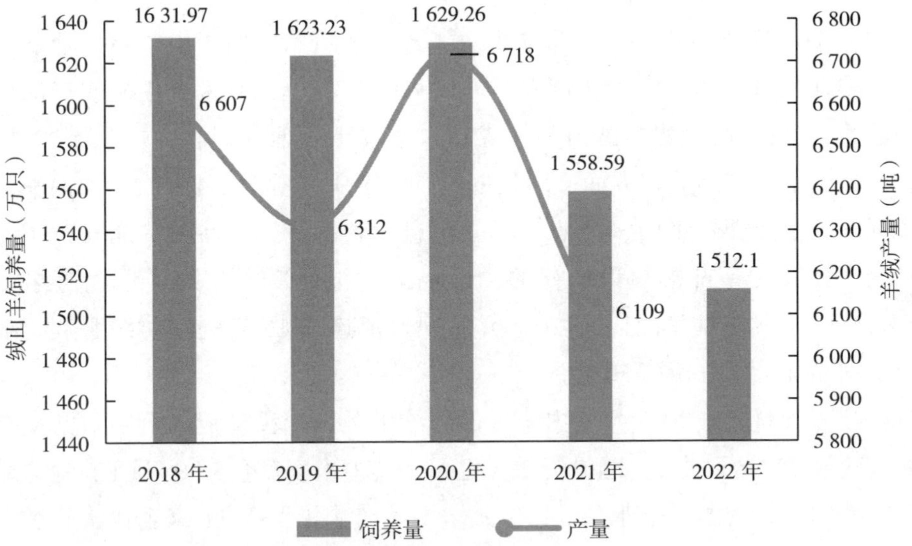

图 5　内蒙古绒山羊饲养量、羊绒产量变化情况

（注：截至 2023 年 3 月 27 日，国家统计局尚未公布 2022 年内蒙古自治区羊绒产量）

绒制品深加工和出口省区，是联通俄蒙，向北开放的重要窗口，在“一带一路”合作伙伴羊绒制品贸易中具有重要地位。

（2）资源优势。绒山羊是我国唯一一个具有完全自主供种能力的畜种，对于培植以发展地方畜禽品种为支撑的现代畜禽种业具有典型示范和引领作用。内蒙古绒山羊（阿尔巴斯型、阿拉善型、二狼山型）是我国乃至世界羊绒品质最好的优良绒山羊品种，已列入《国家畜禽遗传资源保护名录》。其主产区位于内蒙古西部地区北纬 38°～47°，地处世界公认的畜牧业黄金带，拥有广袤的草场，生态环境优良，是优质绒山羊产业发展的主要依托。目前已建立 1 个国家级内蒙古绒山羊（阿拉善型）保护区，3 个国家级内蒙古绒山羊（阿尔巴斯型、二狼山型、阿拉善型）保种场。登记在册的绒山羊种羊场 65 家，形成了育种、扩繁、推广、应用相配套的基本框架，每年可向区内外提供优质绒山羊种羊 8 万只以上。

（3）企业优势。鄂尔多斯市、阿拉善盟和巴彦淖尔市等西部地区及赤峰市，集聚了 48%的羊绒加工企业，绒山羊全产业链产值 183 亿元，占内蒙古近 90%。认定自治区级以上龙头企业 30 家，其中 4 家国家级龙头企业销售收入占到内蒙古40.7%。

（4）品牌优势。绒山羊品牌方面，鄂托克旗阿尔巴斯绒山羊被农业农村部等6部委列入第二批“中国特色农产品优势区”名单，并入选中国农产品区域公用品牌目录；“阿拉善白绒山羊”成功入选《中欧地理标志合作和保护协定》保护产品名录。产品品牌方面，内蒙古拥有5个中国驰名商标和23个内蒙古著名商标。其中，鄂尔多斯、维信、鹿王在意大利、英国、韩国等地开设了专卖店，全力打造具有自主知识产权的国际品牌。维信集团收购了法国著名品牌“克莱汀”。鄂尔多斯集团以1 420亿元品牌价值连续15年蝉联纺织服装行业榜首，位列品牌价值总榜第50名。

（5）产业优势。2022年，内蒙古西部绒山羊国家级产业集群项目共支持全产业链建设28个子项目，总投资2.5亿元，其中国家资金5 000万元，地方政府配套、撬动社会资本、企业自筹2亿元。支持产业集群内11家企业实施绒毛制品精深加工、生产线技术升级改造、绒毛拍卖交易网络平台建设等15个子项目，推进高端羊绒产品加工和研发，打造行业高端品牌。内蒙古落实羊绒收储贴息项目资金1 597万元，支持6个盟（市）15家企业收储优质羊绒和发展精深加工，收储羊绒5 082吨，超额完成4 840吨羊绒收储任务。

（6）技术优势。内蒙古已建成国家羊绒制品工程技术研究中心、农业农村部种羊和羊毛羊绒质量监督检验测试中心。研究中心逐步形成了我国羊绒行业集羊绒及其制品的研发、检测试验、标准研究、成果转化、技术推广、人才培养、技术交流为一体的技术创新服务平台；检测中心能够检测种羊及羊毛羊绒相关的64项参数。通过自主创新和产学研联合等方式，开展绒山羊育种、新技术创新，为推动传统产业转型升级提供了技术支撑。

（7）政策扶持。2022年1月29日，内蒙古自治区人民政府发布《2022年内蒙古自治区国民经济和社会发展计划》，提出继续完善原绒贴息收储政策，实施绒山羊提质工程，健全优质优价机制，提升羊绒产业集中度，培育具有技术和市场优势的链主企业，完善毛绒纤维质量检测体系。

2022年2月28日，内蒙古自治区人民政府发布《关于促进制造业高端化、智能化、绿色化发展的意见》，提出培育绿色农畜产品加工产业集群。围绕建设农畜产品生产基地，重点发展乳、肉、绒、玉米、马铃薯加工等产业，到2025年，绿色农畜产品加工业产值达到4 000亿元，主要农畜产品加工转化率达到

80%。羊绒加工方面，推动区内羊绒收购、梳绒、纺纱、针织等上下游企业协作配套，形成区域联动互补发展格局；完善山羊绒制品地方标准体系，发展个性化定制，推动羊绒制品设计创新、产品创新。

2022 年 4 月 24 日，《内蒙古自治区人民政府办公厅关于印发自治区抢抓〈区域全面经济伙伴关系协定〉（RCEP）机遇深化与日韩合作工作方案的通知》，提出用好用足中国和日本关税减让安排机遇，巩固羊绒制品等传统产品出口优势；定向化开展招商引资，在韩国首尔举办中国内蒙古羊绒羊毛展览会，帮助羊绒企业扩大国际影响力和竞争力，加快羊绒产业国际化、品牌化进程。

2022 年 9 月 22 日，内蒙古自治区人民政府发布《中国（鄂尔多斯）跨境电子商务综合试验区建设实施方案》，提出发挥自治区向北开放区位优势，推动建立羊绒供应链平台和跨境贸易（货物及服务）平台，支持发展同线同标同质"三同"产品，助力中蒙俄经济走廊建设；把握"一带一路"倡议和《区域全面经济伙伴关系协定》（RCEP）实施等重大战略机遇，充分利用羊绒等资源禀赋和区位、交通等比较优势，通过鼓励羊绒行业龙头企业牵头构建联通境内畜牧养殖、加工销售等上游供应链企业的国内供应链平台，以区域产业带形式入驻跨境电商交易平台，助力中小型涉农企业"触网上线"的方式，以及设立本地出口产品展区、参与国际羊绒羊毛大会等活动，加快推动跨境电商与传统产业融合应用，构建自主可控的境外营销网络；培育"国际网红"电商经济，推动羊绒制品走向全球。

二、2022 年绒山羊产业发展基本情况

（一）养殖情况

截至 2022 年，内蒙古绒山羊饲养量 1 512.1万只，较上一年度减少 2.9%。目前内蒙古绒山羊（阿尔巴斯型、阿拉善型、二狼山型）存栏 911.4 万只，占内蒙古绒山羊总饲养量的 60.27%，其中阿尔巴斯型占 68.8%，二狼山型绒山羊占 23.5%，阿拉善型占 7.7%。罕山绒山羊截至 2022 年末存栏 150 万只左右，乌珠穆沁白山羊目前存栏 10 万只左右。

（二）主推技术及主要工作

1. 优质种羊培育技术推广应用

对绒山羊育种进行创新利用，分类培育超细超长、高繁高产绒山羊种群和优质种羊。对绒山羊体型外貌、生产性能等进行鉴定和表型遗传分析，综合评价绒山羊品质优劣。应用数量遗传学和基因组选择进行本品种选育，通过遗传参数评估，早期选种、亲缘选配、冻精供种、人工授精和MOET（超数排卵胚胎移植技术）育种技术，实现优质种羊创制和提高种羊培育的标准化技术水平，提高绒品质和产羔率。

2. 两年三产繁育技术示范推广

针对饲养管理粗放，部分放牧母羊繁殖率和养殖效益相对较低的问题，依据绒山羊繁殖生理规律，推广应用两年三产技术，通过加强饲养管理，运用“绒山羊短期补饲+中草药催情或+孕马血清促性腺激素（PMSG）或+双羔素（Fecundin）免疫法+小群体配种”等人工繁殖调控手段，建立放牧绒山羊以8个月为一个繁殖周期的两年三产繁殖调控技术体系，提高基础母羊妊娠和繁殖效率，加快羊群周转。

3. 母子一体化养殖技术示范推广

针对繁殖母羊受胎率和羔羊成活率低、泌乳母羊奶水不足、养殖成本高等问题，推广母子一体化养殖技术。集中示范推广繁殖期母羊营养调控技术、羔羊早期断奶技术、地源性饲料资源开发利用与低成本养殖等系列单项技术，通过妊娠期母羊和泌乳期母羊不同梯度蛋白日粮调控及低成本养殖技术手段，保障羔羊的初生重及母羊的泌乳量，减少羔羊死亡，提高羔羊成活率10%。

4. 优质羊绒生产技术推广应用

在优质超细种羊推广的基础上，应用一种超细超长型绒山羊的选育和优质原绒的生产方法，生产出不同等级的优质山羊原绒。通过推广分部位抓绒、分级整理技术，在抓绒前将绒山羊进行分群，并按体侧部和其他部位2个部位进行抓绒，同时进行质量检测和分级整理，实现羊绒按质论价。与羊绒加工企业合作，以高于市场价50~100元/千克的价格收购，积极促进羊绒优质优价及产业健康发展，健全了超细绒山羊种群繁育到优质原绒生产再到高端无毛绒加工完善技术体系和科学、清晰的产业技术路径。

5. 绒山羊短期育肥技术示范推广

对绒山羊采取短期育肥技术，羔羊通过补饲育肥和舍饲育肥的生长速度明显高于传统饲喂模式，增重增收效果显著。缩短牧区、半农半牧区绒山羊羔羊饲养周期，达到提高绒山羊养殖效益、缓解草场压力、保护生态的目的。

（三）主要成效

针对内蒙古目前存在的绒山羊整体质量有待提高、羊绒均质化程度低、以次充好、市场不健全和优质不优价等突出问题，通过去劣保优建立优质高产种羊育种核心群，优化人工授精技术进行选种选配，达到地方品种提质增效的目的；通过优化抓绒技术、分级分选、进行质量检测和分级整理，推动羊绒优质优价；通过种羊营养调控技术、短期育肥技术达到优质羊绒（肉）生产目的，提升绒山羊整体质量水平和市场竞争力。近年来，通过农业重大技术协同推广、畜牧业技术推广等项目，着力推广母子一体化营养调控技术、绒毛定向营养调控技术、分部位抓绒、分级整理技术、优质种公羊选育推广技术及同期发情人工授精技术、羔羊短期育肥等技术，取得了较好的成果。

一是推广羔羊短期育肥技术。羔羊 3 个月断奶后就按月龄、公母分群育肥，减少了羔羊互相爬跨、打闹造成的采食不稳定，摄食量少的现象，可使羔羊增重和发育更好；同时使羔羊及早补饲，更早断奶，使母羊的发情提前，缩短胎间距，达到两年三产，繁殖率明显提高，达到“少养、精养”的目的。二是推广母子一体化技术。通过对繁殖母羊配种前 30 天的短期优饲，母羊饲喂精补料后，尤其是在空怀期，能进一步促进卵巢、乳房的整体调理、发育，促进多排卵，达到高繁高产。明显地提高了发情率、受胎率，繁殖率，便于畜牧业先进技术的集成应用，如集中断奶，分群管理、配方饲喂、标准化饲养、人工授精等技术及措施的应用。通过项目实施，示范区项目户母羊因怀孕后期体重大，走路蹒跚、腿瘸、跪着吃草料等现象全部消失，整个妊娠、产羔、哺乳过程中，母羊奶水充足，母羊体况、体重基本不减，保持稳定平衡，羔羊出生重、母羊产后发情率等得到明显提高。三是在牧区推广“放牧加补饲+同情发情”技术。极大提高了绒山羊饲养管理水平，降低饲养管理成本，缩短放牧时间，进而减轻草场压力，助力休牧、禁牧项目的实施，促进草畜平衡，将生态效益与经济效益统筹结合，达到生态扶贫的目的。四是大幅度提升绒山羊生产性能。阿尔巴斯绒山羊成年羊的保畜率由原来的 95%提高到 98%，繁殖率由原来的 110%提高到 150%以上，羔羊成活率由原来的 85%提高到 95%；成年羊平均产绒量提高 25 克以上，体重平均提高 5 千克以上，不但增加了农牧民收入、延伸产业链条，增加养殖效益，起到了良好的社会效益和经济效益。五是现代生物工程与繁殖技术进一步推广应用。引种改良逐渐受到养殖户的重视，胚胎移植、幼畜超排、同期发情、人工授精、两年三产等技术应用增多，增加产羔率和提高养殖户养羊收益均有促进作用。

三、产业发展中存在的主要问题

（一）产业前端：量质矛盾、保种困难，规模较大、标准不高

由于低质高产绒山羊相比优质绒山羊，平均每只效益多 240 元以上，绒山羊养殖中量质矛盾突出，农牧民愿意引进个体较大、产绒量高的其他品种进行杂交，不仅影响了羊绒品质，更重要的是优质特色基因会大量流失。在育种实践中，育种技术依然以传统手段为主，分子标记辅助育种、基因组选择等新技术、新方法的应用较少。2022 年，内蒙古绒山羊存栏量为1 512. 1万只，优质纯种绒山羊存栏 920 万只，仅占总数 60. 86%；内蒙古绒山羊养殖场（户）13. 98 万家，其中基础设施完善、饲养管理规范的标准化养殖场（户）7. 7 万家，仅占 55%，规模化、标准化、优质化程度不高。

（二）产业中端：流通混乱、利润微薄，设备落后、原绒外流

内蒙古作为优质羊绒优势主产区，缺少有影响力的区域性交易中心，大部分地区交易方式较为传统，羊绒加工企业和农户大多依赖贩子完成交易行为。原绒和初加工制品市场流通混乱无序，没有形成优质优价机制，优质羊绒外流严重。分梳绒技术落后，梳绒量不足，导致每年有近3 000吨原绒在区外初加工，原绒售价 240~400 元/千克，而成品纱线收购价高达1 000~2 500元/千克，未在内蒙古体现出附加值。此外，羊绒制品产能利用率不高，梳绒机、纺纱机等设备有待更新。

（三）产业后端：品牌不强、贴牌销售，创新不足、销路不广

内蒙古羊绒制成品同质化严重，出口产品以代加工出口方式为主，占出口量的近90%，加工企业所获取利润微薄，导致内蒙古只是国际羊绒制品的生产车间，而缺少具有国际影响力的知名品牌，羊绒产业链被处于价值链高端的国际知名品牌锁定在价值链低端的原料生产和代加工位置。羊绒产品创新能力不足，产品结构单一，市场消费群体受局限，附加值不高。营销方式落后，销售渠道狭窄，没有形成线上线下相结合的立体化销售模式，专业化的营销团队匮乏。

（四）产业全链：黏性不强、联结不紧，缺少支持、突破乏力

产业链、供应链上中下游没有形成互为支撑、互为补充、风险共担、利益共享的体制机制，企业关联不紧密，没有形成抱团取暖提升市场话语权的格局。由于产业整体规模、区域性的影响，缺少专项扶持政策，发展主要依靠地方和企业。金融政策创新不足，经营主体缺乏有效抵押物，贷款门槛高、程序多、额度小、周期短，贷款难、贷款贵的问题依然突出。

四、产业发展的对策建议

（一）提质量方面

继续保持内蒙古优质绒山羊种源优势，加大绒山羊保种场、保护区建设，划定绒山羊核心保护区，制定保护区管理办法，禁止引入其他品种。在优势主产区扶持发展优质绒山羊标准化规模养殖场（户），稳定养殖规模，提质增效，重点提高优质种羊群体比例和标准化养殖水平，建立核心育种场和优质绒山羊养殖主体名单，促进牧企对接、优质优价。立足内蒙古羊绒产业科技创新需求，支持开展联合育种，实现产学研一体化，“揭榜挂帅”“种业振兴”等项目中增加绒山羊保种育种相关课题，加快细绒型绒山羊选育进程。

（二）强链主方面

坚持以市场和企业为主体，集中力量、集中资源培育具有国际竞争力的重点龙头企业，通过企业带动整体产业优化升级。聚焦重点优势区，充分发挥链主企业和行业协会的引领带动作用，支持企业进行设备升级改造、工艺提升、产品研发，优化高、中、低端产品梯次搭配。

（三）补短板方面

加快升级改造，提升梳绒和纱线生产水平；切实强化品牌建设，打破品牌对价值提升的封锁；积极协调国家建立羊绒交易中心，改变贸易格局。通过严格的知识产权保护机制，对羊绒产业链各部分的知识产权进行规范，保障羊绒产业市场健康有序发展。

（四）转观念方面

调整政策支持方式，聚焦重点区域、重点企业、重点环节，让补贴精准有效；重点项目要侧重支持大型龙头企业兼并、重组、收购国际知名品牌，同时鼓励和引导企业积极开展国际合作，不断开拓国际市场，改变代加工现状；强化人才引进机制，支持企业引入国内外知名设计师，为产品注入新的设计理念，重点在工艺、花色品种方面进行产品创新，扩大产品受众群体。

（五）建机制方面

发挥政府部门引导、协调、服务职能，高位推动、全链条融合、全产业协同的发展格局，增强企业联合、利益黏合、产业融合，实现产业集群式发展，提高市场话语权、竞争力和抗风险能力。

（六）优金融方面

优化金融服务，创新绒山羊活体抵押等方式，增加养殖保险，拓宽企业技术改造融资渠道，设立羊绒产业发展专项资金，加大重点企业、重点环节支持。

内蒙古自治区骆驼产业发展报告

一、骆驼产业发展基本情况

（一）国际驼产业概况

1. 分布及数量

骆驼在世界上分布较广，从炎热的和寒冷的沙漠到干旱地区，都有它的足迹。根据分布的地理区域气候，可分 2 个类型，一是亚洲北部寒冷沙漠地带，以生产毛、肉为主的双峰驼，又称亚洲驼，约 400 万峰；二是非洲和阿拉伯炎热沙漠区域及印度北部干旱平原上，占世界骆驼 90%左右的以生产乳、肉为主的单峰驼，又称阿拉伯驼，约3 607万峰。

按洲际分，全球骆驼数量非洲占 69.62%，主要分布于撒哈拉沙漠周围的国家，以单峰驼为主；亚洲占 27%左右；欧洲和大洋洲占 4%左右（联合国粮食及农业组织统计）。双峰驼数量最多在中国，约有 46.2 万峰，其次是蒙古国，约有 45.4 万峰，排在第 3 位的是哈萨克斯坦，约有 24.2 万峰。

2. 数量变化

从联合国粮食及农业组织发布数据来看（图 1），2014—2022 年，骆驼数量整体呈缓慢上升趋势，平均增速约 2%。从预测情况来看，2022 年全球骆驼数量与 2021 年相比有所增加，约达4 008.2万峰。

3. 乳用骆驼

（1）全球乳用骆驼存栏量及其产奶量。近年来，乳用骆驼存栏及产奶量整体呈增长趋势，2021 年分别达到 831.1 万峰、311.6 万吨。联合国粮食及农业组织数据显示，2021 年，肯尼亚以年产 106 万吨左右驼奶高居全球驼奶产量榜首，

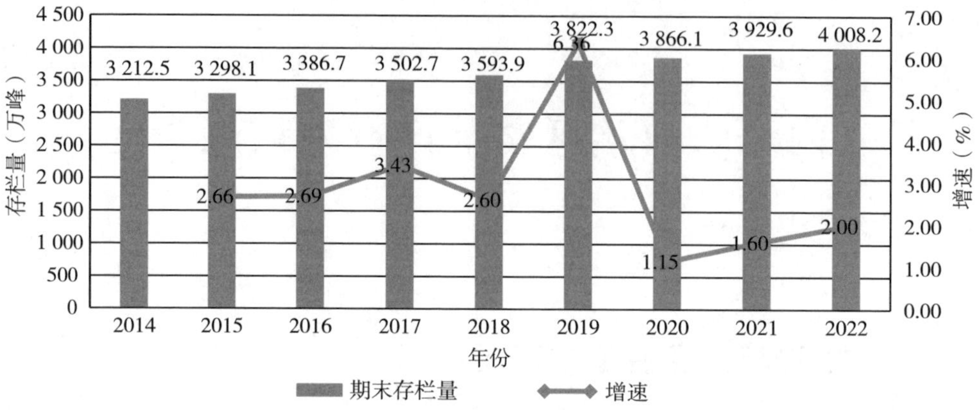

图 1　2014—2022 年全球骆驼期末存栏量及增速变化情况

（数据来源：联合国粮食及农业组织数据）

索马里次之（98 万吨），马里第三（28.2 万吨），中国年产驼奶仅 1.9 万吨左右，一方面是骆驼品种差异，另一方面是骆驼产业发展滞缓，见图 2。

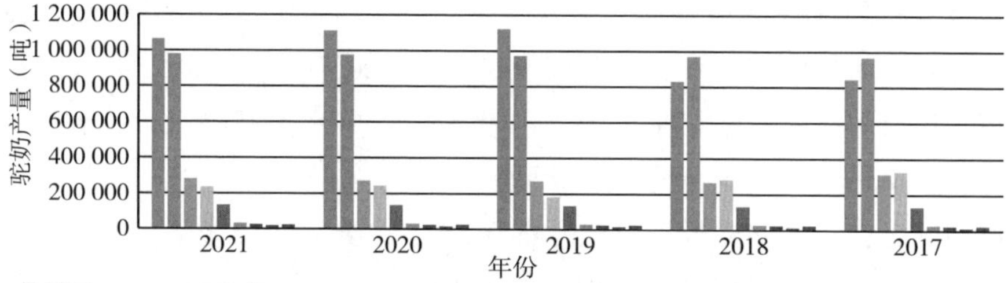

	2021	2020	2019	2018	2017
肯尼亚	1 064 329	1 110 662	1 122 568	830 468	843 347
索马里	979 923	976 707	973 142	971 210	967 516
马里	281 943	270 995	270 995	265 681	314 969
埃塞俄比亚	235 877	243 429	182 032	282 170	327 638
沙特阿拉伯	135 256	135 462	133 828	132 649	132 149
乍得	33 539	32 320	31 146	30 014	28 922
毛里塔尼亚	26 283	26 146	26 254	26 148	25 000
中国	18 796	17 408	17 233	15 297	14 835
蒙古国	9 973	13 549	11 435	11 483	10 393

注：每组柱状图从左至右依次为肯尼亚、索马里、马里、埃塞俄比亚、沙特阿拉伯、乍得、毛里塔尼亚、中国、蒙古国。

图 2　2017—2021 年全球主要国家驼奶产量

（数据来源：联合国粮食及农业组织数据）

（2）全球驼乳制品产业情况。资料显示，2020 年全球骆驼乳制品产值占比结构仍以纯驼奶为主，占比 40.9%，驼奶粉占比 20.7%，风味驼乳占比 13.7%。

在销售结构上，2016 年骆驼乳制品经由实体零售商店的销售额为 0.8 亿美元，2017 年 81.72 亿美元，2018 年 80.37 亿美元，2019 年 89.89 亿美元，2020 年 94.61 亿美元，2016—2020 年，骆驼乳制品经由实体零售商店的销售额占比均保持在 84%以上，仍占绝对主导地位（资料来自彭志伟）。

4. 肉用骆驼

2017—2019 年，肉用骆驼存栏及产肉量呈增长趋势，2019—2021 年，呈缓慢下降之势，2021 年肉用骆驼数量为 275.6 万峰，产肉量为 60.26 万吨，具体变化趋势见图 3、图 4。

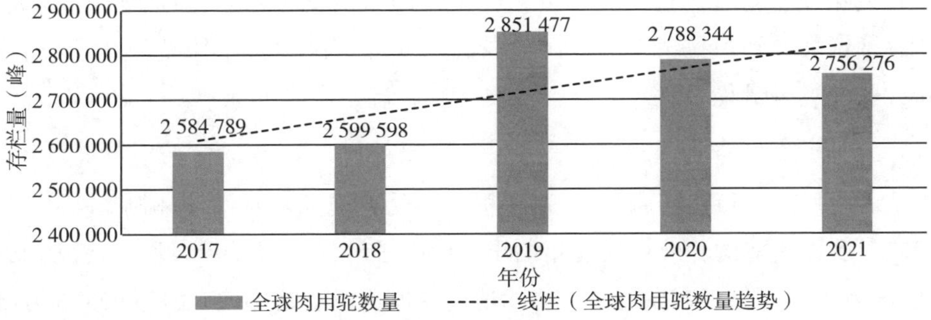

图 3　2017—2021 全球肉用骆驼存栏量

（数据来源：联合国粮食及农业组织数据）

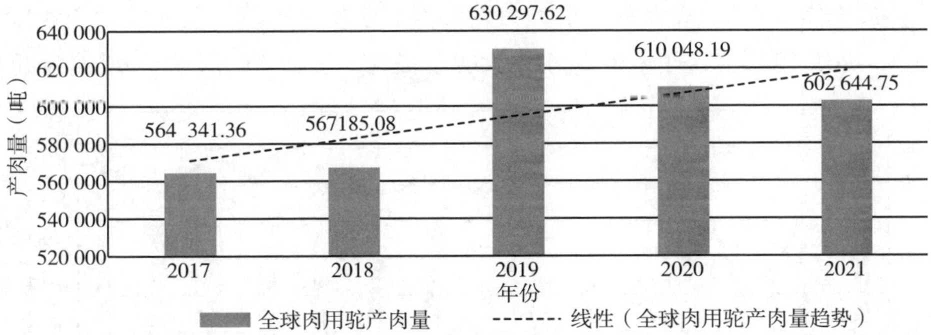

图 4　2017—2021 年全球肉用骆驼产肉量

（数据来源：联合国粮食及农业组织数据）

（二）国内骆驼产业概况

我国是世界上双峰驼的主产地之一，《国家畜禽遗传资源品种名录（2021

年版）》中包含的骆驼品种有：苏尼特双峰驼、阿拉善双峰驼、青海双峰驼、塔里木双峰驼、准格尔双峰驼。主要分布在新疆、内蒙古、甘肃、青海、宁夏、河北6省（区）约110万平方千米的干旱荒漠草原上。从促进生态畜牧业的发展和合理利用草原，维持生态平衡等方面来看，骆驼是生态畜种，在促进生态畜牧业发展和合理利用草原上能发挥特有作用（骆驼是软蹄动物，这一特殊的身体构造对草场没有破坏，还是保持荒漠化和半荒漠化草原生态多样性的“清道夫”，在啃食灌木的同时对灌木进行了天然的修剪，而且宽大的驼掌可以踩踏封堵鼠洞，控制老鼠的繁衍数量）。从生态地理规律看，由草原带向荒漠带过渡，荒漠化程度越高，骆驼数量也就越多，即从内蒙古的东部向西部，骆驼的数量逐渐增加，到阿拉善左旗、阿拉善右旗、额济纳旗等草原荒漠化程度较高地带，骆驼数量最集中。

1. 中国骆驼存栏数量

从20世纪80年代初后的20多年里，因受客观环境及经营体制等多种因素的影响，我国骆驼的养殖规模逐年缩小，国家统计局数据显示（图5），从1981年的63万峰，以每年减少近2万峰的速度急剧下降，2009年触底到22.6万峰。近些年，随着我国驼奶产业及其附加值产业的兴起，骆驼数量呈稳步回升态势，但因骆驼的繁殖周期和成熟周期较长（繁殖周期为3年2胎，且为单胎，幼驼的成熟周期为5年）。即使在目前大力发展养驼业的情况下，骆驼的增长速度整体较缓。2021年整体骆驼存栏量出现大幅度提升，达到46.2万峰，增速为近10

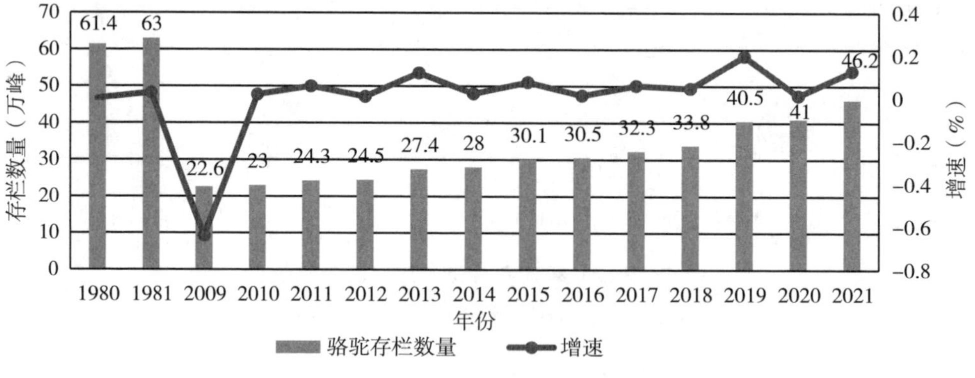

图5　1980—2021年全国骆驼存栏数量变化

（数据来源：国家统计局）

年最高，为 12. 3%。按分布，新疆骆驼数量位于全国首位约 22. 56 万峰，同比增长 15%。内蒙古骆驼数量位于第 2 约 18. 69 万峰，同比增长 10%。甘肃骆驼数量位于第 3 约 3. 62 万峰，同比增长 8%。青海骆驼位于第 4 约 1. 15 万峰，同比增长 14%。宁夏、河北骆驼数量持平位于第 5 约 0. 08 万峰，同比下降 53%和增长 60%。其中新疆和内蒙古的骆驼存栏量占总存栏量 90%左右。

2. 中国骆驼进出口情况

我国骆驼仅有进口，无出口，数据显示，2018 年以来骆驼养殖业整体持续扩张，骆驼进口量表现为快速增长态势，受价格下行叠加效应（2021 年价格由1 906 美元/峰降至1 666美元/峰），2021 年进口数量激增，由 2020 年的 270 峰增加到2 635峰，2022 年由于价格上升明显，整体进口数量小幅下降至1 170峰（图 6）。

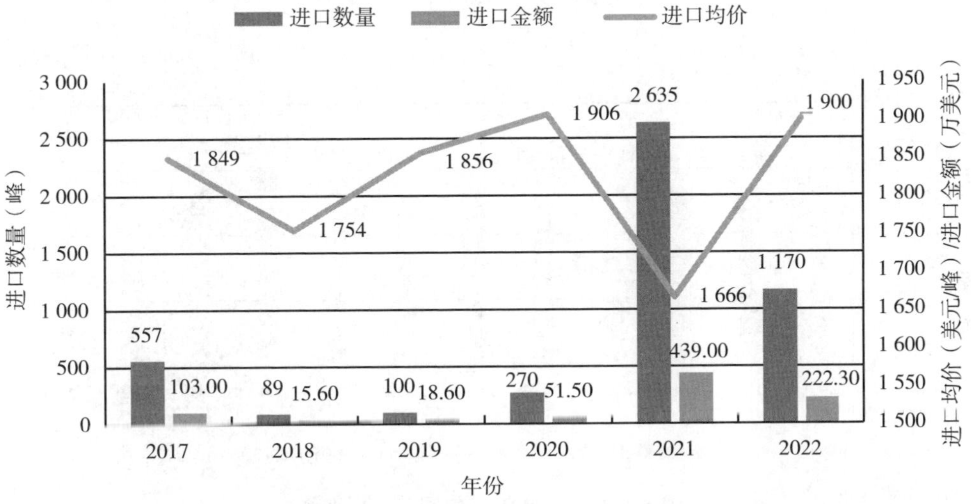

图 6　2017—2022 年中国骆驼进口数量走势

（资料来源：华经产业研究院整理）

3. 中国乳用骆驼

（1）中国乳用骆驼数量及产奶量分析。我国乳用骆驼数量和奶产量在2010—2021 年间呈逐年增长态势（图 7、图 8）。数据显示，2021 年我国奶用骆驼数量为96 193峰，奶产量为18 796吨。整体来看，由于受养殖范围、养殖规范性等要求，目前我国骆驼奶产量较低，拿体型相似的骆驼和奶牛做比较，一峰骆驼每天的产奶量在 2. 5~3. 5 千克，还不足奶牛的 1/10。

图 7　2010—2021 年中国奶用骆驼数量

（数据来源：联合国粮食及农业组织）

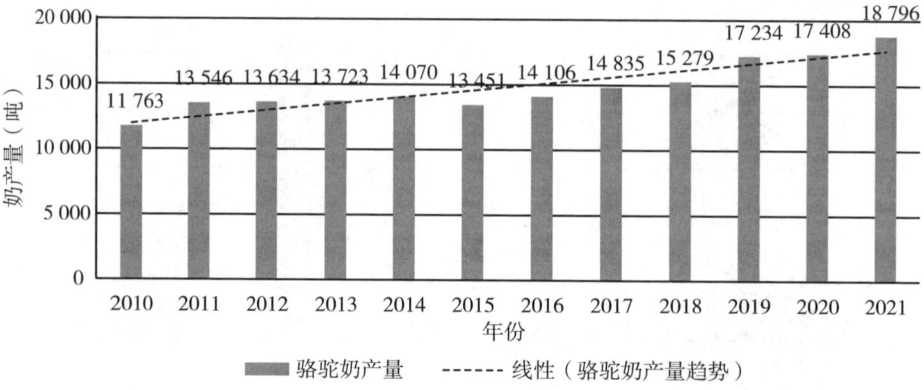

图 8　2010—2021 年中国骆驼奶产量

（数据来源：联合国粮食及农业组织）

（2）中国驼奶价格趋势。中国原料骆驼奶价格是原料牛奶的 10 倍左右。因其价格昂贵被称为“沙漠白金”。受人工成本、饲料价格、气候变化和需求急剧增加等诸多因素影响，2016—2019 年中国原料骆驼奶的收购价格也逐年上升，由 2016 年的 20 元/千克提升至 2019 年的 50 元/千克左右。2020 年后，由于受疫情、假货、品牌混杂等因素的影响，价格一路下降至 30 元/千克左右，受储存和物流影响，各地价格有所不同（图 9）。

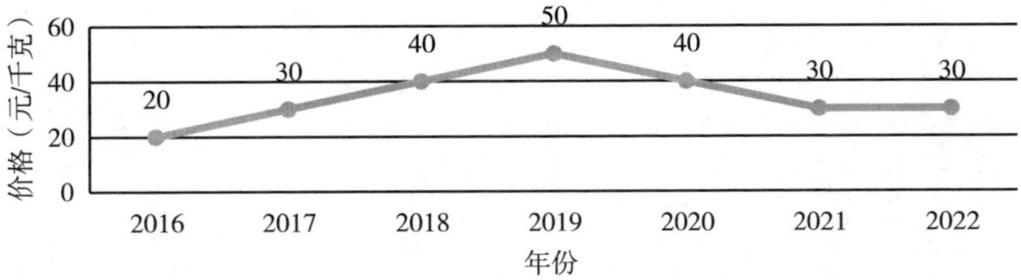

图9　2016—2022年驼奶收购价格

（数据来源：中国畜牧业协会骆驼分会调研）

4. 中国肉用骆驼

近10年来，我国肉用骆驼数量以及产肉量呈上升趋势，2021年存栏量达13.1万峰、产肉量达3.3万吨左右，见图10、图11。

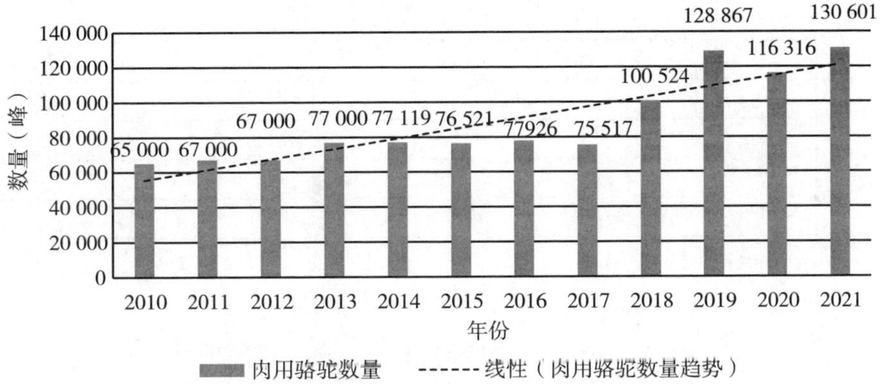

图10　2010—2021年中国肉用骆驼数量

（数据来源：联合国粮食及农业组织）

5. 中国驼毛（绒）进出口情况

中国是世界纺织业大国，目前毛纺原料紧张，大多依赖进口，我国驼毛（绒）主要从蒙古国和哈萨克斯坦进口，近几年，驼毛（绒）进口数量呈波动态势，从2017年开始，震荡下行至2021年的472.92吨之后，2022年逆势激增至2 401.15吨（图12）。2022年度骆驼及驼制品因受疫情等因素影响，进出口贸易很少，但是骆驼毛（绒）进口量大增，增幅超400%，说明纺织行业对驼毛（绒）的需求量在增加，也佐证了消费者对驼制品的认可程度提高。

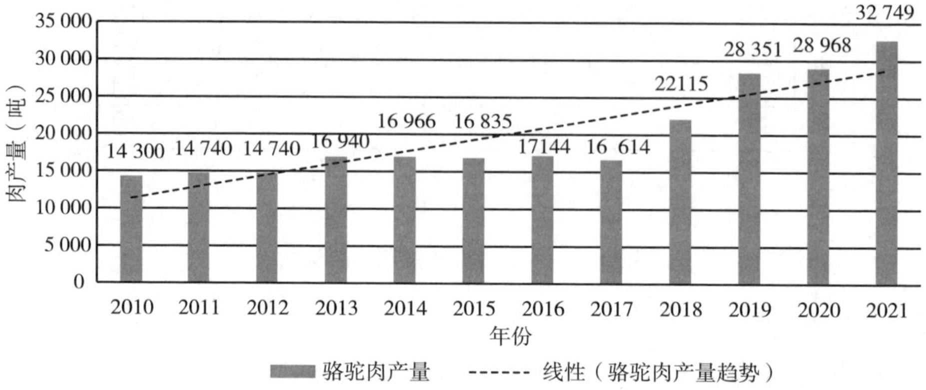

图11　2010—2021年中国骆驼肉产量

（数据来源：联合国粮食及农业组织）

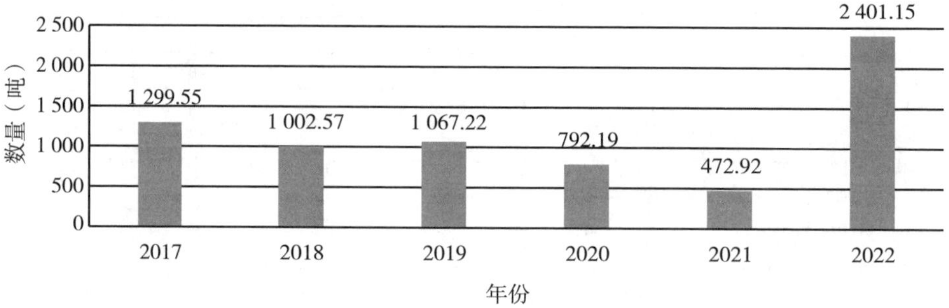

图12　2017—2022年进口驼毛（绒）数量变化

（数据来源：中国海关总署进出口数据统计）

（三）内蒙古驼产业概况

1. 数量及分布

内蒙古骆驼养殖主要集中在阿拉善盟、巴彦淖尔市乌拉特后旗和锡林郭勒盟苏尼特右旗，3个盟（市）骆驼存栏量分别是12.4万峰、2.9万峰和1.18万峰，合计占内蒙古骆驼存栏总数的90%左右。阿拉善盟骆驼存栏占全国的26.8%左右，占内蒙古骆驼存栏总数的66%左右，是全国双峰驼密度最大的地区，是内蒙古最大的骆驼主产地。内蒙古骆驼养殖主要以存栏规模50峰以下的家庭牧场为主，占比约 65%。

2. 驼奶

(1) 产量及价格。2022 年内蒙古驼奶产量达4 160吨左右。销售价格为每千克 30~60 元不等，有地区差异和季节变动，驼乳制品以线下门店销售为主，主要消费对象为当地牧民及城镇居民、观光旅游人群，线上主要通过京东、天猫电商平台销售。

(2) 经济收益。骆驼目前的饲养方式主要是野外戈壁滩放牧和补饲相结合的方式，主要是给怀孕、产后和产奶母驼进行补饲，其他驼一般都是野外放养，所以，骆驼的养殖和其他畜禽养殖相比较，养殖成本相对较低。在计算养殖成本时也相对较粗放。

以养殖 100 峰骆驼为例估算骆驼的养殖效益：养殖 100 峰骆驼年纯收入大约为 36 万元。明细如下：每峰骆驼年产绒毛 2.5 千克，按照平均价格 60 元/千克计算，驼毛（绒）收入约 1.5 万元/年；一般年景放牧开支约 1.5 万元（摩托车折旧一年2 500元，摩托车燃油4 000元、饮水3 000元，其他绳子、兽医等开支5 500元）；生产驼羔约 25 峰/年，断奶后出售价格5 500元/峰，合计收入 13.75 万元。每峰挤奶骆驼平均产奶 2.5 千克/天，驼奶收购价格 30 元/千克，挤奶骆驼补饲、人工工资等生产开支一天 50 元/峰，一峰挤奶骆驼日纯收入 25 元，25 峰挤奶驼驼奶纯收入 22.5 万元/年。

驼奶干物质含量高，又富含人体所需的 17 种氨基酸，低糖、低脂肪、高钙、高蛋白，营养丰富，适合多类人群饮用。特别是经科学验证，1 升骆驼奶中含有 52 个微量单位胰岛素，是牛奶的3 000倍，有益于人体糖代谢，驼奶未来市场前景可观。

(3) 驼奶加工。内蒙古现有驼奶加工企业及合作社 17 个。主要生产鲜奶、巴氏奶、奶粉，产品合格率为 89.6%。如何保护骆驼奶产品特有功效是驼奶加工工艺技术关键，目前低温杀菌或超高压常温杀菌液态奶加工技术、奶粉真空冻干技术能最好地保护骆驼奶营养成分。

3. 驼肉

2022 年内蒙古驼肉产量约6 129吨（相关部门调研数据）。骆驼肉富含蛋白质、维生素及矿物质，氨基酸种类齐全，脂肪和胆固醇含量也相对较低，且产品加工适宜性好，具备着较高经济价值及开发利用价值。

4. 驼绒

2022年内蒙古驼绒产量达430吨，同比增长39.5%。驼绒收购价格在60~70元/千克间波动（相关部门调研数据）。

驼绒因其保暖性好，蓬松度强，服帖性和吸湿性强而受到消费者的青睐。阿拉善宇联、驼中王等都是行业内知名的驼绒制品生产企业。驼绒产业今后应在现有的基础上，需要进一步加大科研投入，挖掘新面料和新的功能，从而提高原绒的利用效率、增加经济效益。国际上高端驼绒面料的做工精良、价格昂贵，国内驼绒产业需要进一步提升工艺技术水平。

二、2022年内蒙古骆驼产业发展现状

（一）产业基础逐步完备

骆驼作为内蒙古特色优势畜种，是边疆地区农牧民生产、生活、经营的重要组成部分，内蒙古把推进畜牧业高质量发展作为保障国家粮食安全的重要任务纳入议事日程，2022年5月内蒙古自治区党委书记孙绍骋深入阿拉善盟调研，在内蒙古骆驼研究院详细了解了特色产业产品的研发情况、成果转化情况和实验等内容，对地区发展特色产业给予了大力的肯定。阿拉善盟充分借助内蒙古骆驼研究院平台，积极研究骆驼特性、开发骆驼功能性产品、提升骆驼附加值，宣传骆驼益处，也将科研成果与企业共享，驼奶、驼肉、驼乳、驼脂等产品进入了特色产业市场，带动更多养驼户创收增收，产业形势持续向好。2022年7月，阿拉善右旗建成中国骆驼馆，占地面积2 035平方米，是集保护、传承、文化教育、公共服务、旅游观光、休闲娱乐和科学研究等功能为一体的骆驼文化产业科技馆，这里包含了最权威的骆驼科研成果、最全面的骆驼书籍和多种多样的各国骆驼雕塑，展示了骆驼的起源、进化、分类、迁徙、分布、特性、研究成果、丝绸之路与骆驼等知识，中国骆驼馆能够对外展现骆驼的前世今生。巴彦淖尔市建成全国首家“戈壁红驼艺术馆”。

（二）产品质检更加规范

2022年，在阿拉善右旗投资建成了全国唯一的骆驼产品检测中心，具备第

三方检测资质，配备了2 000余万元的国际顶尖设备，首次在国内设立了骆驼产品专门检测机构。在此之前驼产品检测仅可参考其他动物来进行检测，结果不够精准，且运送外地风险大、费用高。检测中心的建立保证了骆驼产品的质量，让驼产品有了自己的“身份证”，也为驼产业的发展奠定了科技基础。

（三）产品业态日渐丰富

近 2 年，随着骆驼产品逐渐被大众熟知，越来越多人了解了骆驼产品的特性和积极作用，骆驼产品市场活跃度提高，这让更多牧民养起了骆驼，也让更多的驼关联企业应运而生。内蒙古骆驼主产区阿拉善盟以聚焦产业促进乡村发展，内蒙古漠北草原食品与沙漠之神、天驼生物、天伟驼绒等企业共同打造了一个全新的包括驼奶、驼肉、驼绒、驼奶化妆品在内的阿拉善右旗阿拉善双峰驼产业链，打造驼奶产业集散中心，推动特色产业发展，并且成功通过了“阿拉善右旗驼奶”地理标志证明注册商标。纯驼乳粉和液态奶越来越被大众接受和认可，特别是国内乳业龙头伊利集团 2022 年 9 月发布了沙漠有机全脂驼乳粉新产品，有力提升了驼奶产品市场影响力。骆驼作为一种高蛋白、低脂肪、低胆固醇的肉类，具有绿色、无污染的特点，阿拉善骆驼肉被国家绿色食品委员会正式批准为“绿色食品”，驼绒纺织制品保暖轻薄深得人心，驼乳脂化妆品的成功上市填补了国内利用驼产品作为原料生产化妆品的空白，骆驼相关产品正以产品销售带动养殖业发展，助力乡村振兴。

（四）品牌建设初有成效

随着产业链条的加强，驼相关品牌新势力如雨后春笋，充满前景，目前国内的大型驼奶企业有旺源集团、自治区级龙头企业沙漠之神等，进口的有金骆驼，2022 年神驼乳业、天驼食品入驻了阿拉善右旗，布局骆驼系列产品的开发、研制、生产和销售，充分利用当地骆驼资源优势，开发相关产品，主营产品有纯骆驼奶、纯驼奶粉、纯驼奶片、驼奶皂等。由内蒙古沙漠驼妈妈实业有限公司研发并推出“驼妈妈”品牌秉持的原生态、天然的驼乳粉、驼奶、纯鲜奶酪走上了杭州第八届全球新电商博览会，面向世界推广驼乳产品。

巴丹神驼公司开发的新产品——极速冷鲜的骆驼肉馅饼广受青睐，产品通过-196℃液氮极速冷冻技术锁鲜，冷链物流配送，延长配送范围，将产品推广向全国，漠北草原食品生产的“牧釜酱烤大块驼肉”（2019 年）“酱香驼肉罐头”（2021 年）分别获得阿拉善盟唯一全国旅游商品大赛银奖。

驼绒制品品牌“驼中王”是国家民委认定的“全国民族贸易和民族特需商品生产百强企业”，获得“内蒙古自治区著名商标”“内蒙古名牌产品”“内蒙古诚信品牌”“阿拉善盟盟长质量奖”“创新型企业”“自治区农牧业产业化龙头企业”等多项荣誉，2017 年 11 月获得全国首届沙产业创新创业大赛二等奖，公司开发研制了驼绒毛被胎、驼绒成品被、驼绒针织衫裤、驼绒毯、驼绒大衣等“驼中王”系列产品深受消费者喜爱。

内蒙古天驼生物科技有限公司是国内专业从事驼乳驼脂系列化妆品研发、生产与销售的企业，公司的技术支持来源于国内唯一的民间骆驼研究机构内蒙古（中哈）骆驼研究院。公司生产、销售 GOBITUOTUO（戈壁驼驼）和 TENGRIIN BOTGO（宝驼高）2 种品牌系列化妆品，已拥有 1 家天猫旗舰专卖店和 1 家门店旗舰店，并计划在内蒙古 103 个旗（县）各开 1 家专卖店。产品包括面膜、面霜、乳液、柔肤水、胎盘精华液、驼脂润唇膏、口红、手霜以及洁面慕斯等，已经生产并在国内上市销售。

（五）行业交流更加广泛

2022 年，阿拉善盟依托内蒙古骆驼研究院建立的“内蒙古骆驼研究院国际科技合作基地”获批内蒙古示范型国际科技合作基地。内蒙古骆驼研究院国际科技合作基地已与蒙古国、俄罗斯、美国、哈萨克斯坦等多国科研院所和科研机构建立友好科技合作关系，在骆驼功能基因的筛选、骆驼生物特性研究、骆驼产品研发、骆驼特异性重链抗体研究、高产奶培育等方面进行重点科研攻关，为骆驼产业发展提供了重要科技支撑。基地与蒙古国 2 名院士合作共建内蒙古骆驼研究院骆驼科学研究院士专家工作站，被评为“自治区示范院士工作站”。后续将更深入地发展“项目–人才–基地”相结合的国际科技合作模式，聚集优质科研力量，激发骆驼产业科技创新深层驱动力。

（六）政策效应持续加力

2022 年，阿拉善盟阿拉善右旗按照“科研+企业+基地+农牧户”发展模式，举全旗之力扶持发展驼产业向专业化、规模化、产业化发展，聚力打造驼奶产业集散中心，构建集绒、肉、奶于一体的驼产业链条。锡林郭勒盟苏尼特左旗大力实施“优羊增驼”计划，鼓励发展骆驼养殖。出台了《扶持养殖苏尼特双峰驼专业户的暂行办法》，对养殖规模在20峰以上的牧户由旗人民政府命名为养驼专业户，每年产一峰驼羔给予500元的补贴资金，2022年兑现1 036峰2岁驼的补贴资金51.8万元。重点打造2条骆驼养殖产业带，实施样板牧场（挤奶母驼30峰以上）升级改造工程，建立“企业+现代化标准牧场+合作社+养殖户”的特色经营模式。2022年全旗挤奶驼合作社、牧户发展到29户，其中年内新增17户。巴彦淖尔市乌拉特后旗出台《戈壁红驼保护发展实施方案》，将骆驼养殖打造为全旗重点主导产业，财政累计投入资金1 650万元，争取内蒙古资金1 000万元，规划到2023年，全旗戈壁红驼数量稳定在6.5万峰，能繁母驼比例提高到40%，培育骆驼家庭生态牧场200家，年生产加工鲜驼奶3 000吨，精细分割驼肉1 000吨，加工驼毛绒200吨，出栏成年骆驼8 000峰，力争骆驼产业总产值突破5亿元。

（七）存在问题

1. 品种保护力度不足

虽然已建立国家级双峰驼保种场及双峰驼保护区。但是，国家、自治区、地方缺乏系统统一的产业规划和具体扶持办法。并且对驼产业发展基础性研究以及驼产品开发研制方面投入不足。

2. 产品开发力度不足

双峰驼具有绒、肉、役兼用的品种特征，驼绒、驼肉、驼峰、驼皮和驼掌的开发利用价值较大。但从目前情况来看，真正能够做到有效保护与有序开发的结合还有一定的距离，保种工作仅仅停留在保护发展其现有的遗传特性和规模上，其副产品开发利用力度不够，附加值低，经济效益不高，导致核心群户和保种区养殖户积极性不高，选育提纯滞后。

3. 产品市场普及率不足

骆驼产品市场认知度不足，缺乏大众熟知且认可的大品牌，没有统一的产品标准和质量标准，市场处于较为混乱的局面。

4. 产业融合度不够

骆驼文化是古代丝绸之路、万里茶道文化重要组成部分，但目前在骆驼文化开发方面主题提炼、策划、宣传还不到位，与旅游业融合发展的程度较低。

三、下一阶段重点工作

（一）加强品种资源保护

做好骆驼资源普查，积极申报苏尼特双峰驼加入国家畜禽遗传资源保护名录，推进戈壁红驼品种认定工作，建立保种场、保种群，加强骆驼良种繁育基地建设，申报种畜场，开展胚胎、冻精等遗传物质保种技术攻关。完善现有种畜场基础设施，创新管理机制，培育高产优良种驼，发挥好种畜场在促进骆驼产业发展中的示范引领作用。

（二）持续推动标准化、规模化养殖

培育壮大骆驼养殖家庭牧场、合作社等，调整优化驼群结构，提高能繁母驼数量。起草骆驼养殖相关技术规程、标准并推广应用，支持发展标准化牧场。开展骆驼养殖关键技术集成推广，从繁育、养殖、饲料调配、防疫、乳肉绒加工、市场营销等技术和模式上不断提升饲养能力。

（三）做强骆驼产品加工产业

推动骆驼产业园区建设，逐步完善骆驼奶源示范基地、旅游专用驼驯化基地，要多方面积极支持骆驼相关企业、推进骆驼相关项目实施，加强骆驼产业竞争力。支持发展骆驼地方特色乳制品加工，发展驼肉、驼绒加工产业，依托骆驼特色产业打造企业品牌，依托资源优势打造区域公用品牌，延长产业链，提升养殖效益。

（四）探索建立金融保障体系

巴彦淖尔市乌拉特后旗拟筹备设立农牧业产业发展基金，吸引社会资本投

入骆驼产业。引导银行等金融机构重点扶持骆驼等特色产业的科研机构、龙头企业、专业合作社、养殖大户等，在高端产品研发、专利技术引进、产业基础设施建设、品牌创立、牲畜养殖等方面给予支持和保障。

（五）加大骆驼产品宣传推广力度

充分利用好展会、高峰论坛、骆驼研究院国际科技合作基地、中国骆驼大会等交流平台，政府主导、企业支持，对外宣传骆驼产业的优势和特色。加大媒体推广宣传频次，创新形式和内容，让消费者了解骆驼文化、认识骆驼产品。认真挖掘产品推广中的好经验好做法，宣传报道推广成效和先进经验，树立典型，扩大影响，为骆驼产业发展营造良好社会氛围。

（六）挖掘骆驼文旅价值

一是将骆驼文化产业融入内蒙古文化旅游业发展中，通过举办骆驼文化节、那达慕大会等活动，将骆驼产业与文化旅游业融合发展，形成别具特色、交融发展的民族文化发展新格局，做亮骆驼文化品牌。二是将驼球比赛、骆驼博物馆展示作为地区中小学生研学内容，向小朋友普及骆驼知识，传播骆驼文化。

内蒙古自治区马产业发展报告

一、马产业发展基本概况

（一）我国马产业现状

我国是养马大国，2022 年全国马存栏 366.68 万匹（表 1），位居全球第 5 位，马业全产业链产值约 700 亿元。主要分布在新疆、四川、内蒙古、西藏、云南、贵州、广西、甘肃、青海等省（区）（表 2）。共有 29 个地方马品种资源（蒙古马、鄂伦春马等），培育的伊犁马、三河马、锡林郭勒马等群体规模稳步扩大，运动性能持续改善。纯血马、温血马等品种的引入，不仅丰富了我国马品种培育的遗传素材，而且逐步形成了稳定的赛事用马群体。马品种登记逐步规范，纯血马登记与国际接轨。全基因组选择技术在马育种中得到应用，孕马尿提取结合雌激素、马胚胎移植等技术接近国际先进水平，违禁药物检测技术研究开始起步。北京、内蒙古、湖北、新疆等地设立马产业研究中心，一些高等院校相继开设马专业课程。每年举办国家级及以上级别赛事 100 多场，区域性各类赛事数量达数千场，马主、骑手、骑乘爱好者规模达 100 万人以上，全国依法登记注册的各级马业协会、马术协会、马术俱乐部超过 2 000家，马术装备用品、场地建设供应商 300 余家。马主题特色小镇、产业园区加快建设，马文化博物馆、主题公园、大型演艺活动等不断涌现，马文化旅游产品内容不断丰富，全国马术及休闲骑乘等用马达 50 万匹以上。中国马文化节、内蒙古那达慕大会、新疆伊犁天马节、广西德保红枫矮马节等马文化节庆活动搭建起具有浓郁民族风情的马文化旅游平台。成功举办 2008 年北京奥运会、2010 年广州亚运会等包含马术竞技项目的重大国际综合性运动会和 2014 世界汗血马大会、第十五届世界马医大会。国内外马业专业机构和马术组织、院校和企业合作不断深化，外籍马术教练比例增加，马医、骑手、科研等出国培训交流日益频繁。

表 1　2013—2022 年全国马匹年末数量变化

年份	数量（万匹）
2022	366.68
2021	372.49
2020	367.16
2019	367.10
2018	347.31
2017	343.64
2016	351.18
2015	397.50
2014	415.75
2013	431.68

表 2　2019—2021 年全国马年末数量前 10 省（区）　单位：万匹

地区	2019 年	2020 年	2021 年
新疆维吾尔自治区	95.45	95.45	105.71
内蒙古自治区	67.11	70.69	73.99
四川省	75.59	73.39	70.60
西藏自治区	27.92	27.57	27.16
云南省	15.51	16.07	14.14
贵州省	14.67	15.66	14.06
青海省	11.53	12.57	12.56
甘肃省	11.55	11.17	11.58
广西壮族自治区	14.45	11.82	11.10
黑龙江省	12.13	9.3	7.86

（二）内蒙古马产业现状

内蒙古是马品种的主要发源地，是我国乃至世界马品种资源最丰富的地区之一。近几年，在保种、引进、育种、产业开发等方面采取积极措施，有力地促进了资源优势向产业优势转化。2022 年，马业全产业链增加值约 140 亿元。内蒙古销售收入 500 万元以上马产业龙头企业 2 家、销售收入 2. 25 亿元。

1. 保种育种

2021 年，内蒙古马存栏 74. 0 万匹，约占全国的 19. 87%，位居全国第 2 位（表 3、表 4）。保种方面，内蒙古共有蒙古马（乌珠穆沁马、乌审马、巴尔虎马、百岔马）、阿巴嘎黑马、鄂伦春马、锡尼河马 4 个地方品种，蒙古马和鄂伦春马纳入国家级遗传资源保护名录。目前形成了较完备的地方品种保种体系，已建立完善国家级蒙古马保护区 1 个，自治区级蒙古马保种场 5 个，蒙古马综合基因库 1 个，盟（市）级蒙古马保种场 8 个。育种方面，在三河马、锡林郭勒马、科尔沁马 3 个培育品种的基础上，启动锡林郭勒马速度型新品系、耐力型科尔沁马新品系和三河马乘用型新品系培育工作，取得阶段性的成果。同时，从国外引进世界各国优秀种马，正在积极推进高产乳用马和走马的培育，现已建成自治区级马的核心育种场 3 个、盟（市）级马良种繁育场 16 个（表 5 至表 7）。

表 3　2013—2021 年内蒙古马匹年末数量变化

年份	数量（万匹）
2021	74. 0
2020	70. 7
2019	67. 1
2018	63. 8
2017	64. 3
2016	93. 5
2015	86. 8
2014	80. 8
2013	74. 7
2012	79. 4

表 4　内蒙古各盟（市）马匹存栏量　　单位：万匹

盟（市）	2018 年	2019 年	2020 年	2021 年
呼伦贝尔市	19. 33	20. 14	21. 05	22. 49
锡林郭勒盟	14. 63	15. 85	16. 56	16. 24

（续表）

盟（市）	2018 年	2019 年	2020 年	2021 年
赤峰市	10.40	10.32	10.06	9.16
兴安盟	5.90	6.37	6.29	6.72
巴彦淖尔市	2.24	2.57	3.61	4.95
通辽市	5.45	5.08	5.53	4.85
包头市	2.59	2.89	3.12	4.23
乌兰察布市	1.77	2.12	2.41	3.17
鄂尔多斯市	0.96	0.97	1.10	1.24
阿拉善盟	0.36	0.48	0.53	0.46
呼和浩特市	0.16	0.25	0.34	0.39
乌海市	0.04	0.09	0.09	0.08

表 5　内蒙古马保种场清单

级别	保护单位名称	保护单位地址	品种及存栏量
国家级	蒙古马国家保护区	锡林郭勒盟西乌珠穆沁旗	蒙古马 7 000 匹
自治区级	内蒙古自治区蒙古马综合（DNA+大数据）基因库	内蒙古农业大学	
	内蒙古自治区东乌珠穆沁旗蒙古马保种场	锡林郭勒盟东乌珠穆沁旗	
	内蒙古自治区乌审旗乌审马保种场	内蒙古自治区鄂尔多斯市乌审旗嘎鲁图镇	蒙古马乌审马类群 108 匹，其中种公马 4 匹、母马 76 匹
	内蒙古自治区鄂伦春自治旗鄂伦春马保种场	鄂伦春自治旗古里乡乌拉烈姆麟养殖农民专业合作社、鄂伦春自治旗古里乡兴牧村	鄂伦春马 307 匹，其中种公马 35 匹、母马 272 匹
	新巴尔虎左旗乌布尔宝力格苏木萨如拉扎木图嘎查巴达尔胡家庭牧场	新巴尔虎左旗乌布尔宝力格苏木萨如拉扎木图嘎查	蒙古马巴尔虎马类群 278 匹，其中种公马 18 匹、母马 260 匹
	呼伦贝尔西伯利亚生态牧业科技有限公司	内蒙古呼伦贝尔市陈巴尔虎旗巴彦哈达苏木格根胡硕嘎查	三河马 199 匹，其中种公马 20 匹、母马 179 匹

（续表）

级别	保护单位名称	保护单位地址	品种及存栏量
盟（市）级	鄂尔多斯市乌东马产业发展有限公司	鄂尔多斯市鄂托克旗	乌审马 400 匹，其中种公马 15 匹、母马 300 匹
	鄂托克前旗大美农农牧业产业发展有限责任公司（鄂尔多斯走马御马苑）	鄂尔多斯市鄂托克前旗	乌审马 90 匹，其中种公马 5 匹、母马 60 匹
	苏尼特左旗巴嘎乌拉畜牧业专业合作社	锡林郭勒盟苏尼特左旗	蒙古马 160 匹，其中种公马 7 匹、母马 110 匹
	阿巴嘎旗坛思阁畜牧繁育综合开发有限责任公司–阿巴嘎黑马保种场	锡林郭勒盟阿巴嘎旗	阿巴嘎黑马 120 匹，其中种公马 9 匹、母马 111 匹
	乌拉特中旗吉祥草原种马场	巴彦淖尔市乌拉特中旗	蒙古马 186 匹，其中种公马 12 匹、母马 166 匹
	乌拉特中旗巴音乌兰苏木呼日勒巴根家庭牧场	巴彦淖尔市乌拉特中旗	蒙古马 300 匹，其中种公马 16 匹、母马 200 匹
	乌兰陶鲁盖驼马养殖专业合作社	巴彦淖尔市乌拉特后旗	蒙古马 216 匹，其中种公马 15 匹、母马 180 匹
	内蒙古博格农牧业开发有限责任公司	包头市稀土高新区	蒙古马 500 匹，其中种公马 30 匹、母马 400 匹
旗（县）级	镶黄旗阿吉奈蒙古马养殖家庭牧场	锡林郭勒盟镶黄旗	蒙古马 53 匹，其中种公马 2 匹、母马 51 匹

表 6　内蒙古马核心育种场清单

级别	核心育种场名称	地址
自治区级	西乌珠穆沁旗乌珠穆沁查干阿都文化产业有限公司	锡林郭勒盟西乌珠穆沁旗
	鄂温克旗科兴马业发展有限公司	呼伦贝尔市鄂温克旗
	科尔沁左翼中旗萨仁夫畜牧养殖有限公司	通辽市科尔沁左翼中旗

表 7　内蒙古马良种繁育场清单

序号	旗（县）	良种马繁育场名称	级别［自治区级/盟级/旗（县）级］	种畜禽生产经营许可证证书编号、有效期	马品种	马匹存栏数（匹）	繁育场种公马数（匹）	繁育场基础母马数（匹）	年产值（万元）
1	达茂旗	包头市大漠雪豹马培育有限责任公司	市级	B23002，2026. 1. 2	蒙古马	360	22	338	108
2	固阳县	固阳县日升泰草原农民专业合作社	市级	B22009，2025. 8. 7	蒙古马	900	60	840	500
3	稀土高新区	内蒙古博格农牧业开发有限责任公司	市级	B21013，2024. 11. 23	蒙古马	550	30	288	600
4	伊金霍洛旗	内蒙古伊泰大漠马业有限责任公司	市级	蒙 K08-0400001，2024. 6. 7	纯血马	103	2	34	500
5	伊金霍洛旗	内蒙古可汗御马苑有限责任公司	市级	蒙 K08—04000001，2025. 1. 29	纯血和美国标准马	200	5	100	300
6	锡林浩特市	内蒙古草原纯血马培育有限公司	盟级	蒙 H260025，2024. 11. 09	锡林郭勒马	680	5	350	175
7	镶黄旗	镶黄旗阿吉奈蒙古马养殖家庭牧场	旗（县）级	181215057	蒙古马	53	2	51	12
8	西乌珠穆沁旗	西乌珠穆沁旗白马繁育基地	盟级	262008，2024. 10. 19	蒙古马（乌珠穆沁白马）	290	12	80	18. 4
9	阿巴嘎旗	阿巴嘎旗坛思阁畜牧繁育综合开发有限责任公司-阿巴嘎黑马保种场	盟级	蒙 H114033，2025. 12. 19	阿巴嘎黑马	120	9	111	16

（续表）

序号	旗（县）	良种马繁育场名称	级别［自治区级/盟级/旗（县）级］	种畜禽生产经营许可证证书编号、有效期	马品种	马匹存栏数（匹）	繁育场种公马数（匹）	繁育场基础母马数（匹）	年产值（万元）
10	和林格尔县	内蒙古奥威蒙元马文化生态旅游区有限责任公司	旗（县）级	蒙 A07040001，2025. 6. 9	蒙古马	149	20	46	96
11	科尔沁左翼中旗	科尔沁左翼中旗萨仁夫畜牧养殖有限公司	旗（县）级	（2021）左-15052104001，2024. 7. 22	英纯血种马	287	12	255	150
12	开鲁县	骏腾养马专业合作社	旗（县）级	93150523318540648D	纯血马	74	2	45	100
13	呼伦贝尔市	鄂温克族自治旗国牧农牧业开发有限责任公司科兴马业分公司	市级	蒙 E1003008，2025. 7. 21	三河马	341	7	165	50
14	临河区	巴彦淖尔市临河区祥河沿黄旅游开发有限责任公司	盟级	（2020）BS0004，2023. 6. 23	阿拉伯 汗血 纯血	4 6 45	1 2 2	3 4 43	200
15	科尔沁右翼中旗	内蒙古莱德马业股份有限公司		F0401002，2024. 10. 12	蒙古马、纯血马、半血马、温血马、迷你马	424	43	239	1 000
16	克什克腾旗	克什克腾旗百岔铁蹄马保护专业合作社	市级	（2020）蒙 D000404，2023. 8. 25	蒙古马	214	10	140	74. 9

2. 马产品生产加工

马奶加工方面，目前内蒙古挤奶马约1.9万匹，涉及500余户，年产鲜马奶4.1万吨左右，年加工生产酸马奶3.8万吨左右，年产值约1.0亿元。已享受马奶特色加工试点补贴的马奶加工场达43家。标准化马奶加工厂有52家，其中，已获得小作坊证书的有42家，注册商标3个，获得全国名特优新农产品认证7个。目前，锡林郭勒盟阿巴嘎旗、东乌旗、锡林浩特市和鄂尔多斯市鄂托克旗开发马奶产品已初具规模，市场范围不断扩大。马奶酒方面，内蒙古制作发酵型马奶酒的企业约9家，主要集中在锡林郭勒盟阿巴嘎旗、正镶白旗，包头市固阳县，巴彦淖尔市乌拉特中旗等，年加工量约3.0万吨，产值约4 000万元。马生物制品方面，有孕马血清原料基地9家，年提供孕马血750吨左右，产值约8 500万元。孕马尿结合态雌激素制剂等高端产品的原料收集处于起步阶段。马具制作方面，传统马具及现代马具生产蓬勃发展，出现众多的代表性企业（呼和浩特奥邦马术用品有限公司）和马具制作匠师（庞大伟，第八届中国美术大师），同时马的文创产品不断涌现。

3. 体育赛事

近年来内蒙古积极发挥马术运动方面优势，创造条件搭建各类赛事平台，引入现代化马术赛事规则承办和举办了各类国家级、自治区级和盟（市）赛事。2018—2020年中国马术大赛、2018—2020年全国青少年马术场地障碍锦标赛、2019年第二届全国青年运动会马术项目选拔赛、2019年第十一届全国少数民族运动会马术项目、2019年内蒙古速度马大奖赛、2019年“蒙古马”国际驯马大赛、2019年内蒙古传统马术耐力赛、2020年全国马术场地障碍赛冠军杯赛、2020年FEI国际马联二星耐力赛、2020年中国马术耐力赛达标赛、2018—2022年内蒙古自治区马术锦标赛、2018—2020年内蒙古国际马术节、鄂温克瑟宾节那达慕（2020—2022年）索伦杯赛马大会、2022年中国速度赛马公开赛、2022年中国马术协会青少年U系列比赛、2018—2022年中国马都大赛马、乌审走马竞技大赛、通辽市“8.18哲里木赛马节”、锡林郭勒盟阿巴嘎旗“黑马文化节”等各类赛事，年均参赛马匹2.5万匹。

4. 文化旅游

内蒙古具有深厚的马文化底蕴，每年的那达慕大会，赛马、马术表演活动成为全域旅游的特色和亮点。大型祭祀、婚礼文化活动中蒙古马已成为不可或缺的元素。城市雕塑、道路桥梁中蒙古马的印记随处可见。来到内蒙古草原住进“牧家乐”，了解养马、驯马、育马、赛马、打马鬃以及烙马印等马文化内容，体验乘坐马拉爬犁、骑马、射箭、篝火等诸多特色项目，可谓游客的不二选择。以蒙古马为主题的摄影活动，已成为集摄影创作、书画创作、教育娱乐、游牧部落基地观览等多种文化旅游项目于一体的重要活动。大型演出《千古马颂》《蒙古马》等全景式剧目，已成为吸引八方游客的草原文化品牌。2010 年，中国马业协会将“中国马都”称号授予以锡林浩特市为中心的锡林郭勒盟。2012 年西乌珠穆沁旗被中国马业协会授予“中国白马之乡”称号，2017 年被认定为“中国马产业转型升级示范区”。2016 年苏尼特右旗被评为“快马之乡”。

5. 教育

内蒙古有关马的人才培养在全国处于领先地位，是马业人才培养的摇篮。以内蒙古农业大学为引领出现了从运动驯养与管理的专业、马业科学本科和马学硕士、博士、博士后人才培养体系。以运动马人才培养为主的内蒙古体育职业学院、锡林郭勒职业技术学院、兴安盟职业技术学院、鄂温克旗职业中学，为内蒙古乃至全国输送了大量的马业人才。近年来，还形成了国内唯一的马球学生队伍。

6. 科研

近些年，内蒙古有关马产业的相关研究逐步规范化，在马的遗传育种、马的繁殖理论与技术、马的运动生理研究、马的饲料开发、马的产品开发、马文化等领域有了较大的进步。通过设立专项推进高产奶马的繁育关键技术攻关，已经形成了较好的基础。对蒙古马的耐力形成机制的解析走在了国际前列。2021—2022 年，累计争取中央预算内投资8 000万元支持内蒙古农业大学职业技术学院马产业与马文化产教融合人才培养基地建设项目，项目总投资20 000万元，建设时间为 2021—2023 年。目前中央预算内投资计划已经下达，项目正在建设中。

二、存在问题

（一）保种育种

地方品种的保护机制还未充分形成，适合于现代马产业发展需求的马匹繁育方向过于单一，采用的培育体系相对落后，不能满足市场发展的需求；马匹的饲养、疾病防治体系还不健全；运动马的科学调教训练体系未得到充分应用；运动马兴奋剂检测平台未得到充分的建设和利用。

（二）马产品生产加工

产品用马的产能过低，产品类型单一，深加工程度不够，未形成系统的产业链条，市场销售渠道还未全面打开；马具制造业具有广阔的市场前景，内蒙古也有得天独厚的优势，但均为小规模经营为主，尚未打开市场。

（三）体育赛事

传统赛事未形成具有地方特色的经典赛事体系，均为农牧民自发的组织，或者地方政府组织，未上升到自治区层面的赛事管理体系；现代竞技赛马开展的常规化赛事较少，在国内未形成较大的影响力；骑手（骑师）、裁判、教练、马医、钉蹄师、繁殖员、马工等专业队伍技术水平有待规范和提升。

（四）文化旅游

在马文旅方面内蒙古虽然公布了相关的旅游路线，但这些路线还没有被充分地利用起来，各个路线之间还没有形成很好的互通机制，沿途能够反映内蒙古马文化特色的文旅产品比较单一，未能形成品牌。

（五）教育

形成了较完备的马业人才培养（专科、本科、硕士、博士、博士后）链条，但在教材建设、专业实验室建设和实习基地建设方面还不够完善；对青年马术教育的推广还没有完全推开，马疗等特殊教育还未开展。

（六）科研

在马的品种培育和保护、产品开发等领域缺乏高精尖的技术支撑。马的分子育种技术和精准鉴定技术进展缓慢，制约新品种的培育进程和靶向保种；马奶深加工技术还存在卡脖子的技术：酸马奶活菌长期保存的问题；孕马血清生成机理及体外工厂化生产技术还制约着其批量化生产；马的克隆等与国际接轨的技术未能很好地推进。马的科技攻关项目未能得到持续支持，近 5 年还未有落地的科技重大项目。

三、市场分析

行业及国家层面对产业的期望值较高。据行业统计，马业全产业链产值约 700 亿元。2021 年 12 月 14 日农业农村部印发了《“十四五”全国畜牧兽医行业发展规划》，其中马与蜜蜂、兔、绒山羊、梅花鹿等动物被列为特色畜禽，计划到 2025 年特色畜禽养殖业总产值达到1 500亿元。

（一）大健康理念背景下，马产品需求越来越多

马奶成分与人奶最接近，有着较好的生物学价值。马乳及其制品已成为婴儿、老人和一些消化系统、肺结核及贫血症病人食用的最佳保健乳制品。鲜马奶经过加工形成酸马奶、马奶露、马奶粉和酸马奶片等产品，可以提高利用价值和经济效益。另外，我国将迎来人口老龄化时期，结合雌激素和马胎盘等有益于人类健康的产品将有大量的缺口。马肉具有高蛋白、低脂肪的特点，深受广大消费者的青睐，在国际市场上畅销不衰。内蒙古 2021 年出栏马匹 28. 3 万匹，主要以马形式销往河北、山东等地，大量资源没有开发利用。内蒙古马肉加工产业发展潜力巨大，尤其是呼伦贝尔市在马肉加工上有一定基础，可以率先发展，占据先机。

（二）赛马产业方兴未艾，呈现蓬勃发展之势

随着我国综合国力的提升和人民生活水平的提高，社会对体育竞技的要求

随之提高，赛马赛事越来越频繁，也越来越受到人们的欢迎。马术俱乐部数量逐年增加，青少年参与率不断升高。2021 年中国马术俱乐部数量约为2 000家，马术俱乐部会员人数达 66.65 万人。发展现代马术运动是时代所需，顺应潮流，符合国家发展大型体育运动赛事的导向，未来市场前景广阔。

（三）国家大力发展畜牧业，孕马血清市场可观

随着畜牧业发展，同期发情技术的成熟、副作用的减少等因素，PMSG（孕马血清促性腺激素）在家畜繁殖技术领域用量将较现在有较大提高，且市场稳定。内蒙古有繁殖母马近 45 万匹，是生产孕马血清的雄厚资源，未来市场潜力巨大。

（四）疫情结束，马旅游行业重新回暖

中信建投证券研究报告指出，中国的体育旅游规模在未来将达到 1 万亿元，而目前的数字是1 700亿元，中国作为全球最为庞大的旅游产品需求国之一，其需求度仍在不断扩大，其背后隐藏着庞大的市场。2018 年我国居民教育文化娱乐支出达到2 226元，占人均消费支出的比例达到 11.2%。《内蒙古自治区旅游业发展统计分析报告》显示，2018 年内蒙古接待国内旅游者 1.3 亿人次，同比增长 12.17%。国内旅游者在内蒙古的人均花费为 908.41 元/（人・天），同比增长 3.85%，从旅游花费构成看，购物花费占 12.87%，景区游玩花费占 10%，娱乐花费占 7.15%。从旅游者感兴趣的活动看，对民族歌舞类活动最感兴趣，占 46.58%；民族风情类活动居第 2 位，占 33.71%；民族生产生活类活动居第 3 位，占 31.30%；冰雪沙漠漂流特种旅游项目居第 4 位，占 26.09%。随着休闲娱乐马产业的发展和草原旅游观光马道的开辟，马和旅游相结合的休闲旅游新业态在国内旅游环境大好的情况下势必会进入发展的快车道，有着巨大的潜在经济价值，市场广阔且未被大范围开发，具有很好的发展前景。

（五）马具产品市场需求量巨大

随着传统马术活动、赛事的逐渐增多，与马文化结合紧密的民族手工艺及马具产业得到了巨大的发展市场，手工艺体验馆越来越多，马具用品市场需求

日益增多。在全球化和现代化的思潮下，摸索现代的科学审美方向，探索新的马具创作途径，利用科技、信息及全新的互联网传播等新营销理念带动马具的新发展，不断开发马具新产品，开拓马具应用和销售市场。

（六）马匹销售的市场潜力很大

随着马术俱乐部的增长，训练马匹的需求也与日俱增。马术俱乐部的训练用马中的进口马匹只占到了25%的比例，且学员多为青少年人员，不能很好地驾驭国外高大的马匹，国产马匹则没有这方面的问题。国内俱乐部、休闲旅游每年需要骑乘马匹5 000匹以上，因此，国内生产的马匹销售潜力很大。

四、马产业总体思路、发展目标、任务

（一）总体思路

以习近平新时代中国特色社会主义思想为指导，全面贯彻党的二十大精神，大力弘扬和践行蒙古马精神，紧紧围绕乡村振兴战略和健康中国行动，充分结合内蒙古马产业发展的实际，以发展现代马产业为目标，加快马产业转型升级，夯实育马产业基础，发挥赛马赛事、文化旅游的引领带动作用，完善标准体系，健全体制机制，强化人才支撑，加快建立现代马产业法规制度体系、生产体系、经营体系、产业体系，提升马产业专业化、规范化、标准化、市场化水平，促进马产业、体育产业和文旅产业融合发展，培育马产业新的经济增长点，实现内蒙古现代马产业全产业链的高质量发展。

（二）发展目标

到 2025 年，马产业一二三产业融合全产业链基本形成，产业比例结构合理，全产业链增加值达到 200 亿元以上；以马匹的保种和育马为基础，经典赛事和产品开发为引领，交易市场和文化旅游为重点，人才培养和政策支持为保障，建成内蒙古自治区现代马产业发展体系。

到 2035 年，内蒙古马匹存栏稳定在 70 万匹左右，突出重点发展体育竞技比赛用马、休闲文化娱乐业用马和产品用马等；开展良种马登记工作，力争 5 年

内建成3个良种马繁育场，年供种能力达到100匹以上；马产业全产业链增加值达到220亿元以上，新增吸纳劳动力就业万人以上。力争每年举办2~3场品牌赛事、传统体育赛事或群众性马竞技体育活动。力争5~10年内选育1~2个专门化方向型品种（品系）。重点打造育马养殖为基础，赛马赛事为牵引，文化旅游为重点，产品马业上规模，饲草训教成产业的现代马产业体系。

（三）主要任务

1. 加强马品种保护

加强国家级蒙古马保护区、自治区级蒙古马保种场建设，强化遗传材料采集制作，持续支持锡林郭勒盟、鄂尔多斯市、巴彦淖尔市等盟（市）蒙古马保种工程，完善保种技术方案，强化精准鉴定和品种登记，加强生产性能测定，推进蒙古马提纯复壮和选育工作。同时，发挥好内蒙古自治区马遗传资源中心科研、推广、遗传资源保护等作用。

2. 推进马品种培育

制订发布内蒙古马遗传改良计划，明确选育目标和改良方向，加强乌审马走马、高产乳用马等群体的本品种选育提高，探索提高竞技马、仪仗马等群体的杂交改良工作，通过人工授精、胚胎移植等马匹繁殖技术，加快马品种培育，提高内蒙古马自主育种创新能力。

3. 完善马产品加工业

依托传统奶制品加工标准化改造、马奶特色加工试点项目扶持政策，实现标准化生产，建立完善质量控制体系，实现规模生产、批量上市。同时，组织开展牧民合作社、家庭牧场等多种形式规模经营，实现马产品加工原料的相对集中和规模化标准化生产，做好与大企业、大市场的对接。

4. 提升标准化水平

制定马标准化饲养技术规程，创建马标准化养殖示范场。加快马饲料营养、疾病诊治、饲养管理等基础研究工作，提升马产业标准化养殖水平。制定马不同用途、不同品种调教训练及性能测定规程和标准。逐步改善马匹饲养设施装备条件，加快专用设备研发，提高国产化水平。积极推进马属动物无规定疫病区建设，支持马疾病防控、马保健新技术和马专属药品、疫苗、保健品等产品的研发、生产与推广应用，提高马疫病防控成效，增强马产业健康发展保障能力。

5. 发展马竞技体育产业

按照国际标准改造完善大型赛马和马术表演活动场所，积极创办和引入国内一流、令人瞩目的马术、马术运动和马术锦标赛等品牌赛事。创新发展民族传统体育赛事，推广长距离赛马比赛，支持和规范群众性马竞技体育活动。加大宣传推广力度，支持举办马产业博览会，鼓励发展马文化演艺产业，提高马竞技体育商业化水平和群众参与度。

6. 支持马产品研发推广

扶持培育一批马产品生产加工龙头企业，鼓励开展高端养生系列马产品研发，充分挖掘马产品食用、药用及保健价值，推广马奶、马骨粉、马血清等产品在蒙医蒙药领域的应用，延伸产业链条，提高附加值，创建知名品牌。支持内蒙古具有国内国际领先的马具、服饰生产企业和工艺大师，发挥工艺、技术的优势，开拓市场，实现产业化开发、专业化生产。

7. 拓展健身休闲文化旅游业

充分发挥草原旅游资源和马匹资源，加快旅游产业与马术运动融合，支持建设一批产业特色鲜明的马术小镇和马业强镇，开展骑马观光旅游路线，鼓励开发马术文化旅游产品。持续开发马文化表演娱乐节目，打造一批国内知名马文化演出娱乐节目和产品，激活马文化消费市场。

8. 促进一二三产业融合发展

充分发挥马产业文化、体育、娱乐的功能和价值，倡导“马业+”的发展模式，促进马匹繁育、马术运动、文化旅游协同发展，形成产业链条各环节紧密衔接、互利共赢、联动发展新格局。推动将马品种、马术运动、文化旅游等资源优势转化为经济优势，增加马业产值比重，促进马产业健康有序发展和农牧民持续增收。

内蒙古自治区奶产业发展报告

一、2022 年奶产业生产基本概况

（一）全球奶产业经济形势

1. 全球原料奶生产情况

以美国、欧盟 27 国、新西兰、澳大利亚、阿根廷、俄罗斯、白俄罗斯、土耳其为代表，自 2021 年下半年以来，全球奶产业主要生产国的原料奶总产量连续下降。

自 2022 年 7 月开始，主要生产国的总产量再次回到增长轨道，截至 2022 年 10 月，主要生产国当月总产量同比增长 0. 49%，但是 12 个月累计总产量同比仍减少 0. 51%。

分区域来看，在 2021 年下半年以来的全球产量下降周期中，欧盟、新西兰、英国、美国等都经历了下降，但俄罗斯自 2021 年 9 月以来持续增长。在原料奶价格上涨的驱动下，欧盟 27 国和美国的月度总产量都自 2022 年 7 月恢复同比增长，2022 年全年美国原料奶总产量同比增长 0. 16%，1—11 月欧盟 27 国总产量同比减少 0. 13%。但是，新西兰原料奶产量还在下降，截至 2022 年 12 月新西兰月度总产量已连续 17 个月同比减少，2022 年新西兰原料奶总产量同比减少 3. 81%。

2. 全球原料奶收购价格

由于供需偏紧和成本上涨，2022 年主要国家原料奶价格总体都有较大上涨。2022 年 1—12 月，美国原料奶均价从 3. 39 元/千克增长到 3. 80 元/千克，上升了 12. 05%，当年最高月度价格达到 4. 07 元/千克，全年均价 3. 79 元/千克，同比大幅上升 43. 62%；阿根廷原料奶价格从 2. 13 元/千克升至 2. 61 元/千克，增

长了 22.54%，全年均价为 2.48 元/千克，同比增长了 25.39%；1—11 月，欧盟 27 国均价从 3.01 元/千克增长到 4.22 元/千克，增长了 40.20%，均价 3.48/千克，同比增长 24.76%。但是，2022 年新西兰原料奶年度整体价格水平较 2021 年有所上升，但处于下降通道。1—11 月，新西兰原料奶价格从 3.14 元/千克降至 2.96 元/千克，下降了 5.73%，均价为 3.02 元/千克，同比增长 9.11%。

3. 全球国际市场乳制品价格

在成本上涨和原料奶供需紧张等因素的驱动下，2022 年全球乳制品价格总体趋涨，下半年随着供需紧张关系缓解，乳制品价格转为下降。根据 FAO 数据，2022 年 1—6 月，全球乳制品价格指数延续近 2 年的增长趋势，从 132.63 增至 150.18，并在之后转至下降通道。截至 12 月，全球乳制品价格指数从高点降至 139.11，略高于年初的水平。全年乳制品价格指数均值 142.46，比 2021 年全年平均价格指数高 23.35 个点。谷物、肉类价格与乳制品一样，也自 2020 年以来经历了大幅增长，且目前都转入下降通道，表明此轮畜产品价格的上升较大程度上是成本驱动，即谷物价格上涨通过饲喂成本导致原料奶和乳制品及肉类价格上涨。

2022 年，GDT（全球乳制品贸易）乳制品拍卖价格与 USDA（美国农业部）乳制品价格也经历先升后降的变化，全年均价都有所上升，也反映出国际市场供求偏紧但趋于缓解的状况。从 GDT 拍卖价格来看，所有乳制品平均拍卖价格在 1—3 月初从4 247美元/吨升至5 065美元/吨，之后波动下降，至 12 月底降至3 493美元/吨，与年初相比下降 17.8%；全年均价4 267美元/吨，同比上涨 6.9%。从 USDA 全球全脂奶粉价格数据来看，1—3 月从4 504美元/吨升至5 046美元/吨，之后持续下降，12 月份降至4 325美元/吨，与最高价格相比下降 12.3%，与年初相比下降 4.0%；全年均价4 688美元/吨，同比增长 19.7%。

4. 全球乳制品贸易

在贸易方面，2022 年美国折原料奶后的乳制品出口量继续增长，新西兰基本与 2021 年持平，欧盟出口量（扣除欧盟成员国相互间贸易后的净出口量，下同）出现明显下降，上半年主要出口国的出口总量与 2021 年相比略有下降，下半年开始反超。具体来说，美国 1—10 月出口乳制品折原料奶1 720万吨，同比增长 5.8%；欧盟各国 1—9 月出口乳制品折原料奶2 664万吨，出口总量同比减少 7.5%；1—11 月新西兰出口乳制品折原料奶2 193万吨，同比减少 2.5%。1—

9月，美国、欧盟、新西兰、澳大利亚乳制品出口总量折原料奶6 256万吨，同比减少2.7%。

（二）国内奶产业发展概况

根据国家统计局数据，2022年中国奶牛养殖业生产能力继续增长，牛奶总产量3 932万吨，同比增幅达到6.8%，全年奶类总产量预计将首次超过4 000万吨。奶牛单产9.2吨，较2021年的8.7吨提升500千克。

1. 2022年国内奶牛养殖情况

由于近年来我国对奶牛养殖行业监管力度以及奶制品安全意识的不断提升，我国奶牛养殖规模化程度不断提升，大量小规模散户被取缔，使得2019年以前我国奶牛数量呈下降趋势。随着行业规模化进程的不断加深，在下游需求的推动下，我国奶牛数量逐步回升。具体来看，2021年我国奶牛数量为620万头，同比增长0.8%。2022年奶牛数量增长至630万头。

其中，内蒙古到2022年底奶牛存栏达到163万头，奶产量达到720万吨，分别较2021年增长19.6万头、47万吨，增幅分别为7%、13.7%；宁夏奶牛存栏到2022年底达82万头，同比增长16.8%；黑龙江奶牛存栏到2022年底达110万头，生产鲜奶501万吨；河北奶牛存栏到2022年底达148万头，生鲜乳产量546万吨。

2. 2022年国内奶牛养殖规模化程度

相较于散户养殖，规模化牧场管理规范、产奶量稳定、原奶质量高、抗风险能力强，有利于我国奶牛养殖产业的发展。资料显示，到2020年我国奶牛规模化牧场比例达67%；2021年，全国存栏100头以上规模养殖比例达到70%；2022年，全国存栏100头以上规模养殖比例达到72%（图1）。

3. 2022年国内原奶价格

2022年牛奶（指生鲜乳、原料奶）均价整体处于下降的态势，年平均价格为4.16元/千克，同比2021年的4.29元/千克下降0.13元/千克，降幅3.0%。

4. 2022年国内饲料价格以及种植情况

由于饲料粮长期供给不足，加上俄乌冲突与国际市场供给不确定性增加的影响，2022年饲料投入品价格和原料奶生产成本都继续升高。根据农业农村部

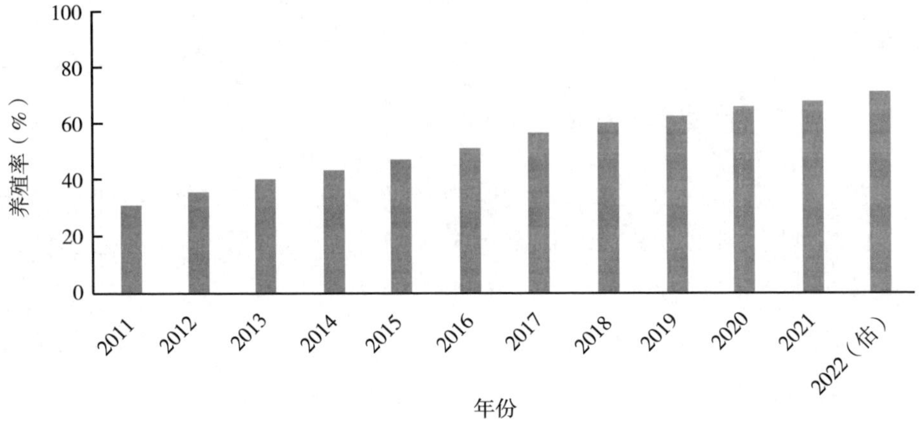

图 1　2011—2022 年中国奶牛规模化养殖率

（数据来源：BOABC）

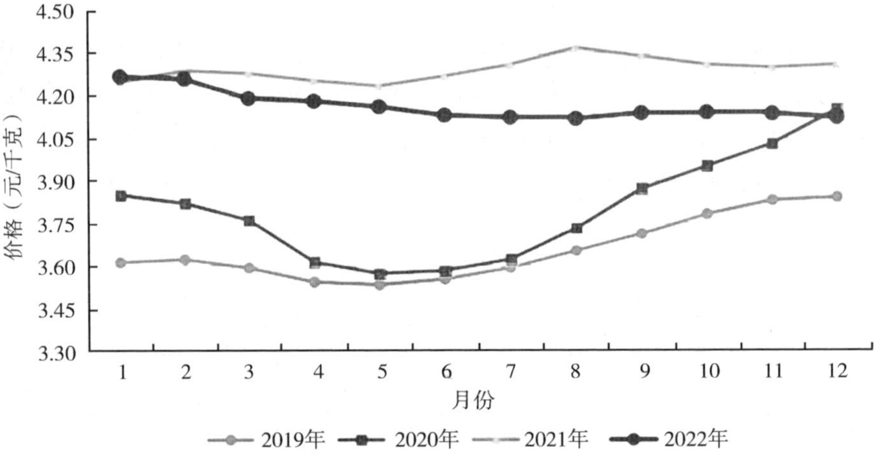

图 2　2019—2022 年中国牛奶价格（月度价）

（数据来源：农业农村部，BOABC）

数据，2022 年 12 月末全国玉米、豆粕均价分别为 3. 05 元/千克和 5. 07 元/千克，分别同比增长 1. 5%和 23. 6%。

2022 年全国青贮玉米种植 3 500万亩，按照亩产 2. 5 吨计算，总产量 8 750 万吨。

5. 2022 年国内进口各类乳制品情况

乳制品贸易方面，根据中国海关数据，2022 年我国共计进口各类乳制品 339. 9 万吨，同比减少 16. 3%，这是自 2015 年以来中国乳制品进口总量首次出现下降。其中，进口干乳制品 239. 8 万吨，同比减少 13. 3%；进口液态奶 100. 1 万吨，同比减少 22. 8%，这也是液态奶进口量自 2003 年以来的首次下降。中国乳制品出口量很小，主要产品为婴幼儿配方奶粉、大包粉，主要出口目的地为中国香港地区。2022 年中国共计出口各类乳制品 4. 47 万吨，同比减少 1. 2%，其中出口干乳制品 1. 46 万吨，同比减少 14. 3%，出口液态奶 3. 0 万吨，同比增加 6. 8%。

（三）内蒙古奶产业发展情况概述

奶产业是内蒙古最具优势的代表性产业，奶牛存栏数、原奶产量和原奶加工能力均居全国首位，经过多年的高速发展，形成了以伊利、蒙牛为首的产业集群化发展格局。从上游的种业、草业到养殖、生产加工，奶业顶层设计日趋完善，科研创新能力日益增强，在全国奶业振兴的道路上冲刺在前，交出了一份从“一棵草到一杯奶”，全产业链共同发力，协调发展的内蒙古样本。

1. 发展概况

2022 年，内蒙古奶牛存栏 159. 0 万头，同比增长 10. 9%；牛奶产量 733. 8 万吨，同比增长 9. 0%，占全国牛奶总产量的 18. 7%（2022 年全国奶产量 3 932 万吨），占比较 2021 年提高 0. 4 个百分点，规模以上乳制品产量 415. 2 万吨，较上年增长 12. 6%，奶牛存栏和牛奶产量稳居全国第一。

2. 产业优势概述

（1）区位优势。内蒙古地处“黄金奶源带”，是全国最大的奶业生产区。以嫩江、西辽河、黄河三大流域和呼伦贝尔、锡林郭勒两大草原为主的五大奶业优势区域，独特的气温、光照、水资源等条件，造就了内蒙古牛奶的“自然天成”。

（2）资源优势。内蒙古在种源基地建设、标准化生产、饲草料基地建设、龙头企业引领等关键环节发力，全面提升奶业产业链综合实力。

抓种源基地建设，促单产水平提高。通过奶牛基因组检测、使用优质性控冻精配种、高产奶牛胚胎移植等技术，不断推动奶牛单产水平提升。奶业振兴行动计划实施以来，通过加大国家级核心育种场建设，培育国内排名前 100 的荷斯坦种公牛 25 头、乳肉兼用型西门塔尔种公牛 20 头。每年推广使用性控胚胎 2 万枚以上、性控冻精 15 万头以上，奶牛规模养殖场良种覆盖率达到 100%。

抓标准化生产，提升标准化规模养殖水平。按照“品种良种化、养殖设施化、生产规范化、防疫制度化、粪污处理无害化、监管常态化”的要求，推动 1 000个中小养殖场标准化提升改造，提升奶牛标准化养殖水平。同时继续加强奶牛标准化饲养，实现全混合日粮饲喂技术全覆盖，对使用全株玉米青贮和苜蓿草种植实施补贴政策。

抓饲草料基地建设，促进优质饲草料供应能力。实施振兴奶业苜蓿发展行动、“粮改饲”试点、草牧业发展示范等项目，推进五大优势区饲草料种植和奶牛养殖配套衔接，扩大饲草饲料种植面积，通过种养结合就地就近保障饲草料供应。内蒙古青贮玉米种植达到 892. 2 万亩、燕麦种植达到 139. 4 万亩，均居全国首位；苜蓿种植达到 495. 4 万亩，居全国第 2 位。规模化养殖场全部实现“苜蓿+全株青贮+精料补充料”的全价日粮饲喂。

（3）企业优势。内蒙古现有奶业龙头企业 36 家，设计产能 900 万吨，2021 年伊利、蒙牛两大龙头企业实现销售收入 1 987. 36亿元（2022 年销售收入暂未公布），同比增长 14. 93%。奶业生产加工能力不断提升，产业发展动能进一步凸显。

（4）品牌优势。2022 年“全球乳业 20 强”中，伊利凭借全产业链的竞争优势稳居“全球五强”，蒙牛连升 2 名，位列第 7，创历史新高。

拥有冻精产品销售连续 11 年位居全国第一的内蒙古赛科星繁育生物技术（集团）股份有限公司。此外，还有优然牧业、圣牧高科等全国知名企业。

在传统奶食品方面，“锡林郭勒奶酪”获批国家地理标志证明商标。

（5）产业优势。伊利现代智慧健康谷、蒙牛中国乳业产业园两大全产业链项目建设，全力打造了呼和浩特奶业高质量发展高地，带动奶业全产业链向更高层次发展。其中，伊利现代智慧健康谷全球领先 5G+工业互联网婴儿配方奶粉智能制造示范项目一期年产 3 万吨产能、液态奶全球领先 5G 绿色生产人工智能应用示范项目一期日产3 200吨产能已经于 2022 年 7 月 12 日投产，链智能生态高端奶酪生产基地项目已经开工建设；蒙牛中国乳业产业园达能乳制品有限公司5G数字化工厂大低温板块项目日产200吨的鲜奶工厂、年产6万吨的奶酪工厂已经全面投产，日产700吨的低温奶工厂完成主体工程装修，持续推进中。预计2025年底全部建设完成。

依托“奶业振兴九条”政策，对乳制品加工龙头企业生鲜乳加工增量、喷粉等内容进行补贴，提高乳品企业加工产能。2022年共落实生鲜乳喷粉补贴6 025万元，计划拨付生鲜乳加工增量补贴2.4亿元。2020年以来，内蒙古地方特色乳制品生产加工作坊达到1 200家以上，产值超10亿元，干奶酪类产量占全国七成以上，300多家企业、手工作坊进入商超和各类电商平台。

（6）技术优势。2022年，国家级乳业技术创新中心获批创建。项目总投资15亿元，计划2023年6月投入使用。国家乳业技术创新中心重点围绕奶牛繁育与养殖、营养与健康、乳品工艺技术与装备、乳品安全与品质四大领域开展技术攻关，着力解决行业发展“卡脖子”问题。目前，乳创中心已吸纳52家成员单位，其中包括25家企业、27家高校和科研院所。编制完成了《2022年度科技支撑方案》，设立44个科研项目，在奶牛体外胚胎技术、营养调控技术、浓缩乳清蛋白制备技术、包装新材料等方面取得一批阶段性成果。

（7）政策扶持。2019年以来，内蒙古自治区先后印发《内蒙古自治区人民政府办公厅关于推进奶业振兴的实施意见》《内蒙古自治区人民政府办公厅关于印发〈奶业振兴三年行动方案（2020—2022年）〉的通知》《内蒙古自治区人民政府办公厅关于推动内蒙古地方特色乳制品产业发展若干措施的通知》等政策措施，支持奶业全产业链协同发展。2022年3月出台了力度空前的《内蒙古自治区推进奶业振兴九条政策措施》，在“若干政策”资金4亿元的基础上，每年再拿出10亿元支持奶业全产业链建设。一系列扶持政策的出台，成为奶业发展重要引擎，助推内蒙古奶业率先在全国振兴。

二、2022年奶牛产业发展情况

（一）种源基地建设、培育技术不断加快

奶业振兴行动实施以来，内蒙古坚持以自主培育为主，引进和繁育相结合，加快良种奶牛扩繁步伐，持续巩固优质种源优势。

（1）育种能力不断提升。依托赛科星研究院和 2 家国家级荷斯坦奶牛核心育种场资源优势，稳步提升育种创新能力。2020 年和 2021 年，内蒙古共培育排名进入国内前 100 名的荷斯坦种公牛 36 头，占全国总量的 18%。

（2）龙头企业不断壮大。出台育种奖励政策，支持种业企业“育繁推”一体化发展。赛科星作为内蒙古育种龙头企业，奶牛性控冻精年产能达到 50 万剂，占全国市场总量的 40%以上，连续 9 年产销全国第一。

（3）良种奶牛扩繁步伐加快。通过奶业振兴项目扶持，对进口奶牛、优质性控胚胎、性控冻精使用进行敞开补贴，优质高产奶牛扩繁速度明显加快。2022 年推广使用优质性控冻精 15 万头以上，移植性控胚胎 1. 3 万枚。

（4）奶牛生产性能显著提升。依托现有 4 家奶牛生产性能测定实验室，积极开展奶牛生产性能测定工作。2021 年内蒙古参测牧场 63 家，测定奶牛 18. 34 万头次，测定日平均产奶量 34. 3 千克、平均乳脂率 3. 97%、乳蛋白率 3. 39%，分别较全国平均水平高 1. 1 千克、0. 04%、0. 05%。与 2008 年相比（生产性能测定初始年份），平均产奶量、平均乳脂率、平均乳蛋白率分别提高 47. 8%、11. 8%、1. 5%。

（二）饲草基地建设逐步完善

近年来，内蒙古以拓面增量、提质增效为主攻方向，扩大全株青贮玉米生产、发展优质苜蓿种植、增加饲用燕麦供给，着力提高奶业饲草供给保障能力。

（1）优质饲草供应能力稳步提升。2022 年内蒙古青贮玉米产量 3 673万吨，苜蓿产量 181 万吨，饲用燕麦产量 118 万吨。内蒙古以青贮玉米、饲用燕麦为主的一年生牧草种植面积均居全国首位。

（2）优质饲草区域化格局正在形成。苜蓿、饲用燕麦种植超过 5 万亩的旗（县）分别达到 5 个和 14 个，青贮玉米种植超过 20 万亩的旗县达到 38 个，分别占到内蒙古总面积的 78. 1%、78. 4%和 70. 3%，饲草集聚发展格局正在形成。

（3）产业素质明显提高。内蒙古 80%以上的全株青贮玉米由种养一体或订单收购方式生产，90%以上的优质苜蓿基地由专业化饲草企业建设，自治区级以上草产品加工龙头企业发展到 14 家。90%的全株青贮玉米达到良好以上水平，苜蓿干草平均等级达到二级以上，饲用燕麦平均等级达到一级以上。

3. 奶源基地建设情况

(1) 荷斯坦奶牛规模化养殖水平不断提升。内蒙古现有荷斯坦奶牛规模养殖场567个(其中存栏100~999头奶牛规模养殖场289个,存栏1 000~2 999头奶牛规模养殖场138个,存栏3 000头及以上奶牛规模养殖场140个),存栏荷斯坦奶牛127万头,荷斯坦奶牛规模化养殖率88%,领先全国平均水平16个百分点。

(2) 3 000头以上规模养殖场建设加快推进。依托"奶业振兴九条"政策,对新建3 000头以上的规模化养殖场"三通一平"、粪污处理、基础设施建设和设备购置进行补贴。2019年以来,内蒙古已建成3 000头以上的规模化养殖场79个,新增奶牛存栏25.7万头,落实补贴资金7.32亿元。2023年计划建设规模场58个,其中新开工建设17个,续建41个,年底前建成16个。

(3) 持续推动中小养殖场改造升级。坚持"抓大不放小",采取"先建后补"或"以奖代补"方式,支持中小养殖场设施设备改造升级,推动中小企业差异化发展。2019年以来,内蒙古累计完成中小养殖场升级改造1 300余家,下达补贴资金5.8亿元。

(4) 强化疫病防控。进一步建立完善动物疫病防控体系,全面开展奶牛疫病防控和布鲁氏菌病、结核病监测检疫净化,完成79个已建规模养殖场奶牛耳标佩戴和系统录入,实现了"一牛一标,可追溯管理",有效保障奶牛养殖业的健康发展。

(5) 严把生鲜乳质量安全关。严格落实奶站和运输车辆登记、备案制度,加强生鲜乳日常监管,加大抽检批次和频率,内蒙古435个生鲜乳收购站和838辆运输车,实现监管全覆盖。生鲜乳违禁添加物已连续13年保持"零检出",乳蛋白、乳脂等生鲜乳质量指标达到国际先进水平。

三、产业发展中存在的主要问题

(一) 优质饲草供应能力不足

1. 种植成本过高,种植主体参与度低

近年来,随着土地、肥料、人工等种植成本不断上涨,苜蓿种植比较效益进一步降低，在补贴每亩不到1 000元的情况下，种植主体很难实现盈利，苜蓿种植意愿不强。

2. 苜蓿种植用地受限，种植主体拿不到好地

2021年自然资源部、农业农村部、国家林业和草原局联合下发《关于严格耕地用途管制有关问题的通知》，进一步压缩了苜蓿种植空间。内蒙古可种植苜蓿的一般耕地多数为盐碱地、坡地等，大多数达不到高标准要求。大型饲草企业为达到苜蓿种植效益最大化，通常都要在集中连片3 000亩以上，地块落实难度较大。

3. 比较效益差距大，苜蓿种植主体改种燕麦草

国内燕麦草价格持续上涨，价格达到2 300元/吨，同比上涨约35%。在价格上涨驱动下，多数企业由种植苜蓿转向燕麦草种植，2022年内蒙古燕麦草种植面积就增加了55万亩。

（二）奶牛核心种源自给水平不高

1. 奶牛核心种源依赖进口

内蒙古奶牛育种核心群规模小，优秀种子母牛数量较少，遗传水平参差不齐，高产奶牛供种能力不足，奶业核心种源仍依赖进口。

2. 良种繁育体系不健全

奶牛遗传改良和生产性能测定体系尚不成熟，DHI（奶牛生产性能测定）参测比例低，遗传数据收集不完善，基因组选择参考群体规模小。此外，以企业为主体的商业化育种体系还处在起步阶段，规模化组织化程度低，联合育种机制不健全，综合竞争力较弱。

（三）消费市场整体低迷，冲击奶产业发展

由于近3年疫情影响，特别是2022年国内疫情多地频发，经济增长放缓，消费市场整体低迷，奶产业各环节均受到了不同程度冲击。

1. 饲草料价格快速上涨，推升牧场养殖成本持续增加

截至2022年12月，内蒙古奶牛饲养主要原料价格均较2021年同期出现较

大幅度的上涨，其中，豆粕、燕麦草增长幅度分别达到40%和35%，全株玉米青贮和苜蓿草增长幅度在15%~20%，玉米和玉米酒糟增幅在10%左右。

2. 千克奶成本上扬，市场价格反向走低

当前，内蒙古规模场千克奶全成本集中在3.4~3.7元，处于历史高位。奶牛收购价格持续回落，普通生鲜乳较2021年平均奶价下降6.4%，降至3.93元/千克；有机生鲜乳较2021年平均奶价下降2%，落于5.2元/千克。部分非伊利、蒙牛合作中小养殖场已经出现价格倒挂现象（全成本约3.4元/千克，售价在2~3元/千克）。

3. 消费需求下降，原奶收储喷粉压力提升

由于市场消费疲软，乳企产能得不到释放，同时为保障奶源稳定有序发展，乳企需对过剩奶源进行喷粉消化。据统计，2022年，伊利、蒙牛利用内蒙古境内奶源喷粉量在25.5万吨左右，比2021年翻一番。按照行业统计数据，与直接进口大包粉价格相比，企业平均每喷粉1吨生鲜乳损失约1 200元。

四、下一步工作举措及建议

聚焦黄河、西辽河、嫩江流域和呼伦贝尔、锡林郭勒草原五大奶产业带，围绕“从一棵草到一杯奶”全产业布局，做好增数量、提质量、扩产量的文章，建设一流种源基地、饲草料基地、奶源基地，打造一流加工企业，力争到2025年奶类产量达到1 000万吨，全产业链产值突破3 000亿元，率先在全国实现奶业振兴。

（一）强化奶牛育种能力建设，多措并举增加核心种源供给

1. 推动核心育种场建设

全面启动自治区级奶牛核心育种场创建工作，以全基因组检测、胚胎移植等技术为依托，建立高产奶牛核心群，扩大高产奶牛种群数量，逐步提高核心育种场奶牛遗传水平和供种能力。到2025年，内蒙古认定荷斯坦奶牛核心育种场10个以上，高产奶牛核心群存栏1.5万头以上。

2. 扩大奶牛生产性能测定范围

积极开展奶牛生产性能测定工作，推广测定数据在育种遗传过程中的应用，提高遗传评估效率。到2025年，DHI参测牧场达到100家以上，参测奶牛达到25万头次以上。

3. 加快优质高产奶牛扩繁速度

进一步加大对进口奶牛、性控胚胎移植、性控冻精使用补贴力度，加快自主繁育进度，满足奶牛扩群增量的需求。未来3年，推广使用优质性控冻精30万头以上，移植性控胚胎5万枚以上。

4. 全力支持繁育技术研发应用

依托国家乳创中心，建设内蒙古奶牛育种大数据平台和遗传评估中心，加强功能性状数据与遗传评估方法的研发应用。重点挖掘国内外奶牛种质资源并建立特色种质资源库，为解决内蒙古奶牛核心种源自给水平不高、良种繁育体系不健全等问题提供技术支撑。

（二）扩大优质饲草种植面积，提升产业发展空间

1. 着力提高优质饲草供给

坚持为养而种、以养定种、种养结合、草畜一体化发展思路，聚焦内蒙古《建设国家重要农畜产品生产基地的实施方案》，强化饲草基地建设。到2025年优质苜蓿达到200万亩、全株青贮玉米达到2 000万亩、饲用燕麦达到300万亩。

2. 促进饲草产销对接

发挥行业协会和饲草龙头企业示范带动作用，组织和引导乳业龙头企业等自建、合作牧场与本地饲草种植企业、大户签订购销订单。推动具备条件地区建设饲草交易中心等产销对接信息平台建设，促进种养主体有效对接，实现优质饲草产加销信息互联互通。

（三）强化奶源基地建设，夯实奶业发展基础

1. 持续推动规模化养殖场建设

抓好在建规模化养殖场“三通一平”、粪污处理和基础设施建设，稳步推进

规模化养殖场建设进度，有效提升奶业综合生产能力，到2025年，新建3 000头以上规模养殖场达到130个以上，牛奶产量突破1 000万吨。

2. 加强技术应用和教育培训，提高奶牛单产水平

进一步扩大性控胚胎、性控冻精等推广使用补力度，加快奶牛品种改良。改善奶牛饲料构成，提高饲料营养水平。加大技术培训力度，提升养殖者的养殖理念和管理水平。

（四）建立生鲜乳价格协商机制，规范生鲜乳购销环节秩序

按照工作计划，积极开展座谈交流、考察调研、论证研讨等工作，加快建立符合内蒙古实际的生鲜乳价格协商机制。实现生鲜乳购销先定价、后交易，维护购销双方合法权益，密切产销利益联结，规范生鲜乳购销环节秩序，推动内蒙古奶业持续健康发展。

（五）多方发力、多措并举，推动奶业持续健康发展

1. 用好政策工具，切实为企业纾困解忧

切实抓好“若干政策”“奶九条”等奶业补贴政策落地落实，确保各类补贴足额到位。同时，督促工信厅加快推进生鲜乳加工增量补贴申报工作。落实好跨盟（市）生鲜乳调运补贴，调动奶源调出旗（县）积极性，有效维护市场主体的利益。

2. 向国家层面建议，争取相关政策支持

积极向国家争取，出台配套补贴政策，如喷粉补贴、养殖场建设补贴，加大现有政策支持力度，如提高苜蓿种植补贴力度，建立大包奶粉国家长效收储机制，解决上下游不平衡问题，保障奶制品物资供应，推动奶业稳健发展。

3. 多方发力多措并举，促进消费市场快速回暖

组织召开专题会议，研究制定刺激消费相关政策，促进乳制品消费市场快速回暖，从根本解决奶源供需问题，推动奶产业健康发展。

（六）加强科技创新能力，推动乳业提质增效

1. 依托国家乳业创新中心，加大相关领域技术攻关力度

围绕内蒙古奶业上下游产业链、供应链、价值链，提升创新驱动力，立足重大科技攻关项目，围绕关键核心技术转化，加快科研技术投入实际生产。

2. 加大乳品企业扶持力度，促进企业在创新创造、提质增效上发力

加强对乳制品加工龙头企业进行补贴，提高企业加工产能。加大对中小规模乳制品加工企业走“专精特新”发展路径的支持力度，有效延长产业链条。培育产品质量优、文化特色浓、品牌信誉度高的地方特色奶食品企业，提升产品附加值。

内蒙古自治区饲料饲草产业发展报告

一、产业现状

（一）国内饲料饲草产业概况

1. 产量和区域分布

（1）饲料产量总体保持增长，稳居世界第一。近10年来我国饲料产量总体保持增长，稳居世界第一。我国饲料工业起始于20世纪70年代，1991年起成为仅次于美国的世界第二大饲料生产国。2011年，我国饲料产量超越美国跃居世界第一。2016—2022年工业饲料产量平稳增长，行业空间逐步上行。根据中国饲料工业协会数据，2016—2022年，我国工业饲料总产量从2.09亿吨增长至3.02亿吨，复合增速为5.4%（图1）。

近年来国内饲料行业已经进入成熟阶段，连续多年处于小幅但稳定增长的态势，在2019年受非洲猪瘟影响出现下降之后，在2020年、2021年两年又出现了较大幅度的恢复性增长，2016—2022年全国饲料产量同比增速分别为4.5%、5.9%、2.8%、−3.7%、10.4%、16.1%、3%。

全国饲料产量超千万吨省份10个，分别为山东、广东、辽宁、广西、江苏、河北、河南、四川、湖北、湖南。其中，山东产量达4 335.8万吨，同比增长14.7%；广东产量3 010.2万吨，同比增长3.0%；山东和广东两省饲料产品总产值继续保持在千亿元以上，分别为1 369亿元和1 106亿元。

（2）饲草种植总体稳定，产区布主要向“镰刀弯”和“黄淮海”地区集中。据全国草牧业统计监测系统汇总分析，近几年全国人工种草保留面积保持在1.3亿亩，种草主要省份有内蒙古、甘肃、四川、云南和新疆；5个省（区）2019年末保留面积分别为3 546万亩、2 267万亩、1 238万亩、872万亩和

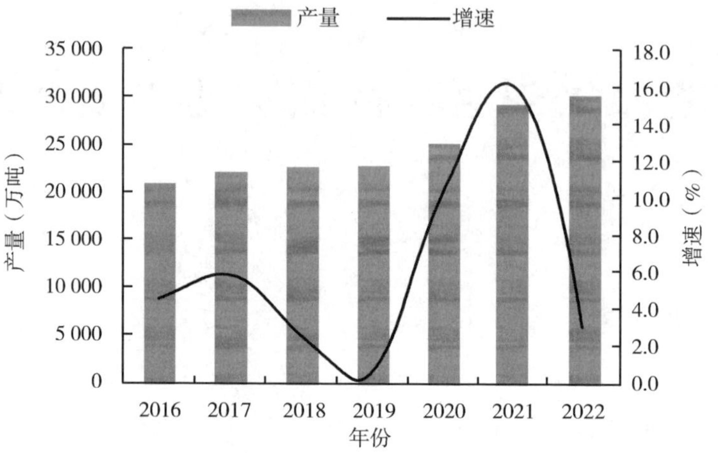

图 1　2016—2022 年中国饲料产量规模及增速

（数据来源：中国饲料工业协会、中经视野分析整理）

821 万亩，分别占全国总保留面积的 27%、17%、9. 5%、6. 7%和 6. 3%；内蒙古 2020 年、2021 年保留面积为 3 115万亩、2 094万亩，同比减少 12%、32. 7%；人工草地面积呈逐年减少趋势，主要与政策调整和粮食作物价格上涨等息息相关，同时局部地区受气候干旱或倒春寒等灾害天气影响，导致种草面积下降。

一年生主要品种全株青贮玉米和燕麦在内蒙古、甘肃、黑龙江、河北、山东、山西、河南、宁夏、吉林、辽宁等 10 省区种植面积分别达到 2 700万亩、400 万亩，分别占全国总种植面积 70%、60%；多年生饲草以紫花苜蓿为主，从近 2 年新增情况来看，紫花苜蓿种植较多的省份为甘肃、新疆和内蒙古，新增部分合计占全国的 70%。

我国商品草产能保持稳定。2021 年全国主要商品草为紫花苜蓿、青贮玉米、羊草和饲用燕麦等，产量分别为 387 万吨、400 万吨、20 万吨和 82 万吨，分别占商品草生产总量的 39. 5%、40. 8%、2. 0%和 8. 4%；内蒙古商品草以燕麦和青贮玉米为主，主要在呼伦贝尔、赤峰、呼和浩特、巴彦淖尔等盟（市），占内蒙古商品草 90%。

2. 结构分布

（1）饲料产品结构。从产量结构上看，猪饲料及禽饲料占比较高。2022 年猪饲料产量占饲料总产量比值为 45.0%；肉禽饲料产量占饲料总产量比值为 29.5%，其余分别是蛋禽饲料（占比 10.6%）以及水产饲料（占比 8.4%）(图 2)。

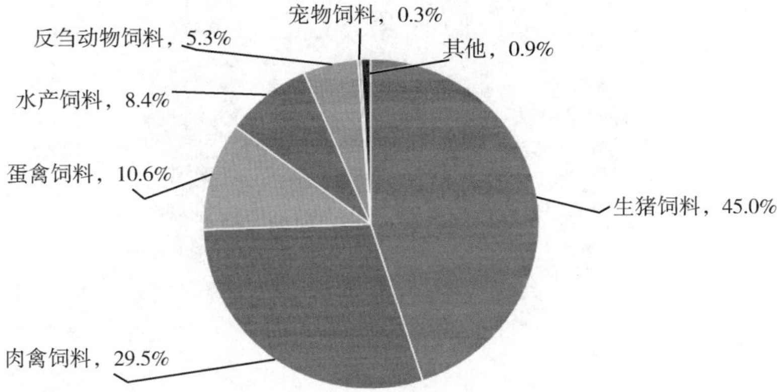

图 2　2022 年各类饲料产量占比

（数据来源：中国饲料工业协会、中经视野分析整理）

（2）饲草产品结构。全国主要商品草为紫花苜蓿、青贮玉米、羊草和饲用燕麦等，产量分别为 387 万吨、400 万吨、20 万吨和 82 万吨，分别占商品草生产总量的 39.5%、40.8%、2.0%和 8.4%（图 3）。

3. 流通和贸易分布

饲料进口持续增长。2022 年我国饲料累计出口 39.08 亿美元，同比增长 6.12%；出口数量为 395.76 万吨，同比下降 7.38%。累计进口 84.42 亿美元，同比增长 15.80%；进口数量为1 227.88万吨，同比增长 4.30%。

市场方面，2022 年我国饲料出口额排名前 10 的国家/地区分别为日本、韩国、美国、越南、荷兰、马来西亚、德国、印度尼西亚、英国、泰国，合计占我国该产品出口额的 71.43%。其中日本是我国饲料出口最主要的市场，出口额为 5.33 亿美元，同比下降 23.19%。

其中我国饲料进口额排名前 10 的国家或地区分别为美国、秘鲁、加拿大、乌克兰、越南、俄罗斯、印度尼西亚、泰国、阿联酋、保加利亚，合计占我国该产品进口额的 76.36%。其中美国是我国饲料进口最主要的市场，进口额为

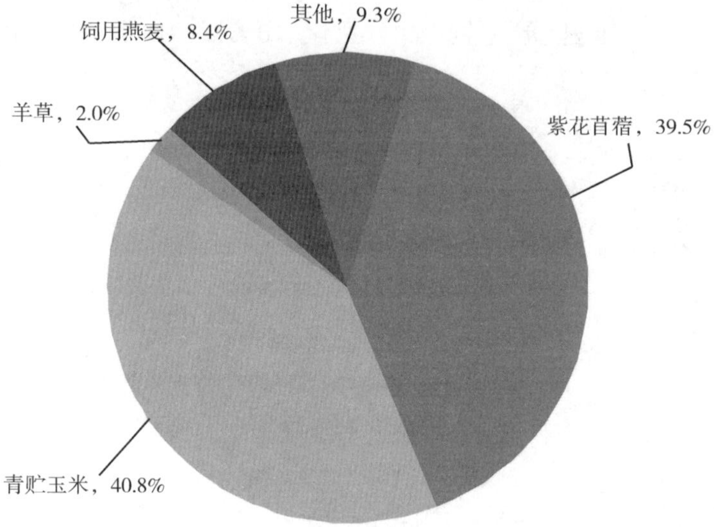

图 3　2022 年各类饲料产量占比

（数据来源：中经视野分析整理）

15.89 亿美元，同比增长 23.66%。

我国商品草产能保持稳定。2021 年全国主要商品草为紫花苜蓿、青贮玉米、羊草和饲用燕麦等，产量分别为 387 万吨、400 万吨、20 万吨和 82 万吨，分别占商品草生产总量的 39.5%、40.8%、2.0%和 8.4%；内蒙古商品草以燕麦和青贮玉米为主，主要在呼伦贝尔、赤峰、呼和浩特、巴彦淖尔等盟（市），占内蒙古商品草 90%。

饲草进口总量处于持平状态。近 2 年全国草产品进口总量保持在 170 万吨左右，苜蓿干草占 80%，平均到岸价2 400元/吨，主要来自美国（80%）、西班牙和南非；燕麦草平均到岸价格2 200元/吨，主要来自澳大利亚。

国内饲草产品基本体现了优质优价原则。国产一级苜蓿2 500~2 600元/吨，国产优级2 800~3 200元/吨，高于进口苜蓿；青贮价格 600~1 200元/吨，受行情走强也处在上涨趋势中。

4. 呈现特点

饲料集约化、规模化的发展加快。2023 年 2 月 14 日，农业农村部畜牧兽医局、中国饲料工业协会公布 2022 年全国饲料工业发展概况。报告显示，全国工业饲料总产量首破3亿吨，达到30 223.4万吨，比上年增长3.0%。我国饲料集约化、规模化的发展速度越来越快。全国年产百万吨以上规模饲料企业集团36家，比上年减少3家，合计饲料产量占全国饲料总产量的57.5%，比上年减少2.2个百分点。有6家企业集团年产量超过1 000万吨。全国年产10万吨以上规模饲料生产厂947家，比上年减少10家，合计饲料产量17 381万吨，比上年下降1.8%，在全国饲料总产量中的占比为57.5%，比上年下降2.8个百分点。全国有13家生产厂年产量超过50万吨，比上年减少1家，单厂最大产量127.6万吨。2022年饲料行业在原料价格攀升的压力之下继续呈现集中趋势，饲料加工企业在采购成本控制、质量控制、品牌体系建设等方面体现出更为明显的优势，将有助于高质量饲料的发展。

饲草经营主体不断壮大。全国草产品加工企业达1 100多家，干草生产总量达630万吨，其中青贮产量480万吨（折合干草190万吨），主要集中在陕西、甘肃、内蒙古、宁夏、河北，分别有255家、227家、116家、81家、50家，占全国的70%，总产量占全国的60%。

（二）区内饲草饲料产业发展

1. 产量和分布情况

2022年内蒙古饲草总量达7 967.8万吨，其中天然草原可食牧草产量2 980万吨，占总量37.4%，居全国第1；青贮玉米、苜蓿、饲用燕麦等人工种草产量1 751.8万吨，占总量21.9%，居全国第2；秸秆饲料产量3 201万吨，占总量40.1%，居全国第4；进口牧草35万吨，占总量0.4%。目前，内蒙古饲草种植加工龙头企业有11家。

内蒙古饲料企业集中在奶牛、肉牛、生猪饲养集聚区，呼和浩特、通辽、赤峰、包头、巴彦淖尔、呼伦贝尔、乌兰察布等盟（市）累计产量占据内蒙古产量的90%以上；年产量超过100万吨的有呼和浩特、通辽、赤峰及巴彦淖尔4个盟（市），产值分别为43.3亿元、64亿元、38.6亿元和33.6亿元；内蒙古10万吨级规模企业11家，比上年增加2家，在内蒙古饲料总产量中的占比达到60%。

2. 流通和贸易情况

内蒙古饲草加工企业（合作社）有402家，其中，草产品加工销售收入500

万元以上企业34家，产值17.77亿元，大部分为种植、收割、加工一体化生产企业。2022年内蒙古秸秆可收集资源量4 696万吨，其中秸秆饲料化利用3 201万吨，饲料化利用率达到60%以上；内蒙古有秸秆收储企业112个、专业化新型经营主体（社会化服务组织）1 214个，建立秸秆收储中心402座。

2022年内蒙古商品草销售量达到1 189.9万吨，其中苜蓿118万吨、饲用燕麦62万吨、青贮玉米1 109.9万吨，销售产值达到110亿元。草产品中草捆占70%以上，其余为裹包、草颗粒等产品，80%销售供应区内养殖企业、合作社。产品用户主要是为龙头企业提供奶源、牛源、羊源的规模化养殖企业、养殖场和专业合作社等。

3. 产业优势

（1）资源优势。内蒙古草原是欧亚大陆草原的重要组成部分，天然草原面积13.2亿亩，草原面积占全国草原总面积的22%，占内蒙古国土面积的74%。具备得天独厚的自然资源优势，但也面临着草原退化、沙化等严峻挑战，进入21世纪以来国家和内蒙古自治区加大了对天然草原的保护力度。据报道，2018年草原植被盖度达到了43.8%，与2000年相比提高了13.8个百分点。天然草原产草量区域差异大，各类草场平均单产在191~230千克/亩，载畜能力每个羊单位在7~106亩。除了广阔的天然草原之外，内蒙古还有1.37亿亩的沃野良田，各地人工草地也得到了不同程度的发展，饲料饲草业拥有丰富的原料来源。中央对内蒙古做出“农牧交错带要退耕还草，生态保护与生产发展同步推进”的总基调，结合奶牛、肉牛及肉羊产业格局，形成了黄河、西辽河、嫩江三大流域和呼伦贝尔、锡林郭勒两大草原以及北部高寒区域为核心的饲草产业优势区域。

（2）生产优势。饲草产业兼具生态恢复和产业优化功能，对内蒙古来讲，更是独具特色的优势产业。实施“粮改饲”、振兴奶业苜蓿行动和退牧还草补贴等政策，有效推动了人工饲草种植；2022年内蒙古牲畜存栏头数达7 541.6万头（只），年出栏猪牛羊分别为597.1万头、820.4万头、6 124.1万只，拥有巨大的消耗饲料饲草基本盘；作为全国重要的农畜产品生产加工输出基地，内蒙古具备每年稳定向外调出500万吨牛奶、150万吨肉类的能力，全国消费市场1/4的羊肉、1/5的牛奶来自内蒙古。按照国家和内蒙古自治区“十四五”期间奶类、肉类产品发展目标，对优质饲草的需求量越来越大，发展预期更加清晰、发展潜力巨大。

（3）竞争力优势。草业是内蒙古传统优势产业，驻区饲草相关研究机构有中国农业科学院草原研究所、内蒙古农业大学、内蒙古师范大学以及内蒙古自治区农牧业科学院等长期从事饲草科研推广单位，人才培养实力雄厚，具备坚实的科技创新能力和基础，到目前饲草产业科技贡献率达 51.8%。内蒙古草产品加工企业 110 多家，其中有 30 余家企业生产能力在 1 万吨以上，蒙草、草都等一批高水平专业化草业集团公司具备强劲的发展潜力。经过近 2 年机构改革，将饲草技术推广与草原生态保护职能分离，更加突显了饲草产业在农牧业结构调整中的重要地位，粮-经-饲三元作物模式迎来了绿色、协调发展的新机遇，优质饲草成为现代畜牧业高质量发展的重要引擎，更是优化产业链、补短板、疏通堵点的新高地。

4. 标准化水平

截至 2022 年内蒙古已初步搭建内蒙古畜牧业标准体系，内容涵盖畜禽养殖、饲草料加工、草原草业、质量安全、环境保护等关键领域和种、料、养、检等关键环节，在畜产品安全生产体系、畜产品质量安全监测、无公害食品生产示范、绿色有机认证建设等方面，均取得了初步成效。内蒙古收集现行有效的国家标准、行业标准共计 700 余项，组织制定畜牧业地方标准 172 项，基本实现了生产有标可用、检测有标可依、质量有标可判，为促进畜牧业健康持续发展提供了支撑，但仍有部分欠缺。

一是完善防灾减灾标准体系。内蒙古地域辽阔，灾害频发，干旱、风雪、鼠虫灾害时有发生，特别是春季连续干旱对畜牧业影响最大，冬春积雪过深、风速过大和长期积雪都会给生产造成损失。防灾、抗灾能力是持续稳定发展畜牧业生产的基础条件，目前有待加大投入和加快防灾减灾标准体系建设，提高抵御自然灾害的综合能力。在已制定发布的地方标准中多以一般性产品和种养规范类为主，公益性不够。市场快速反应需求的标准不能有效供给。

二是建立和完善草原生态保护标准体系。据内蒙古第 3 次草原资源调查统计，内蒙古退化草原面积已达2 500多万公顷，占可利用草原面积的 39.37%。目前，草原面积和可利用草原面积与 20 世纪 60 年代相比，分别减少了 9%和 7%。畜草矛盾已成为阻碍畜牧业发展的主要问题，合理利用、保护草原，加强草原生态保护体系建设，标准引导十分重要。畜牧业标准作为基础产业，与工业标准相比，更需要时间、人力的投入，对于畜禽营养的需要、草原生态保护等重大基础性标准研究必须建立在科研团队与标准化人才队伍相结合的基础上，跨部门、多领域合作的畜牧业标准制修订项目有待加强。

三是市场信息服务标准体系急需建立。长期以来，内蒙古的畜牧业主要是原料生产，欠缺精、深加工，经营方式较为粗放，农牧民商品意识不够。特色畜牧业标准基本处于空白状态，草原生态、养殖环境、设施设备等标准供应不足；标准更新速度慢，“标龄”时间长；重大基础标准建设滞后，奶牛等饲养标准、畜禽营养需要量标准急需制定；部分标准定性描述多，量化指标少，标准的可操作性不强；部分内容陈旧，指标设置不科学，标准的先进性不高。受发展水平的限制，大部分畜牧企业制定标准的积极性不高、能力不足，企业标准缺乏竞争力。

四是畜牧业及饲草饲料标准化管理机制有待创新。畜牧业及饲草饲料标准重立项建设、审查发布，轻跟踪评价、实施监督。标准信息化数字化程度不够，推广应用途径单一。政府主导制定的部分强制性畜牧业标准信息公开、免费使用途径不畅。

5. 种业情况

（1）草种资源分布。内蒙古总面积 118.3 万平方千米，横跨东北、华北、西北地区，植物区系独特、种质资源丰富，是祖国北方重要生态安全屏障。内蒙古天然草原面积 13.2 亿亩，占全国草原总面积的 22%；草原综合植被盖度为 45%；自东向西分布的草原类型依次为温性草甸草原、温性典型草原、温性荒漠草原、温性草原化荒漠和温性荒漠类草原，此外，还隐域分布着山地草甸类、低平地草甸类和沼泽类 3 类非地带性草原植被。内蒙古多样的气候环境条件孕育了丰富的草原植物，内蒙古记载的野生植物种类2 781种，其中草种资源分布面积最广。内蒙古是天然的物种多样性宝库和草种质资源基因库，目前已被开发利用的饲草植物资源主要集中在禾本科、菊科、豆科、藜科等。

（2）草种质资源保护。1997 年以来，国家设立草种质资源保护专项资金项目，开展草种质资源收集、保存及利用工作，目前已初步构建了国家草种质资源保护体系，建有 1 个中心库、2 个备份库、10 个生态区域技术协作组，收集保存草种质资源材料 6 万余份，保存总量居世界前列。内蒙古作为该项目的主要完成省（区），与国家同期开展了草种质资源保护利用工作，现已建成国家草种质资源中期库、品种资源库和乡土草种资源库，收集保存草种质资源 3 万余份。2020 年以来，按照国家林业和草原局的统一部署，内蒙古组织开展了林草种质资源普查与收集保存工作，计划利用 5 年时间摸清内蒙古林草种质资源家底，掌握林草种质资源现状与动态。目前，内蒙古自治区林业和草原局已制定普查方案和标准，组织 10 个盟（市）统筹推进普查工作。

2021 年，国家林草种质资源设施保存库（国家草种质资源保存中心库）布局在内蒙古，重点开展草种质资源收集保存、评价鉴定、科学研究、创新利用等工作。上述工作的开展不仅为内蒙古生态建设提供了种质资源保障，也为草种质资源保护与评价、品种培育与创新、资源开发利用等奠定了良好的物质基础。

（3）草种审定与乡土资源利用。1987—2021 年，内蒙古通过国家审定的草品种共 68 个，其中，育成品种 28 个，野生栽培品种 29 个，地方品种 4 个，引进品种 7 个。2011 年，内蒙古草品种审定委员会成立，审定草品种 149 个，其中，育成品种 102 个，野生栽培品种 26 个，地方品种 5 个，引进品种 16 个。经国家和内蒙古自治区审定的草品种因适应性好、性能优越、抗性强，深受广大农牧民喜爱，种子一度供不应求，为地区草牧业发展和草原生态保护提供了种源保障。在乡土草种质资源的开发利用方面，在主管部门、高校、科研院所及企业的共同努力下，目前筛选驯化出一批对本地气候及土壤适应性强、品质优良、具有饲用价值的特色乡土草种，包括冰草属、赖草属、披碱草属、苜蓿属、燕麦属以及黄芪属等乡土草品种 37 个，其中，26 个野生乡土草种经驯化培育成为栽培品种，保证了草种质资源的可持续发展。

（4）繁育（草种）产业发展。目前，内蒙古通过国家和自治区审定的草品种 217 个，居全国首位。草种繁育基地面积 27.62 万亩，2022 年草种产量达到 194.07 万千克，此外天然草原每年可采种 22.5 万千克，是生态修复用乡土草种的重要来源，目前内蒙古已基本形成东部羊草草种产业聚集区、浑善达克沙地生态草种生产区和西部黄河流域草种产业聚集区。现有 11 家草种生产培育头部企业。

6. 技术支撑

（1）技术模式。种植和生产技术领域：饲草饲料的数量和质量是影响畜牧业发展的关键因素之一。近年来，养殖场对饲草饲料的需求量不断增加，质量要求也进一步提升，内蒙古通过加强牧草种植管理，合理运用饲草饲料加工技术，保障稳定供应优质草料。其中，牧草种植是草料加工的前置环节，在精细整地、科学选种、严格管理的基础上，保证牧草产量和质量。然后通过机械收割和草料加工处理，进一步提升饲草饲料的保存时间与营养价值，从而满足畜牧养殖的使用需求。

研究技术领域：围绕内蒙古优势特色产业，发挥有关大专院校、科研院所研究领域优势，加强种质资源开发和培育的基础性研究。逐步建立内蒙古重要农作物、草食家畜和林草品种基因图谱，通过生物育种技术对育种材料进行改良和创制，开展种质资源特异基因发掘及利用，应用转基因和基因编辑育种技术研究，打好种业科技创新基础。推进草原家畜种质创新与繁育基地项目建设，提升草原家畜种质资源原始创新能力。

（2）推广情况。

①玉米整株青贮增密增效绿色栽培技术。随着内蒙古各地青贮玉米种植面积不断增加，通辽市、呼和浩特市等盟（市）因地制宜通过合理密植，提高亩保苗量（4 500株），施用缓控释肥增产技术，达到绿色增效的目标。

②“茎穗兼收”联合作业+及时黄贮技术。乌兰察布市的马铃薯种植规模稳定在27万公顷左右，年可生产秸秆700万吨以上，以马铃薯秸秆为主料，分别与含糖量较高的玉米秸秆、甜菜茎叶、玉米面作为辅料进行混合青贮，混合青贮的马铃薯茎叶颜色黄绿，味道清香，适口性显著提高。该技术实现了玉米、杂粮等农作物秸秆的合理转化利用，不仅可以有效缓解农区冬春季节饲草饲料短缺的问题，也可以充分利用秸秆资源，有效地降低农户的养殖成本。

③葵前麦后闲田复种优质饲草燕麦技术。河套灌区无霜期135～145天，属于春种夏秋收获、“一季有余，两季不足”的地区，不仅早春、夏秋耕地资源丰富，而且光、热、水资源充足，具有复种饲草燕麦的良好条件，且整地、播种、收割、翻晒、打捆、拉运等都可机械化操作，有利于大面积生产。饲草燕麦可青饲、青贮，也可调制干草，其储藏时间长，能耐-3℃的低温，若在葵前麦后（“葵前”即向日葵种植前，对于河套灌区来说是3月中下旬到6月上旬；“麦后”即小麦收获后，即7月上旬到10月底）复种，一方面可以增加饲草产量，另一方面避免了“粮经草”争地的问题，同时提高耕地利用率，改善生态环境。葵前麦后闲田复种优质饲草燕麦技术使河套灌区长期的“粮-经”二元种植结构

转变为“粮-经-草”三元种植结构，由一年一季变成一年两季，开辟饲草生产的新途径，为草畜业发展提供饲草保障。

④平茬复壮及柠条草粉颗粒加工技术。在丰镇市实施的“平茬复壮及柠条草粉颗粒循环经济项目”，通过对柠条粉碎、混合、挤压、烘干等工艺流程，制成牛、羊、猪等牲畜饲料。每吨柠条可生产 0.80 吨柠条生物质颗粒和柠条草颗粒，还可通过对柠条、玉米、葵花秸秆等原料进行发酵，制成富含高活性有益微生物的饲料，有利于节约饲料粮食，带动区域特色产业的发展，促进农牧业、林业产业结构调整。

此外，全株青贮技术、全覆膜双垄沟播技术、无膜浅埋滴灌技术和苜蓿草颗粒加工技术也在各盟（市）有一定范围的示范推广。

7. 机械化水平

总体机械化发展迅速，但仍有不足。截至 2022 年内蒙古饲草料加工机械化水平达到 85%，但畜牧养殖机械化率仅达到 40.1%，畜牧业机械化发展不平衡、不充分，畜牧饲养配套机械化体系还不完整，农机饲草融合和机械化信息化融合亟待加强。

预计 2025 年内蒙古农作物耕种收综合机械化率达到 88%以上，主要农作物主产旗（县、市、区）基本实现农业机械化，经济特色作物主要生产环节基本实现机械化，畜牧养殖机械化率达到 50%左右，饲草饲料初加工机械化水平进一步提升。产业机械化链更加稳固，产业机械化进入全程全面和高质量发展及应用时期。

8. 质量认证

（1）草种认证。草种业是国家战略性、基础性产业，是草原保护建设的物质基础，是国家生态安全的基本保障。2020 年，由蒙草生态联合中国科学院、中国农业科学院、国家林业和草原局草原研究中心、中国农业大学、北京林业大学、兰州大学、内蒙古农业大学、内蒙古大学、内蒙古草都草牧业公司等 10 余家单位，在呼和浩特市启动创建内蒙古自治区草种业技术创新中心。

中心以突破关键核心技术，实现重大基础研究成果产业化为核心，围绕产业链部署创新链，构建产学研深度融合的技术创新体系，突破制约草种业发展的关键技术瓶颈，孵化、培育和壮大一批具有核心创新能力的一流企业，汇聚行业优势人才力量，建设和完善科研平台与研发体系，为实现草产业高质量发展提供科技支撑。

目前，内蒙古草种繁育基地面积27.6万亩，2022年草种产量达到194万千克，其中苜蓿种子繁育基地17.7万亩，内蒙古已基本形成东部草种产业聚集区、浑善达克沙地生态草种生产区和西部黄河流域草种产业聚集区，现有11家草种生产培育头部企业。

内蒙古针对当前生态建设紧缺的草种，通过"认证+补贴"的形式，2022年新建和巩固提升草种生产繁育基地15万亩，2023年新建草种生产繁育基地18.6万亩，尽快实现主要生态建设用草种自给自足。同时，加快乡土草种选育力度。目前，通过国家审定的草品种达68个，占全国的1/10；通过自治区审定的草品种172个，居各省（区）前列。近2年，内蒙古明确在"抓种源、育龙头、强基础、健体系、提质量"上聚力攻坚，坚持"东禾西豆、东羊西苜"的草种业发展布局，全力打造"苜蓿、羊草"双动力引擎的草产业发展新业态。

（2）质量分级（表1至表3）。

表1　饲草质量分级（针对豆科牧草、豆禾混合及禾本科牧草）

分级	粗蛋白质（%）	中性洗涤纤维（%）	酸性洗涤纤维（%）	干物质随意采食量（%BW）	可消化的干物质（%）	RFV（相对饲喂价值）
特级	>19	<40	<31	>3	>65	>151
1级	17~19	40~46	31~35	2.6~3.0	62~65	125~150
2级	14~16	47~53	36~40	2.3~2.5	58~61	103~124
3级	11~13	54~60	41~42	2.0~2.2	56~57	87~102
4级	8~10	61~65	43~45	1.8~1.9	53~55	75~86
一般	<8	>65	>45	<1.8	<53	<75

注：奶牛体重以600千克为基数估测；在两级RFV值之间，超过该级别内上限值者，按上一级别定级。

资料来源：内蒙古自治区质量技术监督局、中经视野分析整理。

表2　天然青干草感官、物理指标及质量分级

指标	合格	不合格
牧草构成	以禾本科牧草或豆科牧草为主	草种较杂
色泽	茎叶黄绿色、深绿色或浅绿色	叶色较暗或发白
气味	有草香味	无草香味或有霉烂变质味

（续表）

指标	合格	不合格
杂质	无沙土	有沙土
不可食草和有毒害草比例	<10%	>10%

资料来源：内蒙古自治区质量技术监督局、中经视野分析整理。

表 3　天然青干草感官、物理指标及质量分级

指标	特级	一级	二级	三级
粗蛋白质（%）	12.0	≥8.0	≥6.0	≥4.0
中性洗涤纤维（%）	<38.0	<45.0	<53	<60
酸性洗涤纤维（%）	<30.0	<35.0	<40.0	<45.0
粗灰分（%）			≤12.0	
水分（%）			14.0	

资料来源：内蒙古自治区质量技术监督局、中经视野分析整理。

9. 社会化服务发展

近年来，内蒙古社会化服务组织快速发展，服务组织达到 1.4 万个。目前，内蒙古总结出区域服务中心模式、集体经济组织服务模式、合作社联合服务模式、专项服务模式 4 种代表性的模式。下一步，内蒙古将树立服务全链条理念，以农牧业社会化服务引领现代农牧业发展。

一是内蒙古各级人民政府已制定支持和鼓励开展农牧业社会化服务的政策和措施，建立农牧业社会化服务的议事和协调制度；根据各地服务条件和现有基础实行分类指导，推进农牧业产业化为目标，建立健全适应本地区经济发展的服务体系；积极支持和鼓励中介服务组织和各种经济成分的支农支牧企业的发展，特别要扶持、引导农牧民自行组织的各类服务组织的发育和壮大，以城镇为依托发挥辐射农村牧区的服务功能。

二是内蒙古各级农牧业以及科技、水利、乡镇企业、气象、农机等行政主管部门，加强农牧业科技推广、信息情报、经营管理、良种繁育和供应、机械化作业、水利水保、病虫害防治、人工增雨防雹等服务体系和服务网络的建设，健全服务机构，保证服务经费，落实对基层科技人员的优惠政策，稳定服务队伍，充实专业科技人员，完善服务配套设施，大力开展科技培训，积极推广适用技术，建立试验示范推广基地，创办服务型经济实体。

三是内蒙古各级综合经济技术部门、工商业主管部门把支持农牧业作为自己的重要职责，打破地区和部门分割，疏通农牧业生产资料供应和农畜产品流通渠道，在服务领域和资金投入上向农牧业倾斜，因地制宜发展支农支牧服务市场和服务网络；支持和鼓励所属企业开展农畜产品销售、加工以及其他支农支牧业务，同农牧业生产者结成利益共享、风险共担的经营共同体；以建设龙头企业为重点发展农（牧）工商一体化、产供销一条龙的综合配套服务，建立以工补农补牧、以工促农促牧的机制。带动农牧业产业化发展的龙头工商企业，可以享受对农牧企业的优惠政策。各级财政、金融、电力、粮食、供销、外贸、物资、石油、劳动、保险等部门，创造条件组建与部门职能相应的专业或行业性农牧业服务体系，完善农牧业生产所需资金、信贷、物资、电力的供应保障机制，严格执行国家规定的利率和价格；鼓励经营者按照随行就市的原则积极收购农畜产品，对执行国家和内蒙古自治区定价的农畜产品，任何经营组织都不得压等压价，并及时兑现收购款。各服务组织要建立健全服务岗位责任制，各专营服务行业应当推行服务承诺制。

四是内蒙古农村牧区集体经济组织在稳定、完善家庭联产承包责任制和统分结合的双层经营体制的前提下，大力发展以农畜产品加工和流通为主的乡镇企业，壮大集体经济实力，逐步强化统一服务功能，兴办各类为农牧业生产服务的经济实体、专业协会、专业合作社、研究会等民间服务组织，支持专业户和有技能的个人为农牧业提供服务，引导农牧民进入市场，为农牧民接受各种服务提供帮助和指导，做好服务的组织和协调工作，指导、协调农牧民之间开展相互服务。倡导有条件的农村牧区集体经济组织为农牧民提供统一供种、机耕、播种、排灌、施药、收获、储运、加工等种种服务，为农牧业产业化和农畜商品基地建设提供综合配套的服务。

10. 若干企业发展模式

以蒙草生态环境（集团）股份有限公司为例：公司核心业务为生态修复、环境治理和种业科技，公司以采集驯化野生乡土植物种质资源为起点，通过生态大数据平台支持，因地制宜建立起具有特色的草原乡土植物种质资源库，并将大数据技术创新应用于生态修复领域，实现生态修复的精准性。公司业务立足内蒙古同时，向陕西、青海、西藏、新疆等地区拓展生态修复项目。

种业是公司生态修复的核心竞争力：公司拥有具备国际水平的草原乡土植

物种质资源库（小草诺亚方舟）、已建立种质资源“保育繁推”一体化应用体系，涵盖生态修复、饲草、中草药等。种质资源库收集有地理标记的乡土植物种质资源 2 200 种，6 万份；标本 15 万份；土壤 150 万份；审定国家及内蒙古自治区草品种 27 个，获国家植物新品种权 6 项，18 个种质材料分别搭载嫦娥五号、神舟十三号、神舟十四号进行航天诱变。并集成多项国家标准、地方标准、行业标准、种子生态包与大数据等产品标准。

主要业绩驱动因素：公司业务布局与国家发展战略方向高度一致，国家政策的大力支持是业绩驱动的主要因素。公司紧紧围绕未来发展规划和年度经营目标，坚持科技创新引领企业发展的模式，加快科技成果转化，加强生态修复业务的市场拓展和风险控制，加快草种、草业、草原碳汇业务拓展。加强内部控制管理，降本增效、实现了健康、有序的发展。

11. 若干基地建设情况

（1）赤峰市优质饲草基地。赤峰市地处黄金草原带，全市人工饲草面积 316. 81 万亩，主要饲草料产量达 710 万吨以上。其中，苜蓿 83. 38 万亩、50 万吨；青贮玉米 200. 7 万亩、640 万吨；燕麦 32. 73 万亩、28. 3 万吨。苜蓿、燕麦产量居内蒙古首位，青贮玉米收储量居内蒙古第 2 位，年产商品草 66 万吨，占全国商品草总量的近 1/5，是内蒙古优质饲草生产基地之一。目前有市级以上草业龙头企业 6 家、饲草产业示范联合体 4 个。2022 年“粮改饲”试点项目完成结构调整任务面积 29. 4 万亩，优质饲草料收储量任务 82. 4 万吨。赤峰市优化产业布局，坚持宜种则种，持续推动全市草产业高质量发展，2023 年计划种植饲用燕麦 33 万亩，羊草 3 万亩，青贮玉米 221 万亩，种植、提升苜蓿 31 万亩。

（2）绿色生态牧草长廊的牧草基地。2021 年，呼和浩特确定了打造培育“以乳业、草种业为龙头的绿色农畜产品加工产业集群”的目标，并于 2021 年底修订印发《呼和浩特市奶业发展扶持政策》，强化草畜一体化发展，对优质牧草种植给予持续支持。

绿色生态牧草长廊是敕勒川乳业开发区的一部分，与伊利全球智慧工厂，智慧牧场一起形成种-养-加一体的乳业产业集群，建设完成后将形成完整的牧草-奶牛-乳业的草牧乳产业链格局，产业链生态体系完整，代表了全球乳业最先进的产业发展模式（草畜肥一体化、智能水肥一体化、种养加一体化）。绿色生态牧草长廊将建成牧草产业示范基地、农业科技展示基地、牧草科普教育基地、牧草公园休闲基地，城中农场观光基地；充分将 5 项功能融为一体，既考虑产业发展的科技示范性，也考虑乡村振兴中人居环境的健康休闲性，也体现出产城融合的景观性。

绿色生态牧草长廊以高标准、高水平、高质量设计为起点，2021 年 12 月 20 日开始规划，建设周期为 2 年；2023 年 12 月结束。2022 年 3 月底前完成土地流转，4 月正式开始建设，2022 年主要以牧草种植为核心，6 月开始周边项目的建设；依据资金和项目需求陆续开展。

二、供需分析

（一）主要畜产品需求

全国牛羊及奶制品持续增长。2022 年，全国肉牛出栏4 840万头，比 2021 年增加 133 万头，增长 2. 8%，近 6 年最多，首次突破4 800万头。2022 年，全国牛奶产量3 932万吨，增加 249 万吨，增长 6. 8%，近 6 年最多，均超过3 000万吨，首次突破3 900万吨，相比 2017 年增加 900 万吨，增长 29. 4%。2022 年末，全国牛存栏10 216万头，比上年末增加 399 万头，增长 4. 1%，近 4 年最多，均超9 000万头，首次突破 1 亿头（图 4）。

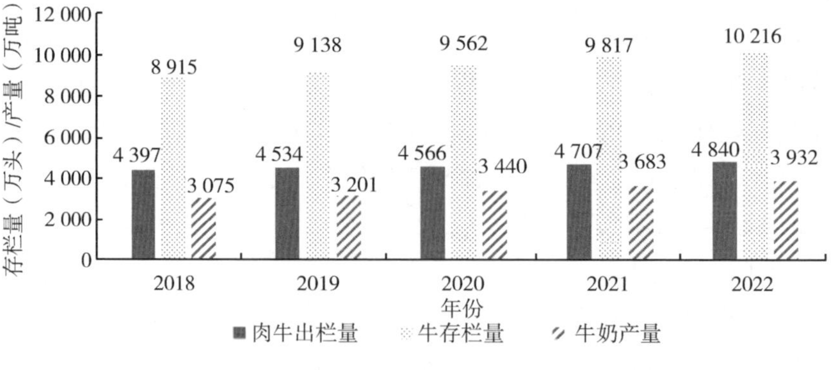

图 4　2018—2022 年中国牛养殖出存栏规模及牛奶产量

（数据来源：中国饲料工业协会、中经视野分析整理）

2022 年，全国羊出栏33 624万只，比上年增加 579 万只，增长 1. 8%，近 6

年最多，均超过 3 亿只。2022 年末，全国羊存栏32 627万只，比上年末增加 658 万只，增长 2.1%，近 4 年均超 3 亿只（图 5）。

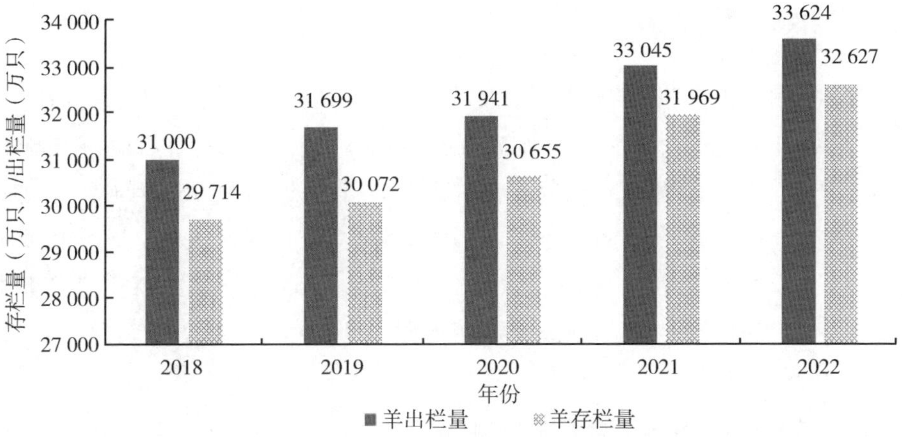

图 5　2018—2022 年中国羊养殖存栏及出栏规模

（数据来源：中国饲料工业协会、中经视野分析整理）

“十三五”期间我国牛奶、牛肉、羊肉消费量年递增率分别为 4.30%、5.80%、2.80%。2020 年人均牛肉和奶类消费量分别为 6.30 千克和 38.20 千克，只有世界平均水平的 69%和 33%。按 2025 年牛羊肉和奶源自给率 85%和 70%以上的保供目标测算，主要畜产品生产具备巨大增长空间，这也为饲草饲料产业带来了发展机遇。

（二）饲用干草需求

2023 年，预计内蒙古草食家畜达到14 563.3万头（只），比上年增加 380.2 万头（只），饲草产量需新增 366 万吨，达到8 277.3万吨。从畜种上看，奶牛预计达到 170 万头，需苜蓿 139 万吨，青贮玉米 352.4 万吨，饲用燕麦 99.3 万吨；肉牛预计达到1 169万头，需青贮玉米 998.1 万吨，天然草、其他干草和秸秆1 564.9万吨；肉羊预计达到13 010万只，需天然草和秸秆4 656.7万吨；马驴驼预计达到 214.3 万头，需天然草 466.8 万吨。

2025 年，预计内蒙古草食家畜存栏达到 1.5 亿头（只），饲草供应量需新增 2 400万吨左右，稳定在 1 亿吨左右。增量主要来源天然草原生产能力提升 100

万吨，新增燕麦、羊草、苜蓿等 240 万吨，新增青贮饲料 1 133万吨，新增其他干草和秸秆 915 万吨。

（三）饲料产品需求

2021 年内蒙古肉牛（补料 240 天）、肉羊（补料 120 天）、生猪（补料 180 天）出栏数分别是 410. 35 万头、6 705. 36万只、812. 9 万头，以日消耗饲料 3 千克、0. 2 千克、2 千克测算，仅牲畜出栏环节年消耗饲料量 750 万吨；再加上奶牛（日消耗量 8 千克）、肉牛、肉羊、生猪存栏（均按 365 天算）环节的饲料需求 1 920万吨，内蒙古牲畜饲料需求共 2 670万吨；而内蒙古饲料产品产量总共 602 万吨，可以合计出本地饲料产品在内蒙古市场份额只有 22. 5%。

三、机遇分析和发展预测

（一）政策扶持和规划引导

随着经济的不断发展、人们生活水平的日益提高，肉、奶类市场规模及覆盖消费者群体不断扩大。国家及内蒙古地区相继出台了多项政策，对地区饲草饲料行业的健康有序发展起到重要作用（表 4）。

表 4　相关产业政策

日期	政策名称	相关内容
2022 年 3 月	《“十四五”全国饲草产业发展规划》	明确了到 2025 年的发展目标，全国优质饲草产量达到9 800万吨，牛羊饲草需求保障率达 80%以上，饲草种子总体自给率达 70%以上，饲料（草）生产与加工机械化率达 65%以上。推广苜蓿与无芒雀麦混播、粮食作物与优质饲草轮作等种植模式，推进农作物秸秆与优质饲草混贮，提高秸秆饲料化利用效率
2022 年 3 月	《“十四五”奶业竞争力提升行动方案》	提出增加优质饲草料供给。实施振兴奶业苜蓿发展行动，支持内蒙古、甘肃、宁夏建设一批高产优质苜蓿基地，提高国产苜蓿品质，推广青贮苜蓿饲喂技术，提升国产苜蓿自给率。推进农区种养结合，探索完善牧区半舍饲模式，推动农牧交错带种草养畜。全面普及奶牛青贮玉米饲喂技术，支持“粮改饲”政策实施范围扩大到所有奶牛养殖大县

（续表）

日期	政策名称	相关内容
2022 年 3 月	《农业农村部关于落实党中央国务院 2022 年全面推进乡村振兴重点工作部署的实施意见》	提出要加快发展草食畜牧业。实施肉牛肉羊增量提质行动，开展草原畜牧业转型升级试点示范。加强耕地用途管制。分类明确耕地用途，确保耕地主要用于粮棉油糖菜和饲草料等生产，永久基本农田重点用于粮食生产，高标准农田原则上全部用于种粮
2022 年 3 月	《内蒙古自治区推进奶业振兴九条政策措施》	明确了“十四五”时期内蒙古自治区在奶业发展上的重点支持措施，主要围绕奶源基地建设、种源基地建设、优质饲草料基地建设、支持企业做优做强、科技支撑等方面制定措施
2021 年 12 月	《“十四五”全国畜牧兽医行业发展规划》	提出做强现代饲料工业的重点任务。提出系统开展饲料资源调查，科学评价常用饲料原料的有效营养成分，完善饲料原料营养价值数据库；推广饲料精准配制技术、高效低蛋白日粮配置技术、绿色新型饲料添加剂应用技术和非粮饲料资源高效利用技术，引导饲料配方多元化推动精准配料、精准用料，促进玉米、豆粕减量替代等
2021 年 10 月	《农业农村部关于促进农业产业化龙头企业做大做强的意见》	支持龙头企业创新发展、做大做强。做大一批联农带农紧密的区域型龙头企业，引导一批与农户、家庭农场、农民合作社、农村集体经济组织联结紧密、带动辐射效果好的龙头企业
2020 年 9 月	《关于促进畜牧业高质量发展的意见》	健全饲草料供应体系。因地制宜推行“粮改饲”，增加青贮玉米种植，提高苜蓿、燕麦草等紧缺饲草自给率，开发利用杂交构树、饲料桑等新饲草资源。推进饲草料专业化生产，加强饲草料加工、流通、配送体系建设。促进秸秆等非粮饲料资源高效利用。建立健全饲料原料营养价值数据库，全面推广饲料精准配方和精细加工技术。加快生物饲料开发应用，研发推广新型安全高效饲料添加剂。调整优化饲料配方结构，促进玉米、豆粕减量替代
2020 年 2 月	《关于压实“菜篮子”市长负责制做好农产品稳产保供工作的通知》	要着力解决养殖场（户）断粮、缺料、缺药等突出问题，推动饲料、屠宰等养殖行业上下游企业尽快复产复工，促进养殖业健康发展。加大玉米等储备粮投放，加快豆粕等生产企业开工，保障大宗饲料原料供给。将饲料、种畜禽、兽药、畜产品包装材料等生产企业列入复工复产重点企业名单，加快复工复产；要及时将与疫情防控重点物资保障相关的饲料、种畜禽及种子（苗）、屠宰、奶业、“菜篮子”产品等骨干生产企业纳入国家专项再贷款和贴息政策支持范围
2020 年 1 月	《关于确保“菜篮子”产品和农业生产资料正常流通秩序的紧急通知》	保障“菜篮子”产品和农业生产资料正常流通秩序。饲料生产和屠宰企业在做好新冠肺炎疫情防控的基础上，要加快生产恢复、满足畜禽养殖饲料需求，增加畜禽产品有效供给

资料来源：中经视野分析整理。

（二）区内项目和资金支持

1. 增强饲草综合生产能力

（1）加大饲草收储补贴力度，对奶畜养殖场和奶农合作社收储饲草料给予适当补贴（责任单位：内蒙古自治区农牧厅）。

（2）鼓励扩大苜蓿草种植面积，对新增集中连片标准化种植 500 亩以上的苜蓿草种植企业（合作社、户）给予奖励（责任单位：内蒙古自治区农牧厅、财政厅）。

（3）2021 年在内蒙古投入7 600万元开展饲草基地保障建设项目，通过项目实施重点支持苜蓿、燕麦等优质饲草生产，用于建设燕麦、苜蓿产草田和苜蓿种子繁育田，在乌兰察布市投入资金1 350万元。项目补贴对象为农牧民饲草种植专业合作社、饲草种植大户、饲草生产加工企业和规模养殖场，以节水、高产、优质、高效为方向，加强规模化、标准化、专业化、机械化和组织化程度，注重创新技术应用。项目实施推行饲草良种化、实行标准化生产、改善生产条件和提升质量水平（责任单位：内蒙古自治区农牧厅、财政厅）。

2. 实施种业振兴行动

（1）推广肉牛和绒山羊良种技术，安排2 000万元资金，支持兴安盟、锡林郭勒盟、鄂尔多斯市等扩大人工授精覆盖面，整体提高单产水平（责任单位：内蒙古自治区农牧厅）。

（2）安排1.2 亿元资金，支持实施种质资源保护利用、良种化水平提升、优势特色品种培育三大工程（责任单位：内蒙古自治区农牧厅、科技厅、财政厅）。

（3）启动种业科技创新重大示范工程，安排 1.2 亿元资金，以草业、奶牛、肉牛、肉羊、马铃薯等优势特色产业和杂粮、蔬菜、向日葵等其他产业（“5+N”产业为重点，面向全国发布榜单，集中开展核心技术攻关（责任单位：内蒙古自治区科技厅、农牧厅、林草局）。

（4）建立优良品种奖励机制，对具有自主知识产权的马铃薯优质新品种，年推广面积在 10 万亩以上的一次性奖补 500 万元，年推广面积在 30 万亩以上的一次性奖补1 000万元。对通过国家审定的品种育种企业一次性奖补（责任单位：内蒙古自治区农牧厅、财政厅）。

（5）支持优势特色地方品种保护利用，安排2 000万元资金，用于苏尼特羊、乌珠穆沁羊、蒙古牛等国家级保种场建设（责任单位：内蒙古自治区农牧厅、发展改革委）。

3. 实施奶业振兴行动

（1）支持乳制品加工企业提高生鲜乳加工能力，对新增鲜奶加工处理量给予一定补贴，对企业喷粉按淡季收购生鲜乳数量给予一定补贴（责任单位：内蒙古自治区工业和信息化厅、农牧厅）。

（2）支持增加优质奶源供应，鼓励新建规模化奶牛养殖场，推动优质奶牛扩群增量，对建成的300头奶牛以上养殖场及配套奶站，依据存栏规模分档给予补贴（责任单位：内蒙古自治区农牧厅）。

（3）支持养殖场标准化改造升级，对存栏50~3 000头中小奶畜养殖场改造扩容提升，依据存栏规模分档给予奖励（责任单位：内蒙古自治区农牧厅）。

（4）支持奶牛育种扩群增量，鼓励奶牛育种企业能力建设，对育种能力评价达标的奶牛育种企业给予奖励。对养殖场能繁母牛利用性控胚胎培育高产奶牛给予适当补贴（责任单位：内蒙古自治区农牧厅、科技厅、财政厅）。

（三）示范项目（表5）

表5　内蒙古饲料饲草相关示范项目

政策名称	责任单位	支持主要内容描述	已投入总额（亿元）	执行情况
《第三轮国家草原生态保护补助奖励项目》	内蒙古自治区农牧厅、内蒙古自治区财政厅、内蒙古自治区林业和草原局	对于落实禁牧制度的草原按照每年每亩补贴7.5元给予补贴；落实草畜平衡制度的草原给予平均每年每亩2.5元。内蒙古禁牧区3.8亿亩、草畜平衡区5.9亿亩	513	2011年开始，已经开展了三轮，目前内蒙古享受国家草原补奖政策面积9.7亿亩，其中禁牧区3.8亿亩、草畜平衡区5.9亿亩，140万农牧户受益

（续表）

政策名称	责任单位	支持主要内容描述	已投入总额（亿元）	执行情况
《内蒙古自治区草种繁育补贴》	内蒙古自治区财政厅、内蒙古自治区林业和草原局	新建草种繁育基地按照每亩500元补贴，达产后，每年达到规定产量可享受每亩200元的补贴	0.201 2	2022 年新建 1 万亩草种繁育基地，巩固提升面积 7.45 万亩，天然草种繁育基地保护 7.55 万亩。2023 年安排新建草种繁育基地 17.15 万亩，巩固提升 7 万亩
《草原生态保护修复治理》	内蒙古自治区财政厅、内蒙古自治区林业和草原局	退化草原生态修复治理，平均测算标准 350 元/亩	22	2019 年开始立项，目前已实施 4 年
《羊草补贴政策》	内蒙古自治区农牧厅、内蒙古自治区财政厅	对承担 2023 年内蒙古自治区下达建设任务（内农牧办发〔2022〕552 号）的盟（市），对开展羊草人工的农牧民饲草种植专业合作社、饲草种植大户、饲草生产加工企业和规模养殖场（企业）给予补贴。2023—2025 年分年度补贴，相对集中连片标准化种植 200 亩以上的羊草人工种植给予补贴，2023 年补贴标准为 400 元/亩，2024 年补贴标准为 300 元/亩，2025 年补贴标准为 300 元/亩	1	2023 年制订实施方案。农牧厅按照下达的饲用燕麦种植任务和补贴标准，提出实施方案，已提交财政厅
《燕麦补贴政策》	内蒙古自治区农牧厅、内蒙古自治区财政厅	承担 2023 年内蒙古自治区下达建设任务（内农牧办发〔2022〕552 号）的盟（市），饲用燕麦种植建设项目补贴对象为农牧民饲草种植专业合作社、饲草种植大户、饲草生产加工企业和规模养殖场（企业）。相对集中连片标准化种植 300 亩以上的饲用燕麦草田给予补贴，各盟（市）为确保完成年度建设任务，可根据地方实际适当调整补贴面积上限和下限。补贴标准为 100 元/亩，其中自治区财政补贴 70%，盟（市）配套 30%	0.494	2023 年制订实施方案。农牧厅按照下达的饲用燕麦种植任务和补贴标准，提出实施方案，已提交财政厅

（四）科技支撑

内蒙古依托国家基层农技推广改革和建设项目，组建10支以上重大技术协同推广团队，成立50个科技小分队，重点围绕农牧业重大技术推广应用、病虫害防治、动物疫病防控等方面，深入田间地头为农牧民送科技。

依托国家及内蒙古高素质农民培育项目，发挥自治区、盟（市）、旗（县）三级农技推广体系优势，采取线上线下多种形式相结合，组织推广、土肥、植保、种子等方面的专家通过发送科技微视频和深入农户田间地头等多种方式，开展面对面、点对点的技术培训指导服务工作，为农牧业生产保驾护航。

加强与国家产业技术体系岗位科学家、试验站有关专家产业技术创新联盟以及科研院所专家学者的合作交流，坚持请进来与走出去相结合，引导开展新品种联合攻关和技术创新，不断提升产业科技创新支撑能力。推进农机装备补短板，梳理农机装备短板弱项，重点提高粮食和重要农产品生产薄弱环节机具补贴比例，引导农机企业、科研单位按需求开展研发，加快研制推广玉米大豆带状复合种植专用机具。

（五）发展预测

我国居民人均肉类消费量仍具上升空间，拉动饲草饲料需求保持上升。根据国家统计局数据，2021年，我国居民猪肉、禽肉、牛肉和羊肉人均消费量分别为25.2千克、12.3千克、2.5千克和1.4千克。与发达国家相比，我国人均肉类消费量仍然较低。根据《经合组织-粮农组织农业展望》数据，2021年全球、发达国家猪禽牛羊肉人均消费量分别为34.28千克、68.77千克，而同期中国猪禽牛羊肉人均消费量为41.4千克。由于消费习惯的不同，我国猪肉人均消费量高于全球人均水平，但禽肉、牛肉和羊肉人均消费量均低于全球平均水平，且远低于发达国家人均水平。未来随着收入持续提升，我国居民牛羊人均消费仍将保持稳定增长，拉动饲料饲草需求保持增长。

规模化养殖趋势推动饲草饲料普及率的提升。目前我国肉鸡和蛋鸡工业饲料普及率已超过90%，规模化发展拉动饲料增产的潜力较小。但我国牛羊养殖因散养户占比过高，工业饲料饲草的部分需求被自配材料取代了，工业饲料普及率大大低于鸡饲料普及率。2020年9月，国务院办公厅印发《关于促进畜牧业高质量发展的意见》，提出到 2025 年畜禽养殖规模化率达到 70%以上，到 2030 年达到 75%以上。

国家及区域产业政策支持饲料行业做大做强。近年来，国家出台了一系列产业政策支持饲料行业。2021 年 12 月，农业农村部颁布《“十四五”全国畜牧兽医行业发展规划》，提出做强现代饲料工业的重点任务，鼓励饲料企业强化技术创新和经营模式创新，实施全产业链、全球化发展战略，打造具有国际影响力的知名品牌和企业。

2021 年 10 月，农业农村部颁布《农业农村部关于促进农业产业化龙头企业做大做强的意见》，提出支持龙头企业创新发展、做大做强，要加大政策支持；总体目标是到 2025 年末，培育农业产业化国家重点龙头企业超过 2 000家、国家级农业产业化重点联合体超过 500 个，引领乡村产业高质量发展。另外，《国务院办公厅关于促进畜牧业高质量发展的意见》《全国饲料工业“十三五”发展规划》《关于促进饲料业持续健康发展的若干意见》等政策中明确了饲料工业的重要性，从多个方面促进我国饲料饲草行业发展。

四、产业发展中存在的主要问题

（一）荒漠化和沙化威胁依然存在，超载过牧问题尚未得到根本解决

内蒙古多数地区处于干旱、半干旱地区，是全国沙化土地最集中、危害最严重的省区之一，沙漠沙地面积约占内蒙古面积的 1/5。生态系统存在脆弱性和不稳定性，内蒙古中度以上生态脆弱区域占国土面积的 62. 5%，其中重度和极重度占 36. 7%，气候和人为的交叉影响极易引起生态破坏，甚至可能形成逆转。由于干旱少雨及不合理的开发利用，个别地区沙丘活化，沙害蔓延，巴丹吉林沙漠和腾格里沙漠潜在威胁加大，阴山北麓风蚀沙化区局部地段恶化趋势有所加剧。

随着牧区牲畜饲养量的不断增长和草原“三化”问题持续存在，加之草原畜牧业经营水平不高，草原牧区一二三产业融合发展不足，草原生态补奖政策驱动力不够，“人、草、畜”统筹发展尚未真正破题，天然草原超载过牧形势尚未根本扭转，草原得不到休养生息，春季休牧范围小、时间短、难度大。特别

是在草原畜牧业依赖程度高、人均草原面积小的地区流转草原和集体草原等局部超载过牧尤为突出。

（二）缺乏饲草饲料加工技术，转化率较低

在一些牧草种植地区，由于种植区域的地形与条件十分复杂，无法实现机械化操作，只能通过人工完成牧草的收割、储存与加工，不仅效率低下，还会受到外界环境的干扰，如雨季牧草的收割与储存就会出现发霉变质的情况，一旦动物食用了发霉变质的牧草，会对动物健康生长产生不利影响。此外，由于缺少先进的技术设备，在利用农作物秸秆的过程中，其利用效率较低，不仅难以发挥其应有饲料作用，还会对现代化农业的发展带来不利影响。还有一些农户受到传统思想的限制，对牧草的种植与栽培管理不够重视，导致牧草产量与品质普遍较差，难以满足动物的采食需求。

（三）基础设施建设不足，饲草饲料加工质量较低

基础设施建设是发展饲草饲料加工中的关键问题，目前普遍存在基础设施建设不到位的问题，如在建造草场时，并未事先做好科学规划，缺少基本的交通道路设施，晴天或许还能正常通行，但遇到恶劣天气状况，就无法正常通行。此外，水利设施的建设也不是很到位，导致在干旱天气时，牧草无法得到有效灌溉，其生长发育就会受到比较严重的影响。

（四）适应性较强、优质高产的豆科牧草较少

通过对饲草饲料生产加工工作现状的分析，牧草种类较少是一个比较突出的问题，也是影响这项工作健康发展的重要因素。近年来，由于农耕技术不断提升，一些优质牧草的品质与产量也得到了提升，如白三叶、紫花苜蓿等，但仍然无法达到稳产高产的目标，使得牧草的种植面积难以继续扩大，不利于畜牧业的进一步发展。

（五）质量分级产业链存在弱项，平台发展不足

龙头企业少、带动能力弱、种植加工规模小，“育繁推”产加销一体化全能

型草种龙头企业还没有形成，上市草业企业仅有蒙草1家；12家草业龙头企业总产值12.9亿元、仅占内蒙古草产业总产值1.8%；产值达到2 000万元以上的仅有7家。

五、产业发展的对策建议

（一）加强自然生态系统保护，加快草资源生态修复

自然生态是决定饲料饲草产业发展的前提，是实现内蒙古饲料饲草产业长期健康发展的前提。全面保护天然草原。严格落实禁牧、休牧、草畜平衡制度，认真执行“三区管控”要求，制定征占用草原准入条件和定额管理制度。严格审核审批程序，严禁在草原上乱采滥挖、新上矿产资源开发等工业项目，严禁随意改变草原用途，推进草原政策性保险工作。

加强荒漠生态系统保护。严格保护荒漠天然林草植被，加强重点区域保护，提升封禁保护质量。进一步推进沙漠绿洲生态保护修复，提高绿洲生态承载力。加强退化草原修复。充分发挥国家重点生态工程的示范引领作用，对不同程度退化、沙化的草原进行分类治理，重点对退化放牧场、退化打草场、严重沙化草原开展综合治理，促进草原生态修复。

（二）加大资金投入力度，完善基础设施

饲草饲料生产加工的质量好坏，对畜牧业的发展有很重要的影响，所以针对当前饲草饲料生产加工中存在的问题，应先从完善基础配套设施着手。地方政府应当根据当地现有牧草资源的分布情况与地理区位优势，选择合适的地方建设现代化的饲草饲料生产加工基地，要注重对自然草原的保护，将重点放在人工草原的建设上，选择适应强、优质高产的牧草进行人工培育。另外，为了充分利用现有的土壤资源、玉米秸秆等，应采用混合轮作制，选择不同的牧草种类在不同季节进行种植，以解决牧草供给不足的问题。

（三）优化、创新饲草饲料生产加工技术

在饲草饲料生产加工的过程中，相应的生产加工技术发挥着重要的作用，

对生产加工的质量与效率具有较大的影响。因此，为了能解决以往饲草饲料生产加工中存在的问题，应加大对新技术的研发力度，借助新技术提升生产加工的整体水平。需要注意的是，新技术的推广与应用需要有专业的团队负责，一方面他们可以起到模范带头的作用，另一方面可以为农民提供必要的指导与帮助，使新技术可以更为广泛地应用到实践之中，改善饲草饲料生产加工技术，从而推动饲草饲料生产加工业的良好发展。

（四）提升饲草饲料生产加工转化率

通过对饲草饲料生产加工工作现状的分析，牧草种类较少是一个比较突出的问题，也是影响这项工作健康发展的重要因素。近年来，由于农耕技术不断提升，一些优质牧草的品质与产量也得到了提升，如白三叶、紫花苜蓿等，但仍然无法达到稳产高产的目标，使得牧草的种植面积难以继续扩大，不利于畜牧业的进一步发展。

（五）发展产业集群，强化平台型企业发展

厚植培育集群竞争优势，围绕配套饲草饲料主导产业，服务内蒙古及周边省（市）需求，吸收利用内蒙古丰富的林地、草原资源，发挥区位优势，打造全国具有较强竞争力和影响力的饲草饲料产业集群。增强林草生态产品供给能力。立足区域资源禀赋，充分发挥市场在资源配置中的决定性作用和产业政策导向作用，优化产业发展布局，发挥区域特色优势，加快建设一批优势特色林草产品和生态服务示范基地，推动林草规模总量不断增加，供给能力有效提升。科学合理利用林草资源，将林草资源优势转化为经济优势，延长林草产品精深加工链条，提高产品附加值，提升林草产业综合效益，扩大生态产品和服务的普惠性，让更多群体共享发展成果。

内蒙古自治区水产渔业发展报告

一、国内国际渔业发展基本概况

（一）国际渔业发展概况

2022 年，随着水产养殖业的显著增长，全球渔业和水产养殖产量创下历史新高，水产食品对保障 21 世纪的粮食安全和营养作出了日益重要的贡献。

世界粮食及农业组织 2022 年版《世界渔业和水产养殖状况》显示，受全球、特别是亚洲水产养殖业增长的推动，2020 年渔业和水产养殖总产量上升至历史最高水平，达 2.14 亿吨，其中 1.78 亿吨为水生动物，3 600万吨为藻类。2020 年水生动物产量比 21 世纪头十年的平均水平高出 30%，比 20 世纪 90 年代的平均水平高出 60%以上。这一成就的取得在很大程度上得益于水产养殖业的增长，该产业的水生动物产量创造了8 750万吨的历史最高纪录（图 1）。

尽管受到新冠肺炎疫情的影响，2020 年仍有超过 1.57 亿吨水生动物直接供人食用，占水生动物产量的 89%，略高于 2018 年的消费量。2019 年水产食品约占动物蛋白消费量的 17%，在中等偏低收入国家达到 23%，在亚洲和非洲部分地区超过 50%。

2020 年，亚洲国家渔业和水产养殖业的水生动物产量占全球总量的 70%，其次是美洲、欧洲、非洲和大洋洲。中国仍然是最大的渔业生产国，其次是印度尼西亚、秘鲁、俄罗斯、美国、印度和越南（图 2）。

（二）国内渔业发展概况

1. 2022 年我国水产品总产量及部分产值

据统计，2022 年，全国水产品总产量 6 865.91 万吨，渔业产值达到

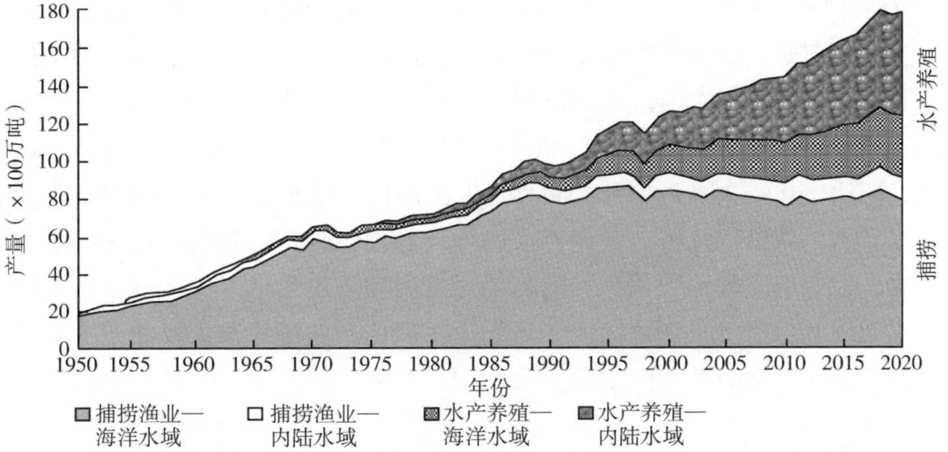

图 1　1950—2020 年世界捕捞渔业和水产养殖产量

（注：不含水生哺乳动物、鳄鱼、短吻鳄和凯门鳄和藻类。数据按鲜重当量表示。资料来源：联合国粮食及农业组织）

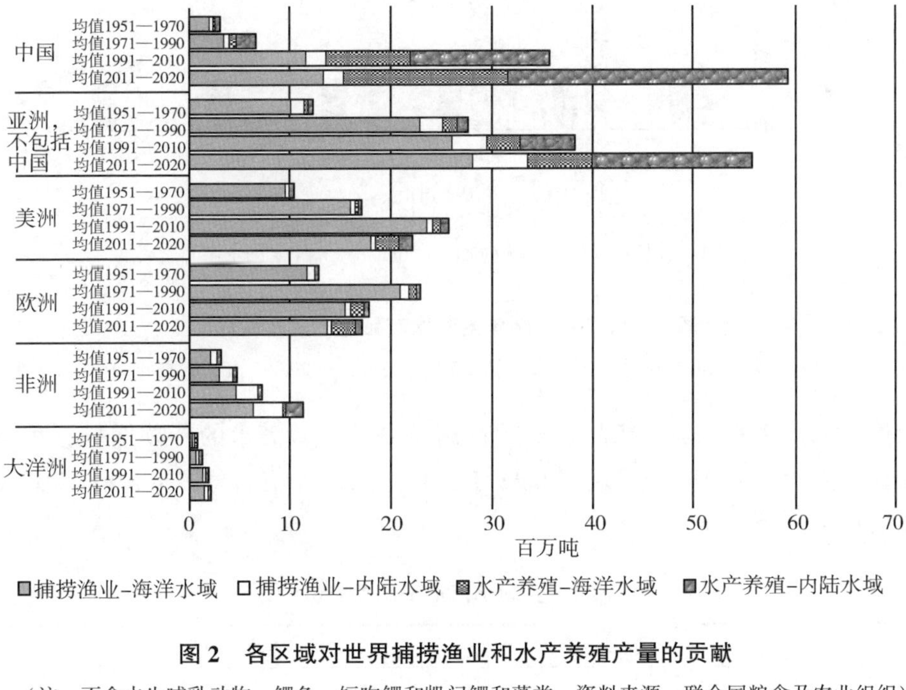

图 2　各区域对世界捕捞渔业和水产养殖产量的贡献

（注：不含水生哺乳动物、鳄鱼、短吻鳄和凯门鳄和藻类。资料来源：联合国粮食及农业组织）

15 267.49亿元，渔业产业结构进一步优化。中国的渔业资源不仅为人们提供了大量优质蛋白质，还为国家粮食安全提供了重要保障。中国水产养殖种类超 300 种，是水产养殖第一大国，从 2008 年起养殖产量一直占世界养殖总产量的 60% 以上。2022 年，养殖产量 5 565.46万吨，同比增长 3.17%，捕捞产量 1 300.45 万吨，同比增长 0.35%。据专家测算，中国国民的动物蛋白消费约 30%来源于养殖水产品，其中优良种苗起到巨大的推动和促进作用。然而在取得斐然成绩的同时，也应当清醒地认识到，随着社会发展和人民生活水平的提高，水产品的种类和质量与消费市场之间的矛盾加大，渔业产业模式与人民物质文化需求之间的矛盾进一步凸显（图 3）。

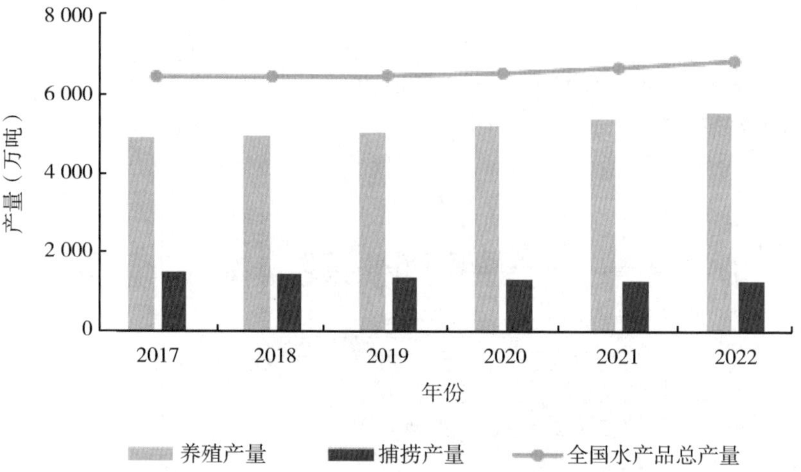

图 3　2017—2022 年全国水产品总产量及构成

（注：截至 2023 年 4 月 12 日前，国家统计局尚未公布 2022 年相关数据）

近年来，随着我国水产品行业的快速发展及下游需求的持续增长，我国水产品加工产业也随之迅速发展。2022 年，我国水产加工品总产量 2 147.79万吨，同比增长 1.07%（表 1）。

表 1　我国水产加工品总产量

年份	总量（万吨）
2017	2 196.25

（续表）

年份	总量（万吨）
2018	2 156. 85
2019	2 171. 41
2020	2 090. 79
2021	2 125. 04
2022	2 147. 79

2. 我国水产品加工业产值及休闲渔业产值整体变化不大

从行业产值规模情况来看，虽然近年来我国水产品加工总量整体呈下降趋势，但行业产值依然保持增长趋势。2017—2021 年，我国水产品加工业产值保持平稳发展态势，尽管受到疫情的冲击，但水产品加工业产值规模仍然有所增长。2021 年，我国水产品加工行业产值4 496. 22亿元，较 2020 年增长 142. 03 亿元，同比增长 3. 26%。

党的十九大以来，全国休闲渔业蓬勃发展，逐渐成为渔业一二三产业融合发展的新路径和现代渔业经济发展的新亮点。休闲渔业是推进渔业供给侧结构性改革的重要方向，也是渔民就业增收和产业扶贫的重要途径。2022 年，在我国统筹推进新冠肺炎疫情防控和经济社会发展的大环境下，我国休闲渔业呈现复苏回暖态势，总体平稳、稳中有进、进中向好。2022 年全国休闲渔业产值为 847. 40 亿元，同比增长 1. 42%，但仍未恢复到 2019 年水平（963. 68 亿元）（表 2）。

表 2　我国水产品加工业产值及休闲渔业产值

年份	水产品加工业产值（亿元）	休闲渔业产值（亿元）
2017	4 305. 08	764. 41
2018	4 336. 80	902. 25
2019	4 464. 61	963. 68
2020	4 354. 19	825. 72
2021	4 496. 22	835. 56
2022	未公布	847. 40

二、内蒙古自治区渔业发展概况

（一）渔业资源现状

1. 水域资源

内蒙古自治区渔业资源丰富，流经境内有6个外流水系和6个内陆水系，外流水系有额尔古纳河、嫩江、西辽河、滦河、永定河、黄河；流域面积61.34万平方千米，占内蒙古总面积的52.5%。内陆水系有达里诺尔、查干淖尔、乌拉盖河、塔布河、艾不盖河、额济纳河，总流域面积11.41万平方千米，为内蒙古总面积的9.8%。2021年内蒙古现有总水面87.64万公顷，与湖北省相当，排在全国的第8位。渔业可利用水面65.89万公顷，已利用水面52.07万公顷。

2. 渔业资源

内蒙古自治区现有鱼类（含圆口纲）10目20科74属119种及亚种。鲤形目2科52属91种及亚种，占总种数的76.47%；鲑形目5科7属8种占6.72%；鲈形目5科6属6种占5.04%；鲇形目2科2属4种占3.36%；七鳃鳗目1科1属2种、鲟形目1科2属2种各占1.68%；鲉形目、鳕形目、刺鱼目、鲉形目各1科1属1种各占0.84%。

（二）渔业发展现状

近年来，内蒙古渔业取得了长足的发展。渔业生产结构和布局进一步优化，初步形成了养殖、增殖、捕捞、加工、流通、休闲渔业全面发展，渔政执法、渔船检验、安全生产、科研、教育、技术推广、疫病防治、水产品质量安全、渔业环境监测相互配套的产业体系。2022年，内蒙古水产品产量达到10.87万吨，同比增长1.7%，渔业经济总产值26.04亿元，同比增长0.7%，其中一产产值19.87亿元，同比增长5.3%，二产产值1.13亿元，同比下降0.9%；渔民人均收入15 555元，同比增长4.4%。

水产养殖业持续健康发展。在沿黄河及西辽河流域，大力发展池塘绿色高效养殖、中小水面人工增养殖、冷水鱼养殖、盐碱水域养殖，2022年内蒙古养殖面积 11.3 万公顷，养殖产量 9.87 万吨，同比增长 2.4%，养殖产值 16.78 亿元，同比增长 6.5%，其中池塘养殖产量57 498吨，同比增长 3.2%，湖泊养殖16 458吨，同比增长 3.0%。

捕捞业合理有序发展。内蒙古始终坚持以资源的可持续利用为前提，做到在保护中发展，在发展中保护，合理开发利用渔业资源，保护水生生物多样性，维护水域生态平衡。2022 年，内蒙古捕捞面积 38.14 万公顷，同比下降 0.2%，捕捞产量9 985吨，同比下降 3.9%。

水产品加工业稳步增长。内蒙古水产品加工业发展势头良好，潜力巨大。近年来，为了优化产业结构，促进一二三产业融合发展，在抓好渔业生产的基础上，内蒙古积极发展水产品加工业，大力引导渔业加工企业发展水产品精深加工，鼓励加工业向生物制药、功能食品等领域延伸。内蒙古水产品加工企业有 23 个，年加工能力7 090吨，水产冷库 16 座，冻结能力 272 吨/天，冷藏能力1 690吨/次，2022 年内蒙古水产品加工产量3 040吨，同比增长 21.7%，其中冷冻品1 686吨，干腌制品 624 吨，冷冻加工品 200 吨。同时加强水产品品牌建设，提高水产品的附加值。呼伦湖渔业公司“湖船牌”香脆虾、鱼罐头获得内蒙古名牌产品、内蒙古百家特色农畜产品荣誉称号，达里湖华子鱼、鲫鱼获得国家地理标志产品，鄂尔多斯市螺旋藻片、螺旋藻粉，获得欧盟认证。通过大力宣传和推介，涌现出一批像呼伦湖、达里湖、乌梁素海、察尔森、纳林湖、黄河古道鱼、哈素海鲤鱼、巴图湾甲鱼等知名品牌，受到广大消费者青睐。

增殖业发展步入快车道。内蒙古积极推进水生生物资源养护工作，加大水生生物资源增殖放流力度。内蒙古现有国家级水产种质资源保护区 9 个。“十四五”以来，累计放流各类苗种 1.7 亿尾，有效增加了天然水域渔业资源量，保护了水生生物多样性，改善了水域生态环境。同时，积极开展黄河鲤、达里湖瓦氏雅罗鱼等地方土著品种人工繁殖、增殖。推进了呼伦湖、乌梁素海、岱海等大型渔业水域的生态综合治理工作，有效保障了渔业水域环境安全和水生生物多样性。

休闲渔业得到快速发展。依托渔业生产过程、渔民文化生活和渔区风情风貌，突出特色，重点推进集垂钓、观赏、餐饮、娱乐等多种形式于一体的综合性休闲渔业的发展，实现休闲渔业的复合功能，提高休闲渔业的效益，发展了草原休闲渔业、沙漠休闲渔业、冬季冰雪捕捞节、稻鱼节、农家乐、渔家乐等。

2022年，受疫情影响内蒙古休闲渔业产值2.32亿元，同比下降9.1%。

渔政管理取得长足发展。内蒙古坚持依法治渔、依法兴渔，不断完善各项法律法规和规章制度、加强渔政队伍及装备建设，建立了覆盖区、市、县三级渔政执法网络，严格落实禁渔制度，认真组织开展全国渔政亮剑执法活动，开展渔业安全生产、水产品质量安全、养殖业等专项执法活动，严厉打击涉渔“三无”渔船、“绝户网”、电毒炸等各类违法违规行为，有效维护了渔业生产秩序，保障了渔业健康持续发展。

渔业安全生产平稳推进。内蒙古高度重视渔业安全生产管理，牢固树立安全第一理念和责任意识，进一步完善渔业安全生产责任体系，积极开展渔业安全生产宣传教育活动，扎实开展渔业安全生产执法、渔业安全生产治理和渔业安全生产宣传教育“三项行动”，切实加强渔业安全生产法制体制机制、渔业安全生产保障能力和渔业安全生产监管队伍“三项建设”。强化渔船和船员管理，建立健全安全生产制度和应急处置机制，确保渔民生命财产安全和渔区社会和谐稳定。

（三）2022年渔业发展情况

2022年，围绕学习贯彻党的二十大精神、习近平总书记关于“三农”工作重要论述和对内蒙古重要指示批示精神，全面落实国家、自治区对“三农三牧”工作部署和要求，坚持生态优先、绿色发展理念，大力推进渔业绿色高质量发展。

一是稳定养殖面积，保障水产品供给。推进养殖证核发。按照农业农村部要求，各级农牧部门不断推动持证养殖，加快推进水域滩涂养殖证发放工作，确保水域滩涂养殖证合法性、有效性，目前内蒙古养殖证核发率68%。保障水产品有效供给。克服疫情、市场等诸多不利因素影响，多措并举，扭转了由2016—2021年水产品总产量连续下降态势，2022年内蒙古水产品预计总产量10.87万吨，同比增长1.7%；预计渔业经济总产值26.04亿元，同比增长0.7%；渔民人均预计收入15 555元，同比增长4.4%。渔业对稳产保供、促进农牧民增收作用显现。

二是加快转型升级，推进水产绿色健康养殖。全面落实水产绿色健康养殖“五大行动”。在兴安盟、呼伦贝尔市、赤峰市、通辽市、鄂尔多斯市、巴彦淖尔市等地开展了稻—鱼、稻—蟹等养殖模式示范与推广，累计推广稻渔综合种养面积约 13 万亩；在呼和浩特市、鄂尔多斯市、巴彦淖尔市建立了池塘主养福瑞鲤、异育银鲫中科五号、鱼—虾混养、南美白对虾棚塘接力养殖等技术模式，并在土默特左旗哈素海建立了内陆盐碱水域绿洲渔业模式示范项目核心示范点。引进多项绿色高效新技术。在呼和浩特土默特左旗、鄂尔多斯市杭锦旗、巴彦淖尔市杭锦后旗、赤峰市喀喇沁旗等地开展了鱼稻共生、鱼菜共生、陆基设施化循环水、工厂化养殖等新模式新技术的试验示范，目前均取得了良好的成效。积极创建生态养殖示范区。2022 年内蒙古巴彦淖尔市临河区双喜水产养殖专业合作社、乌拉特中旗徽蒙农牧专业合作社被农业农村部核定为国家级水产健康养殖和生态养殖示范区。推进渔业绿色循环发展。内蒙古自治区农牧厅联合财政厅制定项目实施方案，规范项目管理。1.66 万亩集中连片池塘标准化改造和尾水治理项目正在有序实施；水产品初加工和冷藏保鲜设施设备建设项目已完成 41 台（套）设施设备的购置、建设。

三是加强水生生物资源养护，保护渔业生态环境。加大增殖放流力度。6 月 6 日全国“放鱼日”，由内蒙古自治区农牧厅与乌海市人民政府在乌海湖共同举办了 2022 年内蒙古增殖放流活动启动仪式；2022 年内蒙古共放流各类鱼类苗种 9 600余万尾，超额完成年度任务。补增放流物种，公开苗种供应单位与放流平台。按照相关程序，将 7 种物种增补为内蒙古“十四五”水生生物增殖放流物种，将 2 种物种纳入黄河内蒙古段放流范围，并向农业农村部渔业渔政管理局备案；经农业农村部审定，公开了内蒙古 15 家水生生物经济物种增殖放流苗种供应单位和 21 个社会公众放流场所。推进“一湖两海”生态治理。安排 400 余万元资金专项用于“一湖两海”渔业资源养护，通过以渔治水、以渔养水，有力促进了“一湖两海”水域生态建设。开展渔业生态环境监控。配合中国水产科学研究院开展“黄河渔业资源与环境调查”工作，赴黄河干流内蒙古段进行水生生物资源与环境野外调查。严格实施禁渔期、禁渔区制度。制定印发更加严格的禁渔通告，配合农业农村部开展了禁渔期交叉执法检查；扎实开展“中国渔政亮剑 2022”专项执法行动，内蒙古 1 个集体、2 名个人受到农业农村部、公安部、中国海警局表彰。加强水生野生动物保护，规范行政审批。设立 2 家自治区级水生野生动物救助站，填补了内蒙古没有水生野生动物救助机构的空白；开展水生野生动物保护科普宣传月活动；积极开展“两优”工作，涉渔的权利事项下放 5 项，取消 3 项，代收转办 7 项，委托实施 1 项。

四是实施水产种业振兴行动，摸清水产种业家底。审核水产种质资源普查数据。全面完成了第一次内蒙古水产养殖种质资源普查及普查数据的完整性及准确性审核与修改工作。启动外来入侵水生动物调查工作。制定印发了《内蒙古自治区外来入侵水生动物调查技术方案》，编制了《水生动植物外来物种名单图册》，建立内蒙古外来入侵水生动物调查组织机构，在自然水体设置 830 个质控点，采用渔获物调查和现场捕捞等方式开展调查工作。

五是加强渔业安全监管，构建平安渔业。加强渔业安全生产管理。内蒙古各级农牧部门严格落实监管责任，开展渔业安全生产检查、隐患排查和工作督查；内蒙古自治区农牧厅联合内蒙古 6 部门建立了“内蒙古涉渔船舶审批修造检验监管机制”，并制定了《实施方案》，开展了专项联合行动；渔业安全生产三年行动顺利完成；举办了内蒙古渔业安全生产工作培训。全年未发生重大渔业安全生产事故。加强水生动物防疫。有序推进水产苗种产地检疫工作，确认了内蒙古第一批 154 名渔业官方兽医师，公布了 51 个苗种产地检疫点；完成了 80 个水产养殖病害测报点数据报送工作；完成 2022 年国家水生动物疫病检测送检任务。强化水产品质量安全管理。国家对内蒙古水产品监测合格率为 100%，自治区级监督抽查合格率为 98%；试行白名单制度，发布《养殖水产品质量安全风险隐患警示信息公示》4 条。

三、内蒙古渔业发展存在的问题

一是目前内蒙古渔业发展不均衡，跟各地的水资源条件有关，但也反映出有些对方对渔业的重视程度不够。每年国家给予内蒙古成品油价格调整对渔业补助资金3 927万元，有的盟（市）每年几百万元，但经过两年多的扶持，并没有大的进步，甚至有些地方资金支出率很低，没有真正地用好管好资金。

二是承担项目实施滞后。在项目申报时，都在积极争取，但是资金下达后，迟迟不实施，甚至有些地方还要退项目，请各盟（市）严把项目申报关，做到项目资金到位后，有序实施。

三是支撑保障能力欠缺。主要表现为苗种供应不足，大部分苗种从区外调运，疫病防控体系有待进一步提高完善，自主创新能力弱，基础设施和装备水平不高。

四是产业延链、补链、强链能力不足。内蒙古生产的水产品粗加工居多，精深加工不足，产业链条短，延链、补链、强链能力不足，导致产品附加值不高，影响产业进一步发展。

五是技术力量不足。内蒙古渔业系统人员队伍规模大幅缩减，专业技术人员尤为短缺，尤其是旗（县）一级的渔业队伍力量更为薄弱。

四、下一步工作建议

2023年，内蒙古渔业系统将以习近平新时代中国特色社会主义思想为指导，全面贯彻党的二十大精神，深入贯彻落实习近平总书记关于“三农”工作的重要论述，全面落实内蒙古自治区党委“把国家重要农畜产品生产基地建设得量大质优”的要求，以加快建设农业强国为目标，坚持生态优先、绿色发展理念，践行大食物观，向江河湖海要食物，全方位多途径科学合理利用内蒙古江河湖海宜渔水域，发挥渔业的净水、抑藻、固碳等生态功能，实现渔业生产和生态环境的协调发展，推动内蒙古渔业绿色高质量发展。各盟（市）要立足水域资源和发展基础，聚焦地方优势特色，集中力量破难题、补短板、强优势，重点做好以下方面工作。

（一）保障水产品有效供给

一是持续稳固水产养殖面积。落实各级养殖水域滩涂规划，稳定水产养殖面积，推进养殖证核发全覆盖。二是推进黄河流域盐碱水域池塘养殖和设施渔业建设。在沿黄盟（市）推广耐盐碱品种；推进陆基循环水养殖，提高水资源利用率；推动螺旋藻产业发展。三是稳步发展稻渔综合种养产业。以兴安盟和沿黄流域盐碱地水稻种植区为重点，科学利用稻田资源，发展稻鱼、稻虾、稻蟹养殖，不断扩大稻渔综合种养面积、提高单产，创建规模化开发、标准化生产、产业化经营、品牌化运作的稻渔综合种养示范区。四是实施“一水一策”，发展大水面生态渔业。开展大水面渔业资源调查，在摸清鱼类种群结构、水生生物资源量、鱼载力及水质状况的基础上，制订发展生态渔业方案，更好地发挥以渔治水、以渔抑藻、以渔控草作用，科学合理利用水域渔业资源，推动大水面生态渔业产业发展，逐步走“千岛湖”“查干湖”以渔治水、以水养鱼、以鱼富民的鱼、水、人和谐相融生态可持续发展之路。五是稳妥推进冷水鱼产业发展。乌兰察布市、呼伦贝尔市、兴安盟、赤峰市、鄂尔多斯市等有冷水资源条件的盟（市）发挥地域资源优势，引进冷水鱼品种，推进冷水鱼产业转型升级，积极探索符合地方实际和市场规律的冷水鱼生态健康养殖模式。六是扎实抓好水产养殖生产活动。各盟（市）积极组织开展养殖生产设施装备整修，加快养殖池塘标准化改造，提升养殖设施装备现代化水平；做好养殖渔民生产技术服务，开展健康养殖和病害防控（特别是亲本培育、苗种繁育）等方面的指导和培训；结合 2023 年水产绿色健康养殖技术推广“五大行动”，因地制宜示范推广生长速度快、抗病能力强、品质质量优的水产品种和符合水产绿色健康养殖发展要求的技术模式；加强病害防控和投入品使用监管，全面落实水产苗种产地检疫制度，提高苗种繁育质量，严把外埠苗种调入关，强化水生动物疫病风险预警和防控。

（二）强化水生生物资源养护

一是规范增殖放流活动。按照《水生生物增殖放流管理规定》《农业农村部关于做好“十四五”水生生物资源增殖放流指导意见》等文件要求，继续在河流、湖泊、水库开展水生生物增殖放流活动，严格落实放流资金，规范增殖放流管理，完成放流任务。二是严格落实禁渔制度。印发了《内蒙古自治区关于 2023 年禁渔期禁渔区渔政管理的通告》，各盟（市）要进一步加强禁渔期监管力度，强化渔船和船员管理，做到渔船上岸，船机分离，集中管理。三是加强水生野生动物保护。强化国家级水产种质资源保护区管理，依法审批涉及水产种质资源保护区的建设项目环境影响评价。结合“中国渔政亮剑”“清风行动”等，开展对水生野生动物人工繁育、展演展示和经营利用单位的监督检查；加强水生野生动物经营利用许可管理，严格落实审批要求。

（三）加强渔业安全监管

一是落实渔业安全生产监管责任制。加大渔业安全生产抽查检查力度和频次，全面排查渔业领域安全生产风险，强化渔船和船员管理，建立健全渔船、船员管理制度，确保船员持证上岗。督促生产主体落实安全生产责任制，巩固

“安全生产三年整治”成果，落实好河流、湖泊、水库等大水面捕捞、冬季冰上作业以及池塘小水面养殖安全生产责任制。持续发挥涉渔船舶监管机制作用，加强各部门协作配合，形成齐抓共管合力，加大涉渔“三无”船舶清理取缔力度，严厉打击涉渔船舶安全生产违法违规行为。指导地方开展应急演练，提高自救互救能力。实施节假日值班制度，确保人员到位，责任到位。实施渔业安全生产责任保险，落实船员实名制保险。二是严控水产品质量安全。加强水产养殖用投入品监管，试行白名单制度，规范名单外养殖投入品管理，提升养殖水产品质量安全，强化规范用药宣传培训，严厉打击违法使用禁用药、停用药行为。继续实施水产绿色健康养殖“五大行动”，深入开展水产养殖用药减量行动，提高养殖户规范用药水平，提升养殖水产品质量安全水平。三是落实水产苗种产地检疫制度。发挥（渔业）官方兽医队伍职能职责，依法实施辖区内水产苗种产地检疫，严格检疫出证，同时做好水产养殖病害防控技术信息服务，增殖放流苗种检疫率达到100%。

（四）实施好水产种业振兴行动

一是完成第一次内蒙古水产养殖种质资源普查工作。按照全国普查办的要求，进一步对普查数据进行核实完善，在确保数据完整且真实有效的基础上，完成内蒙古水产养殖种质资源基本情况普查数据分析报告。完成黄河鲶、拉氏鱥等8个品种的系统调查。二是完成外来入侵水生动物普查工作。继续完成2021年度未完成的普查任务，完成普查数据的审核及质量控制等工作，对审核结果存疑的开展补充调查，系统整合外来入侵水生动物物种普查信息，形成名录清单，研判内蒙古外来入侵水生动物入侵扩散趋势，分析其对内蒙古经济、生态和社会的影响，形成内蒙古外来入侵水生动物状况及为害趋势报告。

（五）确保项目任务高质量完成

按照《内蒙古自治区集中连片池塘标准化改造和尾水治理项目实施细则》《内蒙古自治区水产品初加工和冷藏保鲜设施设备建设项目实施方案》有序推进项目实施，并加强项目管理，按时完成建设任务。

（六）扩大冬捕规模

根据资源禀赋，发挥本地优势特色，适时开展冬捕季活动，逐步扩大冬捕规模。在冬捕活动期间，可通过线上线下，宣传、展示、推介、销售各种优质农畜产品，扩大地域品牌影响力，拉动冬季旅游活力，让“白雪”变“白银”，“冷资源”变“热产业”，打造集渔猎文化、冰雪游艺、乡村年货、冰雪运动于一体的冬季盛宴。

内蒙古自治区农药行业发展报告

一、农药行业发展基本概况

（一）全国农药行业基本概况

据统计，2022 年全国有农药生产企业 1 745家，产品登记数量45 535个，农药总产量 186.6 万吨（折百量）。产值超 50 亿元、10 亿元、5 亿元的农药生产企业数量分别达到 19 家、77 家、109 家。全国农药经营单位 34.4 万家，农药抽检合格率 96.3%，比 2021 年提高 0.9 个百分点。

2022 年农药价格持续回落，全国农药信息监测网调度数据显示，2022 年 12 月农药价格指数 136.83，同比下跌 17.2%，环比下跌 2.2%，比年初下跌 21.4%，受草甘膦、草铵膦成交价格回落影响，除草剂价格指数跌幅显著，从年初的 195.20 回落至 149.22，下跌 23.6%，杀虫剂下跌 18%，杀菌剂下跌 14.3%。

（二）内蒙古农药行业基本概况

2022 年，内蒙古共有农药生产企业 28 家，持有效状态农药登记证 286 个，农药原药生产总量 8.83 万吨（商品量，下同）。限制使用农药经营门店 222 个，一般农药经营门店 7 396个，农药生产许可信息归集率达 100%，经营许可归集率达 94.7%。农药抽检合格率 98.4%。

二、2022 年内蒙古农药行业发展基本情况

（一）农药管理工作

1. 优化农药行政审批服务

依照“放管服”改革要求，内蒙古优化营商环境，实现农药行政审批事项一网通办。按照内蒙古“两优”方案要求，不断提高审批效率，进一步压缩办理时限，压减办事流程，像农药生产许可变更等事项压缩时限近 50%，并将农药行政许可审批办结环节取消，最大限度地减少企业等待时间，真正做到“减证便民”。在政务服务平台进一步梳理办事流程和审查要点，做到受理条件、办理流程简明扼要，方便企业高效便捷办理，提升服务效能。2022 年，共审查农药生产许可申请材料 10 份，其中首次申请的 3 份，扩大生产范围的 4 份，变更法定代表人的 3 份；初审农药登记资料 13 份；受理农药登记证持有人变更申请 6 份；对 11 家企业 28 个登记试验 636 份样品进行封样。

2. 加强日常监管

一是为进一步加强农药监督管理，陆续印发《内蒙古自治区农牧厅关于加强农牧业重点领域日常监管工作的通知》《关于推进农药减量控害工作的通知》《关于切实加强农药监督检查的通知》等文件，压实属地责任，规范农药生产、经营、使用行为。开展专项检查和随机抽查，严厉打击假劣农药和违法违规行为。同时，对互联网经营农药监管提出了要求，组织盟（市）对辖区内网上交易进行检查监管，做到线上线下同步监管不留空白。2022 年，共检查农药生产企业 19 个，检查经营单位5 353个，检查电商经营单位 12 家。二是强化督导检查，落实主体责任。多次组织农药生产许可专家、盟（市）和旗（县）农牧业主管部门，开展三级联合检查，通过座谈交流、查阅企业档案、现场核查等方式，对区内农药生产企业开展安全生产检查，督促农药生产者落实安全生产主体责任，指导企业严守安全生产、生态环境保护、职业健康等领域的管理要求，切实防范化解安全风险。同时，在新冠肺炎疫情期间，为及时了解掌握试验单位关键岗位人员变化、设备设施运行、试验档案记录和质量保障体系运行情况，下发《关于报送农药登记试验单位检查表的通知》，以线上调阅的方式对 2 家试

验单位进行检查。

3. 加强农药质量监督抽查

一是对2021年农药监督抽查结果进行通报。根据2021年农药监督抽查情况，印发《关于2021年度内蒙古农药、肥料监督抽查结果通报》，责成相关盟（市）依法查处，对农药监督抽查中发现的质量不合格农药产品进行认真核查，对涉嫌违法经营假劣农药的经营单位，依法立案查处，并将涉及不合格的农药产品及经营单位，全部列为重点监管对象，加强日常执法检查，进一步加大抽检力度，及时发现问题、依法严肃处理。二是开展2022年农药监督抽查工作。继续联合内蒙古市场监督管理局印发《关于开展2022年内蒙古自治区肥料和农药监督抽查工作的通知》，开展2022年农药监督抽查工作。抽查范围覆盖了12个盟（市）重点旗（县、区），以农业生产中常用农药品种、往年监督抽查发现问题较多企业产品、内蒙古重点监管企业产品及辖区内农药生产企业生产的制剂产品为重点，共抽取农药样品255个，重点对其有效成分和非法添加农药隐性成分进行检测，其中质量合格样品251个，合格率为98.4%；不合格样品4个，不合格率为1.6%。

（二）农药使用及推广

1. 农药使用量继续保持负增长

2022年内蒙古农作物病虫草鼠害发生面积1.82亿亩次，防治面积达1.83亿亩次。其中，病虫害发生面积7 945万亩次，防治面积8 639万亩次。实施农作物病虫害统防统治和绿色防控5 170万亩、5 300万亩。统计部门数据显示，2021年内蒙古农作物总播种面积13 114.8万亩，农药使用量2.67万吨，亩均用药量203.5克。与“十三五”期间农药使用量最高年份2017年相比，减幅25%，农药亩均使用量由2017年的263.3克，下降到203.5克，2022年数据未公布。

2. 农药减量增效稳步推进

（1）推进绿色防控，减少化学农药使用量。示范推广以虫治虫、以螨治螨、以菌治虫、以菌治菌等生物防治，杀虫灯、诱虫板、昆虫信息素等理化诱控，农药轮换使用、交替使用、精准使用和安全使用等科学用药技术，扩大绿色防控实施范围。优化集成玉米、向日葵、马铃薯、蔬菜等主要作物病虫绿色防控农药减量综合防控技术模式，综合应用减量措施，提高科学用药水平。目前，内蒙古8个旗（县）荣获全国“绿色防控示范县”称号。2022年，兴安盟和通辽市积极整合资金2 366万元，开展田间释放赤眼蜂防控玉米螟面积达750万亩，减少化学农药使用量220余吨，实现了整建制推进统防统治。

（2）推进专业化统防统治，提高防治水平。各地因地制宜，多方培育，扶持发展专业化统防统治组织，推动服务模式由阶段性代防代治向全程承包服务转变。2022年各级财政投入资金468万元，用于扶持专业化统防统治工作。截至2022年底，专业化防治组织共有3 942个，其中经民政或工商部门注册的农作物病虫害统防统治组织共有804个，从业人员达到18 985人，拥有各类施药器械4万多台（套），日作业能力可达到350万亩以上。呼伦贝尔市莫力达瓦达斡尔族自治旗和阿荣旗荣获“统防统治百强县”称号。鄂尔多斯市、巴彦淖尔市等地5家专业化服务组被评为“全国统防统治星级服务组织”。

（3）强化示范融合，带动减量控害。一是抓好三级联创示范区。在通辽市开鲁县建设农作物病虫害综合防控农药减量增效三级联创示范区，示范面积3 000亩，与农民高密度种植区相比，示范区减少化学农药使用量100克/亩，增产9%左右。示范区开展“一点三区”建设，即病虫监测点、技术攻关区、示范推广区、技术展示区。重点建立完善农作物病虫害物联网智能化监测点，开展了玉米以及大豆玉米复合种植除草剂筛选及施用技术试验示范3项，示范推广田间释放赤眼蜂生物防治、除草剂减量、高效低风险化学农药替代技术3项，展示技术模式2项。二是强化示范引领。以内蒙古优质高效增粮示范行动、黄河流域农牧业绿色发展示范行动为抓手，内蒙古各地整合项目资源和技术力量，建立绿色防控和农药减量增效技术示范区297个，核心示范面积138万亩。在西部区示范推广三膜除草技术、玉米田烟嘧·莠去津部分替代、向日葵田高活性、低风险除草剂替代草甘膦技术，亩用量减少达40%以上；东部区示范推广玉米螟绿色防控技术，亩投入3元，防治效果达80%以上，替代了化学农药。

3. 加强科学安全用药技术指导

在用药高峰期，组织专业技术人员深入田间进行现场指导、普及植保知识和科学安全用药技术。采取线上、线下相结合的方式，围绕农药减施增效、农作物病虫害防治等内容，召开农药减量增效现场观摩技术指导、主要农作物病虫害绿色防控技术、玉米病虫害监测防控技术、油料经济作物监测防控技术等培训班10期。在通辽市、巴彦淖尔市、兴安盟等地开展高效植保机械、物联网智能虫情测报灯、防飘喷头和标准扇形喷头的现场观摩培训。组织各盟（市）通过“科学安全用药空中大讲堂”，积极联合有关协会、企业等开展农药科学安全使用技术培训，切实提高农药使用人员的安全用药意识和自我保护技能。各级植保部门充分利用电视、广播、报刊、网络、微信公众号等新媒体，加大植保技术宣传，制作《如何科学选购农药》《大豆玉米带状复合种植杂草防治技术》等多期小视频，广泛宣传科学合理选购和使用农药相关知识，指导农民严格遵守农药安全间隔期的规定，防止农药残留超标。2022年共举办植保技术培训班382期，培训人员78 367人次，发放宣传资料34万份，广播、电视、报纸宣传66次，网络宣传92次。

（三）农药生产情况

截至2022年底，内蒙古共有28家农药生产企业，其中原药生产企业24家、制剂生产企业9家（同时生产原药和制剂的，重复计算），呈现出“原药多、制剂少”的态势。28家企业中，赤峰市7家，呼和浩特市2家（其中1家企业分公司在呼伦贝尔市），巴彦淖尔市2家，鄂尔多斯市1家，乌海市6家，阿拉善盟10家，分布在内蒙古的9个工业园区，入园率92.9%，其中阿拉善高新技术产业开发区和乌海高新技术产业开发区乌达产业园的2个园区有14家企业，占内蒙古企业的50%。内蒙古重点企业有齐鲁制药（内蒙古）、兴发科技、灵圣作物、犇星化学、莱科作物、新威远、百灵科技、中农生化科技、帅旗生物科技等，主要产品有草铵膦、草甘膦、嘧菌酯、阿维菌素等。

农药生产企业生产情况调度数据显示，内蒙古农药原药产能17万吨左右，制剂产能2.5万吨左右。2022年内蒙古农药原药产量8.83万吨，同比增长52%左右，农药制剂产量0.28万吨。原药产品中，除草剂产量5.22万吨，占农药原药产量的59.1%；杀虫剂产量2.01万吨，占农药原药产量的22.8%；杀菌剂产量0.80万吨，占农药原药产量的9.1%。

2022年农药产量前3名的企业依次是内蒙古兴发科技有限公司、内蒙古灵圣作物科技有限公司和内蒙古犇星化学有限公司，农药产量分别为3.20万吨、2.83万吨、1.20万吨，产量均超过万吨，占总产量的81.9%。其中，内蒙古兴发科技有限公司草甘膦原药产量3万吨左右，约占全国5%，内蒙古灵圣作物科技有限公司草铵膦原药产量2万吨左右，约占全国40%，内蒙古犇星化学有限公司毒死蜱原药产量1.1万吨左右，约占全国39%。

三、内蒙古农药行业发展存在的问题

（一）生产经营数量多、规模小

28家企业中有一半以上的企业年销售额不足5 000万元，相比其他省区，农药生产企业体量偏小，规模企业数量总体偏少，小微企业比例高，市场竞争力不强。内蒙古农药经营户数7 618家，总体规模小、摊点多、分布散，很多经营者业务水平不高，日常监管难度大。

（二）经营门店管理水平有待提高

新修订《农药管理条例》颁布实施以来，内蒙古农药经营者自身管理水平有了很大的提升，但部分经营人员规范化管理意识还不够强，存在日常管理松散现象。例如农药不按类别摆放、货架和柜台陈列展示混乱、台账记录不健全等问题。尤其安全管理意识不强，门店、仓储场所安全设施设备老旧或不全，货物随意堆放、店内摆放食品等，存在一定的安全隐患。

（三）证后监管仍存在薄弱

加强事后监管既是实施农药生产、经营许可制度的重要内容，也是督促企业持续保证生产、经营条件要求和产品质量的关键措施，是农药许可管理工作的重中之重，但同时也是薄弱环节。农药行业管理人员队伍、设施设备等支撑能力不足，与农药行业监管任务不匹配，监管体制机制不顺，农药生产、经营、使用环节日常监管容易出现监管盲区。

（四）农药持续减量压力较大

按照农业农村部到2025年化学农药减量化行动方案，化学农药使用强度年均降低约1%，病虫害绿色防控覆盖率达到55%以上，统防统治覆盖率达到45%

以上。而内蒙古病虫害绿色防控、统防统治，缺乏资金补贴，技术推广应用规模较小，整体推进难度较大，继续推进化学农药减量难度较大。

四、内蒙古农药行业下一步发展思路

（一）调整优化产业结构

建议政府从区位交通、市场需求、资源环境和安全管理等方面综合考虑，按照优先发展生物农药和化学农药制剂加工，适度发展化学农药原药的原则，控制原药生产企业盲目扩张和重复建设。推进农药生产企业兼并重组，转型升级，做大做强，培育一批竞争力强的大中型生产企业，重点培育一批生物农药优势企业和绿色农药制剂加工企业。

（二）推进标准化门店建设

加快标准化示范门店建设步伐，制定农药经营门店建设服务标准，在重点区域打造一批农药标准化经营服务门店，选择条件相对较好的经营门店进行试点，通过示范先建、学习观摩等，宣传带动其他农药经营门店向示范门店看齐，逐步提高农药经营门店建设规模和管理水平。到 2025 年，内蒙古农药标准化经营服务门店 10 家以上。

（三）提升农药监管水平

认真贯彻落实《农药管理条例》及配套规章，依法做好农药生产许可、经营许可、登记初审、使用指导等重点工作。严格执行农药生产、经营、使用的各项管理制度，继续按照专项资金开展农药质量监督抽查工作，提高农药产品质量安全。开展行政审批流程简化优化工作，服务企业。督促企业落实安全生产主体责任，加大安全生产隐患排查力度，提高农药安全生产意识。加强农药市场日常监管，不定期组织开展农药生产、经营、使用环节监督检查。加强农药使用安全风险监测，做好农药安全使用指导和技术培训，指导使用者严格按照农药标签使用农药，落实农药使用安全间隔期制度，严禁超范围、超剂量、超时限使用农药。

（四）推进农药减量增效

统筹病虫害防控需求和农药减量化要求，大力扶持发展专业化防治服务组织，推广生态调控、生物防治、理化诱控、科学用药等绿色防控技术，集成以区域为单元、作物为主线的农作物病虫害绿色防控农药减量综合防控技术模式，推进绿色防控与统防统治融合，推广高效植保机械、生物农药和高效低毒农药新产品，实现精准施药，持续推进化学农药使用量减量化。利用各种宣传媒体，继续做好安全用药技术指导，全面宣传农药安全使用相关知识，推广适时适量、对症用药、轮换使用、交替使用、精准使用和安全使用等科学用药技术，提高农民科学安全用药水平。

内蒙古自治区肥料行业发展报告

肥料是农业发展的重要生产资料，包括化肥在内的各类肥料的投入对提升粮食安全水平和保障重要农产品有效供给起到了关键作用。国家农业政策调整是影响肥料产业发展的关键因素之一，在“调结构、转方式”的大背景下，特别是“一控两减三基本”等政策的出台，肥料产业发展值得研究。

为了更好地了解内蒙古肥料产业发展现状和在全国肥料产业中所处的位置，预判内蒙古肥料产业未来发展趋势，本报告通过查阅相关资料，走访调研相关协会和企业，从世界、全国、内蒙古三个层面分析肥料产业的现状及发展趋势，并对内蒙古化肥的使用情况进行系统分析。

一、肥料产业发展概况

（一）世界肥料产业发展概况

1. 起源及发展历程

伴随着矿质营养学说理论的诞生，世界各国开始了对化肥生产技术的摸索。从1842年英国首先生产出过磷酸钙，开启磷肥工业发展历程，到1920年复合肥料首次在美国投入生产，肥料产业经历了近百年发展。进入20世纪60年代，肥料产业快速发展，生产总量从1961年的3 250.6万吨增长至2019年的20 943.6万吨，增长了5.4倍。其中1961—1988年肥料产量增速最快，以平均每年431.5万吨的产量迅速增加；近几年肥料产量保持稳中有升的态势。据世界肥料工业协会预测，受环境政策和国家法规影响，未来5年全球肥料产量增长率将进一步放缓。

2. 生产国别特征

（1）氮肥。现代氮肥工业起源于欧洲，并率先在发达国家普及，随后才普及到发展中国家。1991年以来增长幅度最大的是非洲和亚洲，增幅分别为298%和214%，到2019年亚洲地区氮肥生产比例已达62.5%。

（2）磷肥。磷肥工业同样起源于欧洲，随后普及到发展中国家。1961年西欧和北美产量占世界总产量的70.9%，随着经济发展及肥料需求增加，磷肥生产的主要区域逐步转移至亚洲地区，2019年亚洲产量已占世界的57.5%。

（3）钾肥。现代钾肥工业起源于欧洲，生产高度集中，生产区域变化较小。世界钾肥产量居于前10名的国家始终占据着总产量的95%以上，主要集中在俄罗斯、白俄罗斯、加拿大、中国，4国钾肥总产量占全球的比例达到77%。从生产进程来看，主要生产区域略有变化，1961年主要集中在西欧和北美，占比高达86.4%；2019年主要为东欧、北美及东亚地区，占比为80.1%。

3. 消费国别特征

自20世纪60年代创立作物高产育种技术以来，世界各国进入了通过增施化肥来换取粮食增产的“绿色革命”时代，化肥使用量迅速增加。欧美日等发达国家化肥使用量在20世纪80年代达到顶峰后开始逐渐降低，中国2015年实现化肥负增长，目前用量仍在持续下降。

4. 化肥贸易格局

化肥属大宗交易商品，2020年全球贸易总额为626亿美元。全球最大的化肥进口国分别是巴西、印度、美国、中国和法国，分区域来看，亚洲和欧洲是最主要的肥料进口市场，其次是南美洲和北美洲。

（1）氮肥。2020年全球氮肥贸易额共225亿美元，全球前十大进口国分别为印度、巴西、美国、法国、澳大利亚、泰国、土耳其、墨西哥、德国、英国。全球氮肥出口主要来自亚洲和欧洲，前十大出口国分别为中国、俄罗斯、沙特阿拉伯、荷兰、埃及、卡塔尔、阿曼、阿尔及利亚、德国、比利时。中国和俄罗斯是最重要的两大氮肥出口国。

（2）磷肥。2020年全球磷肥贸易额约为14.3亿美元，全球前十大进口国分别为巴西、印度尼西亚、美国、法国、澳大利亚、荷兰、乌拉圭、阿根廷、布隆迪、缅甸。中国和摩洛哥是磷肥出口最主要的国家，中国是目前全球最大的磷肥生产国和出口国，摩洛哥拥有全球最大的磷矿石储量。全球前十大磷肥出口国分别为中国、摩洛哥、埃及、以色列、荷兰、约旦、泰国、黎巴嫩、墨西哥、澳大利亚。

（3）钾肥。2020 年全球钾肥贸易额约为 151 万美元。全球前十大进口国分别为美国、巴西、中国、印度、印度尼西亚、比利时、缅甸、韩国、波兰、越南，其中中国、美国、巴西是最主要的进口国。全球钾肥出口主要集中在欧洲和北美洲，其中加拿大、俄罗斯、白俄罗斯占据全球钾肥出口市场的主要份额。全球前十大出口国分别为加拿大、白俄罗斯、俄罗斯、德国、约旦、美国、以色列、中国、立陶宛、比利时。

（二）全国肥料产业发展概况

中国是全球最大的化肥生产国和消费国，2021 年化肥产量达 5 446万吨。经过多年的发展，我国肥料产业从无到有、从小到大、从主要依靠进口到供需自给有余，自 20 世纪 70 年代以来大体分为 3 个发展阶段。第一阶段是 20 世纪 70 年代的肥料高浓度化，比较典型的代表是高浓度尿素取代了低浓度碳铵。第二阶段是 20 世纪 80 年代中期的肥料复混化，典型代表是磷肥、复合肥、磷酸二铵取代了普钙（过磷酸钙）。第三阶段是 2005 年至今，新型肥料发展势头强劲，典型代表是缓控释肥、微生物肥、商品有机肥的开发和推广。

1. 氮肥行业

全国合成氨产能达 8 350 万吨，占全球的 37%；尿素产能达 9 500万吨，占全球的 44%。我国氮肥各品种中，尿素产量占总氮肥的 60. 7%，其他氮肥产品如碳铵、硝铵、氯化铵和复合肥等（含氮量）占 39. 3%。我国氮肥生产企业近 600 家，产量 6 500万吨左右，不过整个氮肥行业呈现出数量多，生产规模小，竞争力不强等现状。目前，国内具有国际竞争力的氮肥产能仅占 30%左右，迫切需要通过结构调整提高部分大、中型企业的竞争能力，将产品出厂成本降低到国际先进水平。氮肥行业产能呈现结构性过剩趋势，特别是尿素生产企业，行业整体调整将成为肥料产业发展的必然。

2. 磷肥行业

我国在 1993 年后磷肥产量增加，对世界磷肥产量的贡献达到 32. 7%，并于 2005 年首次超过美国跃居第一，此后产量一直保持在第一的水平，2019 年我国占世界磷肥生产总量的 35. 2%。磷肥行业整体产能过剩，利润微薄、创新不足。2020 年全年产能 1 218. 1万吨。近期国内磷肥产业出现复苏行情，产量、开工率均明显上升。

3. 钾肥行业

我国钾肥的销售量约占全球的 25%。目前，在我国国内的 160 多家企业中规模企业 32 家，加工型企业 134 家；产能达到 100 万吨的大型企业 3 家，占全国总产能的 65%。钾肥行业集中程度不断提高，库存压力较大，市场价格稳中有升。

4. 复合肥行业

我国复合肥生产企业数量维持在 2 500 家左右，且多为中小企业。其中年产能达到 30 万～100 万吨的企业低于 50 家，年产能达到 100 万吨及以上的企业仅 10 余家。复合肥行业整体呈现产销两端不旺的特点，区域化集中现象较为明显。

5. 肥料消费情况

我国肥料总用量稳居世界首位，2019 年单位耕地面积用量达到 350.7 千克/公顷，是世界平均水平的 2.5 倍。其中氮肥自 1990 年单位面积用量首次进入世界前 10 位后，近些年一直稳居世界前 5 位，2019 年单位面积用量达 198.23 千克/公顷，是世界平均水平的 2.6 倍。磷肥分别在 2010 年、2012 年、2014 年达到世界单位面积用量的第一位，目前保持在前 5 位左右水平，达 76.1 千克/公顷，是世界平均水平的 2.3 倍。钾肥用量从 1978 年的 2.35 千克/公顷增到 2019 年的 76.29 千克/公顷，稳定保持在世界单位面积钾肥用量排名的前 15 位。

6. 化肥贸易情况

我国三大基础肥料中，氮肥和磷肥已实现自给自足并能适度出口，但钾肥对外依存度仍然较高。2021 年我国出口肥料 3 299万吨，同比增长 13.1%，出口额 116.69 亿美元，同比增长 73.2%。化肥进口 909 万吨，同比减少 14.3%，进口额 27.34 亿美元，同比减少 5.1%。我国化肥出口目的地主要集中在印度及东南亚地区，巴西、澳大利亚也是主要的目标市场。出口额最多的 10 个国家分别为：印度、巴西、澳大利亚、越南、印度尼西亚、缅甸、泰国、日本、巴基斯坦、韩国。进口方面，我国化肥进口来源国较为集中，主要分布在欧洲、北美洲和亚洲。其中进口额最多的 10 个国家分别为：俄罗斯、加拿大、白俄罗斯、约旦、美国、挪威、以色列、比利时、芬兰、德国。上述国家占我国进口总额的 91.85%，集中度较高。

（三）内蒙古肥料产业发展概况

内蒙古既是我国化肥生产大省，也是化肥使用大省，内蒙古化肥生产总量有余，2020年以来虽然化肥价格止跌上涨，但市场供应整体充足，未出现断供等情况。2023年内蒙古春播化肥需求约319万吨，播种前化肥到位率超过90%，春耕用肥供应充足。

1. 氮肥行业

内蒙古氮肥生产和使用品种主要是尿素，2021年使用量87万吨左右（折尿素190万吨）。春季播种时用量约50万吨，其余在作物生育期追施。内蒙古氮肥产业发展较好，2022年内蒙古12家尿素生产企业生产尿素920万吨，除满足内蒙古使用需求外，有730万吨销售到辽宁、吉林、黑龙江、山东、河北、陕西及南方地区，外销率79.3%。

2. 磷肥行业

内蒙古磷肥产品主要是磷酸二铵、磷酸一铵，2021年使用量46万吨左右（折磷酸二铵100万吨），主要在春播时使用。内蒙古磷酸二铵和磷酸一铵生产企业各1家（均在赤峰），2022年生产71.5万吨，20%供应内蒙古地区，其余80%的产品销往辽宁、吉林、黑龙江等东北地区。内蒙古使用的其余85万吨的磷酸二铵、磷酸一铵主要从磷矿资源丰富的云南和湖北等省（区）购入，生产企业也集中在云南云天化股份有限公司、湖北宜化股份有限公司、湖北三宁有限公司、贵州开磷有限公司等。

3. 钾肥行业

内蒙古钾肥产品主要是硫酸钾、氯化钾，2021年使用量20万吨左右（折硫酸钾、氯化钾40万吨），90%以上春播时使用。2022年内蒙古5家钾肥生产企业共生产硫酸钾、氯化钾20.1万吨，基本全部用于内蒙古自用，自给率50%；其余近20万吨的钾肥主要从俄罗斯进口和我国新疆罗布泊钾盐有限责任公司、青海盐湖工业股份有限公司购买。

4. 复合肥行业

内蒙古复合肥用量87万吨，主要在春播时使用。内蒙古复合肥料备案产品386个，生产企业56家，分布在内蒙古各市（盟），产能约170万吨，完全可满足区内需求。但内蒙古复合肥生产企业规模小、品牌效益低，受市场竞争的影响，内蒙古生产的复合肥仅占内蒙古市场份额的40%左右，其余60%来自云南、山东、河北、湖北等地区，如金正大、云天化、撒可富、红四方等。

5. 有机肥行业

内蒙古是养殖大省，有机肥原料资源丰富具备大量生产商品有机肥的天然优势，目前内蒙古年畜禽粪污产生量约 1.65 亿吨。内蒙古有机肥料生产企业约 270 家，大型生产企业占 3%，中型生产企业占 20%，小微企业占 77%。全年有机肥料产品年预计生产量 400 万吨，实际生产能力约 162 万吨，原料库存约 192 万吨。内蒙古有机肥料的价格取决于原料，内蒙古有机肥料（颗粒状）平均价格 1 000~1 500元/吨，有机肥料（粉末状）平均价格 550~900 元/吨。企业主要分布在锡林郭勒盟、巴彦淖尔市、呼和浩特市、包头市、乌兰察布市、鄂尔多斯市、赤峰市。内蒙古肥料市场基本不销售有机肥料，大田作物基本用化肥为主，经济作物较少，目前有机肥料产品 10%用于项目招标采购，90%用于外调海南、陕西、广东、广西、四川等经济作物为主的地区。

6. 肥料行业登记情况

内蒙古现有肥料生产企业 411 家，其中呼和浩特市 54 家，包头市 46 家，鄂尔多斯市 22 家，巴彦淖尔市 63 家，乌海市 7 家，阿拉善盟 1 家，乌兰察布市 18 家，锡林郭勒盟 52 家，通辽市 65 家，赤峰市 38 家，呼伦贝尔市 23 家，兴安盟 22 家。主要登记产品有机肥料、有机-无机复混肥料、掺混肥料、复混肥料、水稻苗床调理剂。2010—2015 年办理登记产品 597 个，2015—2020 年办理产品登记 2 113个，增长约 2.5 倍（图 1、图 2）。

7. 肥料消费情况

近年来内蒙古化肥年消费量 480 万吨左右，主要包括氮肥、磷肥、钾肥和复合肥料。内蒙古氮肥、复合肥自给有余，其中氮肥年生产 920 万吨，内蒙古自用 190 万吨，外销 730 万吨；复合肥年产 170 万吨，用量 87 万吨，其中自销 35 万吨，外销 135 万吨。磷钾肥总量不足，其中磷肥用量 100 万吨，内蒙古生产 71.5 万吨，主要产自赤峰市，除赤峰市和周边市（盟）使用 15 万吨外，其余大多销往相邻的东三省，外销 56.5 万吨，其余市（盟）使用的磷肥主要从主产区云南、湖北等地购入，总量约为 85 万吨。钾肥用量 40 万吨，内蒙古可生产

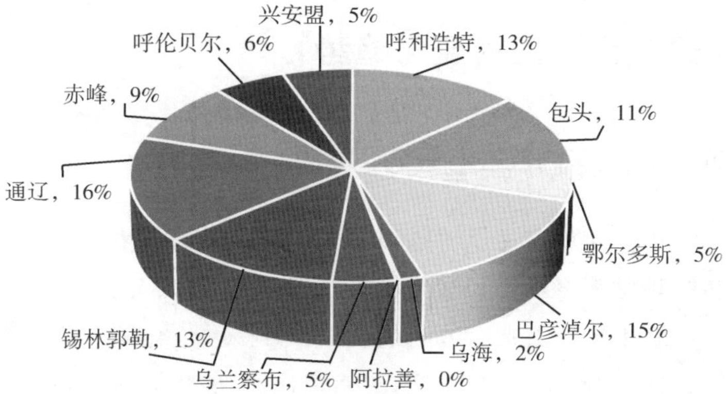

图1 内蒙古肥料生产企业

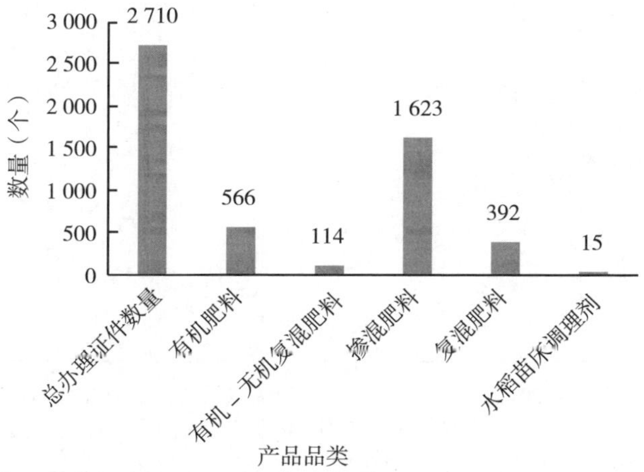

图2 五类肥料产品登记办理情况

20万吨，基本全部区内自用，另从区外购入20万吨。磷肥、钾肥生产原料主要是磷矿和钾矿，内蒙古这2种矿产资源相对匮乏，生产能力受限。

2021年，内蒙古化肥总用量241.9万吨，占全国化肥总用量的4.66%，其中氮肥87.6万吨，磷肥46.7万吨，钾肥19.9万吨，复混肥87.7万吨；化肥亩均用量18.4千克，比全国平均水平低2.1千克。

二、内蒙古化肥使用变化趋势

（一）2016—2021 年内蒙古化肥使用情况

2016—2021 年，内蒙古各年度播种面积、粮食总产量和化肥总用量见图 3。2016 年内蒙古播种面积 895. 7 万公顷，化肥总用量为 234. 6 万吨，粮食总产量 652. 7 亿斤；到 2021 年内蒙古播种面积 874. 3 万公顷，化肥总用量 241. 9 万吨，粮食总产量达到 768. 06 亿斤。与 2016 年相比，2021 年内蒙古播种面积减少 21. 4 万公顷，粮食产量增加了 115. 4 亿斤。

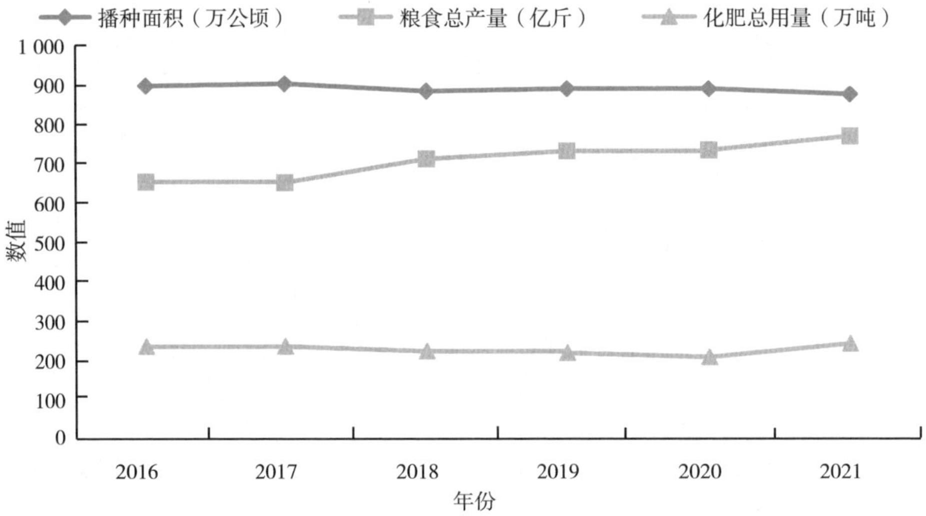

图 3　2016—2021 年内蒙古播种面积、粮食总产量和化肥总用量

（二）2016—2021 年化肥施用水平变化趋势

2015 年农业部提出了到 2020 年化肥使用量零增长，通过在内蒙古持续开展化肥减量增效行动，平均施肥量从 2016 年的 19. 75 千克/亩减少到 2021 年的 18. 4 千克/亩，平均每年减少 0. 3 千克/亩左右，而且施肥结构进一步优化，氮磷钾肥施肥比例从 2016 年的 1 ∶ 0. 44 ∶ 0. 19 变为 2021 年的 1 ∶ 0. 53 ∶ 0. 23。2016—2021 年内蒙古化肥平均施用量见图 4。

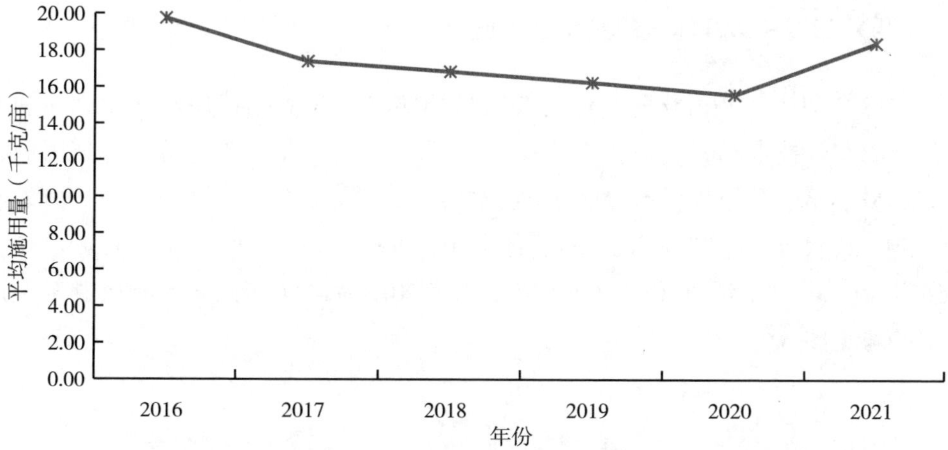

图 4　2016—2021 年内蒙古化肥平均施用量

（三）2018—2021 年新型肥料使用情况

以缓控释肥为主要代表的新型肥料具有养分利用率高、环境友好等特性，近年来越来越受到农民青睐。2018—2021 年，内蒙古新型肥料施用面积和施用量总体呈上涨趋势，其中施用面积由 2018 年的 2 859. 22万亩增加到 2021 年的 3 308. 84 万亩，涨幅 15. 72%；施用量由 2018 年的 68. 75 万吨上涨到 2021 年的 100. 04 万吨，涨幅 45. 51%。2018—2021 年内蒙古新型肥料使用情况趋势见图 5。

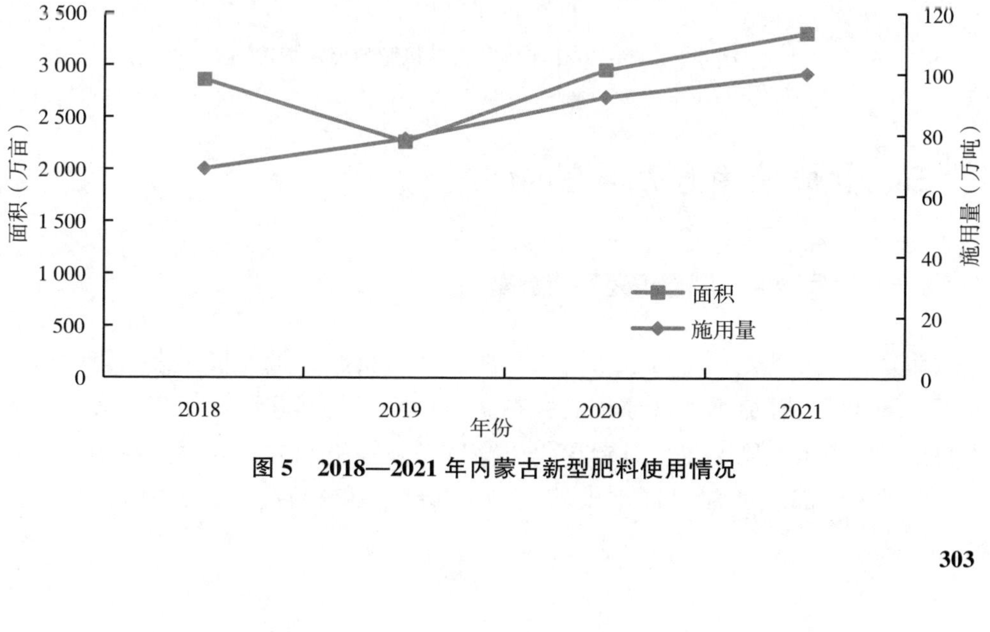

图 5　2018—2021 年内蒙古新型肥料使用情况

（四）2018—2021 年有机肥料使用情况

2018 年以来，随着化肥减量增效项目的实施，有机肥替代部分化肥作为重要的减肥增效技术路径，逐步在内蒙古大面积铺开，有机肥施用量和施用面积也基本呈逐年上升趋势，2018 年有机肥施用量和施用面积分别为 4 133.55万吨和 3 991万亩，到了 2021 年，施用量和施用面积分别上升到 5 376.36万吨和 4 558万亩，分别上涨了 30.07%和 14.21%。2018—2021 年内蒙古有机肥料使用情况趋势见图 6。

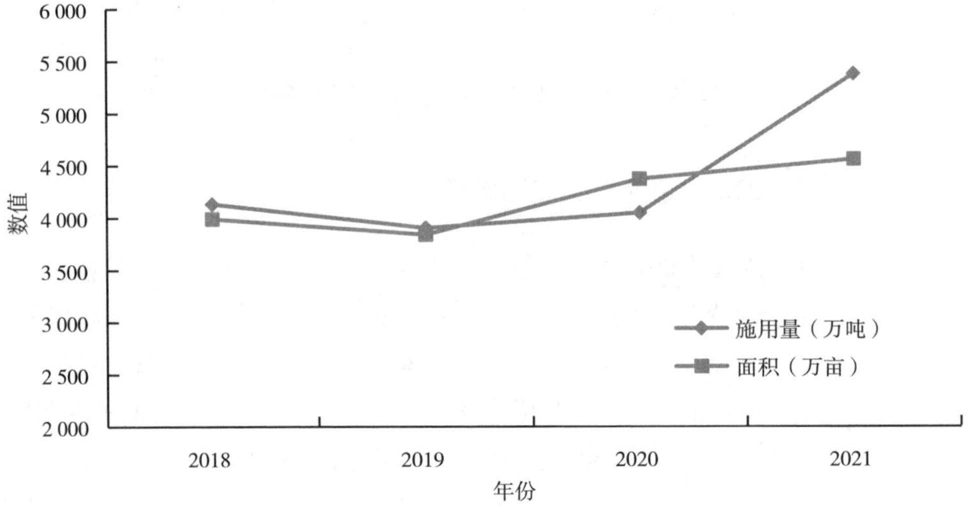

图 6　2018—2021 年内蒙古有机肥料使用情况

三、化肥使用方面存在的问题

（一）农民科学施肥意识还有待提高

部分农户尤其是西部区农户，重化肥、轻有机肥，重大量元素、轻中微量元素，重基肥、轻追肥的现象依然存在。河套灌区化肥施用量偏高，大兴安岭南麓小麦、玉米施肥不足，马铃薯仍以高磷、高钾施肥方式为主。在调研中发现，内蒙古东部和西部风沙土土壤类型耕地大面积缺锌，玉米缺锌黄化普遍发生。

（二）“三新”技术示范区建设水平不高

大部分“三新技术”示范区都是低水平技术叠加，真正新产品、新技术、新机具应用得少。

（三）有机肥使用率偏低

使用有机肥的农户仅占调查农户的23.86%，不足1/4，大量农户因为耗时费工、投入增加或资源限制等原因，忽视有机肥的使用，间接导致了耕地重用轻养问题。

（四）新型肥料接受程度还不高

根据农户调查结果，虽然大部分农户表示使用过新型肥料，但绝大多数农户是抱着“试试看”的心态，用量少、偶尔使用，并未发挥出真正的效果，对新型肥料的了解程度、接受程度仍然不高，常用肥料种类依然是“老三样”（二胺、尿素、碳铵），优化施肥结构仍任重道远。

（五）肥料产业未形成规模

内蒙古肥料生产企业存在规模小、品牌少、产品销路不畅等问题，例如呼伦贝尔市有23家有机肥企业两年未开工生产。

四、下一步工作思路

（一）加强宣传培训

强化肥料知识与施肥技术宣传、培训、指导，提升科学施肥水平。结合农户施肥调查结果，深入分析用肥需求的新变化和差异性，指导各地参照测土配方数据，调整当地施肥品种、数量、配方等，推广增施有机肥，大力示范推广锌肥。培训养分合理配置、施肥量确定等内容，使科学施肥理念落实落地、科学施肥指导到田到户。丰富宣传形式，采取田间讲堂、室内培训、微信公众号直播、广播、电视、报纸、简报、墙体广告、科技赶集和新媒体等多渠道、广视角开展宣传，进一步扩大宣传效果。

（二）强化“三新技术”示范引领

挖掘总结“三新技术”模式，如“智慧精准灌溉+先进农机备耕播种+土壤、叶柄检测精准水肥调控”技术模式；“玉米、马铃薯基于光谱技术的无底肥精准水肥一体化施肥”技术模式；“玉米配方肥+微生物菌肥+种肥同播+机械追肥+机械收获”技术模式；“大豆种肥同播+大豆根瘤菌剂拌种+大垄高台+无人机/植保机喷施叶面肥+秋季深翻整地+全程机械化+测土配方施肥”技术模式。建设“三新”技术示范区，召开现场观摩会、培训会，使好技术、好方法能够“看得见、学得会、用得上”，发挥示范带动作用。

（三）强化绿色种养循环模式推广

积极争取国家绿色种养循环项目，通过项目实施引导养殖场利用畜禽粪尿等废弃物堆沤有机肥，一方面变废为宝，避免环境污染；另一方面增加有机质还田，培肥地力，促成种养循环的良好模式。同时进行项目储备，发挥“四级联创”服务团队作用，编制杭锦后旗绿色种养循环项目实施方案，为争取项目做好准备。

（四）强化新型肥料的试验示范

针对新型肥料接受程度低、普及率低的现状，一方面，通过加强宣传引导，发挥示范引领作用，提升农民对新型肥料的了解，逐渐提升接受程度；另一方面依托化肥减量增效项目开展新型肥料大评比活动，筛选出价廉质优增产增效明显的新型肥料产品展示宣传；同时引导肥料企业加大研发力度，进一步降低新型肥料成本，降低农民使用门槛，多措并举推广以缓控释肥、水溶肥、微生物菌肥为代表的新型肥料，充分发挥新型肥料在改善土壤微环境、养分种类均衡、利用率高等方面的优势。

（五）为肥料生产企业发展做好服务工作

在产品创新方面，指导企业加强化肥高效利用和肥料产业绿色发展战略研究；在技术推广方面，积极构建化肥减施增效技术体系，为肥料生产企业提供强有力的技术支撑；在行业监管方面，完善肥料使用登记与备案管理，确保产品登记与备案信息的追溯查询便利，加强产品质量监管，打击假冒伪劣产品，为肥料企业健康发展保驾护航；在宣传方面，积极组织肥料企业参加全国肥料双交会，农企合作共同努力使内蒙古的肥料生产企业走向全国，走向世界。

五、化肥行业发展前景

肥料产业的发展一是要科学合理产业布局，通过行业协会实行“计划+市场”宏观调控管理方式，摸清区域市场需求；二是要加快企业转型和技术升级改造，拓展产品、市场领域；三是要加强产品和使用技术理论创新和体系创新；四是要促进产学研合作，构建基地化、区域化“双创”平台；五是要完善售后技术服务，强化专业农化服务，打造农业综合服务体系；六是要加强市场质量监管，提升打击假冒伪劣肥料能力。

（一）氮肥行业

氮肥行业的发展要着力优化产能结构，保持供需基本平衡；大力调整产品结构，发展增效或增值氮肥，提高氮肥利用效率；深入推进科技创新，提升行业核心竞争力；坚持绿色发展理念，扎实推进节能环保和资源综合利用；积极推进“两化”深度融合，促进行业创新发展；加快转变经营理念，提升农化服务水平；借力“一带一路”倡议，大力拓展国际市场。

（二）磷肥行业

磷肥行业要严格准入制度，加强环保生产制度和安全生产监督制度；加快实施有偿退出制度；推进产品技术创新，发展生态系列的、改良土壤理化功能的和水溶性的复合磷肥。肥料产业也要实现完全市场化；对有战略意义的原料进口给予鼓励；加大对磷石膏综合利用的政策扶持力度；加大对创新平台建设的扶持力度；推进“两化”融合，利用好“一带一路”倡议。

（三）钾肥行业

钾肥企业要通过重组、兼并、联合等多种方式组建集团，提高行业集中度；建成多个具有核心竞争力的大中型钾肥企业集团；加强企业标准化体系建设，采取措施淘汰落后产能，对缺乏资源、管理落后、污染严重的中小企业实行关停并转，使企业组织结构逐步优化。钾肥技术方面，要提高技术创新力，进一步提高技术装备水平，加大难溶性钾资源的开发和利用，使整个行业跨上一个新台阶。

内蒙古自治区农机行业发展报告

2022年是实施“十四五”规划承上启下之年，也是乡村振兴全面展开的关键之年，内蒙古农机行业坚持以习近平新时代中国特色社会主义思想为指导，深入贯彻党的二十大精神，认真落实党中央和内蒙古自治区党委的决策部署，以满足农牧业生产对机械化的需要为己任，着力补短板、强弱项、促协调，以落实《国务院关于加快推进农业机械化和农机装备产业转型升级的指导意见》《“十四五”全国农业机械化发展规划》和《内蒙古自治区“十四五”农牧业机械化发展规划》精神为主线，加快推进农牧业机械化向全程全面高质高效发展，为建设国家重要农畜产品生产基地、完成好习近平总书记交给内蒙古的五大任务、保障粮食等重要农畜产品有效供给、巩固拓展脱贫攻坚成果、全面推进乡村振兴、加快农牧业农村牧区现代化提供机械化有力支撑。

一、农机行业发展总体情况

2022年内蒙古农机行业迈向更高的发展阶段，取得了显著成效。农牧机装备总量和生产机械化水平在稳步提高的同时，农机化新技术和新装备的推广应用更加深入，社会化服务能力得到了进一步增强。农机购置与应用补贴政策的规范实施，农机试验鉴定能力的进一步提升，有效推动了新型农机和技术的研发和推广应用。持续向好的农机安全生产形势，稳步发展的农机工业，为内蒙古农牧业机械化的稳步发展提供了保障。

（一）装备总量持续增长，机械化作业水平稳步提升

截至2022年底，内蒙古农牧业机械总动力预计达到4 596.43万千瓦，同比增长8.4%；拖拉机拥有量预计达到128.71万台，其中58.8千瓦以上拖拉机拥有量8.55万台，增长16%（图1）。谷物联合收割机拥有量预计达到4.74万台，

增长 7.97%。拖拉机配套机具预计达到 238.43 万部，其中有 58.8 千瓦以上拖拉机配套机具 24.59 万部，增长 9.4%。农作物综合机械化率预计达到 87.9%，同比提高 1.62 个百分点。畜牧养殖、设施农业等产业农机装备水平稳步提高，畜牧业机械化率预计达到 46%，设施农业机械化率预计达到 42%，农产品初加工机械化率预计达到 64%，水产养殖机械化率预计达到 28%（表 1 至表 4）。

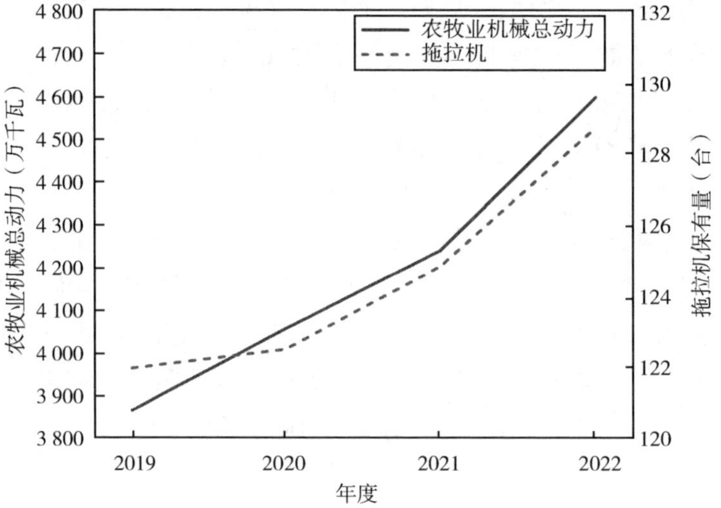

图 1　农牧业机械总动力和拖拉机保有量

表 1　内蒙古农机拥有量指标

指标	2019 年	2020 年	2021 年	2022 年
农机总动力（万千瓦）	3 866.42	4 056.58	4 239.42	4 596.43
拖拉机拥有量（万台）	118.95	122.52	124.83	128.71
58.8 千瓦及以上（万台）	6.22	6.81	7.37	8.55
谷物联合收割机拥有量（万台）	4.06	4.21	4.39	4.74
拖拉机配套机具（万部）	219.56	227.56	230.87	238.43
58.8 千瓦及以上配套机具（万部）	20.11	21.60	22.48	24.59

表 2　内蒙古机械化指标

指标	2019 年	2020 年	2021 年	2022 年

（续表）

指标	2019 年	2020 年	2021 年	2022 年
农作物综合机械化率（%）	85.8	86.1	86.5	87.9
小麦机械化率（%）	99	99	99	99
玉米机械化率（%）	87	87	93	94
水稻机械化率（%）	99	99	99	99
马铃薯机械化率（%）	90	96	96	96
大豆机械化率（%）	90	92	93	94
油菜机械化率（%）	70	74	75	80
畜牧业机械化率（%）	39	40	42	46
设施农业机械化率（%）	40	41	44	42
农产品初加工机械化率（%）	61	62	63	64
水产养殖机械化率（%）	26	27	27	28

表 3　内蒙古农机化产业化发展指标

指标	2020 年	2021 年	2022 年
农机服务组织（个）	3 994	4 145	4 338
农机专业合作社（个）	2 956	3 095	3 272
农机户（个）	1 290 042	1 267 396	1 221 229
农机维修厂及维修点（个）	6 662	6 669	6 564
乡镇农机从业人员（万人）	1 661 385	1 704 371	1 706 554
农机服务收入（万元）	1 720 013.18	1 747 471.84	1 756 361.39
农机作业服务收入（万元）	1 291 351.05	1 352 135.25	1 382 139.64
农机专业合作社作业服务面积（$\times 10^3$ 公顷）	2 280.30	2 460.99	2 632.62
生产托管作业面积（$\times 10^3$ 公顷）	254.48	381.29	419.22
农机跨区作业面积（$\times 10^3$ 公顷）	385.91	416.42	432.80

表 4　2022 年内蒙古主要农作物综合机械化率

作物种类	小麦	玉米	水稻	马铃薯	大豆	油菜
机械化率（%）	99	93.6	99	96.4	93.7	80.5

（二）机械化信息化融合发展，智能农机装备快速推广应用

以“互联网+农机作业”为引领，聚焦机械化与信息化融合，推动物联网、大数据、北斗导航、5G等新技术在农机作业上的应用。截至2022年底，内蒙古投入黑土地保护性耕作和耕地深松补助作业的免耕播种机、深松机全部安装远程监测设备，实现作业时间、位置、图像轨迹、面积全程可追溯、监测全覆盖，累计监测黑土地保护性耕作、深松整地作业面积分别为1 481.4万亩和765.5万亩。内蒙古自治区农机化信息服务平台功能进一步完善，信息化服务农民、农机手、农机服务组织、农机生产销售企业的能力得到提升。全年享受农机购置与应用补贴的北斗导航辅助驾驶（系统）设备5 331台、9 283台高性能免耕播种机加装远程监测系统，植保无人驾驶航空器2 123台，基于北斗导航作业以及深耕、播种监测等农机智能终端得到快速推广应用。

（三）补贴政策稳定实施，农机装备结构不断优化

2022年，内蒙古积极实施农机购置与应用补贴政策，充分发挥农机购置与应用补贴政策导向作用，补贴范围涵盖19个大类37个小类78个品目，引导农牧民购置使用先进适用安全可靠农牧业机械。在支持重点上，对大豆玉米带状复合种植所需机具、保护性耕作机具优先补贴，将粮食生产所需机具、生猪生产所需机具纳入补贴范围。开展马铃薯联合收获机优机优补工作，将粮食烘干成套设备、柠条收获机纳入补贴范围，继续降低保有量过多、技术相对落后的农机产品补贴额，将50马力以下拖拉机档次退出补贴范围，不断优化装备结构。实施农机报废更新补贴政策，加快老旧拖拉机、联合收割机等机具淘汰。内蒙古报废拆解企业已达到56家，已有15个旗（县）开展报废更新补贴。2022年，中央财政下达内蒙古农机购置与应用补贴资金131 114万元，内蒙古财政投入配套资金14 568万元，其中4 122万元用于牧民和牧民生产经营组织购置畜牧业机械补贴，10 446万元用于中央财政补充资金，共计补贴13.01万农户，涉及16.59万台（件）农机具。

（四）服务主体日益壮大，社会服务能力不断增强

行业注重培育壮大农机作业服务公司、农机专业合作社、农机服务专业户

等农机社会化服务主体，推进农机社会化服务向农业生产全过程、全产业延伸。截至2022年底，内蒙古农机服务组织达到4 411个，农机户124.08万户，其中农机专业合作社3 317个，同比增加45个。乡镇农机从业人员169.735 5万人，同比减少9 199人。农机作业、维修等服务收入1 868 053.8万元，其中农机作业服务收入1 480 266.35万元，同比增加98 126.71万元。农机专业合作社作业服务面积290.65万公顷，其中托管服务面积55.87万公顷，同比增加13.95万公顷。支持农机社会化服务区域中心建设，推广“全程机械化+综合农事”服务模式，充分发挥农机使用一线“土专家”作用，重点围绕主要粮油作物机收减损等关键机械化技术开展田间操作实训，全力抓好收获环节降低粮食损失工作。内蒙古7家农机合作社入选农业农村部编印的《“全程机械化+综合农事”服务中心典型案例》中（表5）。

表5　入选“全程机械化+综合农事”服务中心典型案例名单

序号	案例名称	单位
1	引领科学种植 带动一方产业腾飞	通辽市汇民盛丰合作社
2	拓宽综合服务范围 以规模化带动产业化	赤峰市宁城县于起农机专业合作社
3	以“合作社+企业+农户”模式 助力马铃薯产业发展	乌兰察布市察右后旗胜利农机农民专业合作社
4	推行农机化托管　助推农业高质量发展	巴彦淖尔市乌拉特后旗新农兴农机专业合作社
5	提升服务能力　高质量推进全程机械化	呼伦贝尔市莫力达瓦达斡尔族自治旗华兴农机服务专业合作社
6	创新管理机制　焕发规模化种植新生机	兴安盟科尔沁右翼前旗新生农业机械专业合作社
7	立足全程机械化托管，激活乡村振兴“一池春水”	兴安盟突泉县艳梁农业机械化种植专业合作社

（五）科技创新能力提升，推广示范成效显著

内蒙古高度重视农机装备产业发展，开展农机装备短板弱项梳理，向农业农村部推荐3批短板机具35个。引导产学研协同攻关，实现大豆玉米带状复合种植专用播种机、柠条平茬收获专用机械、高速免耕播种机等短板机具突破。依托高等学校、科研院所、农机制造企业等，立项支持“玉米大豆带状复合种

植全程机械化农机装备研制示范应用项目”等23项农业机械化重大科研课题和技术推广项目，总经费近3 000万元，逐步形成农机科技自主创新的良好氛围(表6)。积极推广保护性耕作、耕地深松等用地养地结合型机械化技术。推广应用高精度性卫星导航作业以及深耕、播种监测等农机智能终端，实现高质量机耕机播作业。推广高效低损收获机械和机收减损技术，深入开展机收减损大宣传、大培训、大比武活动，提高农机手精细高效收获作业操作技能。

表6　2022年内蒙古农业机械化重大科研课题和技术推广项目

序号	项目名称	项目承担单位
1	玉米大豆带状复合种植全程机械化农机装备研制示范应用项目	内蒙古大博金田机械有限公司
2	沙生灌木多功能集成装备制造及高效化利用关键技术研发	内蒙古毛乌素沙漠产业发展有限责任公司
3	易落粒特色作物收获减损技术与智能装备研发应用	中国农业科学院草原研究所
4	内蒙古特色农产品低损高效精深加工智能化装备关键技术研发与应用	内蒙古宏昌机械制造有限公司
5	玉米机械化条耕节肥节水绿色丰产技术集成与应用	内蒙古农业大学
6	东北大豆产后减损增效技术装备集成与应用	内蒙古民族大学
7	秸秆吸附捡拾器研制及饲料化压捆装备开发	内蒙古农业大学
8	合成牧草加工工艺及成套装备关键技术研究	内蒙古农业大学
9	秸秆类物料太阳能-热泵智能化干燥系统的开发与关键技术研究	内蒙古农业大学
10	自走式智能灭茬残膜捡拾机研发与产业化	扎赉特旗兴义农丰农牧机械装备有限公司
11	多功能智能化精量播种机的研发与应用	科尔沁右翼前旗兴盛宏农机具制造有限公司
12	退化羊草草原机械化切根复壮与健康耕层构建复式作业技术及机械研制	内蒙古农业大学
13	退化羊草草原切根施肥改良技术研发与装备研制	中国农业科学院草原研究所
14	振动式沙果自动采摘收获机的研发	科尔沁右翼前旗兴盛宏农机具制造有限公司
15	2BJM系列高速免耕气吸式精量播种机小规模试生产	赤峰巨昌机械有限公司

（续表）

序号	项目名称	项目承担单位
16	甜菜优质绿色机械化栽培技术推广与应用	商都县科技特派员工作站
17	马铃薯智能捡拾集装装备研发与示范推广	化德县恒利农业综合开发有限责任公司
18	退化羊草草原切根复壮、半荒漠草原免耕、沙地草原喷播镇压技术三机具研制	苏尼特左旗博洋装备制造有限公司
19	基于清洁能源的植物工厂节能关键创新技术装备研发及应用示范	赤峰最美西拉沐沦农林科技发展有限公司
20	六道方捆机及其智能系统研发	内蒙古瑞丰农牧业装备股份有限公司
21	宽幅压扁式圆盘割草机关键部件国产化研发	内蒙古瑞丰农牧业装备股份有限公司
22	基于5G+无人机的草原牧区羊群智慧监管平台研发与应用	锡林郭勒盟蒙之原牧业有限公司
23	新型高效电液智能控制甜菜联合收获机的研制	丰镇市高峰机械设备有限责任公司

2022 年完成东北黑土地保护性耕作实施面积 1 478. 3 万亩，较上年增加 362. 1 万亩，增幅达 32. 4%（图 2）。落实农机深松整地作业补助 21 472万元，用于开展农机深松整地作业补助试点面积 858. 88 万亩；国家下达内蒙古农机深松整地作业任务 1 500万亩，实际完成作业面积 1 612. 1万亩，完成全年任务的 107. 47%。

（六）质量监管持续向好，安全保障更加稳固

2022 年内蒙古自治区农牧厅组织开展了自走式玉米收获机、高性能免耕播种机、全日粮制备机等 3 种在用农机产品质量调查工作。内蒙古农机投诉机构共受理农机投诉案件 24 起，同比下降 40%，投诉案件中，拖拉机 9 起，收获机械 6 起，播种机械 3 起。全年累计报告在国家等级公路以外的农机事故 5 起，死亡 4 人，未发生重特大农机事故。全年新注册拖拉机 66 598 台、联合收获机 6 539台，安全技术检验拖拉机 105 484 台、联合收获机 9 700 台，新考驾驶员 38 801人，拖拉机驾驶员 21 006人，联收机驾驶员 6 933人。

2022 年内蒙古农机推广鉴定产品的种类拓展到 15 个大类 25 个小类 44 个品目，农机专项鉴定产品种类包含 9 个大类 10 个小类 12 个品目，基本覆盖内蒙古

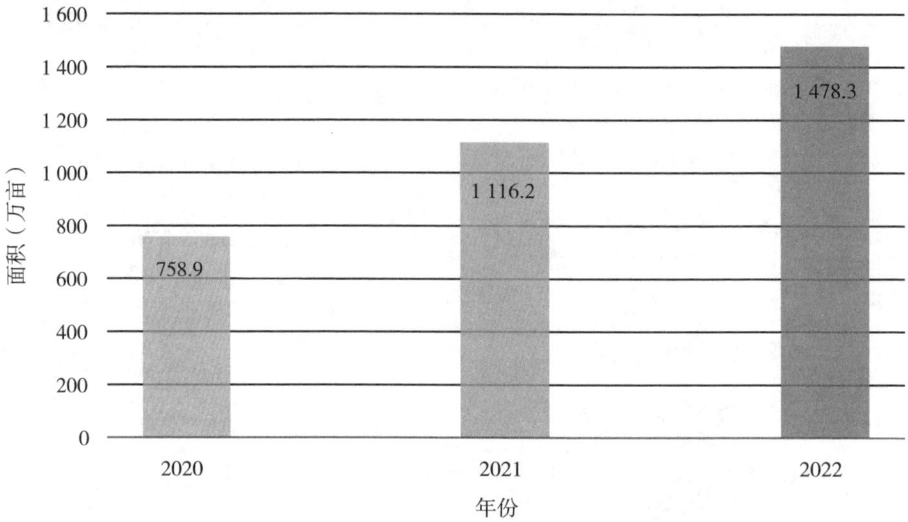

图 2　内蒙古黑土地保护性耕作推进行动实施面积

农牧机生产企业规模化生产的产品。新发布柠条平茬收获机专项鉴定大纲，内蒙古累计制定发布 16 个自治区农机产品专项鉴定大纲，发放内蒙古农机试验鉴定证书 120 张（表 7）。

表 7　内蒙古农机产品专项鉴定大纲明细表

序号	产品专项鉴定大纲	大纲名称	实施日期
1	DG15Z 001—2019	撒料机	2019-10-01
2	DG15Z 002—2019	牲畜药浴机	2019-10-01
3	DG15Z 003—2019	油沙豆收获机	2019-10-01
4	DG15Z 004—2019	振动式饲草除杂机	2019-10-01
5	DG15Z 005—2019	自动控制牲畜饮水设备	2019-10-01
6	DG15Z 006—2019	提水机	2019-10-01
7	DG15Z 007—2019	草原切根改良机	2019-10-01
8	DG15Z 008—2019	畜禽舍电动喷雾系统	2019-10-01
9	DG15Z 009—2019	骆驼挤奶机	2019-10-01
10	DG15Z 010—2019	骆驼圈	2019-10-01
11	DG15Z 011—2019	马铃薯捡拾收集机	2019-10-01
12	DG15Z 012—2019	牲畜保定架	2019-10-01

（续表）

序号	产品专项鉴定大纲	大纲名称	实施日期
13	DG15Z 005—2022	自动控制牲畜饮水设备（代替DG15Z 005—2019）	2022-03-14
14	DG15Z 013—2022	草原自动围栏门	2022-03-14
15	DG15Z 014—2022	枸杞清洗机	2022-03-14
16	DG15Z 015—2022	牛粪捡拾机	2022-03-14

（七）农机工业发展平稳，产业区域特征明显

内蒙古农机工业发展已形成呼伦贝尔市的牧草收获机械、耕整地机械、播种机械，赤峰市的青贮收获机、播种机械、耕整地机械，锡林郭勒盟的喷灌设备、牧草收获机械，呼和浩特市的马铃薯种植、收获系列机械，巴彦淖尔市播种机械、饲草料加工机械，兴安盟的播种机械、有机肥抛撒机械等产业群。截至2022年底，内蒙古共有133家农牧业机械制造企业的产品享受农机购置与应用补贴，年产值约19.46亿元。其中规模较大的企业46家，主营业务收入9.28亿元。主要包括耕种施肥机械、收获机械、饲草料加工机械、农产品加工机械、农机具零配件加工五大类产品。

（八）推进地方标准建设，服务乡村振兴战略

内蒙古根据国务院印发的《国家标准化发展纲要》要求，推进农机化地方标准化工作。截至2022年底，内蒙古自治区农牧机标准委员会秘书处所在单位参与修订的19项农机化国家标准和行业标准发布实施，内蒙古自治区农牧业机械标准化技术委员会归口的27项农机化地方标准发布实施，内蒙古农牧业机械行业协会归口的16项团体标准发布实施。

二、存在的主要问题

（一）创新性不足，存在明显短板弱项

内蒙古主要农作物生产机械化发展较快，但创新性不足，部分主要作物全

程全面机械化关键环节还存在短板，如马铃薯低损捡拾收获、联合收获机械等。主要作物高端、复式、智能农机产品供给不足，进口机械占据区内高端农机市场。经济、特色作物生产机械化水平不高，缺少专用机械，创新产品可靠性、适应性有待提升。具有内蒙古优势的草原畜牧养殖配套机械化体系还不完整，生产环节“无机可用”状况普遍。天然草原修复保护机械装备比较短缺，优质饲草青贮、农作物秸秆饲料制备、畜禽粪污利用等机械化低端同质化产品居多。设施种植业普遍存在机械化水平低下、人工投入大和机械配套性差的问题。

（二）农机推广示范能力不足

农机推广示范能力不足，不能有效发挥农机全程全面高质高效发展的引领作用。基层高素质农机推广、管理人员和实用技术人才匮乏，导致试验示范、推广、培训等无法满足现代农业发展需求。农机社会化服务发展不均衡，多数农机社会化服务组织服务能力不强、发展质量不高，农机社会化服务能力水平有待进一步提高、服务领域范围需进一步拓展，农机智能化信息化管理服务水平和安全监管保障能力需进一步提升和加强。

（三）农机工业发展滞后

内蒙古农机工业小散弱的状况仍没有明显改观，难以满足内蒙古农牧业高质量发展的需求。内蒙古农机企业以中小型企业为主，产业规模小、配套性差，没有形成产业群体。技术创新方面，缺乏创新型专业人才，存在根基薄弱的问题。产品竞争力方面，农机领域的智能化、数字化、自动化发展滞后，整体看，照搬仿制、小型低端、技术含量低的产品居多，产品同质化竞争严重，缺乏市场竞争力。

三、农机行业政策建议

为推动内蒙古农机化进程和农机装备行业向更高层次迈进，加快缩小内蒙古与其他地区的发展差距，提出如下思路和建议。

（一）加强基础研究创新工作，实施农机装备补短板工作

紧盯农作物产业发展需求，分区域、分产业、分品种、分环节全面摸清内蒙古农牧业机械装备短板，组织制订农牧业机械短板技术装备需求目录，加大科技创新投入，加强农机农艺融合研究，建设全程机械化科研基地，引导科研院所和农牧业机械企业等向农牧业机械补短板聚焦用力，重点围绕内蒙古具备创制基础好、应用场景广、生产一线急需的短板农机装备开展攻关、实现突破。如大豆玉米带状复合种植专用播种机、高速精量（免耕）播种机、柠条平茬收获专用机械、马铃薯捡拾装袋机、智能饲喂设备、中药材收获机等。

（二）强化高新技术推广应用，提高农机技术推广能力

加强农牧业机械化技术推广队伍建设，提升推广现代高端智能农机装备的能力水平。建立试验示范基地，拓展智能农机精准作业应用场景，强化新技术试验验证和示范推广功能。鼓励农机企业、科研教学单位及农机服务组织等广泛参与农牧业机械化技术推广。推行政府购买服务，鼓励农机科研推广人员与农机生产企业、新型农牧业经营主体开展技术推广合作。运用现代信息技术、数字化技术，创新农机推广载体，扩大受众面，开展线上线下“田间日”“牧场日”“设施日”活动等形式，增强体验感受，切实提升农牧业机械化技术推广效果。

（三）突出企业创新主体地位，推动农机工业转型升级

充分结合内蒙古农牧业产业发展需求和存在的机械装备短板不足制定扶持政策，支持农机装备制造龙头企业牵头，专精特中小企业配套开展联合技术攻关，实现技术突破。加强产业化生产制造基地建设，发挥规模化标准化生产优势。突出企业创新主体地位，建立健全以企业为主体、市场为导向、政府扶持、产学研推用深度融合的技术创新体系。鼓励企业与科研院所合作，加大研发资金、人才等要素投入，提高科技创新能力，推动农业机械装备向中高端升级，提高内蒙古农机品牌的竞争能力。加快农业机械装备应用研究和应用示范基地建设，加快农机创新产品熟化推广应用进程。

内蒙古自治区种植业种业行业发展报告

粮安天下，种铸基石。

习近平总书记多次强调：中国人的饭碗任何时候都要牢牢端在自己手中。种子作为农业的芯片，是确保国家粮食安全和农业高质量发展的“源头”。为打好种业翻身仗，2022 年内蒙古自治区党委和政府印发了《内蒙古自治区种业振兴行动实施方案》，围绕“种质资源保护利用、良种化水平提升、优势特色品种培育”实施三大工程，种业振兴行动实现良好开局。

一、2022 年内蒙古种业发展基本概况

（一）农作物种质资源普查与收集

按照农业农村部第三次全国农作物种质资源普查的要求，2021 年内蒙古自治区农牧厅印发了《内蒙古自治区农牧业种质资源普查总体方案（2021—2023 年）》。2022 年内蒙古自治区农牧厅联合发改、财政、科技等部门出台了《关于加强农牧业种质资源保护利用的实施意见》《全区农牧业种质资源保护利用中长期发展规划（2022—2030）》。通过开展农作物种质资源普查，基本摸清了农作物种质资源家底。

1. 农作物种质资源普查与征集

2022 年全面完成了 94 个旗（县）农作物种质资源普查与征集任务，填写普查表 282 份，普查数据已通过国家普查办的审核，征集了包括粮食作物、蔬菜、果树、经济作物等在内的作物种质资源共计 3 135份。

2. 农作物种质资源系统调查与抢救性收集

截至目前，内蒙古共有 27 个旗（县）参与种质资源系统调查与抢救性收集行动，共收集资源 2 788份，移交资源 1 171份，填写调查表 1 093份。2022 年 14

个任务旗（县）已全部完成收集任务，共收集资源 1 662份，已经移交国家普查办共666 份；2023 年 13 个任务旗（县）中 9 个旗（县）已完成收集任务，共收集资源 1 126份，已经移交国家普查办 505 份。

（二）种业科技创新

1. 品种审定情况

品种审定是我国品种管理的一项重要制度，对提高粮食单产水平、提升农产品品质、增强作物抗性、引领育种发展方向、维护农民利益发挥着重要作用。2022 年 5 月内蒙古自治区第八届农作物品种审定委员会换届成立并召开第一次品种审定会议，共计审定通过主要农作物品种 123 个，与 2020 年相比减少 62 个。其中玉米 91 个，小麦 6 个，水稻 16 个，大豆 10 个（图 1）。

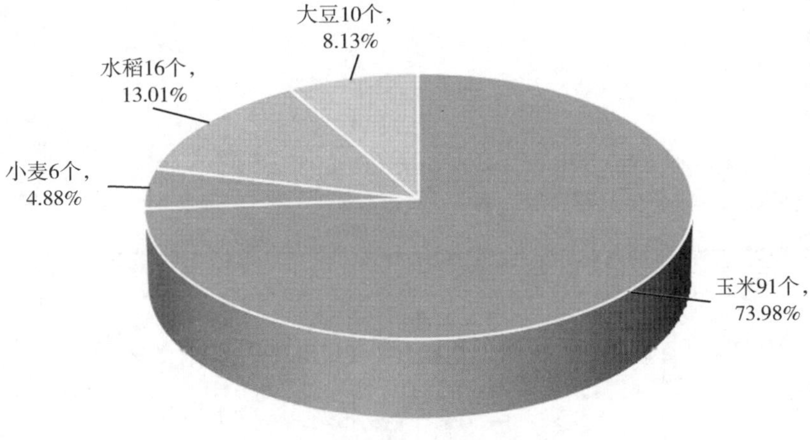

图 1　2022 年内蒙古主要农作物审定情况

自 2000 年《中华人民共和国种子法》颁布以来，通过内蒙古审定的主要农作物品种数量共计 1 665个。其中玉米 1 366个，占比 82. 04%；小麦 63 个，占比 3. 78%；水稻 103 个，占比 6. 19%；大豆 133 个，占比 7. 99%（图 2 至图 4）。

2022 年 12 月，根据《中华人民共和国种子法》及农业农村部《主要农作物品种审定办法》有关规定，参照《国家级稻、玉米品种审定标准（2021 年修订）》，内蒙古自治区农作物品种审定委员会对内蒙古玉米、水稻品种审定标准进行了修订。新的审定标准对玉米、水稻新品种的培育和审定提出了更加严格的要求。审定标准的修订是从源头上把好品种质量关，为内蒙古种业振兴奠定坚实基础。

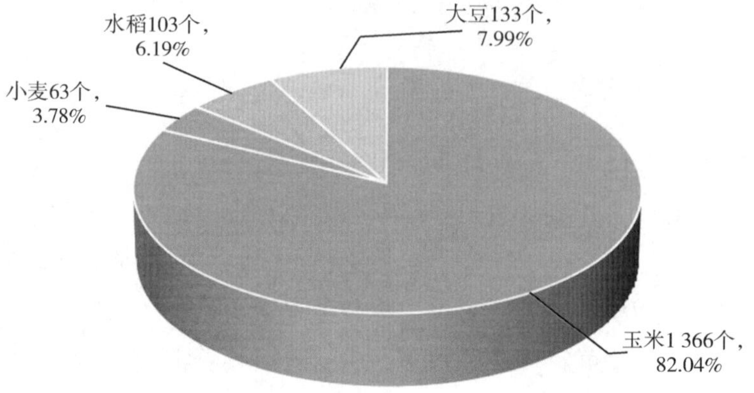

图 2　2000—2022 年内蒙古审定的主要农作物品种

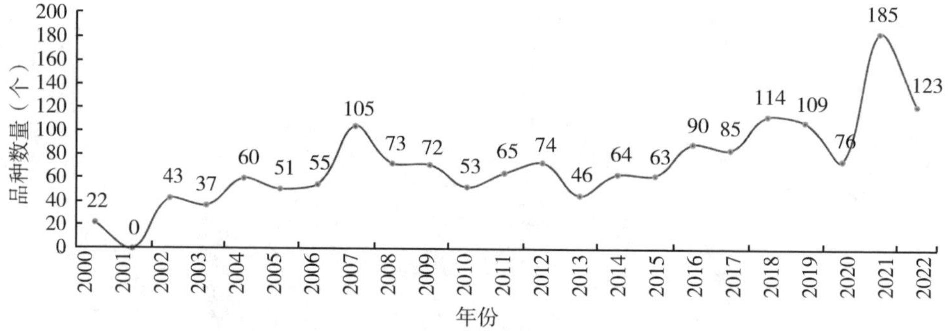

图 3　2000—2022 年内蒙古主要农作物审定品种数量

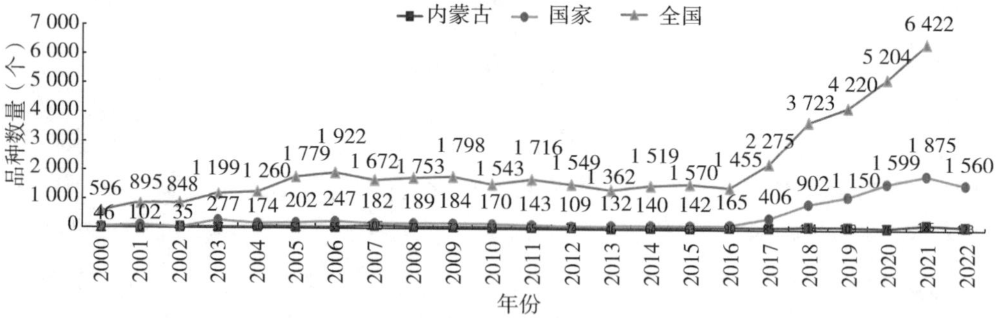

图 4　2000—2022 年主要农作物审定品种数量

2. 品种登记情况

2016年以前，《中华人民共和国种子法》对非主要农作物品种既不要求审定，也不要求登记，其种子上市销售或推广既无法律规范约束，也无品种管理规范，在实践中引发许多问题，例如育种者的合法权益得不到有效保护，农民利益受损，影响产业发展，监管困难等。2016年新修订的《中华人民共和国种子法》建立的非主要农作物登记制度是完善我国农作物品种管理的重大举措，内蒙古严格遵守并落实非主要农作物品种登记制度，做好品种登记初审工作（表1）。

表1　2017—2022年内蒙古自治区通过登记的非主要农作物品种数量　单位：个

登记作物	2017年	2018年	2019年	2020年	2021年	2022年	合计
马铃薯		11	4	5	7	17	44
谷子	12	49	39	45	31	65	241
高粱		44	24	54	16	32	170
大麦（青稞）				2			2
蚕豆			1				1
豌豆	1						1
油菜		2	2		1		5
胡麻（亚麻）				5			5
向日葵	29	136	67	72	59	20	383
甜菜			2	2	1	2	7
大白菜	1			1			2
黄瓜	1	7	3	4			15
番茄	1	14		9		1	25
辣椒	1	21	2	8		2	34
西瓜	1	10	4				15
甜瓜	1	9	4			1	15
合计	48	303	152	207	115	140	965

自2017年以来，内蒙古非主要农作物品种登记共计965个（含221个撤销品种）。其中向日葵383个，占比39.69%；谷子241个，占比24.97%；高粱170个，占比17.62%；马铃薯44个，占比4.56%；其他作物127个，主要以蔬菜瓜类为主，占比13.16%（图5）。2017—2022年完成非主要农作物品种登记数量如图6，2018年数量最多，2020年其次，分别为303个、207个。

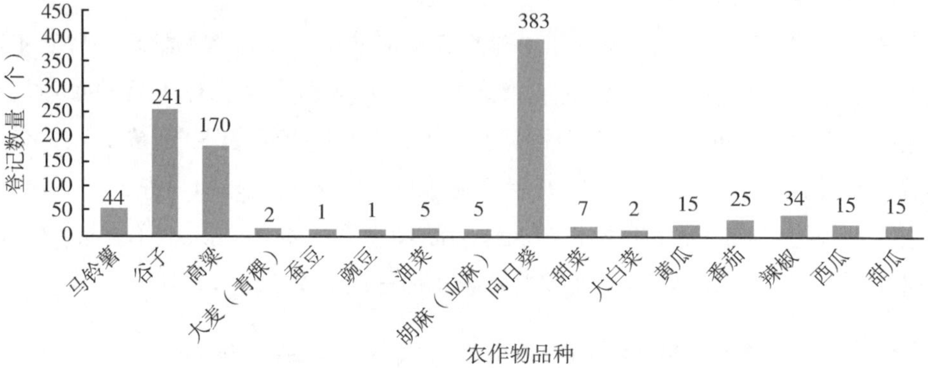

图 5　2017—2022 年不同农作物品种登记数量

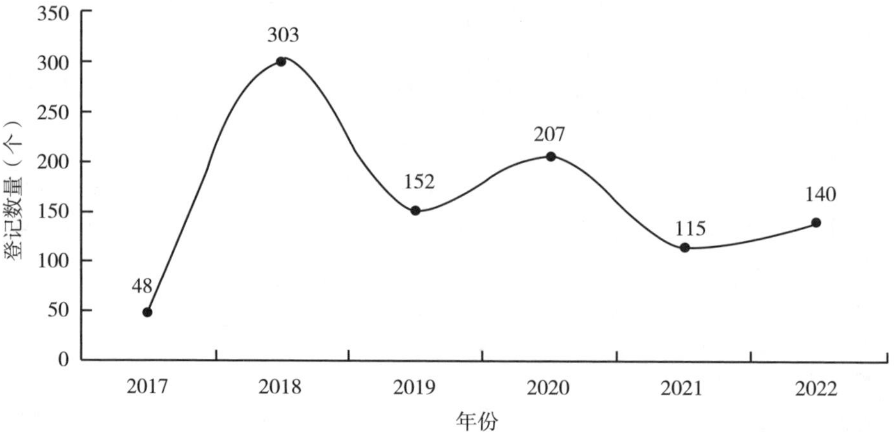

图 6　2017—2022 年非主要农作物品种登记数量

2022 年，内蒙古完成登记的非主要农作物品种有 140 个，其中马铃薯 17 个，谷子 65 个，向日葵 20 个，高粱 32 个，辣椒 2 个，甜瓜 1 个，甜菜 2 个，番茄 1 个。谷子和高粱品种的申请者主要集中在赤峰市和通辽市，向日葵品种的申请者主要集中在巴彦淖尔市，马铃薯品种的申请者主要以内蒙古农业大学、内蒙古农牧业科学院和马铃薯种子企业为主（图 7）。

近年来，由于种子同质化和“仿种子”问题突出，按照种业振兴市场净化行动部署，2021 年农业农村部先期启动向日葵“仿种子”登记品种清理工作，

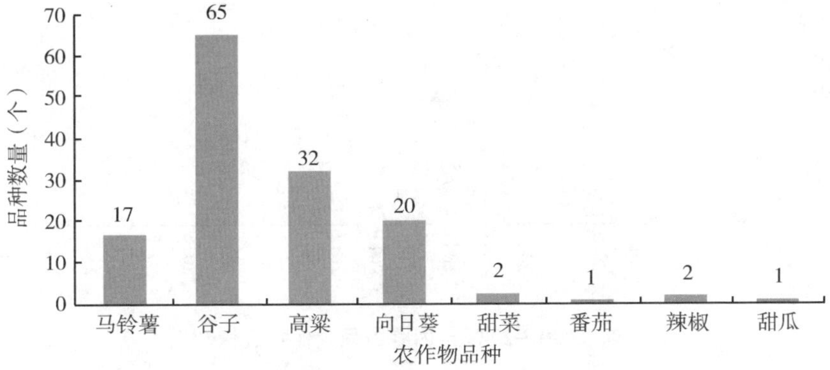

图 7　2022 年登记品种数量

到 2022 年 7 月分两批撤销向日葵登记品种 359 个。在此基础上，2022 年又启动了甜瓜和黄瓜登记品种清理工作，接续开展第三批向日葵登记品种清理，并将这 3 种作物列入全国种业监管执法年活动打击假冒伪劣、套牌侵权的重点。在申请者自愿撤销的基础上，内蒙古对 221 个非主要农作物登记品种提出了撤销意见，其中向日葵品种 215 个，辣椒品种 1 个，甜瓜品种 5 个。

3. 植物新品种权

2001—2022 年，内蒙古申请保护品种数量累计 925 个（表 2 为部分主要农作物申请数量统计），获得品种保护授权数量累计 302 个。从 2019 年开始，保护品种的申请量和授权量大幅度增加，2021 年有 279 个品种申请保护，54 个品种获得保护授权，是近年来申请数和授权数最多的一年（图 8、图 9）。

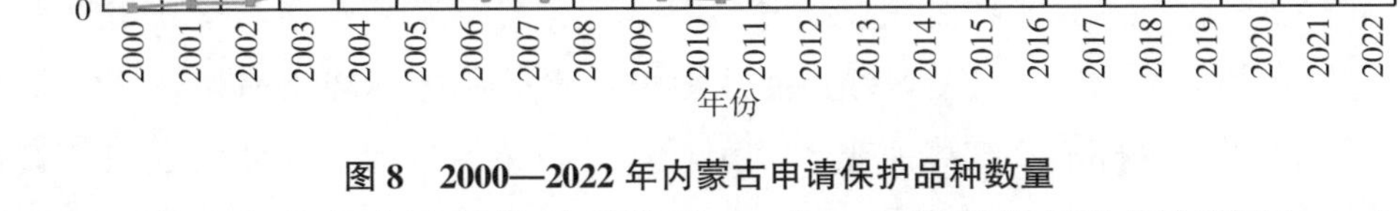

图 8　2000—2022 年内蒙古申请保护品种数量

2022 年，内蒙古申请保护品种数量 67 个，获得品种保护授权数量 20 个。获得授权的品种数量分别为：玉米 11 个，大豆 2 个，谷子 3 个，向日葵 1 个，

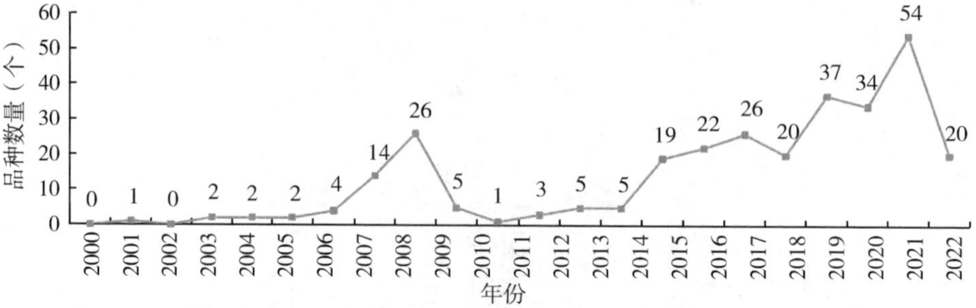

图9　2000—2022年内蒙古品种保护授权数量

西瓜1个，甜瓜1个，辣椒1个（表2）。

表2　2001—2022年内蒙古部分主要农作物申请品种保护数量统计

作物	玉米	水稻	普通小麦	大豆	向日葵	马铃薯	谷子	高粱
申请量（个）	502	1	10	38	102	90	28	20
授权量（个）	189	0	4	18	38	4	10	14

（三）良繁基地建设

为加快提升内蒙古农作物制种基地现代化建设水平，推动制种基地提档升级，保障粮食和重要农产品供种能力，依托国家制种大县奖励和现代种业提升项目资金支持，内蒙古建成9个国家级制种大县和区域性良繁基地，认定2个自治区级制种大县，农作物良种繁育基地面积达到130万亩以上，农作物良种覆盖率稳定在98%以上。国家级制种大县及良繁基地9个，分别为呼伦贝尔市莫力达瓦达斡尔族自治旗和鄂伦春自治旗大豆制种大县；赤峰市松山区玉米制种大县和敖汉旗谷子区域性良繁基地；呼伦贝尔市牙克石市、乌兰察布市四子王旗和察右前旗、锡林郭勒盟正蓝旗马铃薯区域性良繁基地；乌兰察布市卓资县燕麦区域性良繁基地。自治区级制种大县2个，分别为赤峰市翁牛特旗玉米制种大县、兴安盟科尔沁右翼前旗大豆制种大县。截至目前，制种大县和良繁基地已获国家奖励支持1.6亿元，下一步将继续保持国家支持力度并争取扩大认定范围和认定数量（表3）。

表 3　内蒙古制种大县及良繁基地名单

序号	盟（市）	地区	类型	作物
1	呼伦贝尔市	鄂伦春自治旗	国家级制种大县	大豆
2		莫力达瓦达斡尔族自治旗	国家级制种大县	大豆
3		牙克石市	国家级区域性良繁基地	马铃薯
4	兴安盟	科尔沁右翼前旗	自治区级制种大县	大豆
5	赤峰市	松山区	国家级制种大县	玉米
6		敖汉旗	国家级区域性良繁基地	谷子
7		翁牛特旗	自治区级制种大县	玉米
8	乌兰察布	卓资县	国家级区域性良繁基地	燕麦
9		四子王旗	国家级区域性良繁基地	马铃薯
10		察右前旗	国家级区域性良繁基地	马铃薯
11	锡林郭勒盟	正蓝旗	国家级区域性良繁基地	马铃薯

（四）企业发展与良种推广

1. 种子生产

（1）种植情况。国家统计数据显示，2022 年内蒙古粮食产量实现“十九连丰”，粮食总产、单产均创历史新高。粮食产量达到 780.1 亿斤，比 2021 年增加 12 亿斤，同比增长 1.6%，增量占全国 16.2%，居全国第 3 位，总产居全国第 6 位，连续 5 年保持在 750 亿斤以上。2022 年内蒙古粮食播种面积达到 10 427.7万亩，较 2021 年增加 101.2 万亩，增幅 1%。其中，大豆播种面积 1 833.07万亩，较 2021 年增加 493.3 万亩，增幅达 36.8%。粮食作物平均单产 748.1 斤/亩，较 2021 年增加 4.3 斤/亩，增幅 0.6%。

其中，玉米大田种植面积 6 291.87万亩，占主要农作物种植面积 60.3%，产量约 310 亿千克；大豆大田种植面积 1 833.07万亩，占主要农作物种植面积 17.6%，产量 24 亿千克。小麦大田种植面积 579.24 万亩，产量 12.64 亿千克；水稻大田种植面积 175.85 万亩，产量 9 亿千克；马铃薯大田种植面积 336.04 万亩，产量 11 亿千克。谷子大田种植面积 380.40 万亩，产量 9.23 亿千克；高粱大田种植面积 184.31 万亩，产量 7.23 亿千克（表 4、图 10、图 11）。

表 4　2022 年内蒙古主要农作物种植面积

作物	水稻	小麦	玉米	谷子	高粱	大豆	马铃薯
面积（万亩）	175.85	579.24	6 291.87	380.4	184.31	1 833.07	336.04
产量（万千克）	90 212	126 391	3 098 362	92 303	72 259	245 418	110 027

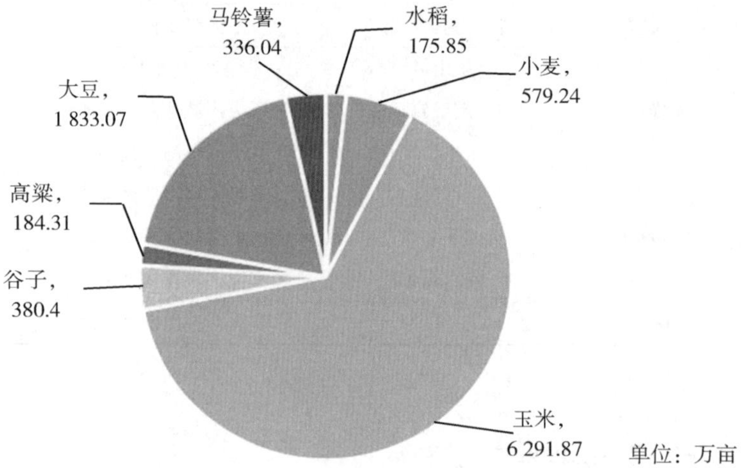

图 10　2022 年内蒙古主要农作物种植面积

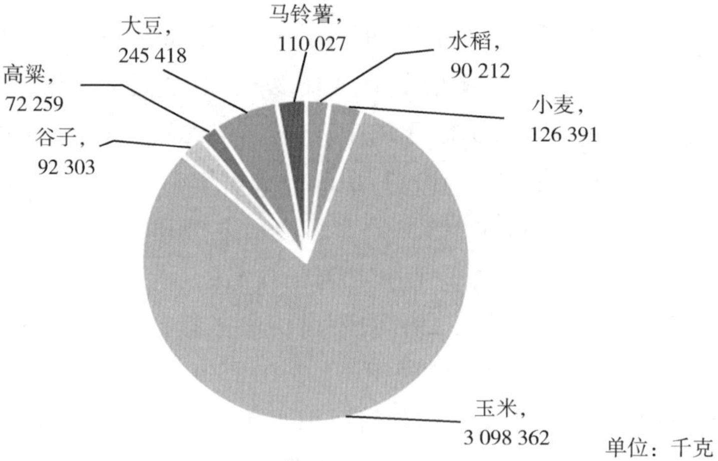

图 11　2022 年内蒙古主要农作物产量

（2）制种情况。种子作为农业的芯片，是保障国家粮食安全和农业高质量发展的“源头”。内蒙古作为全国重要农畜产品基地，近年来主要农作物制种面积常年稳定在 100 万亩左右，制种量在 16 亿~21 亿千克，充足的种子供应能够满足内蒙古大田种植用种需求。

2022 年内蒙古主要农作物制种面积 135. 80 万亩，制种量约 19. 21 亿千克；其中玉米 17. 20 万亩，同上年比增加 5. 10 万亩，制种 5 934万千克；大豆 35. 29 万亩，同上年比增加 9. 05 万亩，制种 5 364. 08万千克；春小麦 8. 71 万亩，制种 2 168. 79万千克；常规水稻 2. 24 万亩，制种 1 120万千克；马铃薯 70. 84 万亩，制种 17. 71 亿千克；谷子 0. 56 万亩，制种 161. 28 万千克；高粱 0. 96 万亩，制种 297. 6 万千克（图 12 至图 14）。

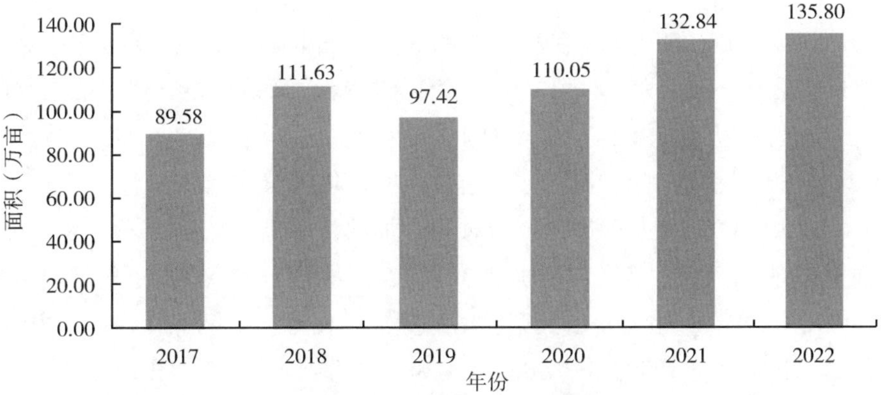

图 12　2017—2022 年制种面积

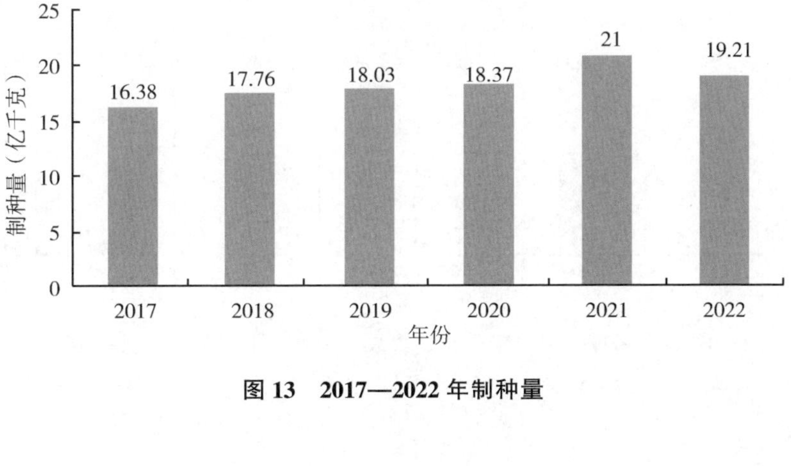

图 13　2017—2022 年制种量

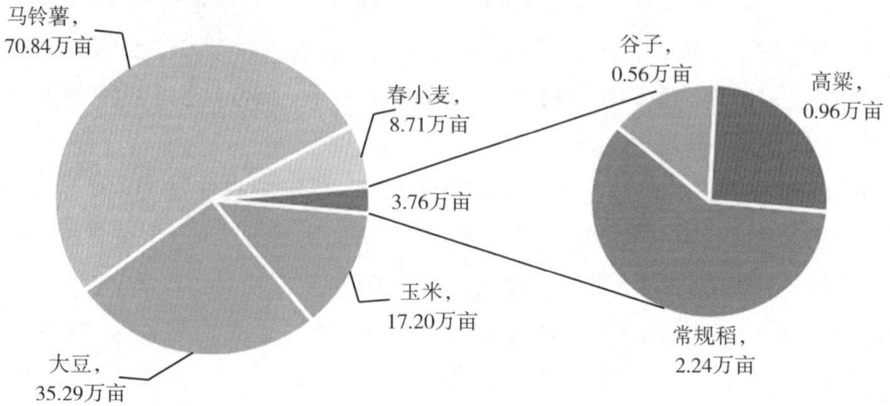

图 14　2022 年内蒙古主要农作物制种面积占比

2017—2022 年，随着国家种植结构的调整，玉米制种出现一定波动，2020 年后再次逐步上升。随着大豆种植补贴、轮作补贴等政策的实施、种植结构的调整，从 2020 年开始，大豆制种面积逐年增加，制种面积平均增幅 23. 82%，产量平均增幅 24. 31%，单产稳定在 150 千克/亩左右。2022 年内蒙古落实扩种大豆和油料作物任务，大力推广玉米大豆带状复合种植，加快推广新模式新技术，大豆种植面积达到了 1 833. 1万亩，较上年增加 493. 3 万亩，增幅达 36. 8%。小麦制种不稳定，保持在 10 万亩左右，主要是以大型农场为主，近几年产量呈下降趋势。内蒙古水稻制种面积和制种量常年不多，2022 年突破了 2 万亩（图 15、图 16）。

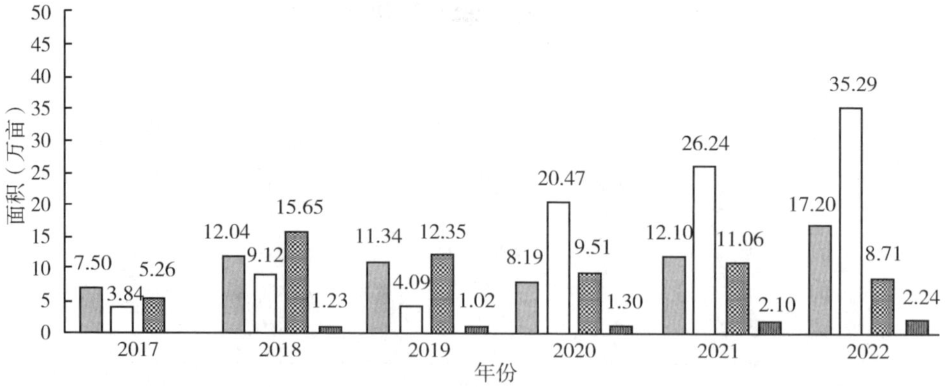

图 15　2017—2022 年玉米、大豆、小麦、水稻制种面积变化

（注：每年的柱状图从左至右分别为玉米、大豆、春小麦、水稻。2017 年水稻制种数据无法查证确认。）

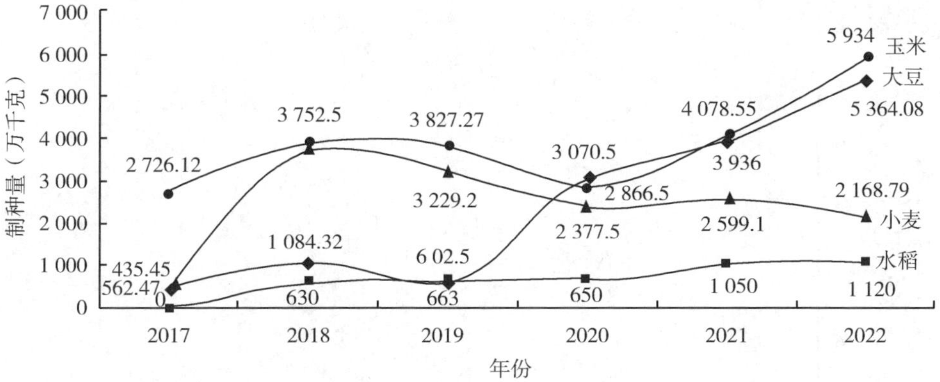

图 16　2017—2022 年玉米、大豆、小麦、水稻制种量变化

（注：2017 年水稻制种数据无法查证确认）

2022 年，马铃薯制种面积较 2021 年下降了 8.2 万亩，产量下降了约 2 亿千克。谷子、高粱作为内蒙古特色作物，近几年制种面积和制种量也在逐年增加。谷子在 2021 年制种面积 1.45 万亩，制种量达到了 420.5 万千克，2022 年再次回落。近 3 年，高粱制种面积和制种量逐年增加，2020 年 0.43 万亩，2021 年 0.85 万亩，2022 年 0.96 万亩（图 17 至图 20）。

图 17　2017—2022 年马铃薯制种面积变化

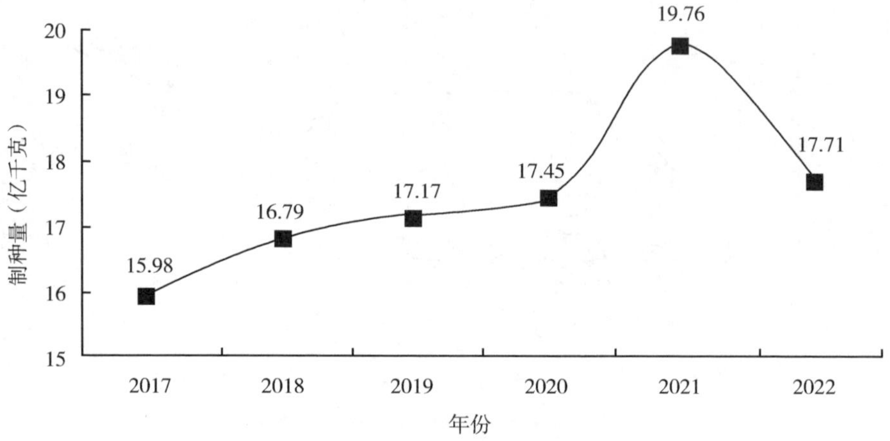

图 18　2017—2022 年马铃薯制种量变化

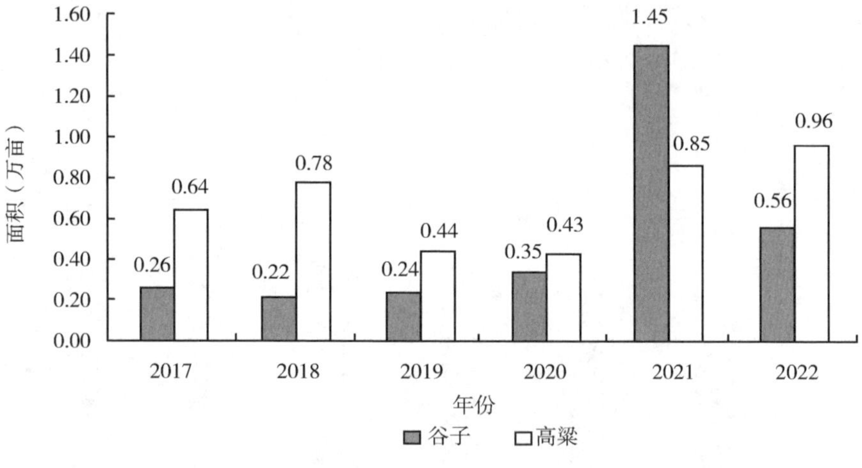

图 19　2017—2022 年谷子、高粱制种面积变化

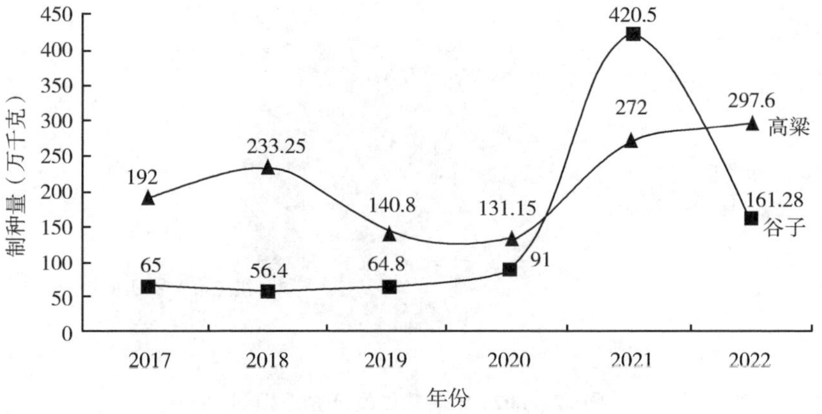

图 20　2017—2022 年谷子、高粱制种量变化

2. 企业发展

（1）种子企业数量与规模。2016—2022 年，内蒙古种子企业数量逐年增加，2022 年持有效农作物种子生产经营许可证的企业有 257 家，实际开展生产经营活动的有 243 家，其中，自治区级发证的企业有 50 家，主要是以杂交玉米种子生产经营为主的企业；盟（市）级发证的企业有 69 家，主要是以马铃薯、大豆等种子生产经营为主的企业；旗（县）级发证的企业有 124 家，主要是以马铃薯、向日葵、杂粮等种子生产经营为主的企业。经统计，主要生产经营玉米种子的企业有 48 家，主要生产经营大豆种子的企业有 25 家，主要生产经营马铃薯种薯的企业有 69 家（图 21、图 22）。

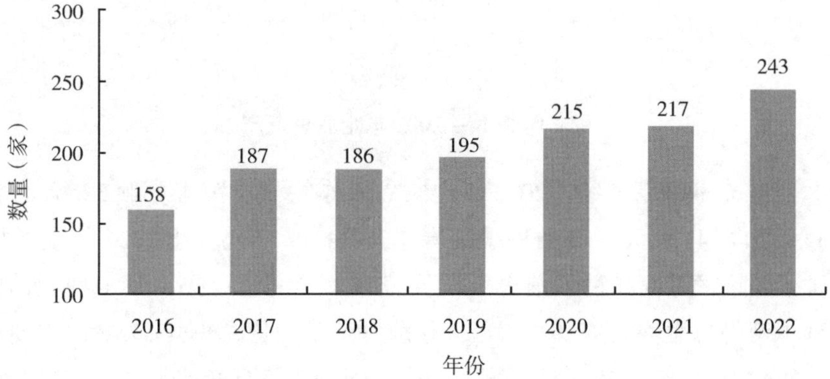

图 21　2016—2022 年内蒙古开展生产经营活动的种子企业数量

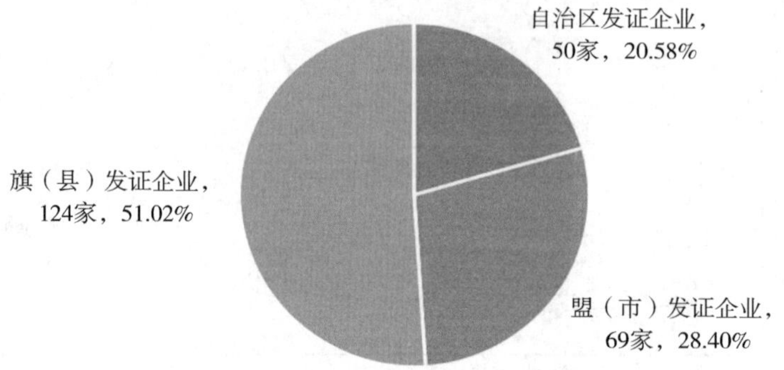

图22　2022年内蒙古发证企业数量

近年来，内蒙古种子企业规模保持在100亿元左右，总体呈上升趋势。2022年总资产约为126.5亿元，资产在1亿元以上的企业有22家，占企业总数的9.05%，资产合计约83.88亿元，占总资产66.31%（图23）。

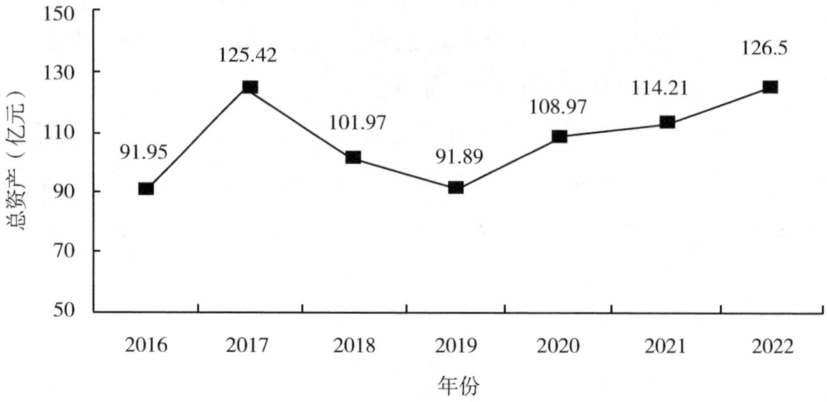

图23　2016—2022年企业总资产

（2）种子企业经营业绩。2022年内蒙古农作物种子销售总额32.65亿元，比2021年度增加6.41亿元，商品种子销售总额32.19亿元，比2021年度增加7.68亿元。种子销售额及商品种子销售额排名前10的企业如表5，其中种子销售总额和商品种子销售总额均为15.91亿元，分别占种子销售总额48.73%，占商品种子销售总额49.43%。2023年3月，第十九届全国种子信息交流与产品交易会暨第十四届中国国际种业博览会在天津举办，在推进种业振兴信息发布会中，2021年度马铃薯商品种子销售总额排名进入5强的企业内蒙古有2家，分别为内蒙古中加农业生物科技有限公司（第4名）、内蒙古坤元太和农业科技有限公司（第5名）。

表5　内蒙古种子销售额及商品种子销售额排名前10的企业

序号	企业名称
1	内蒙古兴丰种业有限公司
2	内蒙古巴彦淖尔市科河种业有限公司
3	内蒙古格瑞得马铃薯种业集团有限公司
4	内蒙古西蒙种业有限公司
5	内蒙古希森马铃薯种业有限公司
6	内蒙古坤元太和农业科技有限公司
7	内蒙古中加农业生物科技有限公司
8	克什克腾雪川农牧业科技有限公司
9	内蒙古利禾农业科技发展有限公司
10	内蒙古真金种业科技有限公司

2016—2021年，内蒙古农作物商品种子销售额全国占比在2.4%~3.2%，全国排名总体上处于中间位置，以2021年公布数据为例，河南、黑龙江、北京等地商品种子销售额全国占比5%以上，山东占比高达10.77%；内蒙古前10的企业商品种子销售额全国占比在1.1%~2.6%，而北京、黑龙江、江苏、安徽、山东、湖南、海南等地全国占比在3%~4%，内蒙古与优势省份相比较仍有很大差距（图24、图25）。

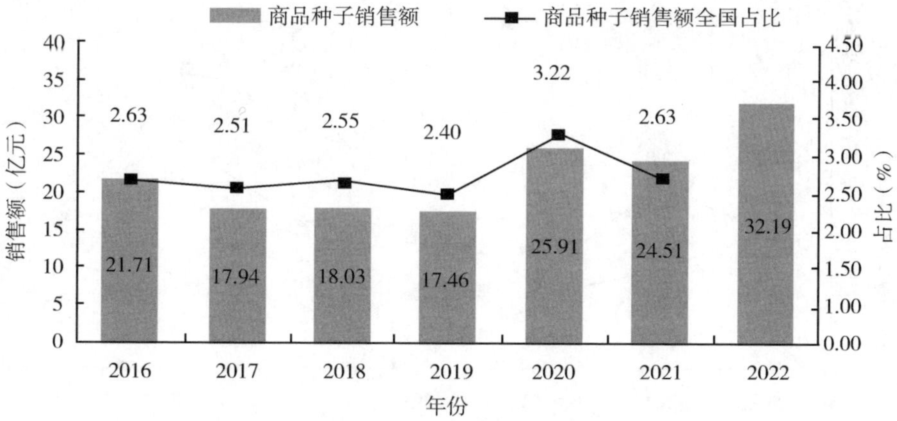

图24　2016—2022年内蒙古商品种子销售额及全国占比

（注：2022年国家统计数据尚未公布，占比暂时无法计算）

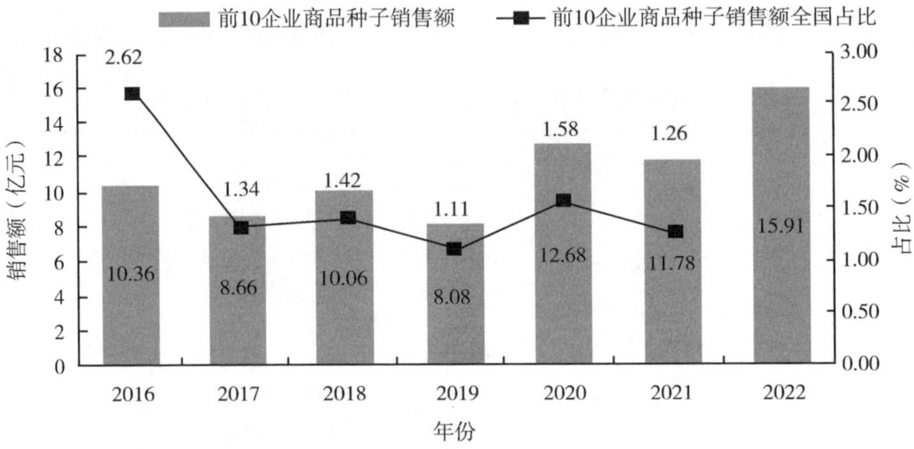

图 25　2016—2022 年内蒙古前 10 企业商品种子销售额及全国占比

（注：2022 年国家统计数据尚未公布，占比暂时无法计算）

2022 年内蒙古种子企业利润总额 2.48 亿元，其中种子销售利润 2.72 亿元，比 2021 年少了 0.96 亿元。种子销售利润 100 万～300 万元的企业有 27 家，300 万～500 万元的企业有 6 家，500 万～1 000万元的企业有 5 家，超过 1 000万元的企业有 8 家。前 10 的企业种子销售利润 2.52 亿元，占种子销售利润的 92.64%（图 26、表 6）。

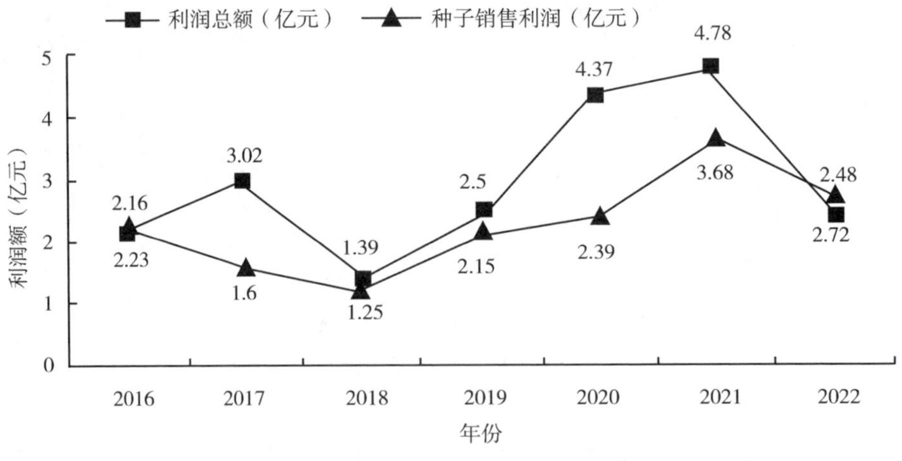

图 26　2016—2022 年种子销售利润变化

表 6　2022 年内蒙古种子企业利润总额前 10 和种子销售利润前 10 的企业

利润总额前 10 企业	种子销售利润前 10 企业
内蒙古希森马铃薯种业有限公司	内蒙古希森马铃薯种业有限公司
呼伦贝尔农垦拉布大林农牧场有限公司	克什克腾雪川农牧业科技有限公司
三瑞农业科技股份有限公司	内蒙古坤元太和农业科技有限公司
克什克腾雪川农牧业科技有限公司	三瑞农业科技股份有限公司
内蒙古隆草高科农业有限公司	内蒙古西蒙种业有限公司
内蒙古民丰种业有限公司	内蒙古蒙龙种业科技有限公司
内蒙古坤元太和农业科技有限公司	内蒙古金岭青贮玉米种业有限公司
内蒙古蒙龙种业科技有限公司	内蒙古兴丰种业有限公司
内蒙古西蒙种业有限公司	内蒙古格瑞得马铃薯种业集团有限公司
内蒙古格瑞得马铃薯种业集团有限公司	内蒙古巴彦淖尔市科河种业有限公司

（3）科研状况。2016—2022 年，通过内蒙古审定的企业（包括区外企业）品种数量平均占比 78.13%，2018 年占比最高 90.59%，2021 年数量最多，2022 年 105 个，占比 85.37%，其中玉米品种 85 个，占比 80.95%；大豆品种 4 个，占比 3.81%；水稻品种 13 个，占比 12.38%；小麦品种 3 个，占比 2.86%（图 27）。

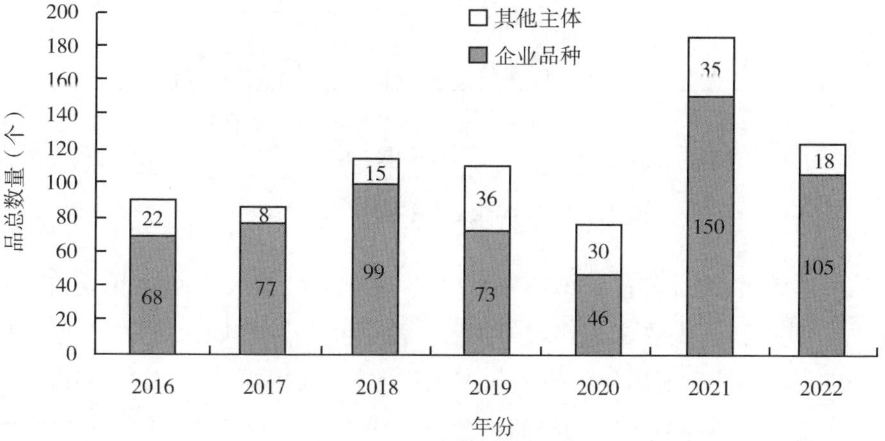

图 27　2016—2022 年企业通过审定品种数量

2022 年企业申请植物品种权 42 个，占申请数 62.69%，获得授权保护品种 9

个，占授权数 45%（图 28、图 29）。

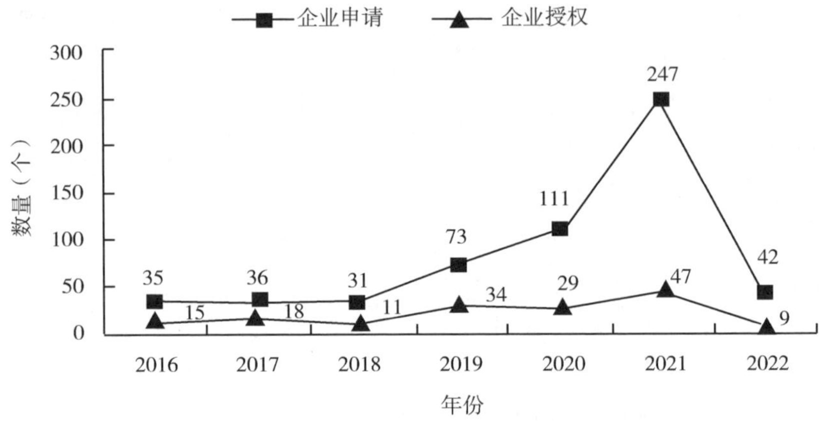

图 28　企业品种权申请和授权数量

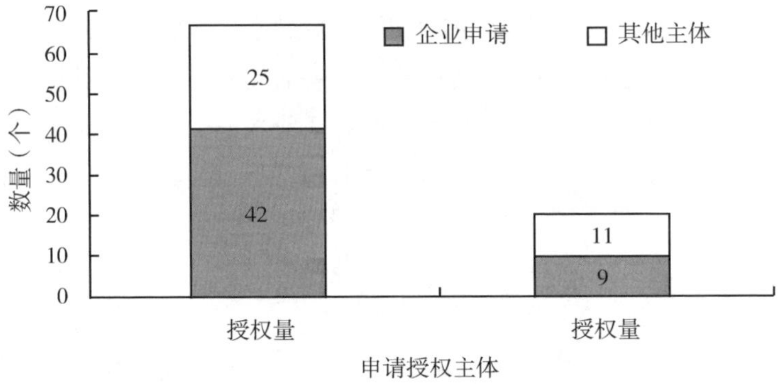

图 29　2022 年企业品种权申请和授权量

从种业统计数据来看，2016—2022 年，企业在职人数基本稳定在 5 000～6 000人，其中科研人数在 800～1 000人，占当年企业在职人数的比例在 16%～20%，与全国其他省份历年科研人数占比相比较，内蒙古科研人数占比不高，天津市、黑龙江省等个别省市的科研人数占在职人数近 1/3。2022 年内蒙古企业科研人数为 1 134人，约占企业在职人数 1/5，其中自有科研人数 861 人（硕士研究生及以上学历 152 人，非硕士研究生及以上学历 709 人），占总科研人数的 75. 92%，外聘骨干科研人数 273 人，占总科研人数的 24. 08%（图 30 至图 32）。

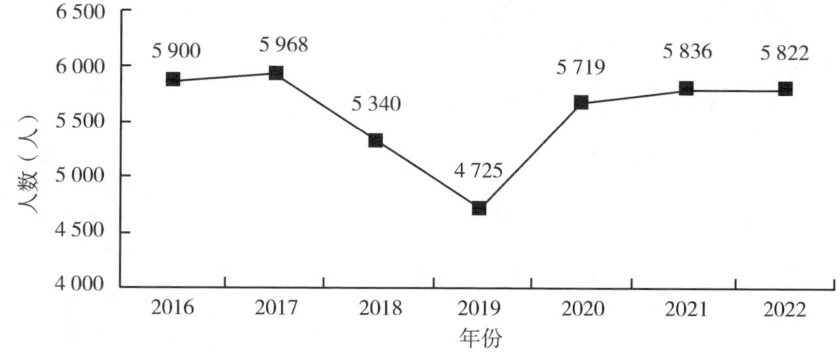

图 30　2016—2022 年企业在职人数

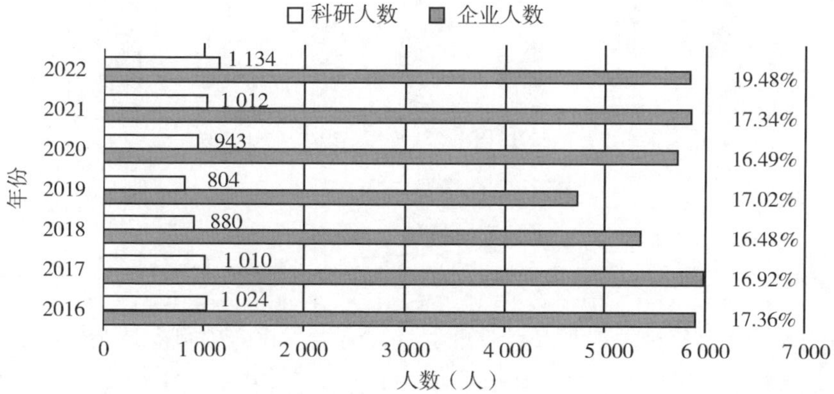

图 31　2016—2022 年内蒙古企业科研人数占比

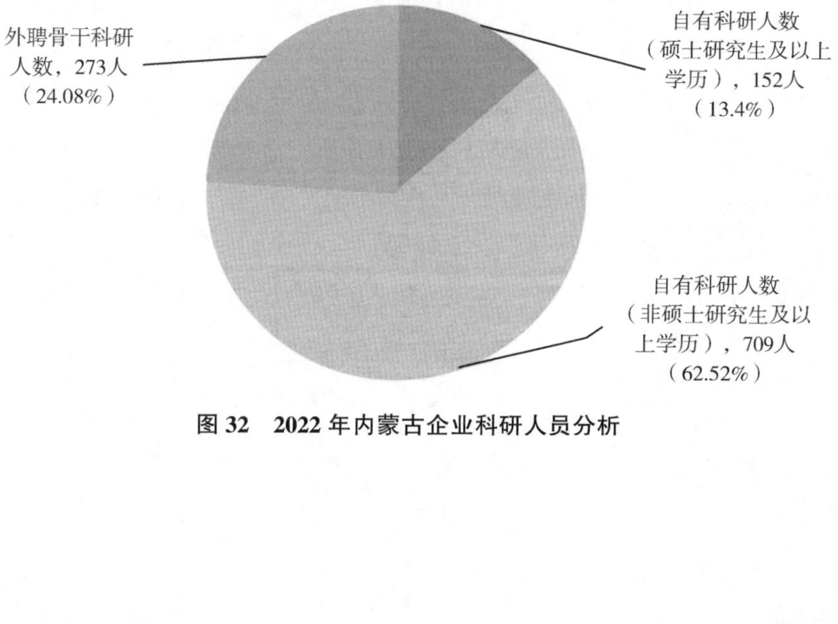

图 32　2022 年内蒙古企业科研人员分析

2016—2019 年，内蒙古种业领域的科研投入平均在 1.46 亿元左右，2020 年有明显增长，到 2021 年科研投入超过了 2 亿元，2022 年投入 2.1 亿元。从全国占比来看，2020 年以前占比呈下降趋势，2020 年后占比再次上升，2021 年达到了 5.44%，历史最高（图 33）。

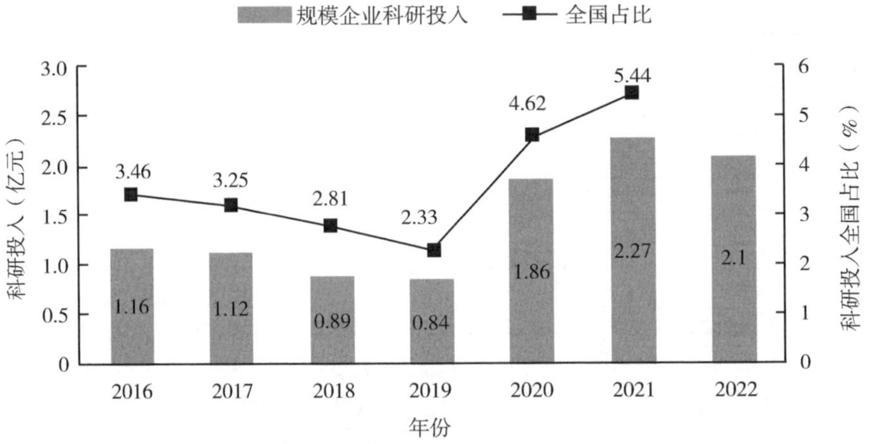

图 33　科研投入及占比

（注：2022 年国家统计数据尚未公布，占比暂时无法计算）

内蒙古种业科研投入主要以企业自主投入为主，政府项目支持为辅，2022 年内蒙古企业科研总投入 2.1 亿元，其中企业自主投入 1.8 亿元，占比 85.71%，财政项目对企业投入 0.29 亿元，占比 13.81%，非财政资金的投入 0.01 亿元，占比 0.48%。科研投入前 10 的种子企业投入合计 1.03 亿元，占总投入的 49%（图 34、表 7）。

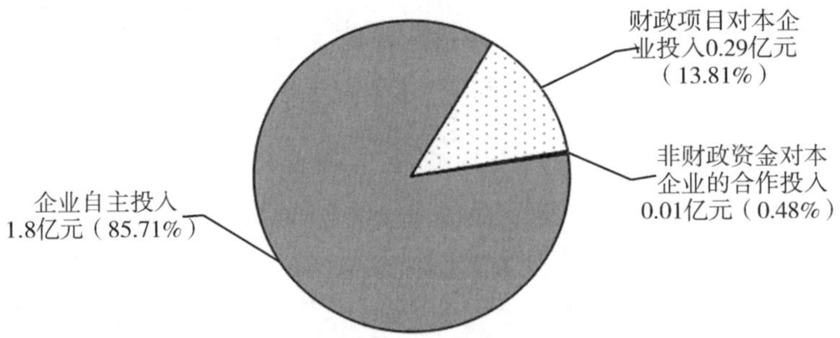

图 34　2022 年内蒙古企业科研投入分析

表 7　2022 年科研投入前 10 的企业

科研总投入前 10 企业	企业自主投入前 10 企业
内蒙古格瑞得马铃薯种业集团有限公司	内蒙古巴彦淖尔市科河种业有限公司
内蒙古巴彦淖尔市科河种业有限公司	内蒙古格瑞得马铃薯种业集团有限公司
内蒙古罗欧农业有限公司	内蒙古兆丰河套面业有限公司
内蒙古西蒙种业有限公司	内蒙古罗欧农业有限公司
内蒙古兆丰河套面业有限公司	内蒙古利禾农业科技发展有限公司
内蒙古华颂种业科技有限公司	内蒙古坤元太和农业科技有限公司
内蒙古利禾农业科技发展有限公司	内蒙古西蒙种业有限公司
内蒙古中加农业生物科技有限公司	内蒙古华颂种业科技有限公司
内蒙古坤元太和农业科技有限公司	三瑞农业科技股份有限公司
三瑞农业科技股份有限公司	内蒙古中加农业生物科技有限公司

（4）重点企业。内蒙古“育繁推”一体化企业 4 家，种子年销售额均在 1 亿元以上；国家级阵型企业 3 家；国家级信用企业 12 家；具有种子进出口资质企业 8 家（表 8 至表 11）。

表 8　内蒙古“育繁推”一体化企业

序号	企业名称	生产经营范围
1	内蒙古巴彦淖尔市科河种业有限公司	玉米
2	内蒙古西蒙种业有限公司	玉米
3	内蒙古利禾农业科技发展有限公司	玉米
4	内蒙古兴丰种业有限公司	玉米

表 9　内蒙古国家级阵型企业

序号	企业名称	生产经营范围
1	内蒙古巴彦淖尔市科河种业有限公司	玉米
2	内蒙古坤元太和农业科技有限公司	马铃薯
3	内蒙古华颂农业科技有限公司	马铃薯

表 10　内蒙古国家级信用企业

序号	企业名称	生产经营范围	信用级别
1	内蒙古巴彦淖尔市科河种业有限公司	玉米	AA 级
2	内蒙古中加农业生物科技有限公司	马铃薯	AA 级
3	内蒙古真金种业科技有限公司	玉米	AA 级
4	内蒙古宏博种业科技有限公司	玉米	AA 级
5	内蒙古西蒙种业有限公司	玉米	AA 级
6	内蒙古利禾农业科技发展有限公司	玉米	AA 级
7	内蒙古蒙龙种业科技有限公司	玉米、高粱、谷子	AA 级
8	巴林左旗鑫达种业有限公司	玉米	A 级
9	翁牛特旗玉龙种子有限公司	玉米	A 级
10	内蒙古民丰种业有限公司	玉米	A 级
11	内蒙古禾为贵种业有限公司	玉米	A 级
12	内蒙古瑞杨种业股份有限公司	大豆	BBB 级

表 11　内蒙古具有种子进出口资质企业

序号	企业名称	生产经营范围
1	内蒙古宏博种业科技有限公司	玉米、绿豆
2	赤峰和润农业高新科技产业开发有限公司	蔬菜、花卉
3	赤峰市华农种子有限责任公司	玉米、甜菜、蔬菜
4	内蒙古格瑞得马铃薯种业集团有限公司	马铃薯
5	内蒙古中加农业生物科技有限公司	马铃薯
6	内蒙古西蒙种业有限公司	玉米
7	三瑞农业科技股份有限公司	向日葵
8	内蒙古民丰种业有限公司	小麦、燕麦、马铃薯

3. 种子质量认证

种子质量认证是《中华人民共和国种子法》中设立的一项新制度。按照农业农村部的总体部署，全国农技中心从 2016 年开始探索建立我国种子认证制度，并在 18 个省份 33 个企业组织开展种子认证试点示范。内蒙古作为全国重要农畜产品生产基地，种子良种化率常年稳定在 98%以上，实施种子认证能够有力助推内蒙古实现种业高质量发展，提高农业良种化水平，保障农民生产用种安全。

2022 年内蒙古 2 家马铃薯种薯企业参加并通过了全国农技中心组织的种子质量认证试点。2023 年，2 家马铃薯种薯企业、3 家大豆种子企业申请生产基地认证，1 家种薯企业申请了认证试点。通过种子认证试点示范进一步增强了认证企业的质量意识，提升了企业影响力，对内蒙古种业高质量发展起到了很好的示范带动作用。

4. 品种示范推广

根据 2022 年农作物品种推广面积统计结果来看，在内蒙古地区推广的农作物品种有 1 954个，比 2021 年少 79 个。推广面积 9 799. 48万亩，比 2021 年少 863. 05 万亩。主要的农作物中，玉米 989 个，累计推广面积 5 349. 38万亩；大豆 235 个，累计推广面积 1 691. 58万亩；春小麦 53 个，累计推广面积 469. 33 万亩；常规稻 70 个，累计推广面积 174. 96 万亩；马铃薯 46 个，累计推广面积 257. 52 万亩；向日葵 99 个，累计推广面积 496. 64 万亩；谷子 110 个，累计推广面积 386. 27 万亩；高粱 87 个，累计推广面积 135. 55 万亩（图 35、图 36）。

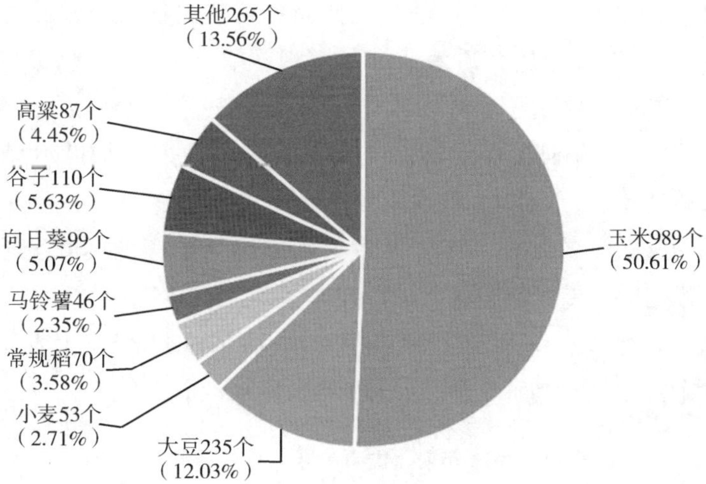

图 35　推广品种数量占比

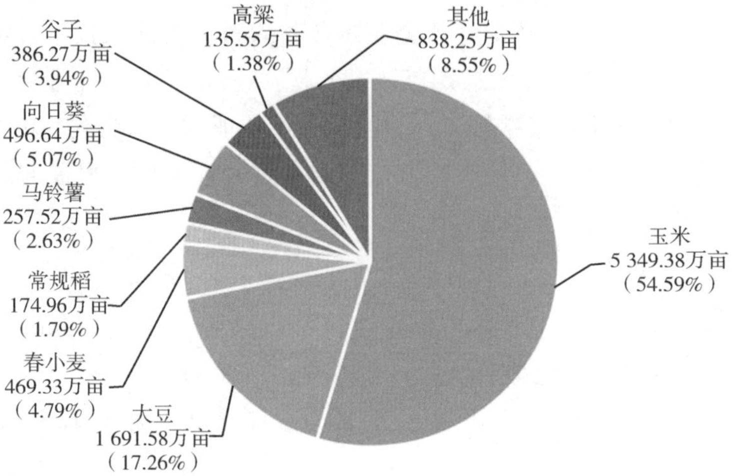

图 36　推广品种面积占比

2022 年，按照“建基地、引品种、促推广”的工作思路，在内蒙古建设“看禾选种”平台 60 个，包括玉米 28 个、大豆 8 个、马铃薯 5 个、水稻 5 个、小麦 4 个、向日葵 1 个、杂粮杂豆等其他作物 9 个，着力将“看禾选种”平台打造成“农民选用良种的看台、种子企业品种比拼的擂台、农牧部门推介新品种的平台”，帮助企业通过“看禾选种”实现“看禾订种”，从根本上解决品种“井喷”农民选种难的问题（表 12）。“看禾选种”平台集中展示示范农作物优良品种 2 190个，举办现场观摩活动 212 期，线上线下参加的种植大户、经销商、农技人员达 5. 4 万人次，受到了社会各方的高度关注，得到了育种家、企业家和农民朋友的一致好评，区内外多家媒体进行了宣传报道。通过多种方式综合评价，经内蒙古专家组论证评审，推介适宜不同生态区域的农作物品种 147 个，其中玉米品种 76 个，大豆品种 28 个，水稻品种 11 个，小麦品种 7 个，马铃薯品种 9 个，向日葵品种 2 个，杂粮杂豆品种 14 个。

表 12　2022 年内蒙古自治区“看禾选种”平台

盟（市）	玉米	大豆	马铃薯	水稻	小麦	向日葵	杂粮杂豆	其他	合计
呼伦贝尔市	2	3	1		2				8
兴安盟	4	1		3					8
通辽市	6	1		1			2		10

（续表）

盟（市）	玉米	大豆	马铃薯	水稻	小麦	向日葵	杂粮杂豆	其他	合计
赤峰市	6	1					2		9
锡林郭勒盟			1				1		2
乌兰察布市	1		2				1		4
呼和浩特市	1		1	1			1		4
包头市	1	1			1				3
鄂尔多斯市	2	1					1		4
巴彦淖尔市	4				1	1			6
乌海市								1	1
阿拉善盟	1								1
合计	28	8	5	5	4	1	8	1	60

2023 年继续在内蒙古建设 60 个看禾选种平台，重点打造玉米、大豆、马铃薯、向日葵、杂粮杂豆 5 个自治区级区域性展示示范基地，新增 2 个设施蔬菜、2 个饲草平台，通过示范引领、以点带面，构建起以自治区级核心展示示范基地为骨干，盟（市）展示点为补充的新品种展示示范网络。

（五）种业管理与服务

1. 种业体系建设

为落实国家和内蒙古自治区种业振兴行动方案，建设种业强区，内蒙古在行政种业和事业种业 2 个方面全面发力。2019 年内蒙古自治区农牧厅设立种业管理处，各盟（市、旗、县）农牧局设立种业科，各级种业管理部门负责种业管理，制定种业政策，推动其有效落地。2021 年内蒙古自治区农牧厅属事业单位改革，原内蒙古种子管理站并入内蒙古自治区农牧业技术推广中心，下设种业发展处，协助主管部门在品种审定登记、引种备案管理、品种区试工作、种子质量检验、品种展示评价、种子储备管理、种业统计分析、种子市场监测、种子产供需等方面做好技术支撑服务。从 2022 年种业统计数据来看，内蒙古共有事业单位性质的种子推广机构 99 个，包括自治区级 1 个，盟（市）级 12 个，旗（县）级 86 个，总计在职人数 592 人，除乌兰察布市种业工作站是独立法人外，其他种子部门均为内设机构。

2. 南繁基地建设

在内蒙古自治区党委政府高度重视和大力支持下，内蒙古南繁工作从 1997 年以前的“单打独斗”，到 1999 年在三亚市设南繁办事处为科研单位和育种者协调用地、提供中转服务，再到 2014 年内蒙古自治区人民政府累计投资 2 800 余万元建成 500 多亩的内蒙古自治区南繁科研育种基地，事业单位改革后，更名为内蒙古自治区南繁基地保障中心，南繁工作在不断发展与变革。每年可为至少 15 家科研育种单位 60 多位科研人员提供比较完善的科研、生产、生活、会议、培训等服务。

据统计，每年在南繁基地种植的加代材料 28 300余份，组配组合 36 600余份，单倍体诱导材料 23 000余份，鉴定材料 600 余份。通过育种材料交换、学术交流、联合攻关等方式推动了多种形式的创新合作，逐步积累了批量化的独特种质资源，培育出众多拥有自主知识产权的优良品种。为提升内蒙古南繁育种基地科研创新能力，加速玉米品种选育进程，2022 年内蒙古自治区农牧厅在南繁基地投资建设玉米单倍体实验室，该实验室的建成将为内蒙古玉米品种更新换代提供有力的技术支撑。

3. 行业协会发展

内蒙古自治区种子协会成立于 2002 年，目前有 68 个会员单位，其中，企业会员 44 家，管理部门会员 14 家。协会以推动内蒙古种子企业发展为核心，以实现现代种业为目的，围绕沟通、服务、自律、发展的工作宗旨，始终坚持服务企业、服务行业、服务政府的理念，发挥协会的桥梁和纽带作用，倡导行业自律，推动种业健康、有序、稳定发展。

近年来，内蒙古自治区种子协会分别组织会员单位赴河南、甘肃、新疆、吉林、黑龙江、北京、天津等省份学习考察，交流合作，学习借鉴各省种业先进发展经验；组织开展种业管理人员培训班、专业技术培训班，培训人员达 730 余人次；邀请院士专家开展科企合作，交流种业发展现状；积极配合中国种子协会开展全国种业信用评价申报及年报工作；成立南繁分会、预成立马铃薯分会，分领域服务会员企业；积极开展内蒙古自治区农作物种子诚信企业信用评价工作、内蒙古自治区农作物种业育种突出贡献奖评选工作。

二、2022 年内蒙古主要农作物种业发展情况

（一）玉米

1. 种植分布

2022 年，内蒙古玉米种植面积 6 291. 87万亩，产量约 310 亿千克。

玉米作为内蒙古第一大粮食作物，优势产区主要集中在光热水资源丰富的大兴安岭南麓、西辽河流域、土默川平原和河套平原。其中东部的呼伦贝尔市、兴安盟、通辽市和赤峰市［简称“东四盟（市）”］的玉米种植面积最大，占内蒙古玉米种植面积的 72%左右，总产量占 73. 5%左右。东四盟（市）中通辽市玉米种植面积最大，2022 年播种面积 1 690万亩以上，总产达 175 亿斤左右，面积和总产量分别占内蒙古玉米的 26. 86%和 28. 33%，是国家重要商品粮生产基地，是名副其实的“内蒙古粮仓”。

2. 制种情况

2022 年，内蒙古玉米制种面积 17. 20 万亩，比 2021 年多 5. 10 万亩，增幅 42. 15%，制种量 5 934. 00万千克，比 2021 年多 1 855. 45万千克，增幅 45. 49%，制种单产平均在 350 千克/亩左右（图 37、图 38）。根据国家种业发展报告显示，近年来内蒙古玉米制种面积和制种量均居全国第 4，是国家重要的春玉米制

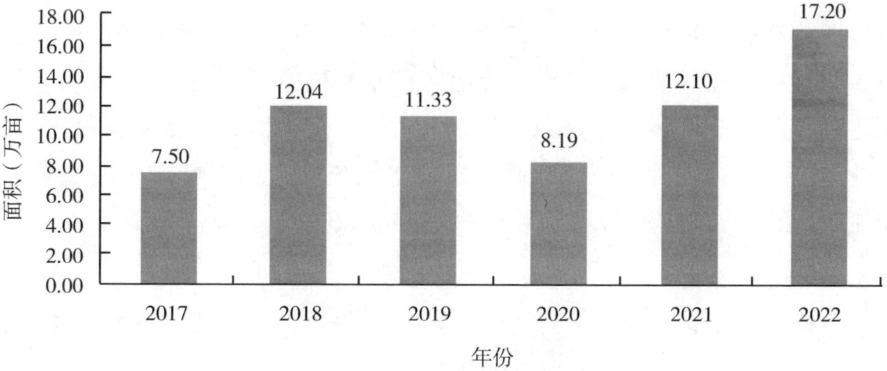

图 37　2017—2022 年内蒙古玉米制种面积

种基地，制种地区比较集中，东部区制种主要在赤峰市，2017 年赤峰的玉米制种面积占内蒙古玉米制种面积的 59%左右，到 2021 年上升到内蒙古的 84%左右，2022 年制种面积达 13. 5 万亩，约占内蒙古玉米制种面积的 78. 48%。西部制种主要在鄂尔多斯市和巴彦淖尔市，2017 年制种面积占内蒙古比例高达 40%左右，近年来有所下降，2022 年西部区制种在 2. 97 万亩左右，约占内蒙古 17. 27%。

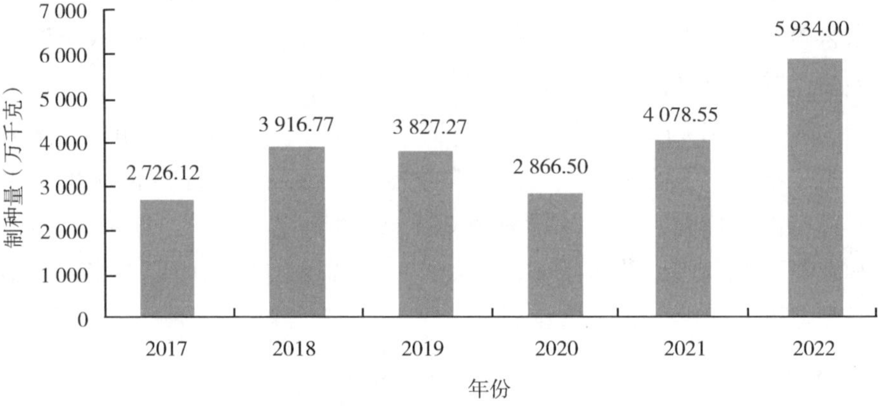

图 38　2017—2022 年内蒙古玉米制种量

近年来，因国家种植业结构调整和制种成本增加等原因，2020 年内蒙古玉米制种面积和制种量有所下降，随着种业振兴政策实施，内蒙古先后认定赤峰市松山区和翁牛特旗为玉米制种大县，玉米制种能力有了大幅增加，2021 年以后制种面积和制种量再次上升。2022 年制种面积出现大幅度增加的原因：一是外省区制种成本逐年增加，甘肃部分地区亩制种成本已超过 5 000元，导致回到内蒙古制种的企业增多；二是赤峰市松山区被认定为国家级玉米良种繁育基地，为企业提供了良好的营商环境和制种条件。经统计，2022 年内蒙古企业在外省玉米制种面积为：甘肃约 7. 4 万亩、新疆约 0. 86 万亩。

3. 品种与推广

2022 年，内蒙古共审定玉米品种 91 个，约占审定总数 74%（图 39）。其中普通玉米 87 个，鲜食玉米 2 个，青贮玉米 2 个，普通玉米品种仍是目前审定最多的玉米品种。从申请主体来看，企业通过审定品种 85 个，其他申请主体 6 个，主要是科研院所。从地区分布来看，区内单位通过审定 61 个，区外单位通过审定 30 个。自 2000 年以来，内蒙古审定的玉米品种有 1 366个，其中普通玉米 1 219个，青贮玉米 84 个，鲜食玉米 58 个，爆裂玉米 5 个（图 40）；区内单位共通过审定 678 个，占比 49. 63%，区外单位共通过审定 688 个，占比 50. 37%（图 41）。

图 39　2000—2022 年内蒙古审认定玉米品种数量

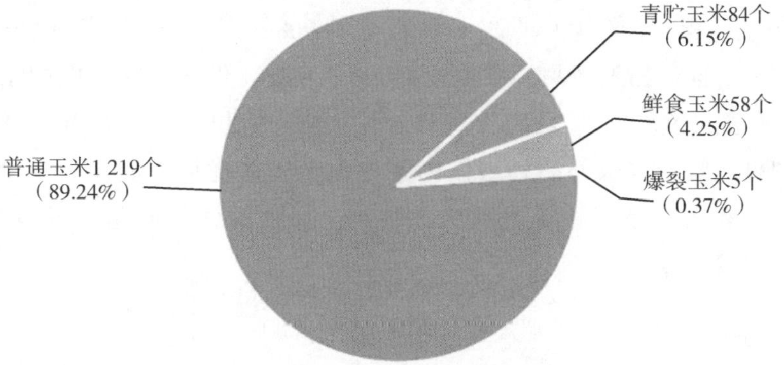

图 40　2000—2022 年玉米品种数量占比

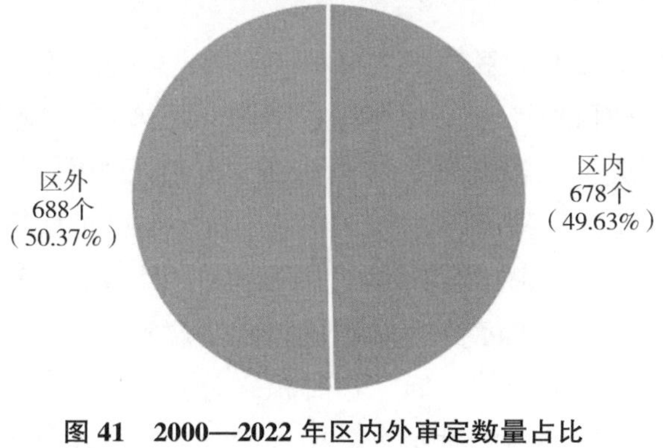

图 41　2000—2022 年区内外审定数量占比

内蒙古推广的玉米品种主要以企业培育品种为主，内蒙古以生产经营玉米种子为主的企业有 48 家，12 家国家级信用企业中玉米企业有 10 家，4 家“育繁推”一体化企业均为玉米企业，年销售额均在 2 亿元左右，2021 年内蒙古巴彦淖尔市科河种业有限公司入选国家玉米阵型企业名单，这些重点企业是内蒙古玉米品种推广的主力军。2022 年玉米种子销售额约 12. 14 亿元，排名前 5 的企业有：内蒙古兴丰种业有限公司、内蒙古巴彦淖尔市科河种业有限公司、内蒙古西蒙种业有限公司、内蒙古利禾农业科技发展有限公司、内蒙古真金种业科技有限公司，销售额约 7. 73 亿元，占内蒙古玉米种子销售总额的 63. 67%。

从 2022 年统计数据来看，内蒙古推广玉米品种有 989 个，累计推广面积 5 349. 38万亩，推广面积在 10 万~50 万亩的玉米品种有先玉 1225、德美亚 2 号、M1573、利禾 1、科河 699、先玉 1483、兴丰 68、峰单 189 等；推广面积在 50 万~100 万亩的品种有宏博 701、迪卡 159、瑞普 909、中科玉 505、天育 108、京科 9683；推广面积在 100 万以上的品种有京科 968、裕丰 303、京科 986。可以看出，在内蒙古推广的玉米品种数量达 1 000个左右，但主导品种中内蒙古培育的品种数量仍然较少，尤其是优质高产、脱水快、宜机收、抗性好、稳定性强的优良品种更加紧缺，区外品种占据内蒙古玉米种植优势地位，下一步将通过开展联合育种攻关，制定相关企业扶优政策，加强良繁基地建设等措施促进、激励玉米种业发展取得新突破。

（二）大豆

1. 种植分布

内蒙古是中国主要的大豆产区之一，大豆又是内蒙古第二大农作物，播种面积仅次于玉米，种植地区主要分布在东部的呼伦贝尔市和兴安盟。主产区地处黑龙江、吉林、辽宁三省交界的狭长地带，自然条件优越，土壤肥沃，降水充足，同属于东北春大豆种植区。2022 年内蒙古大豆种植面积 1 833. 1万亩，较上年增加 493. 3 万亩，增幅达 36. 8%，占全国大豆种植总面积的 12%，产量 24 亿千克，增幅 45. 7%，单产水平较全国平均水平增产 3. 8 千克。除了在主产区呼伦贝尔市、兴安盟、赤峰市、通辽市种植之外，西部区的呼和浩特市、包头市、鄂尔多斯市均有较大面积种植，其中呼伦贝尔市大豆种植面积 1 332. 34万亩，占内蒙古大豆种植面积 72.68%，产量约 1.86 亿千克；兴安盟大豆种植面积 208.37 万亩，占内蒙古大豆种植面积 11.37%，产量约 3 000万千克；其他盟市种植面积约 29.25 万亩，占内蒙古大豆种植面积 15.95%，产量约 3 万千克。大豆种植方式主要有 2 种，一是清种模式，是主要种植方式，主要以大型机械作业的农场、合作社及农户为主；二是大豆玉米带状复合种植以 2+3，2+4，4+4，4+6 模式为主。

2. 制种情况

2022 年，内蒙古大豆制种面积 35.29 万亩，居全国第 3，比 2021 年多 9.05 万亩，增幅 34.49%，制种量 5 364.08万千克，比 2021 年多 1 428.08万千克，增幅 36.28%，制种单产平均在 150 千克/亩左右（图 42、图 43）。大豆制种主要集中在呼伦贝尔市的莫力达瓦达斡尔族自治旗、鄂伦春自治区旗、阿荣旗、扎兰屯市。从 2017—2022 年，随着国家种植结构的调整，大豆种植补贴、轮作补贴、大豆带状复合种植等政策的实施，内蒙古大豆制种面积和制种量逐年上升，2020 年增长幅度显著，制种面积和产量较往年增幅达 80%左右。2022 年内蒙古落实大豆扩种任务，乌兰察布市、呼和浩特市等内蒙古西部区大豆种植面积有所增加，进一步促进了大豆制种面积的扩大。

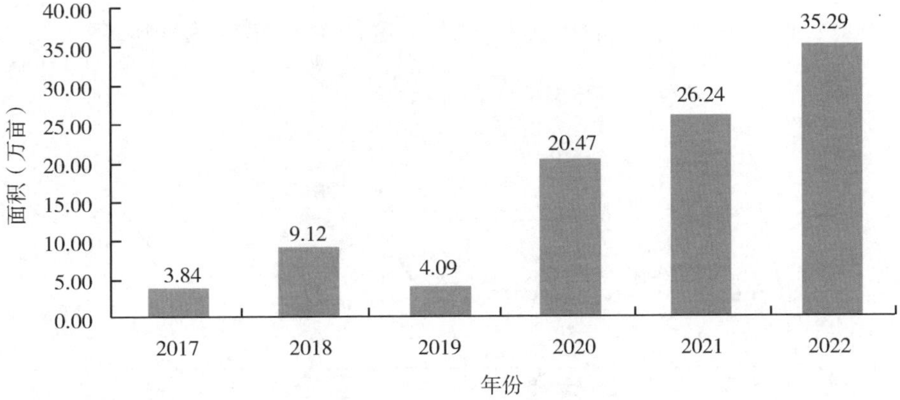

图 42　2017—2022 年内蒙古大豆制种面积

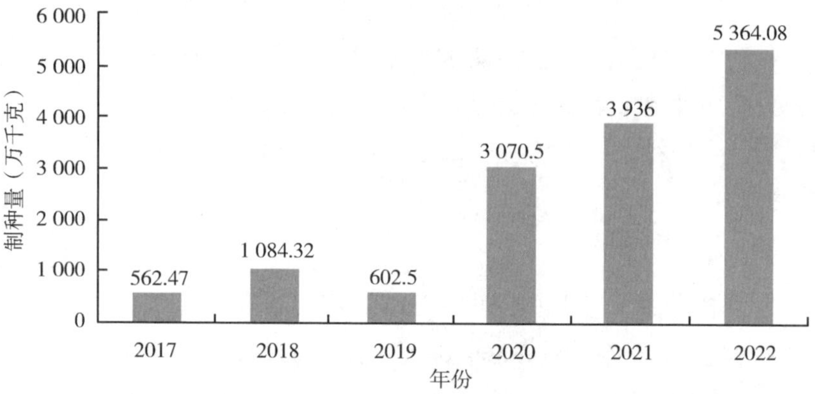

图 43　2017—2022 年内蒙古大豆制种量

据统计，区内种植大豆所需种子量约 1.5 亿斤，而区内制种的 1 亿斤大豆种子有 80%供应黑龙江、辽宁、吉林等邻近省份，其余所需的约 1.3 亿斤种子由外省购入或种植户自留种。2018 年、2019 年，呼伦贝尔市莫力达瓦达斡尔族自治旗、鄂伦春自治区旗分别被认定为国家级制种大县，2022 年兴安盟科尔沁右翼前旗被认定为自治区级制种大县，制种大县的认定在一定程度上缓解内蒙古对大豆种子的需求，进一步提升内蒙古大豆制种基地现代化建设水平。

3. 品种与推广

2000—2022 年，内蒙古大豆审（认）定的数量累计为 133 个（图 44），

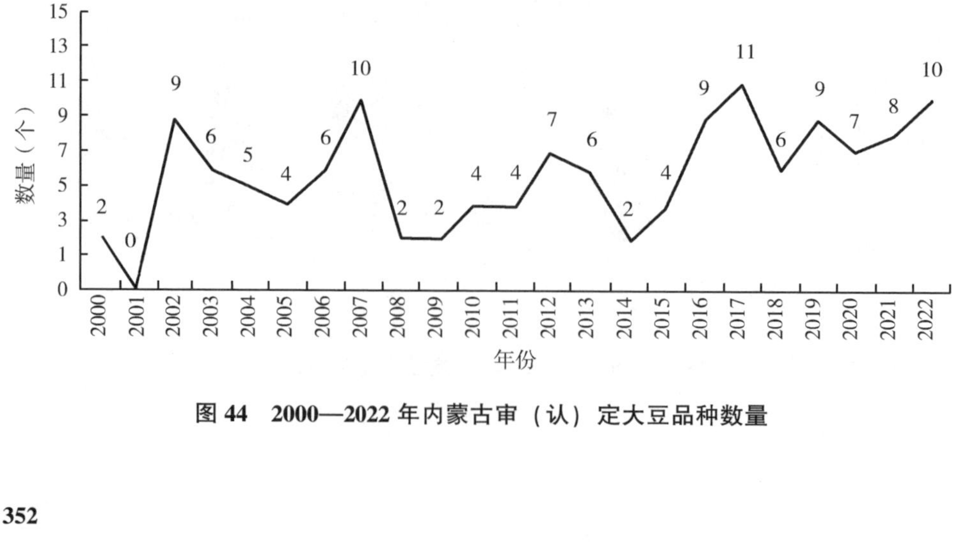

图 44　2000—2022 年内蒙古审（认）定大豆品种数量

2016—2022年共审（认）定大豆品种60个，其中审定品种56个、认定品种4个。其中区内审（认）定品种43个，占比71.67%，区外审（认）定品种17个，占比28.33%；科研院所审（认）定品种34个，占比56.67%，企业审（认）定品种26个，占比43.33%。2022年，内蒙古共审定大豆品种10个，约占当年审定总数8.13%。

截至目前，内蒙古以生产经营大豆种子为主的企业有25家，多集中在大豆主产区呼伦贝尔市，制种品种均为极早熟、早熟、中早熟品种，自主选育品种主要以登科系列、蒙豆系列为主。2022年大豆种子销售额约1.58亿元，排名前5的企业有：呼伦贝尔市中农种业有限公司、莫力达瓦达斡尔族自治旗登科种业有限责任公司、莫力达瓦达斡尔族自治旗东农种业有限责任公司、内蒙古瑞杨种业股份有限公司、莫力达瓦达斡尔族自治旗立柱种业有限公司，销售额约1.19亿元，占内蒙古大豆种子销售总额的75.32%。

从2022年统计数据来看，内蒙古推广大豆品种有235个，累计推广面积1 691.58万亩，推广面积在10万~30万亩的品种有27个：蒙豆15号、黑河53、登科4号、华疆2号、晨环1号、蒙豆13号、东生17、蒙豆359、蒙豆36号等；推广面积在30万~100万亩的品种有6个：华疆2、蒙豆48、黑河45、金源73、克山1号、黑科60；推广面积在100万亩以上的品种有4个：黑河43、蒙豆1137、中黄901、登科5号。

在推广的大豆品种中自主选育的品种主要以登科系列、蒙豆系列为主，其中高油（脂肪含量21.5%以上）品种占推广面积的35%左右，高蛋白（蛋白质含量43.5%以上）品种占20%左右，高产品种占45%左右。登科5号为高油品种，2020年推广面积达到279万亩，单品种推广面积排名全国第3。登科5号、蒙豆1137入选2023年国家农作物优良品种推广目录，2022年推广面积在170万亩以上。“蒙字号”和“登科号”大豆品种正逐渐成为内蒙古及周边地区的主推品种。

总体来看，内蒙古自主培育的大豆品种综合抗性一般，创新能力薄弱，专业人才不足，技术创新力量分散，缺乏科研团队，加之生产成本高，在品种耐密性、广适性、稳产性和市场竞争力等方面均有待提高。区内农户经营仍然占主体，在耕种管收等方面均达不到相应的技术要求，属于半粗放经营。在机械化方面，小农户以国产小型机械为主，缺乏高质量的整地，播种质量较差，不能保证苗匀、苗齐，田间管理粗放，产量较低，种植制度方面，还没有实现很好的粮豆轮作制度。

（三）小麦

1. 种植分布

小麦是内蒙古重要的粮食作物，播种面积仅次于玉米和大豆，排第 3 位，主要集中在以下区域种植：一是西部河套灌区，主要是以巴彦淖尔市为主，近年平均播种面积 100 万亩，约占内蒙古 15%；二是东部大兴安岭沿麓地区，包括呼伦贝尔市和兴安盟，近年平均播种面积 350 万亩左右，约占内蒙古 55%；三是阴山北部丘陵区和燕山丘陵区，包括巴彦淖尔市东北部、呼和浩特市和包头市阴山以北，乌兰察布市和锡林郭勒盟大部、赤峰市北部，近年平均播种面积 200 万亩左右，约占内蒙古 30%。2022 年内蒙古小麦播种面积 579.24 万亩，占内蒙古粮食作物总播种面积的 5.6%，比“十三五”平均水平减少 304.84 万亩，减少 34.5%；总产量 25.28 亿斤，比“十三五”平均水平减少 14.4 亿斤，减少 36.3%；单产 218.2 千克/亩，比“十三五”平均单产减少 7.86 千克/亩，减少 3.48%。与 2021 年比较播种面积减少 83.98 万亩，减少 12.7%；总产量 25.28 亿斤，较 2021 年减少 6.17 亿斤，减少 19.6%；单产 436.4 斤/亩，较 2021 年减少 37.8 斤/亩，减少 8.0%。

2. 制种情况

2022 年，内蒙古小麦制种面积 8.71 万亩，比 2021 年减少 2.35 万亩，制种量 2 168.79 万千克，比 2021 年减少 430.31 万千克，制种单产 249 千克/亩，制种地区集中在呼伦贝尔市和巴彦淖尔市（图 45、图 46）。由于政策调整和主导方向的变化，2017—2022 年小麦制种面积和制种量基本呈逐年下降趋势，其中 2017 年小麦制种减产原因是春季干旱，降水量少，导致旱情严重，锡林郭勒盟的旱作小麦减产严重，平均单产约 100 千克/亩，呼伦贝尔拉布大林农场的小麦制种产量减少 2/3。近几年小麦制种下降的另一个原因是制种成本高而效益低，种子企业都不愿意进行小麦制种。而在近 40 年时间里，内蒙古县级良种繁育场由于机构改革等原因已经很难起到良种繁育的作用。目前，内蒙古小麦制种量只能满足内蒙古小麦种植需求的 1/4，剩余种子主要来源于外省或者自繁自用，例如西部河套灌区永良 4 号种子主要从甘肃、宁夏调入，东部呼伦贝尔地区小麦用种主要是以国营大农场每年自己制种并使用为主，中部阴山丘陵旱作区传统小红皮小麦种子主要以合作社、种植户自繁留种为主。

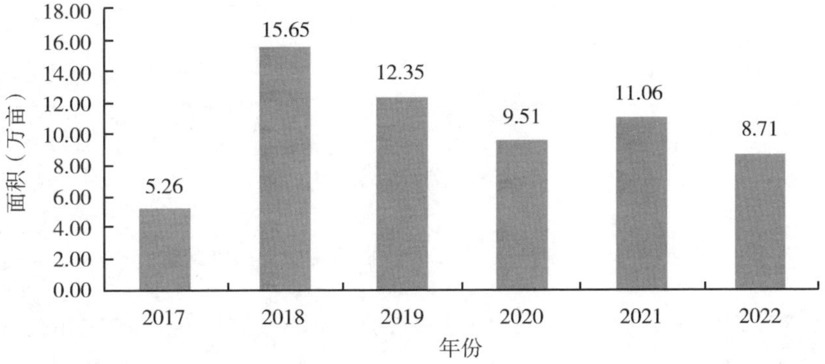

图 45　2017—2022 年内蒙古小麦制种面积

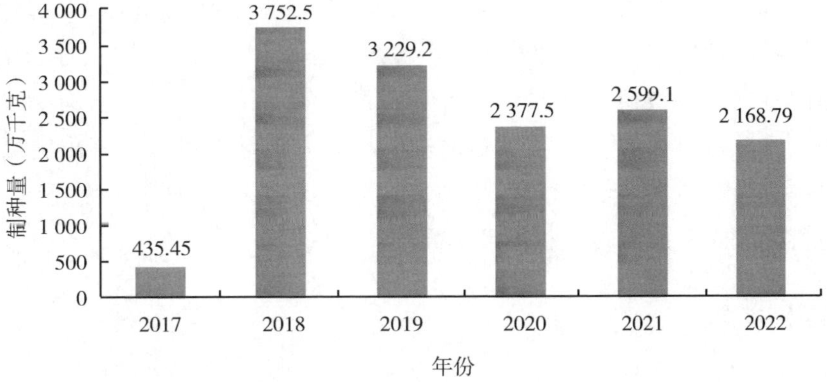

图 46　2017—2022 年内蒙古小麦制种量

3. 品种与推广

2022 年，内蒙古审定小麦品种 6 个，其中区外单位审定品种 1 个，区内单位审定品种 5 个；从申请主体来看，科研院所审定品种 3 个，企业审定品种 3 个。2000—2022 年，内蒙古审定小麦品种累计 63 个，主要以科研院所选育为主（图 47）。

截至目前，内蒙古生产经营小麦种子为主的企业有 17 家，推广面积统计数

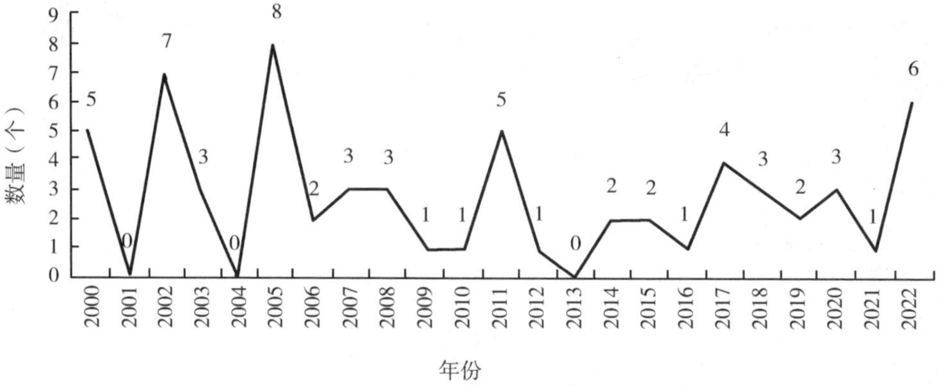

图 47　2000—2022 年内蒙古审定小麦品种数量

据显示，2022 年在内蒙古推广的小麦品种有 53 个，累计推广面积 469. 33 万亩。推广面积在 5 万~10 万亩的品种有 5 个：龙麦 36、龙麦 67、克春 17、龙麦 39、克春 12；推广面积在 10 万~30 万亩的品种有 8 个：小红皮、永良 4 号、永良四号、玻璃翠、克春 10、九股头、龙麦 33、垦九 10 号；推广面积在 30 万~100 万亩的品种有 4 个：龙麦 35、宁春 4 号、龙麦 60、克春 8。总体来看自育品种较少，以外省品种居多，生产中缺少丰产稳产、品质稳定和抗旱抗病性好的品种。主要原因一方面是科研投入减少，得不到稳定的支持，育种团队萎缩，科技人员流失，资源材料丢失，导致小麦种业创新能力不足，很难选育出突破性的品种，另一方面小麦种子制、繁、推方面的空白和滞后，加之小麦是常规作物，企业对科研投入和成果转化积极性不高。

（四）水稻

1. 种植分布

内蒙古水稻种植主要分布在呼伦贝尔市、兴安盟、通辽市和赤峰市等地，西部区的巴彦淖尔市、鄂尔多斯市、包头市、呼和浩特市沿黄灌区也有少量种植。2022 年内蒙古水稻种植面积 175. 85 万亩，产量约 9 亿千克，其中东部四盟（市）水稻种植面积 168 万亩，占内蒙古水稻种植面积 95. 53%，产量 8. 71 亿千克，占内蒙古水稻产量的 96. 78%。兴安盟是内蒙古水稻主要的种植区，该地区属于高纬度寒地稻作区域，系东北半湿润早熟单季稻作带，稻田主要分布在绰尔河、归流河、洮儿河、二龙涛河、蛟流河及霍林河流域。2022 年兴安盟水稻种植面积 93.71 万亩，占内蒙古水稻种植面积的 53.29%，产量 4.9 亿千克，占内蒙古水稻产量 54.44%。

2. 制种情况

2022 年内蒙古水稻制种面积 2.24 万亩，比 2021 年多 0.14 万亩，制种量 1 120万千克，比 2021 年多 70 万千克，制种单产 500 千克/亩，制种地区主要在兴安盟（图 48、图 49）。2017—2022 年，内蒙古水稻制种面积和制种量总体上

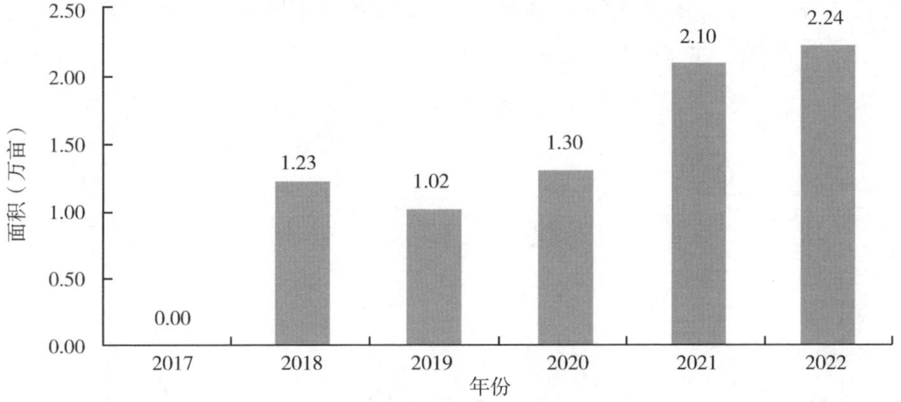

图 48　2017—2022 年内蒙古水稻制种面积

（注：2017 年未查到确切数据）

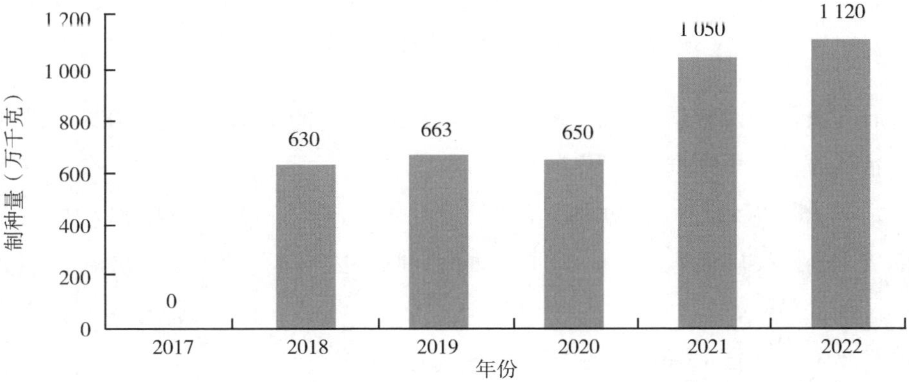

图 49　2017—2022 年内蒙古水稻制种量

（注：2017 年未查到确切数据。下同）

逐年增加。在 2015 年之前生产用种大多来源于黑龙江、吉林等地，2015 年后，随着本地品种的推出，以兴安盟扎赉特旗为中心开始生产水稻种子，特别是近几年生产面积不断扩大，种子产量大幅度提高，除了供应本地外，部分种子还供应到黑龙江、吉林等地。

3. 品种与推广

内蒙古水稻育种起步较晚，但后发优势比较明显，近几年组建了水稻育种专业团队，育成多个新品种。2022 年，内蒙古审定水稻品种 16 个，其中区外单位审定品种 7 个，区内单位审定品种 9 个；从申请主体来看，科研院所审定品种 3 个，企业审定品种 13 个。2000—2022 年，内蒙古审定水稻品种累计 103 个，认定品种及引种备案品种 29 个（图 50）。

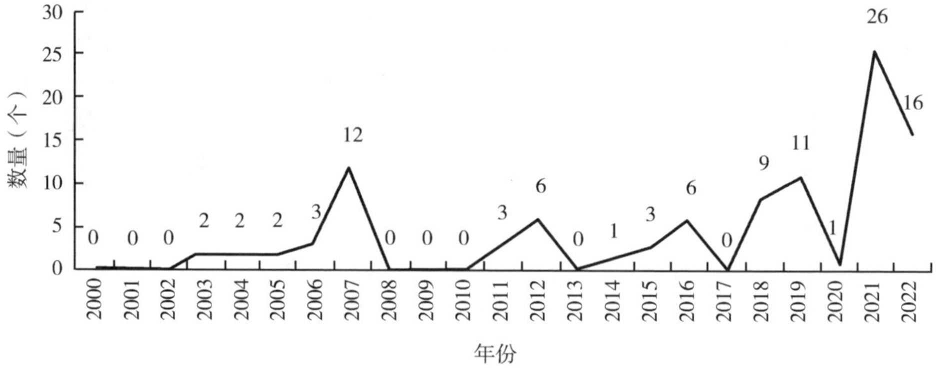

图 50　2000—2022 年内蒙古审定水稻品种数量

推广面积统计数据显示，2022 年在内蒙古推广的水稻品种有 70 个，主要以区外品种为主，累计推广面积 174.96 万亩。推广面积 1 万～5 万亩的品种有 35 个：龙洋 16、保农 6 号、初香粳 1 号、蒙松 138、今谷 119、龙粳 31、乌兰 107、兴育 913 等；推广面积 5 万～10 万亩的品种有 9 个：兴育 131、龙稻 21、兴育 F83、保农 8 号、苗稻 2 号、铁粳 11 号、乌兰 1 号等；推广面积 10 万亩以上的品种有 2 个：兴育 13A04、乌兰 105。

截至目前，内蒙古生产经营水稻种子的企业有 10 家，其中能够独立开展育种科研和种子生产的企事业有 5 家，所采用的育种方法仍旧是传统的杂交育种法，水稻科研育种水平有待提高，以及品种同质化严重、市场占有率低、种子生产达不到专业化、标准化水平等问题也有待解决。

（五）马铃薯

1. 种植分布

内蒙古是国家重要的马铃薯繁育基地，主要种植地区分布在乌兰察布市、锡林郭勒盟、呼伦贝尔市、呼和浩特市等地，得天独厚的自然资源优势和产业资源优势为马铃薯高质量发展奠定了坚实基础。2022 年内蒙古马铃薯种植面积 336 万亩，产量约 11 亿千克，其中被誉为“中国马铃薯之都”的乌兰察布市和锡林郭勒盟马铃薯种植面积约 185.72 万亩，占内蒙古马铃薯种植面积一半以上，产量 5.25 亿千克，占内蒙古马铃薯产量约 47%。“十三五”期间，因全国产业结构调整，市场价格波动等原因，内蒙古马铃薯种植面积和产量逐年下降，近几年随着政策扶持，技术水平提升，单产提升，播种面积和产量逐步回稳。

2. 制种情况

受种植结构调整和市场价格变动等因素影响，内蒙古马铃薯制种面积和制种量近年来波动较大，2022 年内蒙古马铃薯制种面积 70.84 万亩，制种量 17.71 亿千克，制种单产平均在 2 500千克/亩左右，制种面积和制种量均居全国第一。品种以克新 1 号、夏波蒂、费乌瑞它为主，种薯量占总数的 50%左右。2022 年受商品薯价格影响，部分马铃薯种薯转商销售，制种面积和制种量比 2021 年分别减少 8.2 万亩和 2.05 亿千克。乌兰察布市 2022 年马铃薯制种面积约 54.5 万亩，制种量约 13.63 亿千克，占内蒙古马铃薯制种面积 76.93%，制种量 76.96%；锡林郭勒盟马铃薯制种面积约 5.48 万亩，制种量约 1.58 亿千克，占内蒙古马铃薯制种面积 7.74%，制种量 8.92%；呼伦贝尔市马铃薯制种面积约 9 万亩，制种量约 2.5 亿千克，占内蒙古马铃薯制种面积 12.7%，制种量 14.11%。内蒙古作为国家重要的马铃薯种薯繁育基地，制种主要集中在乌兰察布市、锡林郭勒盟和呼伦贝尔市，其中呼伦贝尔牙克石、乌兰察布四子王旗和察右前旗被认定为国家级区域性良繁基地（图 51、图 52）。

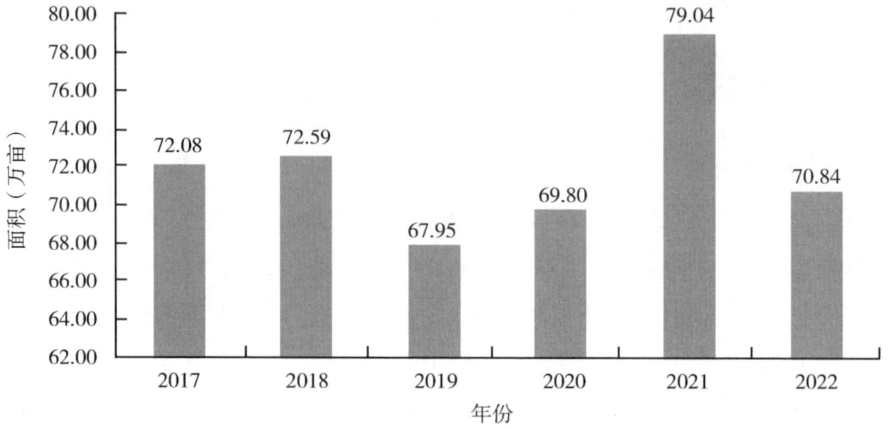

图 51　2017—2022 年内蒙古马铃薯制种面积

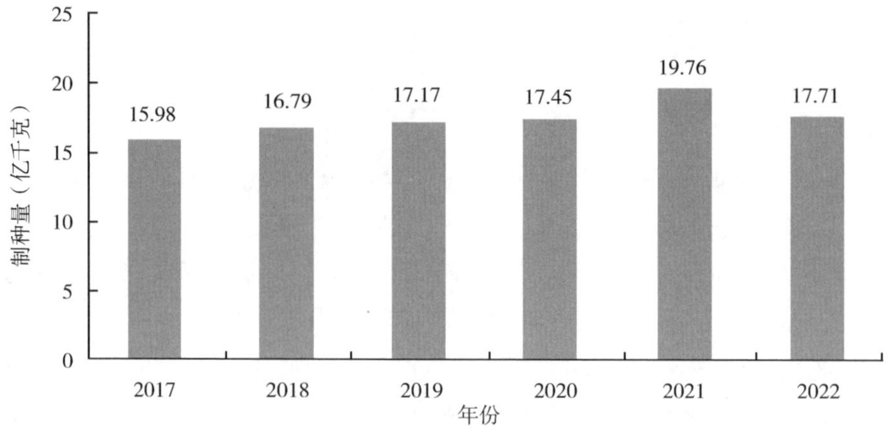

图 52　2017—2022 年内蒙古马铃薯制种量

3. 品种与推广

品种登记方面：2017—2022 年内蒙古马铃薯登记品种 44 个。品种保护方面：2001—2022 年申请保护品种 90 个，多为近 3 年新申请，获得授权的品种有 4 个。截至 2022 年，内蒙古生产经营马铃薯种薯的企业有 69 家，种薯销售总额达 13. 73 亿元，占内蒙古种子销售总额 42. 05%，内蒙古种子销售额排名前 10 的企业中马铃薯企业有 5 家，分别为内蒙古格瑞得马铃薯种业集团有限公司、内蒙古希森马铃薯种业有限公司、内蒙古坤元太和农业科技有限公司、内蒙古中加农业生物科技有限公司、克什克腾雪川农牧业科技有限公司，销售额约 7.92 亿元，占内蒙古马铃薯种薯销售额 57.68%。2023 年 3 月第十九届全国种子信息交流与产品交易会暨第十四届中国国际种业博览会在天津举办，在推进种业振兴信息发布会中，2021 年度马铃薯商品种子销售总额排名进入 5 强的企业内蒙古有 2 家，分别为内蒙古中加农业生物科技有限公司（第 4 名）、内蒙古坤元太和农业科技有限公司（第 5 名）。

从 2022 年统计数据来看，内蒙古推广马铃薯品种有 46 个，累计推广面积 257.52 万亩，推广面积在 3 万~10 万亩的马铃薯品种有 10 个：克新 1 号、晋薯 16 号、夏波蒂、中加 2 号、布尔班克等；推广面积在 10 万~30 万亩的品种有 2 个：V7、大西洋；推广面积在 30 万亩以上的品种有 3 个：冀张薯 12 号、费乌瑞它、希森 6 号。

（六）向日葵

1. 种植分布

内蒙古是中国最大的向日葵生产区，种植面积全国第 1，占全国向日葵种植面积的 60%以上，其核心区域为河套灌区，种植面积保持在 400 万亩左右。2022 年内蒙古向日葵种植面积 633.82 万亩。

2. 制种情况

内蒙古向日葵在区内基本没有制种，制种主要在甘肃、新疆以及海南等地，在区内没有制种的主要原因是由于向日葵制种隔离条件要求严格，区内制种环境很难达到，近 5 年内只在巴彦淖尔市乌拉特中旗与乌拉特后旗有少量种子生产。据统计，2022 年在区外制种面积约 1 万亩，制种量约 135 万千克左右。

3. 品种与推广

品种登记方面：2017—2022 年内蒙古向日葵登记品种 383 个。撤销品种 215 个。品种保护方面：2001—2022 年申请保护品种 102 个，获得授权的品种有 38 个，主要以企业为主。内蒙古生产经营向日葵种子的企业有 45 家，主要在巴彦淖尔市。2022 年向日葵种子销售额约 1.58 亿元，排名前 5 的企业有：三瑞农业科技股份有限公司、内蒙古杭锦后旗益民种子有限责任公司、内蒙古西蒙种业有限公司、内蒙古万宇达种业有限公司、内蒙古巴彦淖尔市科河种业有限公司，销售额约 1.3 亿元，占内蒙古向日葵种子销售总额的 82%。

目前，我国收集保存的向日葵资源主要以国内收集的地方品种资源为主，国外来源的种质约占 13%。保存的种质中，食葵种质约占 72%，油葵及油食兼用占 27%，野生种质较为缺乏（仅 20 份）（谭美莲等，2011）。近几年，一些龙头种业公司加强了种质资源的收集和利用。自 2017 年起，三瑞农业科技股份有限公司先后从美国农业部种质资源库引进向日葵种质资源 4 000余份，包括野生种、地方种以及栽培品种，极大丰富了我国向日葵种质资源（冯九焕等，2021）。当前品种创新的主攻方向是围绕“皮亮、仁大、香酥”“抗列当”“耐菌核”，传统育种与分子辅助育种深度融合，开展种质资源创新，选育优质、多抗、广适的新品种。

从 2022 年统计数据来看，内蒙古推广向日葵品种 99 个，累计推广面积 496.64 万亩。推广面积在 3 万~10 万亩的向日葵品种有 7 个：FS7333、c3167、V6、FW731、JK601 等；推广面积在 10 万~30 万亩的品种有 10 个：三瑞 11 号、3638c、三瑞 3 号、三瑞 376、三瑞 10 号、HZ2399 等；推广面积在 30 万亩以上的品种有 4 个：SH363、三瑞 9 号、SH361、同庆 6 号。

（七）谷子

1. 种植分布

“世界杂粮看中国，中国杂粮看内蒙”，内蒙古是全国最大的优质小米基地和国家批准的谷子良种繁育基地。2022 年内蒙古谷子种植面积 380.4 万亩，产量 9.23 亿千克，主要分布在赤峰市、通辽市、兴安盟等地区，呼和浩特市、呼伦贝尔市、乌兰察布市少数种植。其中赤峰市种植面积最大，295.62 万亩，占内蒙古谷子种植面积 77.71%，占赤峰市作物种植面积 17.37%。内蒙古拥有谷子种质资源 5 320份，其中大金苗、小金苗、毛毛谷等农家品种都是谷子育种和生产应用的优质资源。

2. 制种情况

2022 年内蒙古谷子制种 0.56 万亩，制种量 161.28 万千克，平均制种单产 288 千克/亩，品种以赤谷系列和大金苗为主，制种主要在赤峰市敖汉旗（图 53、图 54）。内蒙古谷子制种面积比较稳定，在 2021 年超过了 1 万亩。2016 年，赤峰小米被农业部认定为农产品地理标志产品；2017 年，赤峰小米荣获全国唯一最具影响力农产品区域公用品牌奖（神农杯）；2018 年，赤峰小米获国家市场监督管理总局地理标志证明商标；2019 年，赤峰小米被国家九部委评定为中国特色农产品优势区；2020 年，赤峰小米列入内蒙古首批“蒙字标”内蒙古品牌。

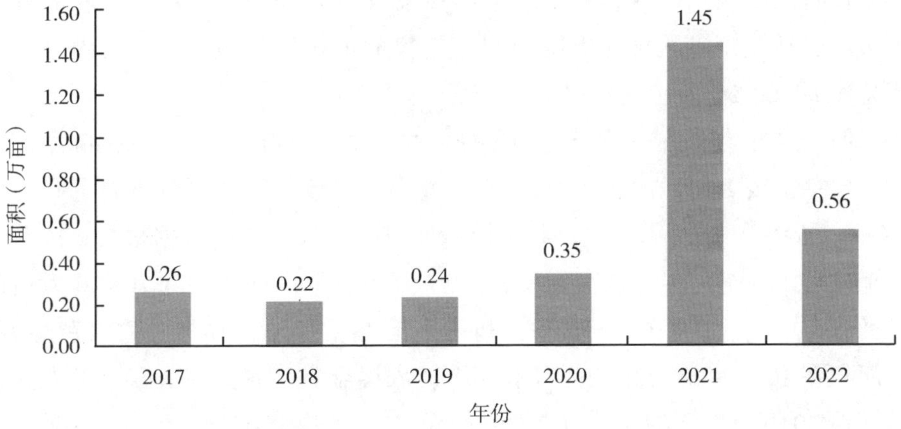

图 53　2017—2022 年内蒙古谷子制种面积

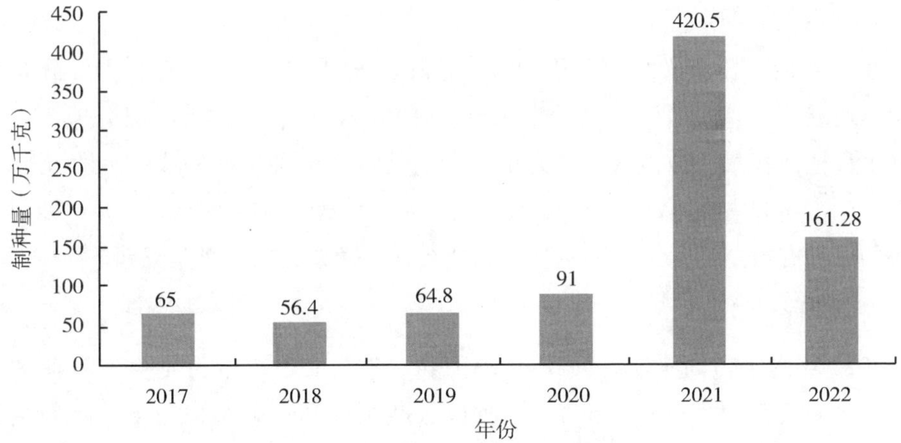

图 54　2017—2022 年内蒙古谷子制种量

3. 品种与推广

品种登记方面：2017—2022年内蒙古谷子登记品种241个。品种保护方面：2001—2022年申请保护品种28个，获得授权的品种有10个，主要以企业为主。内蒙古生产经营谷子的企业有47家，主要在赤峰市。2022年谷子销售额约4 521.61万元，排名前5的企业有：内蒙古蒙龙种业科技有限公司、内蒙古辰诺农业科技有限公司、内蒙古利禾农业科技发展有限公司、赤峰玉芳农大种业有限公司、巴林左旗鑫达种业有限公司，销售额约3 826.39万元，占内蒙古谷子销售总额84.62%。

目前，支撑内蒙古谷子产业发展的品种主要以金苗K1为主的抗除草剂谷子品种，包括金苗K1、“赤谷”“红谷”“峰谷”“敖谷”等系列选育品种，以及“张杂”“晋谷”“豫谷”等系列引进品种。从2022年统计数据来看，内蒙古推广谷子品种110个，累计推广面积386.27万亩。推广面积在3万~10万亩的谷子品种有19个：大金苗、SH363、利禾毛毛谷、张杂谷6号、敖汉黄金谷等；推广面积在10万~30万亩的品种有3个：辰诺金谷、张杂谷3号、黄八杈；推广面积在30万亩以上的品种有2个：金苗K1、张杂谷13号。

（八）高粱

1. 种植分布

2022年内蒙古高粱种植面积184.31万亩，产量7.23亿千克，主要分布在赤峰市、通辽市、兴安盟以及乌兰察布市、呼和浩特市、包头市的部分地区。其中赤峰市种植面积最大，约89.89万亩，占内蒙古高粱种植面积48.77%，产量3.5亿千克，占内蒙古高粱产量48.41%。推广品种主要以酿造型为主，近年种植面积较大的品种有敖杂系列、吉杂系列、赤杂系列、通杂系列、凤杂系列等。

2. 制种情况

2022年内蒙古高粱制种面积0.96万亩，制种量297.6万千克，制种平均单产310千克/亩（图55、图56）。品种以敖杂系列和赤杂系列为主，制种主要在赤峰市敖汉旗。2011—2015年，伴随着国民经济的增长和人民生活水平的提高，高粱的主要用途逐步从食用转变为酿造原料，中国高粱种植面积也由680.4万亩波动下降至637.35万亩。但近年来，在中国酒业的拉动下，高粱种植迅猛发展，内蒙古作为高粱种植面积最大地区，制种面积和制种量也在逐年上升。

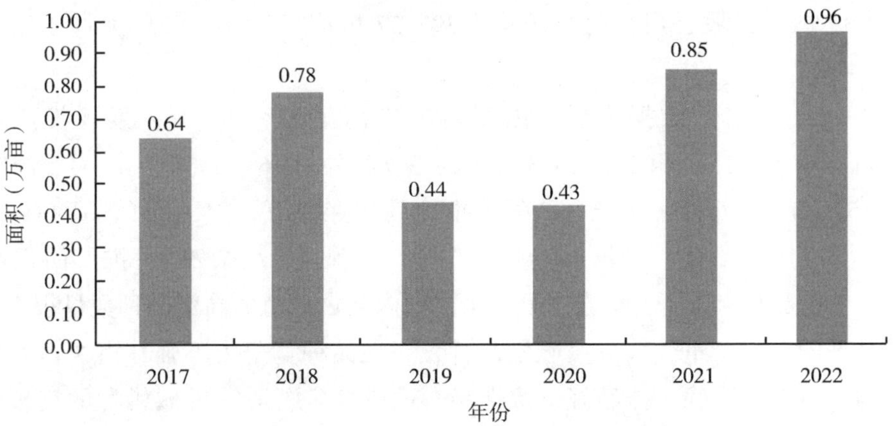

图 55　2017—2022 年内蒙古高粱制种面积

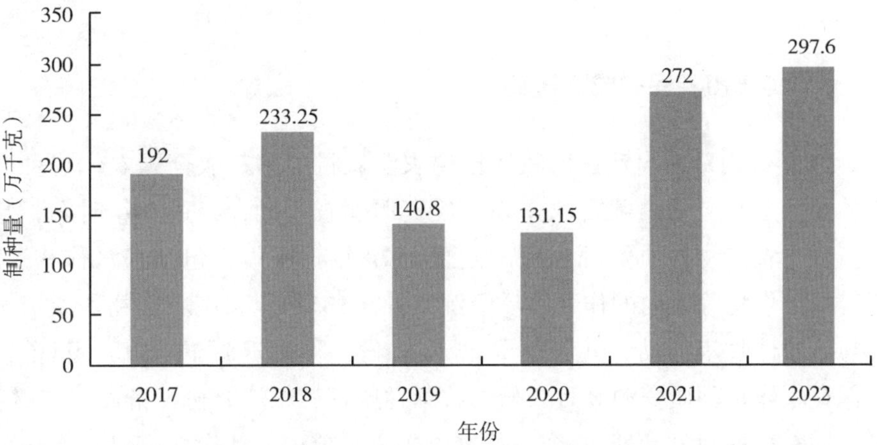

图 56　2017—2022 年内蒙古高粱制种量

3. 品种与推广

品种登记方面：2017—2022 年内蒙古高粱登记品种 170 个。品种保护方面：2001—2022 年申请保护品种 20 个，获得授权的品种有 14 个，主要以企业为主。内蒙古生产经营高粱种子的企业有 80 余家，2022 年高粱种子销售额约 2 136. 3

万元，排名前5的企业有：内蒙古蒙龙种业科技有限公司、敖汉金丰种业有限责任公司、敖汉鹏程农业科技发展有限公司、巴林左旗鑫达种业有限公司、敖汉旗九亿农业有限公司，销售额约1 397.57万元，占内蒙古高粱种子销售总额65.42%。

从2022年统计数据来看，内蒙古推广高粱品种87个，累计推广面积135.55万亩。推广面积在1万~3万亩的谷子品种有46个：凤杂42号、新杂2、吉杂159、赤杂16号、敖杂307等；推广面积在3万~10万亩的品种有6个：龙帚2号、凤杂4号、吉杂210、吉杂130、高杂4、敖杂308；推广面积在10万亩以上的品种有1个：敖杂1号。虽然在内蒙古种植的高粱品种数量很多，但存在品种同质化严重，缺少突破性品种，当地品种竞争力不强，市场占有率低等问题，所以品质优、株型好、抗性强、适应性广、适宜机械耕种的突破性品种将是今后培育和推广方向。

三、2022年内蒙古种业发展主要成效

（一）种质资源保护成效显著

2021年，内蒙古自治区农牧厅按照农业农村部第三次全国农作物种质资源普查的要求全面启动内蒙古农作物种质资源普查行动，经过3年时间，基本摸清了内蒙古农作物种质资源家底。截至2022年，征集了包括粮食作物、蔬菜、果树、经济作物等在内的作物种质资源共计3 135份。实施农作物种质资源系统调查与抢救性收集行动，共收集资源2 788份，移交资源1 171份。目前，内蒙古共保存农作物种质资源8万余份，牧草种质资源1.7万份，畜禽遗传材料3.9万份，拥有畜禽地方品种20个，数量位居全国前列，认定3家为农作物种质资源保护单位。2022年内蒙古自治区农牧厅联合发改、财政、科技等部门出台了《关于加强农牧业种质资源保护利用的实施意见》《内蒙古自治区农牧业种质资源保护与利用中长期发展规划（2022—2030年）》，将种质资源保护工作纳入内蒙古粮食安全重点目标任务，研究探索建立农作物种质资源共享利用机制，为内蒙古创新培育优良品种提供平台。

（二）种业科技实力不断增强

2022 年，内蒙古审定农作物品种 123 个，完成登记的非主要农作物品种有 143 个，申请保护品种数量 67 个，获得品种保护授权数量 20 个。实施优良品种后补助奖励政策，对玉米、大豆、向日葵等 21 个农作物品种进行了奖励，激励企业创新发展。内蒙古三瑞农业科技有限公司获批牵头承担国家向日葵联合育种攻关。一批自主培育的优势特色品种具有较强的竞争力，向日葵品种 SH363、SH361、三瑞 3 号推广面积均在 50 万亩以上，包揽全国前 3；大豆品种登科 5 号、蒙豆 1137 入选 2023 年国家农作物优良品种推广目录，其中登科 5 号推广面积达 270 万亩，居全国第 3；谷子品种金苗 K1 推广面积达到 100 万亩以上，居全国第 2。

（三）供种保障能力逐步提升

依托国家制种大县奖励和现代种业提升项目资金，内蒙古建成 9 个国家级制种大县和区域性良繁基地，实施现代种业提升工程；内蒙古农作物良种繁育基地面积达到 130 万亩以上，良种覆盖率稳定在 98%以上；四子王旗、察右前旗、牙克石市、正蓝旗 4 个马铃薯良种繁育基地良种繁育面积达 70 万亩，居全国第 1，脱毒种薯交易量占全国 35%以上；呼伦贝尔市鄂伦春自治区旗、莫力达瓦达斡尔族自治旗 2 个国家级制种大县大豆制种面积达 35 万亩，居全国第 3，赤峰市松山区玉米制种大县制种面积 17 万亩，居全国第 5。2022 年，完成 8 家农作物种子质量检验检测机构的认证工作；开展种子质量试点认证，提升良种化水平；在内蒙古建设 60 个“看禾选种”平台，推广优良品种；建立自治区级种子应急保障体系，储备救灾备荒种子 210 万千克。

（四）企业发展活力日益增强

2022 年，内蒙古种子企业数量 243 家，种子销售额 32.65 亿元，创历史新高，企业自主科研投入 1.8 亿元，占科研总投入 85.71%。截至目前，内蒙古有 3 家国家种业阵型企业，数量居全国第 7 位，有 4 家“育繁推”一体化企业，拥有国家级种业龙头企业 6 家、自治区级 33 家，新三板挂牌上市企业 3 家，具有种子进出口资质企业8家，国家级信用企业12家，2家马铃薯企业进入2021年度马铃薯商品种子销售前5，培育了三瑞、蒙草等一批科研能力较强的种业龙头企业。实施企业扶优奖励政策，帮助解决种业企业融资难问题，为38家企业累计授信8.6亿元。

（五）种业市场净化效果明显

2022年，内蒙古自治区农牧厅发布了内蒙古农作物品种审定标准，从源头上严把品种质量关；建设100多个品种区域试验点，强化品种试验管理；认证8家农作物种子质量检验检测机构，确保育种、供种质量水平，不断提升种业技术支撑和服务能力；开展种业监管执法年活动，抽检种子样品767份，82份样品不合格，合格率89%；内蒙古共立案查处种子案件345起，结案322起，罚没款234.2万元，移送司法机关10件；营商环境不断优化，扎实推进种业知识产权保护专项整治，严厉打击假冒伪劣、套牌侵权行为，营造了健康公平的种业市场环境。

四、存在问题及2023年发展目标与思路

（一）存在问题

1. 科研创新能力仍需加强

从总体看，内蒙古种业科技创新能力在日益增强，近几年科研投入和科研人数的比例也在增高，在马铃薯、向日葵、谷子等优势特色农作物方面表现较为突出，玉米、大豆等农作物品种创新能力也在增强，但与其他优势省份比较仍有较大差距，在全国具有一定市场占有率、推广面积大且竞争力较强的优势品种不多，品种同质化问题严重，育种技术水平、育种体系建设上有待进一步提高，需要加大对新品种培育的研发投入力度，增强品种创新力与竞争力。

2. 企业竞争能力有待提升

种子企业作为种业发展的主力军，在种业振兴中具有不可替代的作用。近

几年，内蒙古种子企业不断发展壮大，企业数量、规模、种子销售额均创新高，但与其他优势省份仍旧存在差距，具体表现在全国种子市场份额占比不高，企业创新能力、自主研发能力不强，优势企业不多，总体上缺乏市场竞争力。可以通过制定企业扶优政策，加大企业扶优扶强力度，培育更多具有市场竞争力的优势种子企业，以增强内蒙古种业实力。

（二）2023 年发展目标与思路

2023 年，继续围绕种质资源保护、品种培育和良种化水平提升 3 个方面，全力推进种业振兴各项工作。

1. 种质资源保护利用

在全面完成种质资源普查的基础上，重点开展资源登记入库和鉴定评价工作，围绕玉米、大豆、谷子、向日葵等重点品种育种创新，鉴定评价种质资源 4 800份以上，强化育种基础支撑服务。

2. 优势特色品种培育

按照强优势、补短板的发展思路，联合育种力量，发挥育种优势，支持三瑞公司联合内蒙古自治区农牧业科学院开展国家向日葵育种攻关；整合优势资源，实施内蒙古优势特色品种培育工程，在马铃薯、向日葵、大豆、玉米、谷子、燕麦等方面开展内蒙古自治区育种联合攻关；支持国家种业阵型企业、“育繁推”一体化企业开展玉米育种自主攻关，提升育种水平，增强品种竞争力。

3. 良种化水平提升

严把品种试验审定关，严格控制品种审定数量，提高品种质量；加强种业市场监管，严厉打击侵权套牌违法行为，净化种业市场环境；继续提升 60 个“看禾选种”平台建设水平，重点打造 5 个自治区级区域性展示示范基地；继续支持 9 个国家级制种大县和区域性良繁基地建设，争取扩大制种大县和良繁基地的认定范围与数量，提升内蒙古农作物良种化率。

内蒙古自治区畜牧业种业行业发展报告

根据2021年农业农村部《全国畜禽遗传改良计划（2021—2035年）》要求，内蒙古制定了未来15年主要畜禽遗传改良的目标任务和技术路线，主要围绕生猪、奶牛、肉牛、羊、马、驴、蛋鸡、肉鸡、水禽、蜜蜂、蚕等畜禽品种进行改良，力争用10~15年的时间，建成比较完善的商业化育种体系，显著提升种畜禽生产性能和品质水平，自主培育一批具有国际竞争力的突破性品种。近年来，内蒙古高质量发展规模化畜禽养殖，大幅度提升现代畜禽业生产管理技术水平，全过程应用现代畜禽育种理论和方法，畜禽改良育种和生产性能得到有效提高。

一、畜禽资源现状

内蒙古畜禽遗传资源十分丰富，内蒙古现有畜禽资源26个畜种，200个品种，群体数量41 211 036只（头）；蜂资源7个，群体数量5 104箱；蚕资源14个。26个畜种包括猪、普通牛、牦牛、绵羊、山羊、马、驴、骆驼、兔、鸡、鸭、鹅、鸽、梅花鹿、马鹿、驯鹿、羊驼、火鸡、珍珠鸡、雉鸡、鹧鸪、绿头鸭、鸵鸟、鸸鹋、银狐（非食用）、北极狐（非食用）。其中猪21个品种，普通牛18个品种，牦牛2个品种，绵羊43个品种，山羊15个品种，马23个品种，驴7个品种，骆驼2个品种，兔6个品种，鸡26个品种，鸭6个品种，鹅8个品种，鸽4个品种，梅花鹿4个品种，马鹿2个品种，鸵鸟3个品种，驯鹿、羊驼、火鸡、珍珠鸡、雉鸡、鹧鸪、绿头鸭、鸸鹋、银狐（非食用）、北极狐（非食用）各1个品种；蜂资源包括6个蜜蜂品种和其他蜂资源1个品种；蚕资源包括14个柞蚕品种。这些资源不但是内蒙古发展畜牧业和培育新品种的基础，而且对国内外某些品种的形成产生了深远的影响，更具有很多优良的特性，诸如繁殖力强、性成熟早、母性强、耐寒性强、抗病性强、生长迅速、饲料转化率高、肉质好、适应性强、产绒量高等。

二、种畜场现状

2022 年，内蒙古畜禽种源供给稳定，到 2022 年底内蒙古种畜禽场数量共计达 376 个。其中，种猪场 81 个，能繁母猪存栏 196 235头，种公猪 36 222头，年供种能力 15 020 210头；种牛场 80 个，存栏种公牛 7 582头，年供种能力 107 947头；种羊场 171 个，存栏种公羊 37 102 只，年供种能力 195 847 只；种马场 17个，存栏种马 217 匹；种禽场 13 个，蛋鸡和肉鸡种禽存栏 851 640羽；其他种畜禽场 14 个。

2022 年，肉牛育种企业自主培育的肉用西门塔尔种公牛进入全国肉牛选择指数 CBI 排名入前 100 名的 39 头，青年乳用公牛进入 GCPI 排名前 100 的有 18头（表 1）。

表 1　2022 年内蒙古肉牛种公牛 TOP 数量统计　　单位：头

种公牛代码	单位名称	TOP 20	TOP 50	TOP 100	TOP 200	TOP 300
156	内蒙古中农兴安种牛科技有限公司	3	6	9	31	47
152	通辽京缘种牛繁育有限责任公司	0	1	8	18	31
155	内蒙古赛科星繁育生物技术（集团）股份有限公司	0	0	1	3	4
154	赤峰赛奥牧业技术服务有限公司	2	4	5	7	9

三、核心育种场现状

2022 年内蒙古申报认定了 5 家国家核心育种场和 19 家自治区级核心育种场。现共有国家级核心育种场 21 家，其中，羊核心育种场 8 家、奶牛核心育种场 2 家、肉牛核心育种场 7 家，生猪核心育种场 1 家、禽类核心育种场 3 家。现有自治区级核心育种场 19 家，其中，羊核心育种场 8 家、肉牛核心育种场 6 家，生猪核心育种场2家、马核心育种场3家（表2）。

表2　2022年申报认定国家和自治区级核心育种场名单

级别	盟（市）	畜种	品种	单位名称
国家级	兴安盟	肉羊	湖羊	内蒙古杜美牧业生物科技有限公司
	鄂尔多斯市		内蒙古绒山羊	鄂尔多斯市立新实业有限公司
	兴安盟	肉牛	西门塔尔	内蒙古中农兴安种牛科技有限公司
	锡林郭勒盟		华西牛	内蒙古色也乐钦畜牧业科技服务有限公司
	通辽市	禽	樱桃谷	内蒙古和康源生物育种有限公司
自治区级	呼伦贝尔市	肉羊	草原短尾羊	鄂温克族自治旗艾伊提草原短尾羊种羊场
	锡林郭勒盟		乌珠穆沁羊	东乌珠穆沁旗赫希格畜牧业发展有责任公司
	锡林郭勒盟		察哈尔羊	镶黄旗察哈尔羊种羊场
	乌兰察布市		东佛里生	内蒙古丰东知盈牧业科技有限公司
	兴安盟		小尾寒羊	内蒙古三阳牧业有限公司
	鄂尔多斯市	绒山羊	内蒙古绒山羊	内蒙古亿维白绒山羊有限责任公司
	巴彦淖尔市		内蒙古绒山羊	内蒙古北平纺织有限责任公司二狼山牧场
	赤峰市		罕山白绒山羊	赤峰市罕山白绒山羊种羊场
	巴彦淖尔市	肉牛	安格斯	内蒙古旭一牧业有限公司
	锡林郭勒盟		安格斯	乌拉盖管理区乌牛牧业有限公司
	锡林郭勒盟		华西牛	苏尼特左旗查干哈达畜牧业专业合作社
	兴安盟		西门塔尔	内蒙古嘉茂牧业有限公司
	兴安盟		安格斯	内蒙古绿丰泉农牧科技有限公司
	赤峰市		西门塔尔	内蒙古金秋牛业有限公司
	乌兰察布	生猪	长白猪	乌兰察布大北农农牧食品有限公司兴和分公司
	巴彦淖尔市		大白猪	巴彦淖尔市荣威种养殖有限公司
	锡林郭勒盟	马	蒙古马	西乌珠穆沁旗乌珠穆沁查干阿都文化产业有限公司
	呼伦贝尔市		三河马	鄂温克旗科兴马业发展有限公司
	呼伦贝尔市		蒙古马	科尔沁左翼中旗萨仁夫畜牧养殖有限公司
	通辽市		科尔沁马	

四、顺利实施畜禽良种联合攻关计划

2022年3月，科技部等9部门联合印发《"十四五"东西部科技合作实施方案》，首次将"实施'科技兴蒙'，支撑内蒙古走生态优先绿色发展道路"作为国家东西部科技合作重点任务，聚焦"我国北方重要生态安全屏障建设""能源资源绿色转型"以及"现代农牧业发展"三大主题，协调推进有关部门和地区加强与内蒙古的科技合作，为内蒙古高质量发展提供科技引领与支撑。自科技部与内蒙古共同启动"科技兴蒙"行动以来，自治区党委、政府高位统筹调度，不断深化与国内发达地区和大院大所的"4+8+N"合作机制，2022年，内蒙古自治区人民政府与陕西省人民政府、中国农业科学院、兰州大学签署了战略合作协议，内蒙古已实施科技合作项目700余项，合作建设了鄂尔多斯碳中和研究院、北方农牧业技术创新中心等34个新型研发机构，吸引了200多家区外高校院所、400多个企业团队深度融入内蒙古创新发展。

（一）国家乳业技术创新中心落地呼和浩特

2022年1月，科技部正式批复在呼和浩特建设全国唯一的国家级乳业技术创新中心（简称乳业国创中心）。创建工作得到了内蒙古自治区党委、政府高度重视，将乳业国创中心建设列为《内蒙古自治区推进奶业振兴九条政策措施》的关键举措，2022年共投入资金1.94亿元，启动实施科研攻关、平台建设等科技项目44项。目前，乳业国创中心已与26家企业、27家高校院所签订了合作协议，正在按照"一个协同创新网络、四个研究中心、三个服务平台"布局协同创新体系，在奶牛育种、科学饲养、万头规模牧场应用示范、乳品营养品质、乳制品工艺等多个方面取得瞩目成果。其中，奶牛营养调控关键技术实现了奶牛平均日单产41千克以上的国际先进水平，胚胎植入前全基因检测技术将高产奶牛的育种效率提升到25%以上，浓缩乳清蛋白制备技术打破了国外垄断。

（二）"揭榜挂帅"推动重大关键技术集智攻关

需者"出榜"、政府"张榜"、能者"揭榜"、强者"挂帅"。2022年，内蒙古不断强化“揭榜挂帅”“赛马”等新型项目组织机制在重大关键技术攻关方面的应用，在年初启动首批12项技术攻关类“揭榜挂帅”项目的基础上，又陆续以“揭榜挂帅”机制启动了种业和双碳两大科技创新重大示范工程，围绕内蒙古种业振兴和双碳领域的重大关键技术难题，面向全国发布技术需求榜单24个，启动实施“揭榜挂帅”项目26项，支持区内龙头企业牵头组建52个创新联合体揭榜攻关，带动区内外384家企业和高校院所以及两院院士在内的24位首席科学家参与揭榜攻关，项目经费总投入预计15亿元。

（三）‘杜蒙羊’通过国家畜禽遗传资源委员会新品种审定

由内蒙古赛诺种羊科技有限公司牵头，联合内蒙古农业大学、内蒙古农牧业科学院、内蒙古大学、内蒙古自治区农牧业技术推广中心、乌兰察布市畜牧工作站、四子王旗畜牧业技术服务中心等7家单位，以黑头杜泊羊为父本，蒙古羊为母本，历时18年，利用现代生物育种技术，经过杂交创新、横交固定和群体扩繁3个阶段，成功选育出适合荒漠与半荒漠化草原放牧，兼具舍饲与半舍饲等多种养殖方式的肉羊新品种‘杜蒙羊’，于2022年11月通过国家畜禽遗传资源委员会新品种审定。‘杜蒙羊’具有生长发育快、肉用性能显著、繁殖率高等特点，4月龄体重可达40~45千克，繁殖率为140%~150%，屠宰率为52%~55%，养殖母羊年纯利润800~1 000元，达到了国际先进水平。该品种的成功培育填补了我国牧区和半农半牧区无专门化肉用品种的空白。

（四）‘华西牛’在乌拉盖草原培育成功

中国农业科学院北京畜牧兽医研究所与内蒙古科研单位合作，经过43年的杂交改良和持续选育，在锡林郭勒盟乌拉盖草原成功育成了体型外貌一致、生产性能突出、遗传性能稳定、具有完全自主知识产权的专门化肉牛新品种‘华西牛’。成年公牛体重达900千克，成年母牛体重达550千克以上，净肉率高达53.95%，主要生产性能达到国际先进水平，既能适应我国牧区、农区以及北方农牧交错带，又能适应南方草山草坡。该品种于2021年12月1日通过国家畜禽遗传资源委员会审定，2022年8月9日面向社会发布。目前已在全国推广种公牛599头，冻精约762万剂，改良牛群555.2万余头，累计新增收益52.7亿元，一举打破了当前肉牛核心种源严重依赖进口的局面，是种业翻身仗的代表性成果。

五、顺利完成第三次畜禽遗传资源普查系统调查工作

按照农业农村部农业种质资源普查的总体部署和《内蒙古自治区第三次畜禽遗传资源普查实施方案（2021—2023年）》有关要求，2021年内蒙古圆满完成了内蒙古畜禽遗传资源普查第一阶段面上普查任务，首次全面摸清了内蒙古畜禽遗传资源家底。2022年，对面上普查确认存在的内蒙古52个主要畜禽品种（类群）和6个蚕资源品种开展系统调查工作，对品种、体尺体重、生产性能、繁殖性能和屠宰性能等信息进行测定登记并采集影像资料，科学评估其特征特性和生产性能的变化情况，完成了畜禽遗传资源系统调查表填报、畜禽遗传资源调查报告编写和精准鉴定采样等工作，并对3个新畜禽遗传资源进行鉴定申报。此次畜禽遗传资源普查工作由国家、自治区、盟（市）、旗（县）和测定单位的专家技术人员共同负责对每个品种（资源）测定工作及调查报告、志书编写工作，同时成立测定小组，老中青结合，以老带新的方式，在实战中培养历练了一支专业素养较强的普查测定队伍。

六、开展畜禽种质资源保护利用工作

（一）畜禽遗传资源保护单位认定工作

2022年新认定国家级保种场1家，自治区级保种场4家，现有国家级畜禽遗传保护单位11个，自治区级保护单位14个（表3）。

表3　2022年国家级和自治区级保护单位名单

级别	盟（市）	保护单位	建设单位
国家级	呼伦贝尔市	国家敖鲁古雅驯鹿保种场	根河市敖鲁古雅乡驯鹿繁育中心
自治区级	通辽市	科尔沁细毛羊保种场	通辽市嘎达苏种畜繁育中心
	鄂尔多斯市	鄂尔多斯细毛羊保种场	乌审旗巴音苏日克农牧业发展有限公司
	呼伦贝尔市	巴尔虎马保种场	新巴尔虎左旗乌布尔宝力格苏木萨如拉扎木图嘎查巴达尔胡家庭牧场
		三河马保种场	呼伦贝尔西伯利亚生态牧业科技有限公司

（二）遗传材料制作及保存工作

为贯彻落实国家和内蒙古种业振兴行动方案要求，推动建设内蒙古畜禽种质资源保护利用工程，2022年，种业发展处与畜牧业技术处共同开展了畜禽遗传材料制作及保存工作，完成了对阿巴嘎黑马、河套大耳猪等6个品种的畜禽遗传材料制作及保存，遗传材料共计9 404份，其中，冷冻精液8 208剂、冷冻胚胎1 196枚。

七、种畜禽市场监管检验

为助力种业振兴，加强种畜禽生产经营监督管理力度，提高种畜禽质量安全水平，维护种畜禽公平竞争的市场环境，2022年内蒙古自治区农牧业技术推广中心种业发展处开展种畜禽质量安全监督检验工作，引导养殖场（户）科学选用畜禽良种，促进畜禽种业持续健康发展。

（一）种公牛站种公牛现场评审

2022年，对内蒙古赛科星繁育生物技术（集团）股份有限公司、内蒙古中农兴安种牛科技有限公司、通辽京缘种牛繁育有限责任公司和海拉尔农牧场管理局家畜繁育指导站等4家种公牛站，共对187头新增种公牛的体型、外貌进行了现场评审，评审结果为特级种公牛185头；一级种公牛2头。

（二）家畜遗传材料申请单位现场评审

对内蒙古赛克星繁育生物技术（集团）股份有限公司、通辽科尔沁肉牛种业股份有限公司、通辽京缘种公牛繁育有限公司、内蒙古华牧兴农种业科技有限公司等申请家畜遗传材料“种畜禽生产经营许可证”的单位进行现场评审。并对通辽科尔沁肉牛种业股份有限公司现场抽检7头牛7枚胚胎。

（三）牛冷冻精液和牛胚胎质量抽检

2022年，共完成对399头牛冷冻精液的抽检和13头牛胚胎质量抽检工作，合格率为100%，均符合《牛冷冻精液》（GB 4143—2008）要求，其中，荷斯坦牛44头、蒙贝利亚3头、西门塔尔牛309、三河牛29头、海福特2头、夏洛莱2头、安格斯3头、利木赞5头、和牛2头。

（四）种猪常温精液质量抽检

2022年，共完成对145头种公猪常温精液质量抽检工作，合格率为100%，均符合《种猪常温精液》（GB 23238—2021）要求，其中大白猪38头、长白猪62头、杜洛克猪45头。

八、畜禽种业发展存在问题

（一）对地方畜禽资源开发利用的重要性认识不足

近年来，在一些“高产”畜禽品种的吸引下，过分强调和注重“高产”品种的引进和发展，将“良种化”为“洋种化”的趋势明显，对地方优良品种的保护和选育工作松懈，地方良种肉质好、耐粗饲、抗逆性强等优良特性没有得到重视和发挥。同时对地方优良品种的资源保护的重要性宣传不够，相关品种保护和选育提高基础数据短缺，保护利用工作等于纸上谈兵。

（二）育种基础性工作相对薄弱

畜禽品种登记的规模小，生产性能测定总体参测比例低，测定数据质量不高，繁殖等主要功能性状数据收集缺乏有效的体系，导致畜禽遗传评估的准确性有待提高。

（三）畜禽良种快速扩繁技术效率较低

胚胎移植技术、活体采卵体外受精胚胎（OPU-IVF）生产技术研发力度不够，总体应用效率低，推广使用规模和范围小，难以满足畜禽种业发展对良种的实际需求。

九、畜禽种业发展展望

（一）持续加强畜禽种质资源保护利用

在全国第三次畜禽种质资源普查全面摸清内蒙古畜禽遗传资源家底基础上，按照“以保为先、以用促保、保用结合”的方针，加强优势特色地方畜禽种质资源保护利用，推进农牧业高质量发展的基础性支撑，突出畜禽种质资源保护基础性、公益性战略定位，利用现代保种理论和保种技术，依托畜禽种质资源的优势，以改革创新为动力，组建技术团队，持续加强“内蒙古自治区畜禽遗传资源库”扩充工作，建立健全内蒙古畜禽遗传资源信息与管理数据库，做到应保尽保。同时加强优势特色畜禽品种的本品种选育工作。

（二）完善畜禽种业自主创新体系

发展畜禽种业是一项系统工程，具有战略性、长期性、公益性，其根本出路在于创新。不仅要充分利用国家产业技术体系、科研院所和种畜禽企业等资源形成科技支撑合力，还要围绕种业科技自立自强、种源自主可控及种畜禽产业需求，聚焦重点问题和关键技术，强化畜禽种质资源生产性能测定、遗传评估、分子育种技术开发应用，持续开展新品种培育和引进品种的本土化选育。

（三）加强种源基地建设，提升自主培育能力

扶持国家和自治区一级核心育种场，鼓励养殖企业积极申报国家和自治区一级核心育种场，增强种质源头造血能力。明确核心育种场自身育种、供种地位，进一步规范生产性能测定、育种数据完善和管理工作，优化利用选种选配、MOET（超数排卵胚胎移植技术）、OPU-IVF（活体采卵-体外受精）等技术进行扩繁，研究使用基因组选择技术进行优选，逐步提高核心群遗传水平使其接近国际先进水平。

（四）创新联合育种机制

支持育种企业、生产性能测定机构、科研院所、技术推广单位和高校等单

位创新联合育种机制，组建“牵头单位+首席专家+创新团队+优势企业”产学研紧密结合的育种创新联合体，聚力共促内蒙古育种攻关，在新品种（系）选育、主推品种育种群扩充与制种供种能力提升。利用常规育种和分子育种技术，开展高产、抗逆性强等特色优质畜禽新品系自主培育，满足差异化的消费市场需求。

内蒙古自治区植物检疫行业发展报告

植物检疫是为防止检疫性有害生物传入、定殖、扩散蔓延，保护农业生产和农产品贸易安全，以法律法规为依据采取的一系列活动，是由法制、技术和行政管理相结合的综合措施。内蒙古植物检疫工作始终坚持以阻截防控全国重大农业植物检疫性有害生物为重点，加强疫情监测阻截与防控，严格植物检疫执法监管，强化检疫队伍建设，有效遏制了植物疫情传播扩散，为保障内蒙古农业生产安全、生物安全、促进农产品贸易发挥了重要作用。

一、全国植物疫情发生总体态势

（一）境内疫情对农业生产安全威胁不断加大

2022 年，全国共发生农业植物检疫性有害生物在 29 个省（区、市）的 1 385个县（市、区）发生，同比增加 35 个发生县，发生面积2 095.3万亩次，同比减少 2.4%。苹果蠹蛾、红火蚁、柑橘黄龙病等重大植物疫情在部分地区存在重发和扩散风险，随着大豆玉米带状复合种植技术的推广，大豆疫病随种子传播风险加大。

（二）境外疫情传入风险逐年加大

境外疫情呈现传入种类多、截获频次高的特点。根据海关统计，2020 年口岸检疫部门在进境货物中截获的检疫性有害生物多达 384 种、6.95 万次，同比增长 15%；在进境旅客携带物寄递物中截获外来物种 1 258种、4 270批，涉及 102 个国家和地区。

二、内蒙古植物检疫工作现状

（一）体系建设情况

机构设置：内蒙古植物检疫体系是由自治区、盟（市）、旗（县、区）三级植保植检机构组成，包括自治区级1个，盟（市）12个，旗（县、区）88个。新一轮机构改革后，除5个单独设立植保植检机构外，各级植保植检机构均并入综合中心。

队伍建设：严格按照《农业部植物检疫员管理办法（试行）》相关要求，对符合申报农业植物检疫员条件的人员进行岗前培训，经考试合格后颁发农业植物检疫员证，植物检疫员执行检疫任务时，必需穿着检疫制服持证上岗；对离岗离职的植物检疫员进行注销。截至目前，内蒙古共培训新增植物检疫员13批次，现有植物检疫员771人，基本保障了植物检疫工作的顺利开展。

（二）植物疫情发生形势

近年来，随着农业产业结构调整以及经济全球化、交通物流业的飞速发展，检疫性有害生物入侵风险和入侵频率逐年增加。2010年前内蒙古常发生的农业植物检疫性有害生物种类有7种，截至目前增加到9种，监测到进境检疫性有害生物3种。疫情发生面积年均在80万亩左右，为害寄主植物主要有果树、水稻、马铃薯、向日葵、大豆等，严重威胁内蒙古粮食作物和经济作物的生产安全。

2022年，内蒙古共发生农业植物检疫性有害生物8种，其中昆虫类2种、细菌类2种、真菌类2种、线虫类1种、杂草类1种，分别为苹果蠹蛾、稻水象甲、瓜类果斑病菌、番茄溃疡病菌、黄瓜黑星病菌、大豆疫霉病菌、腐烂茎线虫和列当属，在11个盟（市）35个旗（县、区）发生。其中苹果蠹蛾主要发生在西部区；稻水象甲发生在通辽市；腐烂茎线虫发生在鄂尔多斯市；黄瓜黑星病菌、番茄溃疡病菌发生在赤峰市；大豆疫霉病菌发生在呼伦贝尔市；列当属在内蒙古大部分向日葵种植区均有发生。通辽市、鄂尔多斯市部分旗（县、区）新发瓜类果斑病菌。疫情总发生面积 301 496.3 亩，较 2021 年减少了 276 558.7亩，同比下降 47.8%。

与全国植物疫情发生总体情况比较，内蒙古植物疫情发生面积约占全国总疫情发生面积的 1.4%，疫情发生基本平稳，未出现原有疫情大面积暴发成灾、新发疫情大面积蔓延危害。

（三）重大植物疫情阻截带建设情况

按照农业农村部《关于印发重大植物疫情阻截带建设方案的通知》要求，充分利用天然屏障，科学布点，内蒙古构建了苹果蠹蛾、马铃薯甲虫等重大植物疫情阻截带。在内蒙古 12 盟（市）51 个旗（县、区）12 个口岸，共设立国家级重大疫情阻截带监测点 130 个；设立苹果蠹蛾疫情监测点 149 个，每年发放诱捕器2 000套，迷向丝20 000根，用于疫情监测和防控。监测点均设在国境线、省界线、交通枢纽及疫情发生的旗（县、区），各监测点专人负责，明确监测任务，实行动态管理，对我区及周边省份已发生的重大检疫性有害生物及境外传入风险较高的潜在检疫性有害生物进行监测阻截，防止重大植物疫情传入、传出。

（四）植物疫情监测及防控

1. 发挥阻截带作用，推进重大植物疫情防控

重点围绕事关我区粮食安全和农民增收的主要粮食和经济作物，在内蒙古主要农作物生产区、优势作物生产区，开展马铃薯甲虫、腐烂茎线虫、稻水象甲、列当属、苹果蠹蛾、瓜类果斑病等重大植物疫情的监测与防控；对已发生的检疫性有害生物，主要是监测其疫情发生动态、为害情况、扩散蔓延范围；对潜在的检疫性有害生物，主要是监测其在主要寄主植物生长期内的发生情况，确保第一时间发现并快速采取有效措施进行封锁、扑灭，严防大面积暴发成灾。

2. 强化技术集成，建立苹果蠹蛾疫情防控示范区

巴彦淖尔市是我区苹果梨的主要产区，2014 年苹果蠹蛾传入巴彦淖尔市磴口县后，在磴口县建立 2 个苹果蠹蛾疫情综合防控示范区，核心面积 400 亩，辐

射带动3 000亩。示范区在常规防治的基础上，采用“性信息素诱捕+频振式杀虫灯诱杀+迷向丝生物防治”的综合防控技术模式，取得了非常好的效果，大大降低了成虫基数，2020—2022 年示范区内连续 3 年未监测到苹果蠹蛾，防控效果显著。

3. 严格疫情报告制度，建立和完善应急处置机制

各级农业植物检疫机构认真执行疫情上报制度。对新发、突发的疑似疫情执行 12 小时报告制度，日常疫情监测定时报告。要求内蒙古各级检疫机构建立和完善重大疫情突发应急预案，建立应急指挥和专家组。按照疫情发生范围和程度，适时启动应急预案。

（五）植物检疫执法监管

农作物种子种苗是传播植物疫情的重要途径，加强种子种苗检疫措施是从源头管控疫情最有效的措施。

1. 产地检疫监管

以种子生产环节为重点，完善种子种苗繁育企业和生产基地的备案制度，强化产前申报、产中监测、产后调运等环节的全链条检疫监管，从源头阻断传播疫情的风险。

2. 调运检疫监管

以种子种苗销售环节监管为重点，确保在内蒙古市场上销售种子带有检疫证书，对高风险地区调入的种子进行复检，降低植物疫情随种子种苗调运传播的风险。

3. 南繁检疫监管

积极配合海南省南繁管理局，做好南繁基地检疫联合巡查，严把种子种苗进岛、出岛两个关口。

4. 国外引种检疫监管

近年来，国外引进种子在内蒙古种植的作物种类多达 30 多种，其中主要以牧草和甜菜为主，牧草多集中种植在赤峰市的阿鲁科尔沁旗，甜菜主要种植在赤峰市和乌兰察布市。针对内蒙古国外引种批次多、数量大、种类多、种植地

区广的情况，严格按照国外引进种农业种子检疫要求，采取加强隔离试种管理、重点监测与委托监测相结合、自治区、盟（市）、旗（县）三级联合监测等方式加强检疫监管，严防国外疫情随种子种苗引进传入国内。

5. 市场检疫监管

以植物检疫宣传月活动为契机，整合检疫队伍力量，采取旗（县）自查和盟（市）、旗（县）联查相结合的方式开展种子种苗检疫市场检查，将植物检疫宣传工作融入植物检疫联合执法检查工作中，以问题为导向，通过边执法边宣传的方式，切实提高生产经营主体和社会各界的植物检疫意识，增强遵守植物检疫法规自觉性。

（六）植物检疫行政审批

依照党中央、国务院关于深化“放管服”改革，优化营商环境的决策部署，实现农业植物产地检疫合格证签发、农业植物检疫证书核发、从国外引进农作物种子种苗审批行政审批事项一网通办理，不断提高审批效率和监管效能，促进内蒙古经济高质量发展。

1. 农业植物产地检疫合格证签发

严格执行产地检疫操作规程，落实产前申报、检疫监测、田间检疫记录等工作制度。2022年实施产地检疫面积99.26万亩，生产种子7 618.83万千克，签发产地检疫合格证971份。内蒙古主要生产的种子涉及32个作物，855个品种，其中主要是以玉米、马铃薯为主，其次是菜豆、高粱、谷子等杂粮杂豆等。

2. 农业植物检疫证书核发

2022年实施调运检疫5 137批次，调运量为14 034万千克，其中省间调运占总调运量的78%，内蒙古自治区内种子种苗调运量占22%。内蒙古种子种苗调运主要是以玉米、马铃薯为主，约占内蒙古总调运量的81%。

3. 从国外引进农作物种子种苗审批

我区是全国重要的家畜饲草料生产基地，气候、土壤、光照和生产条件非常适宜燕麦、苜蓿等牧草的规模化、机械化、现代化生产，也是国外引种种植的大省区之一，2022年从国外引进农作物种子209批次、1 371.91万千克左右，涉及作物主要有燕麦、苜蓿、甜菜等，其中牧草类占总引种量的80%以上(图 1)。

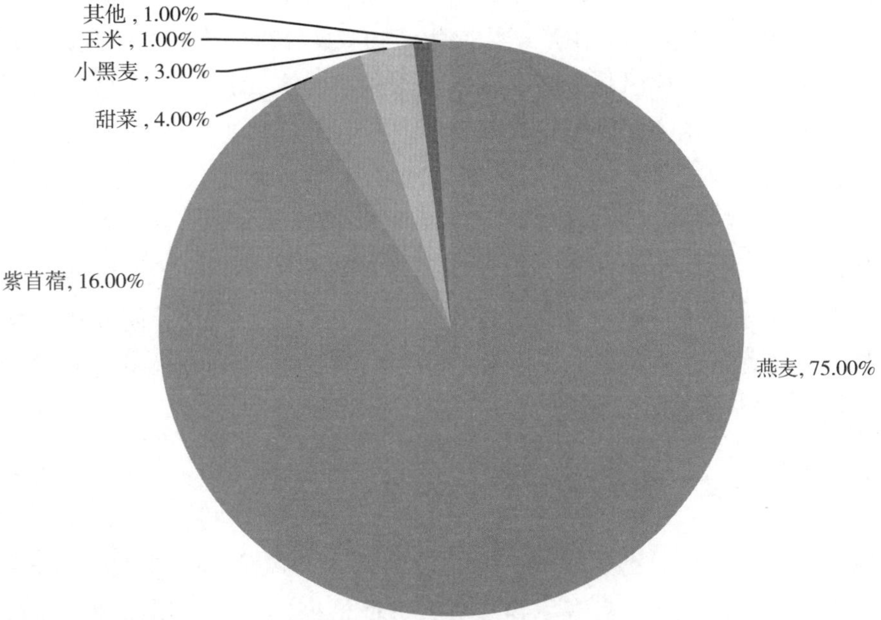

图 1　2022 年国外引种审批数据分析

三、植物检疫工作取得的成效

（一）重大植物疫情得到有效控制

苹果蠹蛾：苹果蠹蛾是我国重要的检疫性有害生物，在全国 9 个省（区、市）195 个（市、区、旗）发生，2006 年首次在内蒙古阿拉善盟额济纳旗首次发现后，呈由西向东逐渐扩散态势。最大发生面积14 183亩，分布在内蒙古 6 个盟（市）12 个旗（县、区）。为有效遏制疫情蔓延势头，按照疫情发生区、缓冲区、未发生区分类施策，内蒙古设立苹果蠹蛾监测点 149 个，监测范围基本覆盖了内蒙古水果种植区，各监测点安排专人定时监测，密切关注疫情动态，严格执行疫情报告制度；发生区采取布设诱捕器、杀虫灯、迷向丝防治等新技术，经过连续 15 年的防控阻截，截至 2022 年底，将疫情控制在呼和浩特以西的 5 个盟（市）9 个旗（县、区），疫情发生面积 587 亩，发生面积减少了 2 727

亩，虫口密度大幅减少，防控效果显著。疫情传播态势已从原来的远距离传播转变为近距离自然扩散，为陕西、山西、河北等苹果主产区建立有效屏障，大大降低了对我区及全国水果主产区果品生产的威胁，保障果品产业健康发展。

稻水象甲：稻水象甲是为害水稻的毁灭性害虫，2011 年在内蒙古通辽市科尔沁左翼后旗、科尔沁左翼中旗首次发现，发生面积30 422亩。疫情发生后，内蒙古自治区农牧厅立即组织开展内蒙古水稻象甲普查工作，疫情发生区采取“综合治理，分片围歼、联防联治、严控扩散”的防控策略，控制越冬代成虫兼治一代幼虫，以化学防治为主，以村为单位进行统一防治，不留死角，及时压低了虫源。经过几年不懈地努力，将疫情控制在通辽市，没有向周边水稻种植区扩散，危害程度逐年减轻，发生面积也由发现之初的30 000多亩，控制到现在的1 150亩，阻截防控效果显著。

（二）“新突发”植物疫情处置科学有效

随着农产品贸易的迅速发展，植物疫情传入的风险越来越大。2016—2018 年内蒙古新发全国检疫性有害生物 1 种，进境检疫性有害生物 3 种。面对“新突发”植物疫情，内蒙古自治区农牧厅高度重视，积极应对，立即要求内蒙古自治区植保植检站组成专家组调查核实疫情发生情况，对疫情来源、流向进行调查跟踪，对染疫种薯进行销毁或转商品薯，做好疫情处置和后续跟踪监管，并按程序上报疫情，同时下发了《关于开展马铃薯帚顶病毒专项调查的通知》《关于开展腐烂茎线虫和向日葵黑茎病专项调查的通知》，组织在马铃薯和向日葵产区开展马铃薯检疫性线虫、马铃薯帚顶病毒、向日葵黑茎病的专项调查工作，经过调查取样，送检样品鉴定，初步掌握了这 4 种检疫性有害生物在内蒙古发生分布情况，为组织防控争取了主动。由于处置及时，措施得当，疫情得到有效控制，没有造成扩散蔓延的态势。

（三）未发生植物疫情得到有效防范

按照全国农技中心要求，根据国内外植物疫情发生形势，结合内蒙古植物疫情传入风险分析，组织相关盟（市）开展了黄瓜绿斑驳花叶病毒、水稻细菌性条斑病、油菜茎基溃疡病、红火蚁等检疫性有害生物专项调查，通过下发相应调查方案、印发症状识别图册、现场培训等形式，提高检疫人员对检疫性有害生物的识别能力和风险防范意识，做到早发现、早报告、早处置。

四、内蒙古植物检疫工作面临的形势与挑战

（一）植物疫情传入风险加大

地理位置的独特性。内蒙古地处祖国北疆，东西相隔2 400多千米，跨越东北、华北、西北，与8省（区）毗邻。由于与毗邻省市地理位置、生态环境、气候条件相似，寄主植物种植情况大体相同，周边省份已发生的检疫性有害生物传入内蒙古的风险加大。

气候条件的多样性。内蒙古属于典型的中温带季风气候，气候带呈带状分布，从东向西由湿润、半湿润区逐步过渡到半干旱、干旱区，气候多变，农业生态环境复杂，为多种农业有害生物提供了适宜生存的栖息环境。

经济发展的必然性。内蒙古外与蒙古国、俄罗斯交界，边境线长达4 200多千米，现有国家级对外开放口岸16个，是我国向北开放的最前沿，也是“一带一路”陆路通道中的重要节点和通往亚洲、欧洲的重要货物集散地，随着人文交流和农产品贸易不断增加，也增加了外来有害生物入侵的风险。

（二）植物疫情防控形势严峻

新疫情不断入侵为害。自2006年以来，苹果蠹蛾、稻水象甲、腐烂茎线虫3种全国检疫性有害生物陆续传入内蒙古。

原有疫情传播扩散速度加快。向日葵列当、腐烂茎线虫是目前对内蒙古威胁最大的检疫性有害生物。向日葵列当在内蒙古向日葵主产区普遍发生，发生面积占内蒙古总疫情发生面积的98%；腐烂茎线虫目前虽然仅在2个盟（市）3个旗（县、区）发生，但局部为害严重、防控难度大，对内蒙古马铃薯产业具有潜在威胁。

外来有害生物传入呈现加速之势。2016—2018年，内蒙古首次发现马铃薯帚顶病毒、向日葵黑茎病等3种进境检疫性有害生物；马铃薯甲虫等检疫性有害生物也存在从俄罗斯和我国的黑龙江省、吉林省传入内蒙古的潜在风险。

（三）植物疫情对内蒙古农业产业安全的潜在威胁

内蒙古是全国重要的粮食大省，也是马铃薯、向日葵、大豆等作物的优势主产区，是全国最大的马铃薯种薯生产基地，每年马铃薯交易量占到全国的60%；向日葵种植面积居全国第1；大豆产量居全国第2，尤其是随着大豆玉米复合种植技术的推广，大豆种植面积和种植范围将进一步扩大。综合内蒙古植物疫情发生情况、传入风险、防控形势以及内蒙古产业结构等因素，腐烂茎线虫、向日葵列当、大豆疫病等检疫性有害生物随种子调运传入、传播扩散的风险进一步加大，对内蒙古农业产业安全、农产品贸易存在潜在威胁，如果植物疫情得不到有效防控阻截，对内蒙古马铃薯等优势产业将是毁灭性打击。

（四）植物检疫工作面临的挑战

机构改革后，植保植检工作存在体系不完善、机构不健全、队伍不稳定、支撑保障不匹配，法律法规不完善等问题，与新形势下植物检疫工作的任务和要求极不适应。

1. 职能与机构不匹配

机构改革后，植保植检机构撤并，各盟（市、旗、县）承担的植物检疫职能发生了变化，呈现原本由一个单位承担的检疫职能被划转到几个单位分别承担，原有检疫人员流动大，个别地区出现职责悬空、人员缺位、任务落空的情况，严重制约植物检疫工作的开展。

2. 支撑保障不匹配

植物疫情普查、控防、培训等工作所需资金较大，尤其是对突发、新发疫情的应急处置及补偿需要有专项经费。2016年植物检疫收费取消以后，地方财政没有安排应有的资金预算，加之中央财政部门预算使用改革，原有预算资金也难以拨付到地方植保植检机构，导致疫情监测和阻截防控等任务资金保障不足。

3. 法规制度不完善

植物检疫工作是以《植物检疫条例》等法律法规为依据开展的一系列工作，现行《植物检疫条例》于1983年颁布实施至今，但随着近年来社会经济的发展以及农业综合执法改革、机构改革等，现行法律法规已明显滞后于时代的发展，在一定程度上影响了植物检疫工作的法律支撑和执行效果。

五、当前内蒙古植物检疫工作思路与对策

（一）工作思路

以习近平新时代中国特色社会主义思想为指导，紧紧围绕乡村振兴、农业供给侧结构性改革、农业绿色发展的新要求，坚持“预防为主、综合防治”的植保方针，加强基层动植物疫端正防控体系建设，强化法治意识、风险意识、责任意识、协作意识，大力推进疫情阻截防控、联防联控和区域治理，为筑牢国家生物安全屏障和保障国家粮食安全提供有力支撑。

（二）工作目标

努力做到“两个确保、两个全覆盖”。“两个确保”即确保新发疫情不大面积蔓延危害，确保原有疫情不大面积暴发成灾。“两个全覆盖”即对重点作物种子种苗繁育基地检疫全覆盖，对新发突发重大疫情防控处置全覆盖。

（三）工作对策

1. 强化体系建设

以农业农村部和中央机构编制委员会办公室联合下发的《关于加强基层动植物疫病防控体系建设的意见》为契机，积极争取，主动作为，加快构建依法监管、运转高效、职责明晰、管理规范、执行有力的植物检疫监控体系，全面提升检疫性有害生物疫情监测预警、防控和突发疫情应急处置能力。

2. 强化检疫监管

以种子的生产、销售、引种三个关键环节为抓手，强化种子种苗的检疫监管。突出抓好繁育基地。以国家和内蒙古自治区重要繁育基地为重点，完善种子种苗繁育企业和生产基地的备案制度，以产地检疫和源头预防为重点，切实降低种子种苗调运传播疫情的风险；突出抓好市场检疫监管。重点要面向大作

物、大企业、大市场，开展种子种苗的检疫检查，对违法违规行为严厉查处，并对违规企业进行通报。

3. 强化部门协作

建立植物检疫工作的协调配合机制，与海关、林业部门、农业科研院所建立信息共享、相互沟通的协调机制，利用重点研发项目开展重大植物疫情的发生机理、传播规律、防治药剂、处置技术等研究，为疫情监测防控提供技术保障。

4. 强化队伍建设

充实检疫队伍，着力解决专业人员青黄不接、队伍老化、人员不足的问题，确保重大植物疫情有人防、审批有人管、执法有人抓；加强能力建设，要通过动植物保护能力提升等工程项目，改善植物检疫工作条件，加强对检疫人员技术培训力度，加快知识更新，提升专业能力，建立一支专业结构合理、综合素质较强的农业植物检疫队伍。

5. 加大宣传力度

开展形式多样的植物检疫宣传活动，宣传要面向领导、主管部门、生产销售企业、农民等多个层面，加强重大植物疫情防控、重点案件查处的宣传，提高各级政府和公众的防疫意识，从而关注、支持和配合植物检疫工作。

内蒙古自治区农作物病虫害监测与防治产业发展报告

2022年内蒙古农作物病虫草鼠害监测与防治工作坚持“预防为主、综合防治”工作方针，贯彻“公共植保、绿色植保、科学植保”工作理念，紧紧围绕“虫口夺粮”促丰收目标，强化监测预警，突出重大病虫、重点区域，及时开展应急防控和统防统治，着力提升病虫害防治效果，为保障内蒙古粮食安全、农产品质量安全和农业高质量发展作出了新贡献，对内蒙古粮食生产实现“十九连丰”具有重要作用。

一、主要农作物病虫害监测与预报

（一）主要监测病虫害种类

1. 玉米主要病虫害

玉米螟、黏虫、草地螟、双斑萤叶甲、地下害虫、玉米大斑病、玉米叶螨、玉米蚜虫、玉米弯孢霉叶斑病、瘤黑粉病、丝黑穗病、棉铃虫等。

2. 马铃薯主要病虫害

马铃薯晚疫病、早疫病、黄萎病、黑痣病、黑胫病、疮痂病、芫菁、二十八星瓢虫等。

3. 水稻主要病虫害

水稻稻瘟病、细菌性褐斑病、稻蝗等。

4. 小麦主要病虫害

小麦蚜虫、锈病、黑穗病、赤霉病等。

5. 大豆主要病虫害

大豆叶斑类病害、菌核病、根腐病、芫菁、食心虫等。

6. 蔬菜主要病虫害

主要病害有疫病、白粉病、霜霉病等，主要虫害有地下害虫、蚜虫、小菜蛾、粉虱、蓟马等。

（二）主要监测方法

主要监测方法分为两种，一种方法是利用农作物病虫害监测设备监测，另一种方法是大田普查。

1. 利用农作物病虫害监测设备监测

内蒙古已建成农作物病虫害监测站点 257 个，含有农作物病虫害监测设备共计 908 台，其中测报灯 328 台（智能虫情测报灯 104 台、普通高空测报灯 110 台、普通虫情测报灯 114 台），害虫自动计数性诱监测设备 278 台，病害监测设备 140 台（马铃薯晚疫病监测仪 83 台、玉米大斑病监测设备 29 台、孢子捕捉仪 23 台、小麦赤霉病监测仪 5 台），田间小气候仪 73 台，农田监控 89 台。充分利用测报灯、害虫性诱监测设备、病害监测设备、田间小气候监测仪等农作物病虫害监测工具开展监测（图 1）。

（1）虫情测报灯。主要包括智能虫情测报灯、普通虫情测报灯，监测草地螟、黏虫、玉米螟、地老虎、象甲、小菜蛾、斜纹夜蛾、大豆食心虫等成虫。东部地区监测时间为每年 4 月 1 日至 9 月 30 日，中西部地区监测时间为每年 3 月 20 日至 9 月 30 日，在病虫观测区开灯进行诱虫监测。

（2）高空测报灯。主要监测草地贪夜蛾、草地螟、黏虫、地老虎、小菜蛾、斜纹夜蛾、玉米螟等成虫。设置有高空测报灯的地区于每年 4 月 1 日至 9 月 30 日，开灯进行诱虫监测。

（3）性诱捕器。主要监测草地贪夜蛾、玉米螟、草地螟、黏虫等成虫。作物苗期至成熟期间，在种植区设置性诱捕器，定期更换诱芯，诱集玉米螟、草地螟、黏虫、草地贪夜蛾等成虫。

（4）马铃薯晚疫病监测仪。专用于监测马铃薯晚疫病。通过在马铃薯主产区布设马铃薯晚疫病监测仪，实现对马铃薯晚疫病实时监测预警及防控指导。

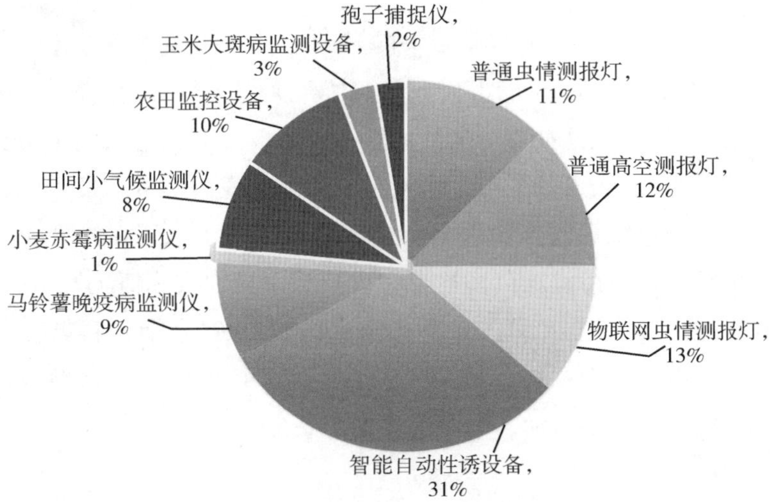

图 1　农作物病虫疫情监测设备占比

2. 大田普查

2022 年内蒙古共出动监测人员 11 000余人次，在病虫害发生关键时期［病虫害始发期（始盛期）、盛发期（或高峰期）、盛末期］前，在较大范围内进行大面积多点同期的调查，了解面上病虫害发生为害动态和区域分布，确定应实施防治的对象田及面积，提出分类指导大田病虫害防治工作意见，及时指导防控。

（三）数据报告与发布

1. 数据报告

5 月 1 日至 9 月 1 日，病虫害监测调查数据（包括仪器设备监测、人工调查监测）通过“内蒙古农作物病虫害监测信息系统”进行上报；全国农作物病虫害测报区域站还可以通过“中国农作物有害生物监控信息系统”填报病虫害发生情况信息。草地贪夜蛾发生防治信息通过“全国草地贪夜蛾发生防治信息调度平台”上报，每周上报 1 次。如遇农作物病虫害新发、突发、暴发等紧急情况，县级以上地方植保机构应当在核实情况后，24 小时内报告同级人民政府农业农村主管部门和上一级植保机构；病虫害暴发严重的，直接报告农业农村部。

2. 病虫情报发布

各级植保部门在综合分析监测结果的基础上发布病虫情报，病虫情报分为长期预报（距防治适期 30 天以上发布）、中期预报（距防治适期 10~30 天发布）、短期预报（距防治适期 5~10 天发布）和警报（病虫害一旦出现突发、暴发势头，立即发布），病虫情报包含病虫害发生期、发生程度、发生区域、防控措施等重要内容。内蒙古农作物重大病虫害趋势分析于每年 3 月下旬发布，下半年趋势分析于 7 月中旬前发布，各盟（市）根据当地实际情况发布中期预报、短期预报和警报，2022 年内蒙古共发布病虫情报 1 400余期，病虫害发生关键时期通过广播、电视、新媒体、村头大喇叭等方式广泛宣传，指导农户、种植大户和合作组织开展科学防治，确保粮食生产安全。

二、2022 年农作物病虫草鼠害发生防治情况

2022 年内蒙古农作物病虫草鼠害年发生 1. 81 亿亩次，防治 1. 83 亿亩次，挽回粮食损失 35. 58 亿千克。其中，病虫害总体中等发生，发生程度轻于 2021 年，局部地区玉米螟、双斑萤叶甲、玉米蚜虫、地下害虫偏重发生。

（一）主要病虫害发生防治情况

（1）玉米螟。总体中等、局部偏重发生，发生 1 749. 37 万亩次，防治 1 147. 60万亩次。主要发生在兴安盟、赤峰市、通辽市、呼伦贝尔市。

（2）黏虫。总体偏轻、局部偏重发生，发生 513. 19 万亩次，防治 205. 01 万亩次。主要发生在鄂尔多斯市、巴彦淖尔市、包头市、呼和浩特市、通辽市、赤峰市。

（3）草地螟。总体偏轻、局部偏重发生，发生 164. 72 万亩次，防治 66. 37 万亩次。主要发生在兴安盟、赤峰市、锡林郭勒盟、呼和浩特市、鄂尔多斯市、包头市。

（4）双斑萤叶甲。总体中等、局部偏重发生，发生 885. 63 万亩次，防治 349. 45 万亩次。内蒙古均有发生。主要为害玉米、大豆、高粱、马铃薯及十字花科植物。

（5）玉米大斑病。总体中等、东部局部偏重发生，发生 1 029.93 万亩次，防治 227.64 万亩次。主要发生在兴安盟、通辽市、赤峰市、呼伦贝尔市。

（6）马铃薯晚疫病。总体偏轻、局部偏重发生，发生 19.91 万亩，预防及防治 492.73 万亩次。主要发生在锡林郭勒盟、赤峰市、鄂尔多斯市。

（7）玉米叶螨（红蜘蛛）。总体偏轻、局部中等发生，发生 166.60 万亩次，防治 117.69 万亩次。主要发生在鄂尔多斯市、赤峰市、巴彦淖尔市、阿拉善盟、呼和浩特市。

（8）土蝗。总体轻发生。发生面积 324.6 万亩次，防治 76.1 万亩次，主要发生在赤峰市、锡林郭勒盟、乌兰察布市、呼和浩特市。

（9）番茄潜叶蛾。总体偏轻发生、个别地块偏重发生，自 2021 年 7 月发现以来成虫发生 22.26 万亩次，幼虫发生 3.96 万亩次，防治 3.14 万亩次，截至 2022 年底已扩散至 9 个盟（市）40 个旗（县、区）发生为害。

（二）农区鼠害

2022 年农区鼠害发生 429.04 万亩，完成农田大面积灭鼠 182.42 万亩。主要发生在鄂尔多斯市、锡林郭勒盟、乌兰察布市、赤峰市、包头市、呼和浩特市、巴彦淖尔市。优势鼠种为达乌尔黄鼠、长爪沙鼠、黑线仓鼠、黑线姬鼠、小家鼠、褐家鼠、大家鼠等。

（三）草害

2022 年农田草害发生 9 766.64 万亩次，防治 9 524.81 万亩次。

三、存在的问题

（一）监测预警体系有待加强

内蒙古地域辽阔，耕地面积大，现有病虫害监测预警网络站点少，测报装备落后，覆盖面有限。导致缺乏测报专业技术人员、信息化数据采集设备和监测调查交通工具，深入田间地头开展调查的面积、频次减少，覆盖程度降低，影响了调查监测和预测预报的准确性和时效性。

（二）重点工作缺乏资金保障

农作物病虫害绿色防控、统防统治等重点工作缺乏资金保障，技术推广应用规模较小，整体推进难度较大。农药药械应急储备不足，专业化统防统治能力不高，应对黏虫、草地螟等突发性、暴发性、迁飞性病虫害的应急处置能力不高。

（三）专业技术人员缺乏

近年来，各地植保专业技术人员大幅减少，普遍存在植保队伍不稳定、人员紧缺、技术力量薄弱的情况。原因主要是一方面盟（市）、旗（县）级植保人员编制明显减少，被分流人员较多。另一方面植保人员因转隶为事业编制，无职称或职称较低的人员选择到综合执法等部门。

四、采取的措施

（一）提高政治站位，压实防控责任

认真贯彻落实习近平总书记关于确保粮食安全作出的重要指示批示精神，将“虫口夺粮”保丰收行动列入实现粮食稳产增产目标的“五大行动”之一，也是粮食安全党政同责考核重要内容。及时下发《关于印发〈2022 年内蒙古“两增两减”虫口夺粮促丰收行动方案〉的通知》，要求各地要把病虫害监测预警与防控作为确保粮食安全的大事来抓，站在讲政治的高度，切实增强责任感和紧迫感，坚持底线思维、树牢风险意识，强化责任担当，切实加强组织领导，明确部门职责，压实防控责任，提前谋划及早部署，突出重点区域，紧盯关键环节，强化工作督导，抓好技术服务，全力抓好各项措施落实落细，坚决打赢虫口夺粮攻坚战，确保重大病虫害防控处置率达到 90%以上，总体危害损失控制率在 5%以内。

（二）强化监测预警，指导适时防治

各地按照早发现、早报告、早预警的要求，全面开展监测，及时发布预警。

一是准确做出趋势分析。去冬今春组织开展草地螟、玉米螟、蝗虫、地下害虫等重大病虫越冬基数调查；年初召开内蒙古重大病虫害发生趋势会商会，及时发布《内蒙古农作物病虫害发生趋势预报》。二是全面开展调查监测。在粮食作物主产区、重大病虫常发区、病虫害发生源头区、迁飞流行通道和边境等重点地区，增加监测网点、增配监测设备、增派监测人员，加大监测调查密度和频次，做到“县不漏乡、乡不漏村、村不漏田”，全面摸清病虫发生情况和消长动态，确保不因监测不到位错失最佳防控时机。三是严格执行虫情报告制度。4 月底及时启动草地贪夜蛾、黏虫、草地螟、蝗虫、马铃薯晚疫病等重大病虫害周报、新发突发病虫害日报、虫情调度 24 小时值班制度，确保虫情信息畅通。四是及时发布预警。利用内蒙古重大病虫监测信息系统准确研判病虫害趋势，关键时期组织专家会商分析，及时发布预报预警和防控技术信息，明确防控重点区域、关键时期、主要措施，指导科学防控。

（三）强化科学防控，推进农药减量

抓住主要作物、重大病虫、重点区域，坚持分类指导、分区施策、联防联控，积极开展应急防治和联防联治，大力推进绿色防控和统防统治，提高组织化程度和科学化水平。内蒙古专业化防治组织共有3 942个，其中经工商、民政注册登记且在农业部门备案的804 个，日作业能力可达到350 万亩以上。兴安盟和通辽市积极整合资金2 366万元，开展田间释放赤眼蜂防控玉米螟面积达 750 万亩，减少化学农药使用量约 225 吨，实现了整建制统防统治，有效保证了防治效果。鄂尔多斯市利用全市人居环境治理经费，批复建设 10 个集中配药服务站，目前已在沿黄地区建成 4 个集中配药服务站，实行统一购药、统一配药、统一防治，在提高安全用药技术水平的同时，推进了农药大包装替代小包装，大大减少包装物的产生。

（四）强化技术指导，确保科学防控

为了使病虫害防治真正见到实效，在做好病虫害预测预报的基础上，大力开展宣传和技术指导。年初制定下发玉米、向日葵、马铃薯、蔬菜、大豆玉米复合种植等主要作物病虫草害疫情监测与防控技术方案 11 个；围绕大豆玉米复合种植、优质高效增产示范行动以及黄河流域高质量示范行动工作重点，在病虫发生

防治的关键时期，派出技术指导组及时进村驻点、深入防控一线，“面对面、手把手”开展现场培训指导，一是加强实地调研和现场指导。组织黄河流域高质量示范行动专家到包联的 3 个盟（市）（巴彦淖尔市、鄂尔多斯市、乌海市）开展实地调研和现场指导 11 次，走访种植户和合作社，召开座谈会研究实施方案，精准施策，有效推进防治工作。二是积极开展试验示范。组织巴彦淖尔市、包头市、通辽市、兴安盟、呼伦贝尔市等盟（市）30 多个旗（县、区）开展大豆玉米带状复合种植杂草防治技术、除草剂品种筛选及使用技术等试验示范 15 项，初步集成了不同种植条件、种植模式下的高效安全除草技术 5 项。三是优化集成技术模式。集成了赤眼蜂防治玉米螟、向日葵和瓜类蜜蜂授粉与绿色防控有机融合、设施蔬菜全程标准化绿色防控、马铃薯病虫害农药减量综合防控、水稻主要病虫绿色防控、玉米除草剂减量等绿色防控和农药减量综合防控技术模式 10 余项，组织编写黄河流域主要作物病虫害防控农药减量系列技术规程 20 项。

（五）强化资金支持　提升预警防控能力

积极争取国家动植物保护能力提升工程项目，在农作物重大病虫害源头区、迁飞流行过渡区、常年重发区加密布设监测站点，进一步强化监测预警体系建设。2022 年实施完成了国家植保能力提升工程农作物病虫害田间监测点项目 16 个；内蒙古自治区农牧厅投入资金新建监测点 27 个。目前建成的病虫鼠害监测点已达到 277 个，马铃薯物联网监测点 103 个；疫情阻截带监测点 212 个，约配备专用监测、检测设备。覆盖 11 个盟（市）79 个旗（县、市、区），其中 41 个产粮大县和 16 个农区鼠疫高风险区实现全覆盖；进一步健全完善内蒙古测报网点，构建了部、区、市、县四级重大病虫害监测预警数字化平台。中央下拨农作物病虫疫情防治资金2 000万元，用于 12 个盟市玉米病虫和农区蝗虫监测与防控工作，同时带动各级政府病虫防治投入资金1 664. 8万元。内蒙古自治区农牧厅加大资金投入，采购草地贪夜蛾、草地螟、黏虫等重大病虫应急防控储备药剂 21. 3 吨，大型施药设备 5 台，及时组织开展应急防治、统防统治和群防群治，将重大病虫为害降到了最低。

五、发展思路与对策

（一）提升监测预警能力水平

积极做好内蒙古农作物重大病虫害监测预警数字化平台的运行。通过国家动植物保护能力建设，继续加强监测预警体系建设，加快实现监测预警信息化、智能化以及规范化。加强农科企合作，强化技术创新，实施精准测报。继续加大灯诱、性诱、食诱等害虫特异性诱捕器和流行性病害自动化预报器的试验示范力度，稳步推进监测预报工具智能化。建立一类、二类农作物病虫害实时监测网络和智能化预报模型体系，逐步实现信息平台一体化。利用雷达、高空灯、地面虫情测报灯，建立“天-空-地”一体监测网络体系强化监测预警能力。继续加强对玉米、大豆、油料、马铃薯等主要作物重大病虫害的监测调查，重大病虫害监测预警准确率稳定在90%以上，为保障国家粮食安全、农产品质量安全和生态环境安全提供有力支撑。

（二）提高病虫害科学防治能力水平

在重点粮食产区、优势农作物产区和重大有害生物发生源头区，遵循“整体规划、综合建设”的原则，按照“服务产业、推动发展”的要求，进一步优化农业有害生物灾害预警与控制能力的资源配置，进行合理布局，分步建设、聚点成网，全部覆盖，逐步建立起协调配套的适应现代化农业发展要求的植保防灾减灾体系，提升应急防控和联防联控能力水平。围绕优势作物，以靶标病虫为重点，按照不同生态区域，优化集成全程标准化绿色防控技术模式。全面提升重大病虫害监测与防控的服务能力水平和技术指导到位率，确保重大疫情不蔓延危害，重大病虫害不暴发成灾，粮食作物病虫为害损失率控制在5%以内，安全用药水平显著提升，化学农药使用量逐步降低，确保农业生产安全，农产品质量安全和农业生态安全。

（三）强化植保体系建设

依法推进公益性植保机构体系建设，建立健全自治区、盟（市）、旗

(县)、乡（镇）四级完善的植物保护体系，夯实基层监测预警基础，全链条做好农作物病虫害监测与防控各项工作，为筑牢国家生物安全屏障和保障国家粮食安全提供有力支撑。建议强化顶层设计，借鉴疾病预防控制机构、动物疫病预防控制机构完善的管理体系经验，建立完善以国家、自治区、盟(市)、旗（县）四级植保机构为主，乡（镇）植保人员为补充的五级植保体系。做到上层一条线，基层千根针，彻底改变上层千根针，基层一条线的格局。明确要求省、盟（市）、旗（县）要深化植保植检和农药管理机构改革，综合中心要加挂植检站、农药鉴定站，配备专职植保植检等人员，提升履职能力，做到层层有人抓，事事有人管，真正发挥植保防灾减灾确保粮食安全的重要作用。

内蒙古自治区农牧业产业化龙头企业监测情况分析报告

本报告依据2022年度内蒙古500万元以上营业额的农牧业产业化龙头企业统计数据、农牧业产业化加工企业经营情况、自治区统计局农村牧区统计数据、农业农村部统计数据、中国统计年鉴等，以农牧业产业化企业的销售收入、特色品牌建设、出口竞争力、联农带农等要素为重点，归纳总结了内蒙古农牧业产业化龙头企业发展的现状，剖析了存在的问题，提出了提升农牧业产业化龙头企业发展的系统化建议。

一、龙头企业发展现状

（一）农牧业企业数量、销售收入稳步增长，农畜产品加工业呈现出良好的发展态势

2022年内蒙古销售收入500万元以上农牧业产业化加工企业1 601家，较2021年1 657家，减少了56家。其中销售收入2 000万元以上企业1 190家，占500万元以上企业的比例为74.3%；销售收入亿元以上企业280家，占500万元以上企业的比例为17.5%；销售收入10亿元以上企业33家，占500万元以上企业的比例为2.1%；销售收入百亿元以上企业4家，分别为内蒙古伊利实业集团股份有限公司、内蒙古蒙牛（集团）乳业股份有限公司、内蒙古亿利科技实业股份有限公司和呼伦贝尔东北阜丰生物科技有限公司。

内蒙古1 601家销售收入500万元以上企业中，国有及国有控股企业41家，占2.6%；集体企业8家，占0.5%；民营企业1 528家，占95.4%；港澳台资企业5家，占0.3%；外资企业19家，占1.2%。以加工业为主的国家级和自治区级以上重点龙头企业分别达到59家和715家（图1）。

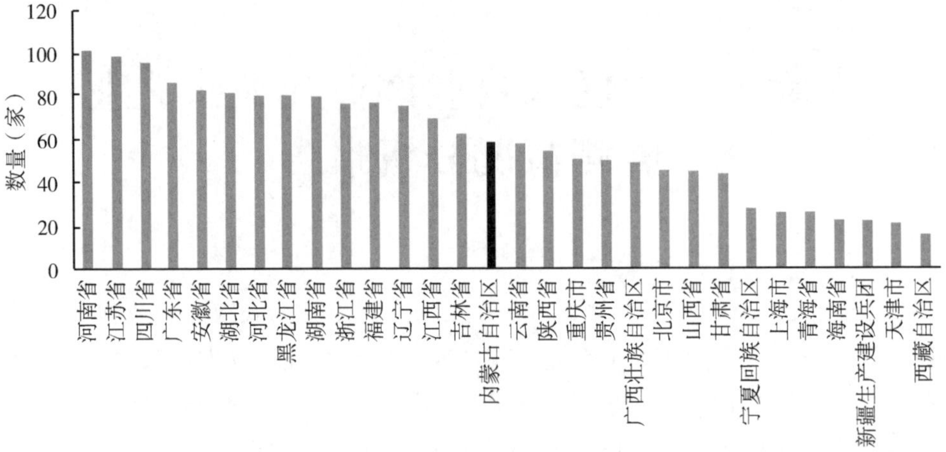

图 1　中国农业产业化国家重点龙头企业数量

2022 年，内蒙古销售收入 500 万元以上企业实现销售收入4 283. 2亿元，比上年增长 6. 6%；内蒙古销售收入 500 万元以上企业从业人数 28. 3 万人，比 2021 年增加 1. 6%；内蒙古销售收入 500 万元以上企业总资产、固定资产分别为4 984. 5亿元和1 489. 8亿元，分别比 2021 年增加 9. 3%和 7. 6%；内蒙古销售收入 500 万元以上企业完成总产值4 336. 6亿元，比 2021 年增加 5. 1%。其中销售收入2 000万元以上企业完成总产值4 287. 7亿元，占 500 万元以上企业完成总产值的 98. 9%。

总体来说，2022 年农牧业产业化龙头企业实现稳步发展。图 2、图 3 为 2018—2022 年内蒙古销售收入 500 万元以上农牧业产业化加工企业数量、销售收入变化趋势图。

内蒙古农牧业产业化发展呈现出良好的发展态势，农畜产品加工业已成为内蒙古继能源、冶金之后第三大工业支柱产业。当前内蒙古优势特色产业正在稳步壮大，逐步形成了玉米、奶业 2 个千亿级产业和肉产业、绒毛（皮革）、饲草饲料、油料、蔬菜瓜果、马铃薯等 6 个百亿级产业，以及主要包括食用菌、中药材、水产、花卉等作物的特色产业。特别是乳产业龙头企业伊利实业集团股份有限公司和蒙牛（集团）乳业股份有限公司双双挺进全球乳业十强，分别位居第 5 位和第 7 位，年均销售收入达到 800 亿元以上，乳产业年销售收入及年产值长期居于内蒙古农牧业产业化发展规模首位。“名特优新”农畜产品总数位

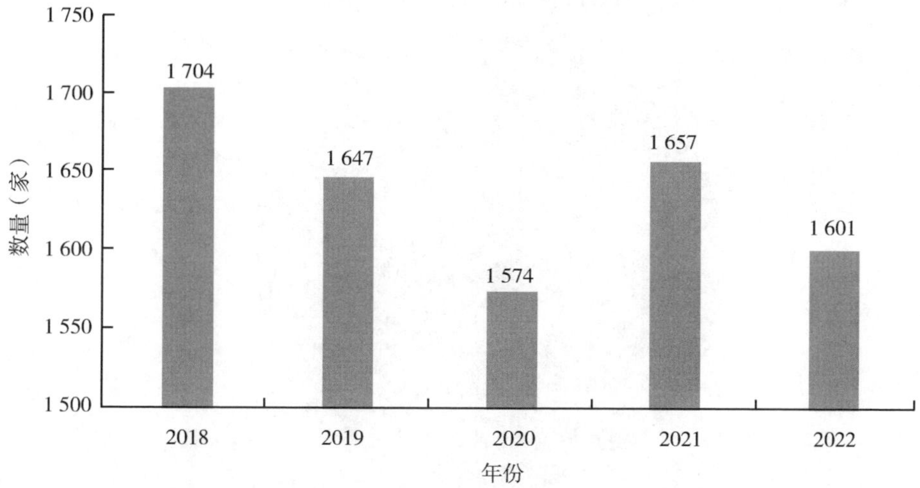

图 2　内蒙古销售收入 500 万元以上农牧业产业化加工企业数量趋势图

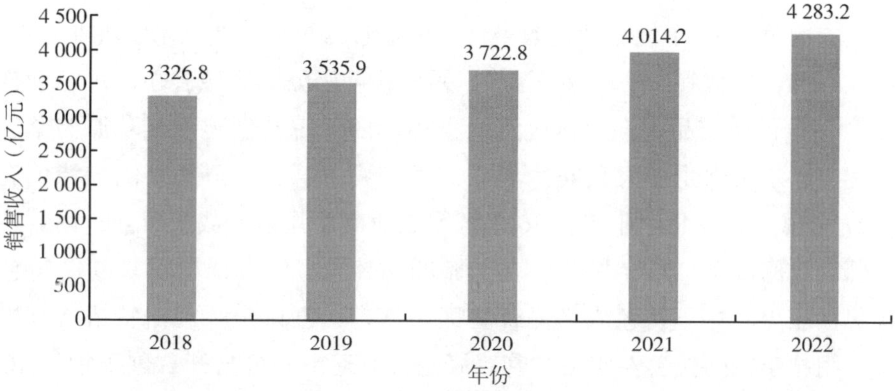

图 3　内蒙古销售收入 500 万元以上农牧业产业化加工企业销售收入趋势图

居全国第 1，“蒙字号”产品畅销全国各地，受到广泛好评。图 4 为内蒙古 2022 年农牧业产业化加工企业各产业销售收入占比图。

（二）区域特色品牌农牧业进一步显现，特色农畜产品产业带优势凸显，地区企业竞争力提高

近年来，内蒙古积极推动特色农畜产品优势区、优势特色农畜产品产业带、

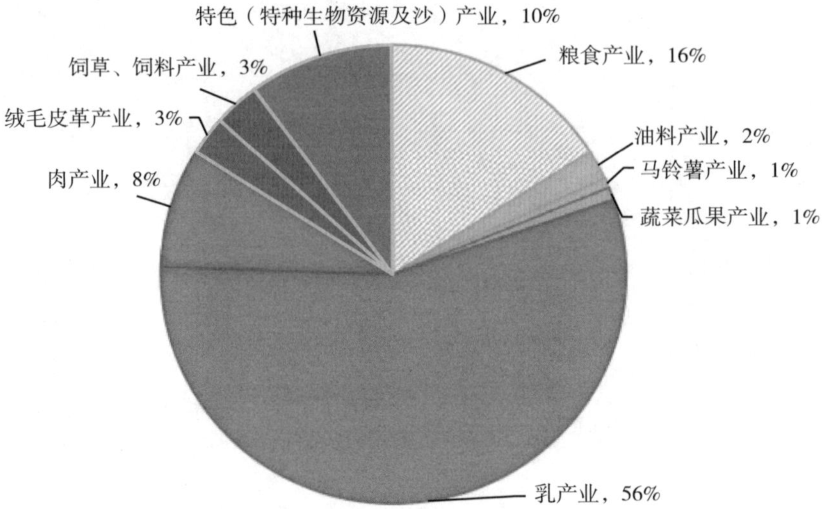

图 4　内蒙古销售收入 500 万元以上农牧业产业化加工企业分产业划分销售收入比较

产业集群建设与区域公用品牌协同发展，品牌效应凸显。内蒙古围绕玉米、奶牛、肉牛、肉羊等 16 个优势特色农畜产品产业带，重点打造玉米、乳业等 11 个农牧产业集群，培育壮大“天赋河套”、锡林郭勒奶酪等区域公用品牌，助推更多“蒙”字号优质产品走向全国、走向世界。内蒙古共创建形成草原肉羊、河套向日葵、科尔沁肉牛、大兴安岭大豆、西部绒山羊 5 个国家级优势特色产业集群、27 个现代农牧业产业园和 46 个国家农业产业强镇。截至目前，内蒙古已有锡林郭勒草原肉羊、科尔沁牛、乌兰察布马铃薯、河套向日葵等 9 个特色农产品优势区获得“中国特色农产品优势区”认定，已认定呼和浩特市和林格尔县奶牛、阿拉善盟阿拉善左旗阿拉善双峰驼、通辽市开鲁县开鲁红干椒等 10 个内蒙古自治区特色农畜产品优势区。锡林郭勒羊肉、科尔沁牛、乌兰察布马铃薯、兴安盟大米、河套向日葵、赤峰小米、呼伦贝尔草原羊肉、鄂托克阿尔巴斯绒山羊、乌海葡萄、达茂草原羊、敖汉小米等 11 个特色农产品区域公用品牌入选 2021 年中国农业品牌目录。通辽黄玉米、科尔沁牛、乌兰察布马铃薯 3 个区域公用品牌价值超百亿元。品牌发展蓬勃向上，打造形成 10 个国家级、32 个自治区级特色农产品优势区，551 个优质特色农畜产品列入《全国名特优新农产品名录》，产品数居全国第 2。

为了更好地打造品牌质量，内蒙古自治区人民政府及企业形成合力，共同推进农业生产“两品一标”提升行动，促进品种培优、品质提升、品牌打造和标准化生产，引领农业绿色发展，提升农业质量效益和竞争力。内蒙古盟（市）级以上农牧业产业化龙头企业积极响应国家号召，以市场为导向，努力打造“两品一标”品牌。内蒙古严格执行种植、养殖标准，加强产地环境和农牧业面源污染治理，强化农畜产品质量监管，打造农畜产品区域公用品牌、企业品牌、产品品牌。此外，内蒙古还依托各类农牧业展会、产销对接会等持续开展农畜产品宣传推介，品牌知名度不断提升。

（三）龙头企业出口竞争力不断提升，市场销售能力稳步提升

2022 年，内蒙古销售收入 500 万元以上企业出口创汇 222 049万美元，比 2021 年增加 4.3%。其中销售收入 2 000万元以上企业出口创汇 221 631万美元，占 99.8%。图 5 为 2018—2022 年销售收入 500 万元以上农牧业产业化加工企业出口额，近 3 年来，由于全球新冠肺炎疫情影响，出口受到较大影响，2022 年正在逐步恢复正常贸易往来。

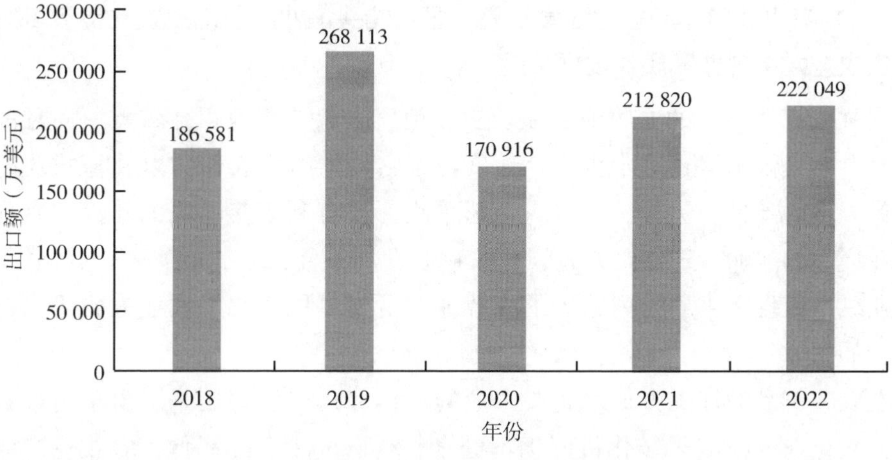

图 5　内蒙古销售收入 500 万元以上农牧业产业化加工企业出口创汇额

（四）坚持联农带农，增强龙头企业社会责任意识

龙头企业是引领带动乡村全面振兴和农业农村现代化的生力军，也是带动

农民就业增收的重要主体，在龙头企业带动下，龙头企业与种业公司、收储企业、种养大户、家庭农牧场、小农牧户和社会化服务组织，组建农牧业产业化联合体，签订“多级订单”。2022年盟（市）级以上龙头企业带动农牧户、农牧民合作社、家庭农牧场307万户，收购农畜产品资金达到1 034亿元。龙头企业通过订单收购、土地流转、托管代养、保底分红、合作经营、提供就业等方式与合作社、家庭农场及农牧户结成利益共同体，涌现出了一批可借鉴、可复制的利益联结模式，例如赤峰市佰惠生公司“一条龙服务”模式、德美公司“羊联体”模式、国臣合作社“聚沙成塔”模式等。通过发展多样化的联合与合作，完善与各类经营主体的联结机制，积极投身乡村振兴“万企兴万村”活动，把产业链实体更多留在县域，把就业岗位和产业链增值收益更多留给农民，促进共同富裕。

二、现有政策下龙头企业产业化发展存在的问题分析

（一）农牧业总体产业化程度不高，区内龙头企业产业化要素发展不均衡，导致农牧业龙头企业高质量发展受阻

内蒙古有着悠久的农牧业发展历史，地广人稀，草地租金较低，而且高原阳光充足，气候干旱，降水少，草地资源丰富，能够为农作物以及畜牧业的发展提供天然的条件，另外，内蒙古地形平坦，极有利于交通线的建设，有利于农牧业产品的运输。即使是有先天的农牧业发展条件，以2021年全国各省份农林牧业总产值排名来看，内蒙古的农牧业产业发展同山东等农业大省仍然存在差距，如图6。

在农牧产品的加工方面，龙头企业资源优势远未发挥出来。由于内蒙古农牧业龙头企业科技成果转化机制仍不健全，科研成果转化率低，农牧业产业化科技含量不高，产业链条短，加工转化率低。目前内蒙古农牧产品加工业产值与农牧业产值比仅为0.6∶1，与全国平均1∶1的水平还有一定的差距，与发达国家3∶1的水平更是相差甚远。如果内蒙古农牧产品加工转化程度达到全国平均水平，2021年农牧产品加工业产值将达到666亿元，比实际水平高75%。以玉米产业为例，目前内蒙古玉米的加工转化率仅为17.2%，而吉林省已达到

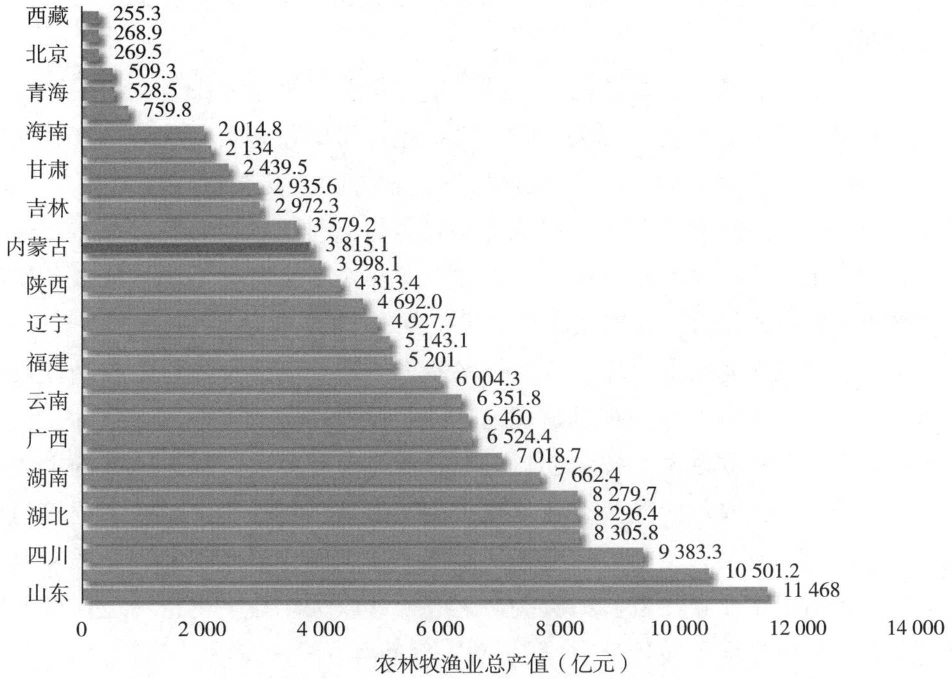

图 6　2021 年度各省份农林牧渔业总产值

36. 7%；内蒙古加工转化品种还不到 10 种，而全国有 200 多种，发达国家已达到2 000多种。种植的牧草大多处于自产自用阶段，还没有形成规模化种植、专业化生产，加工转化率和商品率不高。

在农牧企业产业化发展强调各个要素的协调发展，各个要素的协调程度越高、发展越均衡，则农牧业整体的产业化发展程度越高。由于内蒙古龙头企业在各个产业化要素方面发展不均衡，导致内蒙古整体的产业化程度不高，导致区内农牧业龙头企业高质量发展受阻。

（二）农牧业龙头企业绿色转型动力不足、转型模式不清晰、绿色转型技术支持不足

内蒙古农牧业龙头企业绿色转型的动力和积极性受到其转型成本的制约。一方面，一些农牧业龙头企业为了在激烈的市场竞争中存活，只能将短期利益作为自身发展的最大驱动力，从而忽略了环保的概念。另一方面，农牧业龙头

企业绿色转型需要大量的资金投入，也必将耗费农牧业龙头企业大量资金而使企业利润降低。

第一，农牧业龙头企业绿色转型模式不清晰。农牧业龙头企业与内蒙古经济发展和民众日常生活密切相关，它们的绿色发展不仅是贯彻实施中央决定部署的重要内容，同时也是中国农牧业龙头企业高质量发展的应有之义。然而，不少农牧业龙头企业并未真正将绿色转型口号付诸行动。企业的绿色转型仅仅停留在口号上，没有深入思考如何将农牧业龙头企业自身利益与社会大环境和国家政策进行有机结合，实现经济利益与社会效益的协同。

第二，农牧业龙头企业绿色转型技术能力不足。不少农牧业龙头企业在绿色转型的技术创新方面存在根基薄弱的问题，同时缺乏相应的专业人才，相关的激励政策尚未建立健全。技术创新是农牧业龙头企业实现绿色转型的主要途径，但当前内蒙古农牧业龙头企业的技术创新发展依然滞后，制约了企业的绿色转型。农牧业龙头企业虽迫切希望利用技术创新的手段实现制造业的绿色转型升级，但由于企业存在着转型资源匮乏、人才缺失、数字化技术运用程度较低等问题，从而导致“转型难”“转不动”等问题。

（三）农牧业龙头企业对“新技术+新业态”模式的了解不足，农牧企业之间的供应链体系并不完善

第一，农牧产品物流专业化、产业化程度低。农牧产品物流具有专业性强、技术管理要求高、营运成本高的特点。目前内蒙古农牧产品物流主要采用自营方式，第三方物流组织还不多；常温物流和自然物流是主要的物流形式，没有形成连贯成型的冷链物流。内蒙古很多农牧业龙头企业因缺乏专业化、产业化运作意识，加上物流技术和物流设备落后、管理水平低，使得农牧产品流通中损耗量大，造成社会资源大量浪费。

第二，农牧产品物流信息网络发展滞后。农牧业信息化落后引起了诸多问题，农牧业信息网络不健全，使得农牧产品的品种和质量不能满足需要；农户居住分散，沟通渠道不畅，许多农产品信息难以收集、传递；农资和农牧产品物流带有盲目性，流程不合理，导致在途损失严重，影响农牧产品保值增值；农牧产品物流企业间未形成物流信息的共享机制，缺乏资源的整合，导致区域间信息壁垒严重等。不重视供应链管理中极为关键的信息化平台的搭建，造成

信息不对称，从而使得经营成本、管理成本、决策成本、采购成本、运输成本、包装成本、生产加工成本、市场成本无形中被加大。

第三，农产品质量安全缺乏保障。在内蒙古的农牧业生产中，部分龙头企业生产经营不当而导致的生态灾难，以及大量化学物质的使用和能源投入对环境的严重伤害等问题严重阻碍了农产品质量安全目标的实现。另外，农牧业药剂的使用在提高产量的同时也会导致农牧产品中残留了部分的药剂，从而使得农牧产品质量无法得到保障。

（四）农牧业龙头企业对新媒体、大数据等技术在产品销售中应用的重视不足

新媒体以及大数据技术的发展，为农牧业龙头企业带来了巨大的机遇，主要体现在以下方面。

第一，彻底改变农牧产品消费体验，让消费者充分参与其中。新消费背景之下，是体验经济和共享经济的时代，单纯的农牧产品供应已经无法满足消费者日益增长的需求，而互联网带来的围绕农产品形成的立体式体验则可以做到。

第二，构建新型销售渠道，每家农牧业龙头企业甚至每个企业员工都可以成为渠道中的一环。现在的人们热衷于在手机上分享传播，随着社交电商和兴趣电商的兴起，直接在手机上分享销售农产品和服务让农产品营销和服务更加垂直化，每位企业员工都可以成为产品销售的“渠道”，这就完全改变了传统农牧产品营销的单向渠道模式。

第三，打造新型营销方式，分享传播使农产品营销更精彩，新媒体把口碑传播发挥到极致，各种营销方式多姿多彩。以自媒体为基础的分享传播营销就像“万能胶”，将农企、合作社、新农人、农民朋友以及消费者跨时空连接在一起，使人们之间信息的交换变得简单。新型的农产品营销模式，不再是传统的从原产地到几级批发商，再到零售的固有模式。

第四，形成农产品大数据信息流，打破信息不对称的难题，营销更精准。大数据会给农牧产品消费者一个基础的用户画像，可以让农牧业龙头企业更精准地进行客户定位，为客户提供个性化的产品，提供定制化服务。

第五，新媒体激发消费变革，让消费者多角度参与农产品营销。互联网背景下的农牧产品营销优化了消费结构，使消费更具有合理性；丰富多彩的农产

品信息和多渠道的产品供应链，为消费者提供了更大的便利，获得更好的消费体验。

（五）农牧业龙头企业产业化内部结构松散，利益机制不完善，龙头企业与农户没有真正形成利益共同体

内蒙古多数农牧业龙头企业与基地农户处于松散型连结，与农牧户、基地有完善合同契约关系的企业寥寥无几。在市级以上龙头企业中，有稳定的原料生产基地，并与农牧户有订单关系的龙头企业仅占 28.7%。多数情况是，农牧业龙头企业视其需要对农牧产品进行收购，企业和农牧户各自承担市场风险，甚至个别农牧业龙头企业经常向农牧户转移风险，在产品出现供过于求时，对农畜产品拒购或压价，严重挫伤农牧民的生产积极性。由于农牧业龙头企业与农牧户的相互依存关系没有确立，利益机制不够协调，整个产业链条经常出现不是“马不走”就是“磨不转”，严重影响农牧业龙头企业产业化经营的发展。部分农村牧区专业合作社和专业协会发展不够规范，经营多，服务少，甚至有的只注重自身利益，忽视合作服务的根本职能，严重影响农牧民参与的积极性。

三、提高龙头企业产业化发展水平的建议

综合以上分析，2022 年内蒙古农牧业龙头企业产业化发展存在的突出问题主要集中在产业化程度低，各个要素发展不均衡、企业绿色转型发展阻力大、企业供应链体系不完善、对新媒体以及新技术的应用不到位以及企业与农户之间未能形成真正的利益共同体等问题。为了解决上述的问题，本部分结合党的二十大精神，对我国农牧业产业化发展方向的确定，根据内蒙古农牧业企业的发展情况，提出以下相应对策。

（一）查缺补漏，提升区内发展程度较低的产业化要素，提高农牧业企业产业化发展水平，促进农牧业龙头企业高质量发展

结合内蒙古农牧业产业化发展的 7 个要素及其发展的现状和问题，内蒙古农牧业龙头企业需要从以下方面进行改善。

第一，提升龙头企业农牧产品加工精细化管理水平。一是打造精深加工产业集群。依托牛奶、羊奶、驼奶、马奶、牛肉、羊肉等农牧产品资源优势，聚焦精深加工，打造饮品、肉制品等特色鲜明、链条完整的农产品精深加工产业集群，进而节约成本、提高质量和创新能力。在农牧业产业集群中要建立共同标准，构建质量安全体系；要搭建科研平台，为产业发展提供科技支撑。二是以产业联合推动提质增效。打造“农牧户+合作社+龙头企业”产业联合体。将合作社、农户、村集体经济组织和盟（市）级龙头企业联合，通过定向下单、服务托管等方式降低市场波动对农牧户的影响，同时通过产业联合体，形成统一管理、统一经营，提高粮食的产量和质量，从而保障精深加工企业的原料供应和产品品质。

第二，进一步打造拳头产品、树立内蒙古品牌。围绕农牧产业集群发展，推出自治区级、市级农牧业企业品牌和知名农牧产品品牌，申报创建一系列区域公用品牌。同时，通过品牌宣传和推广不断扩大内蒙古农牧产品品牌的影响力。

（二）加强农牧业龙头企业绿色转型规划，积极引导农牧业龙头企业开展绿色转型

第一，农牧业龙头企业要提高绿色转型的主动性。农牧业龙头企业在追求经济效益的同时，还应将社会责任竞争力作为企业的核心竞争力，将绿色发展理念融入公司整体战略，减少对眼前利益的关注，绿色转型前期需付出的成本较高，但放眼未来必将有助于农牧业龙头企业的可持续发展，长期收益将得到保障。

第二，农牧业龙头企业要主动探寻适合自身的转型模式。农牧业龙头企业实行绿色转型需处理好三个方面的关系，即企业与社会、企业与自然环境以及企业内部关系，以达到“三方平衡”实现企业的可持续发展。首先，农牧业龙头企业应加大与政府部门的交流，寻求相关政策支持和法律保障，促进农牧业龙头企业转型升级；其次，企业要充分发挥市场的主导优势，加强与农牧业高校、农牧业科研院所的研发合作，推进农牧业技术改革和科技成果转化，发展“专特新”产品，积极引进先进的农牧业发展绿色技术，培育企业自主绿色品牌。最后，农牧业龙头企业还可利用自身优势，扩大经营范围，改变发展结构，

提高资源利用效率，力争走出一条多元化、可持续的发展道路。

第三，农牧业龙头企业要利用数字化赋能绿色转型。农牧业龙头企业要利用数字化技术在绿色农牧业领域形成新的经济增长点和绿色发展新动力。

（三）解决农牧业龙头企业对“新技术+新业态”模式的实践不足、农牧企业供应链体系并不完善的突出问题

为了提升内蒙古农牧业龙头企业的供应链水平，可以采取以下方面的措施。

第一，完善物流基础设施建设，对农牧产品物流实施规范化管理。大力支持农村基础交通道路建设，改善主要农牧产品种植和养殖基地周围的道路状况，方便农牧产品的输送，减少损耗。扩展建设大型农产品批发市场，将农牧产品集中起来，进行规范化和标准化管理，使用现代化运输设备，科学管理车辆的进出，避免空车行驶、倒流运输。针对时效性较强的农产品，应开辟专门的绿色通道，保证农牧产品在运到消费者手中时依旧新鲜。

第二，企业需要构建农牧产品信息管理系统，加快信息化建设。构建农牧产品信息管理系统，建设农牧产品供应链信息管理平台，通过信息化建设，实现信息在供应商、生产商、分销商、零售商、消费者之间有效传递，提高供应链管理信息的准确性，保证各环节的便捷沟通。

第三，加大农牧产品质量监管力度，建立农牧产品质量标准体系。由于信息不完全、信息不对称、信息不公开以及牛鞭效应，劣质的农牧产品不时扰乱公共卫生安全。质检部门应不定期抽查生产企业的农作物质检报告，记录不合格率，对卫生、质量不合格的农牧产品应采取相应的预防措施。面对劣质农牧产品流散市场的情况，相关部门应按国家法律法规严格惩处。但前提是，建立一套科学完善的农牧业质量标准体系。

（四）加强对新媒体、大数据等技术在农畜产品销售中的应用，促进农牧业龙头企业新媒体走向品牌化、商业化之路

新媒体和大数据等技术在农牧业未来的生产和销售中的作用毋庸置疑，内蒙古农牧业龙头企业可以从以下方面来加强对新媒体和大数据技术的应用。

第一，强化企业和农牧户利用新媒体的意识。新媒体要能够在农牧业经济发展中起到推动作用，其中关键还是要提高农牧业生产经营者——企业和农牧

户的媒体化意识和利用媒体为农牧业服务的能力，为此，必须强化龙头企业和农牧户利用新媒体的意识，逐步改变传统的农牧业经营观念，使龙头企业和农牧户真正意识到媒体信息就是资源，媒体信息就是财富，龙头企业和农牧户只有准确地掌握农牧业信息，才能够生产出适销对路的农牧产品，才能够从根本上提高龙头企业和农牧户驾驭市场的能力，为推动农牧业经济的稳定发展奠定基础。

第二，加强对新媒体以及大数据使用的宣传。新媒体的发展不仅仅简单地等同于信息网络的建设，它还包括硬软件建设、手机媒体、电信媒体、网上结算、物流配送等一系列方式。同样新媒体在农牧业中的发展包括农牧业信息服务、农牧业信息的收集、加工、处理及分析、网上农科教育、订单农牧业等一系列的农业生产经营方式。因此，新媒体的发展涉及各个领域中的各个环节，它需要全社会都加强对它的重视，提高对它的认识，用市场运作方式共同促进新媒体在农村的发展，使新媒体顺利推动农牧业经济的发展。

第三，加强区内农牧业新媒体品牌的打造。首先要创造需求，有需求才会有追随者。农牧业属于典型的消费品行业，我国人口众多，对农牧业产品的需求量较大，有天然的需求条件。其次是构建独特性与唯一性。内蒙古的农牧产品无论是从品质还是口味上，都具有典型的独特性，特别是内蒙古的羊肉、奶制品等驰名中外，具有良好的品牌效应。最后是具有商业变现的能力，无论是农牧产品的丰富度还是特点，内蒙古的农牧产品都具有良好的商业变现能力。从农牧业新媒体品牌打造的条件来看，内蒙古农牧业具有良好的新媒体品牌打造的条件，各个龙头企业需要抓住自媒体的东风，积极构建新媒体品牌，拓展农牧业产品营销的渠道，降低营销成本。

（五）完善农牧业龙头企业产业化利益机制，建立龙头企业与农户之间完整的利益共同体

内蒙古农牧业龙头企业需要建立多样化的合理有效的利益联结机制，增强农业产业化经营发展的内在动力，建立比较稳定的利益关系是龙头企业和农牧民共同的需要和要求。龙头企业与农牧民互惠互利，是产业化顺利进行的重要条件，也是龙头企业发展的保障，要重点建立 4 种机制。

一是合同约束机制。签订具有法律效力的经济合同或契约，逐步完善农牧

业产业化经营运行约束机制，以保证利益的实现。今后龙头企业、基地、农牧户之间都要逐步确立合同契约关系，严格按合同办事，使之具有法律约束力，逐步使双方利益关系固定化。

二是利益吸引机制。要改变农牧民作为单纯原料供给者的地位，通过发放生产资金、赊销生产资料、提供科技服务等形式，把加工、销售环节的利润返还给农牧户一块，使农牧户生产成为整个链条中的一环。同时积极推行股份合作制，各方以资金、技术、土地、设施等资产折价入股，实行资产联结，凭借自身股份参与管理与决策，并通过按劳分配与按股分红相结合的原则得到合理利润，同时也按比例承担风险，真正形成风险共担，利益均沾的经济利益共同体。

三是技术信息服务机制。引导农牧民通过加强农牧民经济合作组织和经纪人队伍建设，提高自身的组织化程度，从而提高自身的谈判地位，获得合理的利益分配；要突出科技普及，健全推广网络，重视和强化市场信息的收集、反馈工作。

四是风险补偿机制。企业应逐步建立基地风险保障资金，按比例足额提取，在农牧业受灾时予以补贴，在市场价格下滑时，实行最低保护价，保护农牧民利益。

内蒙古自治区特色畜禽产业发展报告

驴、梅花鹿和鸵鸟是内蒙古自治区的三个重要特色养殖畜种，与传统的牛、羊、马等家畜相比，特色养殖在调整地方产业结构、促进生态保护和乡村振兴等方面发挥着重要作用。所以，大力发展特色养殖，对内蒙古的经济发展和民生改善具有重要意义。

一、特色产业发展概况

（一）驴产业基本情况

1. 国内概况

驴是我国独具特色和优势的畜牧品种。我国养驴历史悠久，驴品种资源丰富，存栏数量曾长期一度居于世界首位。随着我国农业机械化程度的提高，驴的役用功能不断萎缩，数量急剧下降，2022 年减少至 174 万头，较 2000 年减少 749 万头，下降 81.2%。其中，2016 年降幅最大，当年减少 83 万头，下降 24.3%，此后 4 年稳定在 260 万头左右。2020 年开始由于新冠肺炎疫情等原因，部分规模养殖场停产或转产，母驴流失严重，整体存栏量降幅较大，2021 年存栏量下降至 197 万头，首次低于 200 万头以下，2022 年延续下降趋势，同比下降 11.8%（图 1）。

2020—2022 年这 3 年中，各省份驴存栏量整体呈下滑趋势。截至 2021 年末，全国驴存栏量排名前 10 的省份依次为内蒙古自治区、甘肃省、辽宁省、新疆维吾尔自治区、云南省、河北省、四川省、山西省、吉林省、山东省。其中，内蒙古以存栏量 43.2 万头依然居全国首位，但占全国存栏量的比例减少了 4.4%；甘肃年末存栏量变化不大，仅减少 0.6 万头，超过辽宁排名第 2；新疆、云南、河北排名未发生变化，而黑龙江从 2020 年 4.3 万头下降至了 2.6 万头，

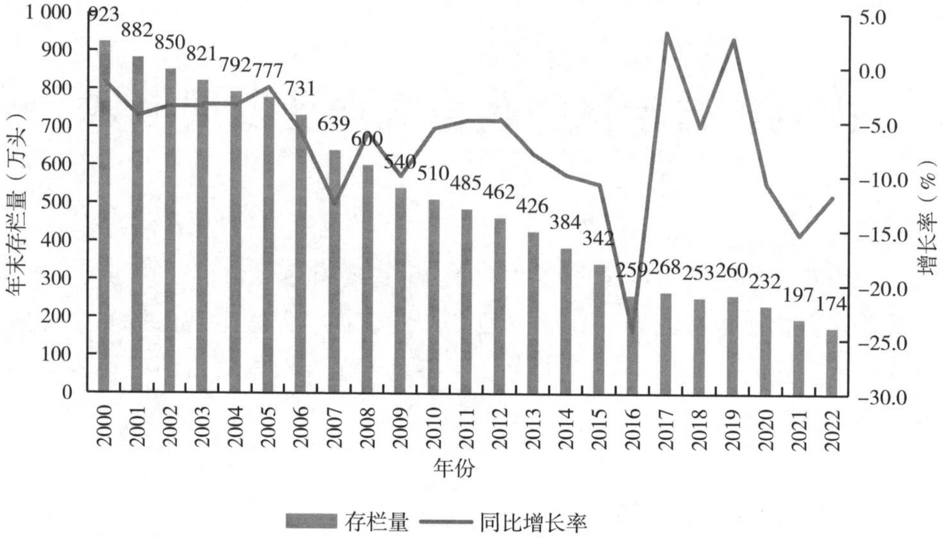

图 1　2000—2022 年全国驴存栏量变化

下降 39.5%，跌出全国前 10 位列第 13 名；反观吉林在当地人民政府的扶持下，实现驴年末存栏量新增 0.7 万头，由原来的 3.9 万头增长至 4.6 万头，位列全国第 9（图 2）。

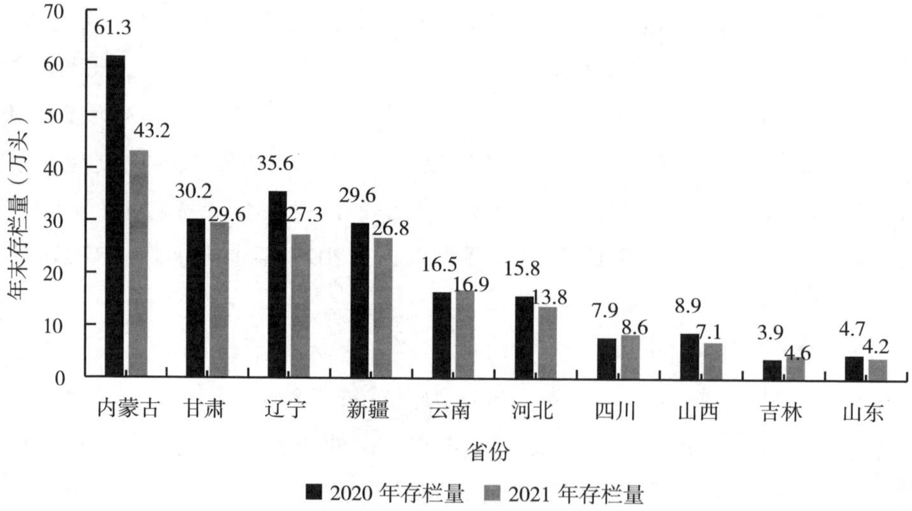

图 2　2021 年及 2020 年末部分省份驴存栏量

2. 区内概况

内蒙古驴主要分布在赤峰市巴林右旗、翁牛特旗、敖汉旗，兴安盟阿尔山、科尔沁右翼中旗、科尔沁右翼前旗及乌兰察布市等地，品种有德州驴、乌头驴、华北驴、黑驴、关东驴及其他杂交品种。据统计，2018—2021 年内蒙古驴存栏量分别为 72. 8 万头、69. 3 万头、61. 3 万头、43. 2 万头，呈逐年下降趋势，且 2021 年降幅最大，下降 29. 5%。内蒙古各盟（市）驴存栏量均逐年减少，主产区赤峰市 2021 年减少 14. 03 万头，同比下降 32. 4%，详见表 1。

表 1　内蒙古各盟（市）驴存栏量　　单位：万头

盟（市）	2018 年	2019 年	2020 年	2021 年
赤峰市	53. 40	50. 36	43. 25	29. 22
通辽市	7. 20	6. 55	5. 69	3. 95
兴安盟	3. 44	3. 77	4. 01	3. 12
乌兰察布市	2. 83	2. 70	2. 45	1. 8
呼和浩特市	1. 74	1. 69	1. 46	1. 29
巴彦淖尔市	1. 08	1. 18	1. 27	1. 12
鄂尔多斯市	1. 06	0. 96	0. 87	0. 75
包头市	0. 64	0. 60	0. 83	0. 81
阿拉善盟	0. 40	0. 55	0. 56	0. 56
呼伦贝尔市	0. 44	0. 41	0. 41	0. 36
锡林郭勒盟	0. 42	0. 37	0. 32	0. 18
乌海市	0. 15	0. 17	0. 15	1. 8

3. 主要产品和销售情况

驴全身都是宝，驴肉、驴皮、驴奶及其他副产品阿胶、驴肝、驴鞭、驴肺因具有较高的营养价值受到广大人民的喜爱。驴肉消费认知度较高，驴肉价格持续上涨，但与传统猪、牛、羊肉相比，驴肉仍属于特色肉品。驴皮可熬制阿胶，赤峰市巴林左旗从 2008 年引入山东东阿阿胶股份有限公司，建立肉驴屠宰加工生产线，既保证了阿胶及其他药用肉驴制品原料的纯正，也带动了当地肉驴产业发展。驴奶具有清肺功能，对多种疾病有辅助治疗作用，近年来，我国驴奶市场发展势头迅猛，加工与应用技术不断创新，尤以山东和新疆成果最为突出。内蒙古驴养殖主体大部分是合作社和农牧民个体，缺乏大型驴产品加工企业，尚没有成型的产品和品牌，大部分养殖户（企业）以出售驴肉、驴皮等原料为主要盈利方式，产品附加值低。

（二）梅花鹿产业基本情况

1. 国内概况

我国养鹿历史悠久，种质资源丰富，以梅花鹿和马鹿养殖最多。梅花鹿主要品种有吉林梅花鹿、双阳梅花鹿、西丰梅花鹿、四平梅花鹿、敖东梅花鹿、东丰梅花鹿、兴凯湖梅花鹿、东大梅花鹿等，这 8 个品种 2021 年被农业农村部纳入了《国家畜禽遗传资源品种名录》，为鹿产业快速发展带来机遇。目前，根据中国畜牧业协会鹿业分会统计，全国梅花鹿存栏 90 多万头，主要分布在吉林、黑龙江、辽宁、内蒙古、山东、浙江、江苏、湖南、湖北、广东等地。其中吉林的数量和规模最大，鹿群品质、生产性能较好；黑龙江省至 2000 年以后，养殖数量和规模明显增加，但相对于吉林省鹿群品质普遍欠佳；内蒙古自治区鹿业规模约占国内养殖规模的 10%，品种以吉林梅花鹿和双阳梅花鹿居多。

2. 区内概况

内蒙古在历史上就有野生梅花鹿分布，后于 20 世纪 50 年代开始舍饲养鹿。据不完全统计，截至 2022 年末内蒙古梅花鹿现存栏5 160只，主要为双阳梅花鹿和吉林梅花鹿两个品种。其中，双阳梅花鹿存栏2 905只，占总数的 56. 3%，主要分布在呼伦贝尔市莫加达瓦达斡尔族自治旗红彦镇，该地区利用区位优势，2014 年引进呼伦贝尔蒙达红农业科技有限公司繁育梅花鹿，目前该公司已发展成为集梅花鹿繁育、鹿产品研发、生产加工及销售为一体的自治区级重点龙头企业；吉林梅花鹿现存栏 2 115只，主要分布在赤峰市翁牛特旗、兴安盟阿尔山市白狼镇、鄂尔多斯市准格尔旗和伊金霍洛旗、包头市九原区等地，各盟（市）存栏量如图 3 所示。此外，部分地区还养殖少数敖东梅花鹿和四平梅花鹿，受消费市场和养殖成本的影响，养殖规模较小，多用作观赏动物。

3. 主要产品和销售情况

梅花鹿作为我国特色资源动物，具有很高的观赏价值。鹿全身都是宝，鹿茸、鹿角、鹿血及鹿鞭等产品均具有较好的营养价值和药用价值。鹿产业已成

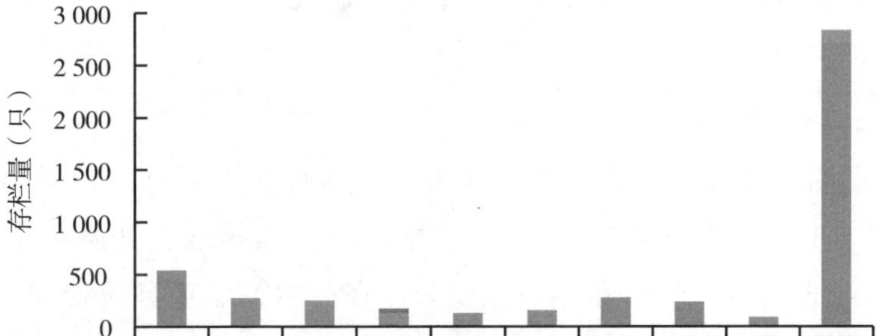

	赤峰	通辽	兴安盟	乌兰察布	呼和浩特	巴彦淖尔	鄂尔多斯	包头	阿拉善盟	呼伦贝尔
四平梅花鹿										120
敖东梅花鹿				20						
双阳梅花鹿		10	90						90	2 485
吉林梅花鹿	540	245	165	130	130	155	280	240		230

图 3　2022 年末内蒙古梅花鹿存栏量

为世界性的特色产业，具有良好的发展前景。从国内外研究可知，鹿产品加工由原来传统的鹿茸片发展到现在的包含酒类、注射剂、膏剂、配剂、口服液等百余种产品。并且向鹿产品深加工项目发展，如制成鹿茸粉、鹿茸胶囊、鹿茸系列饮料、鹿茸酒、鹿茸精口服液、鹿茶、鹿茸口香糖、鹿茸含片等系列保健品，为鹿业带来广阔的发展空间。

内蒙古鹿产品加工尚处在初级阶段，精深加工水平不高，内蒙古圣鹿源生物科技有限公司（原内蒙古大圣鹿业）、健元鹿业有限责任公司，作为当地重点企业，致力于走鹿产品加工、销售，科技服务于一体的产业化发展之路，但目前缺乏高技术含量和高附加值的名牌产品。

（三）鸵鸟产业基本情况

1. 国内概况

鸵鸟原产于非洲和阿拉伯的沙漠地带，属于鸟纲、鸟科，是现存最大的鸟。鸵鸟养殖在我国属于新兴产业，1988 年广东省首先引进南非培育的非洲黑鸵鸟，试养并获得成功，1993 年开始向全国推广，2003 年被国家林业局批准为首批可进行商业性经营利用和驯养繁殖的陆生野生动物。鸵鸟主要有三个品种：蓝颈鸵鸟、红颈鸵鸟、非洲黑鸵鸟，其中非洲黑鸵鸟属培育品种，性情温驯，易于管理，繁殖性能优异、羽毛皮革质量高，适应性强，目前已经推广到全国 30 多个省、区、市。

2. 区内概况

内蒙古鸵鸟养殖以非洲黑鸵鸟为主，据行业不完全统计，2022 年养殖量为 2 591只，其中非洲黑鸵鸟2 036只，占总数的78. 60%，其他品种有红颈鸵鸟 480 只，蓝颈鸵鸟 75 只。养殖地点主要分布在巴彦淖尔市乌拉特中旗、乌兰察布察右前旗和鄂尔多斯鄂托克前旗、乌审旗等地（图 4）。

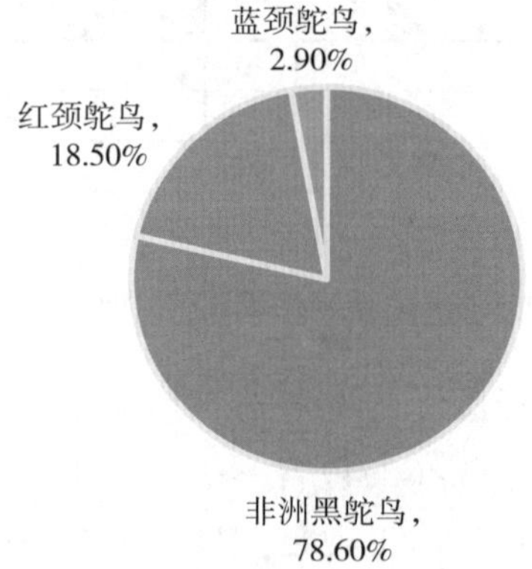

图 4　内蒙古鸵鸟养殖品种及占比

3. 主要产品和销售情况

鸵鸟经济价值高。鸵鸟皮质地柔韧耐磨、透气性好，是优质的皮革材料。鸵鸟肉含量、蛋白质含量较高，而脂肪和胆固醇含量很低，是优质减肥食材，常被用于制作美食。鸵鸟的血液、内脏、油脂可制成各种生化及精细化工产品，是医药及化妆品等行业的优质原料。目前，内蒙古鸵鸟养殖多为小型养殖场（户），常用作观赏动物，开展乡村旅游、产品展示活动。由于鸵鸟产品销售尚没有形成成熟的市场，鸵鸟蛋、鸵鸟肉销路不畅，饲养成本大，养殖困难。

（四）内蒙古特色畜禽产业发展优势分析

1. 地理位置优越

内蒙古位于中国北方，紧邻俄罗斯和蒙古国，这使得内蒙古的养殖业可以辐射更广阔的市场，进而提高养殖业的盈利性。此外，区内铁路、公路、航空运输内联外通，便捷的交通网络设施，也为特种养殖业的发展提供了便利条件。

2. 自然条件优越

内蒙古地广人稀，拥有丰富的草原资源和水资源，提供了充足的饲料和水源保障，为鹿、驴、鸵鸟养殖提供了优良的生态环境。据统计内蒙古可利用草地面积达6 800万公顷，居于全国首位，是鹿、驴、鸵鸟等畜禽动物的天然食品来源。此外，独特的放牧饲养方式，使得鹿、驴、鸵鸟生长速度较快，肉质柔嫩，味道美味可口，可发展成为人们喜欢的绿色食品之一，市场潜力大。

3. 市场需求大

内蒙古地区有着悠久的鹿、驴、鸵鸟养殖历史和丰富的养殖经验，形成了独特的养殖技术和管理经验，为产业的发展提供了有力的支撑。随着人们生活水平的提高，对高品质、高营养、健康的食品需求不断增加，鹿、驴、鸵鸟肉等特色产品受到市场青睐，具有广阔的市场前景。此外，内蒙古鹿、驴、鸵鸟产业正在向多元化方向发展，不仅仅是肉类产品，还涉及皮毛、药材等产业，丰富了产业的附加值，提高了养殖效益。

二、2022 年特色产业发展市场环境

（一）驴产业市场分析

1. 养殖效益

驴养殖成本中饲料成本占 70%左右，且易受区域、气候等因素影响，不同地区饲料价格不同。2022 年以玉米、豆粕等为主的精饲料价格虽有所跌落，但仍在高位震荡，养殖成本较大。如玉米，2021 年平均价格在2 778元/吨，2022 年回落在2 380元/吨，同比下降 14. 3%；豆粕 2021 年平均价格为3 522元/吨，2022 年为3 600元/吨。内蒙古 2022 年收购玉米主流报价在 2. 25~2. 4 元/千克，折合2 250~2 400元/吨（图 5）。

2. 销售价格变化情况

活驴价格在 2021 年 4 月开始一直持续在高位，价格达 48 元/千克，12 月跌

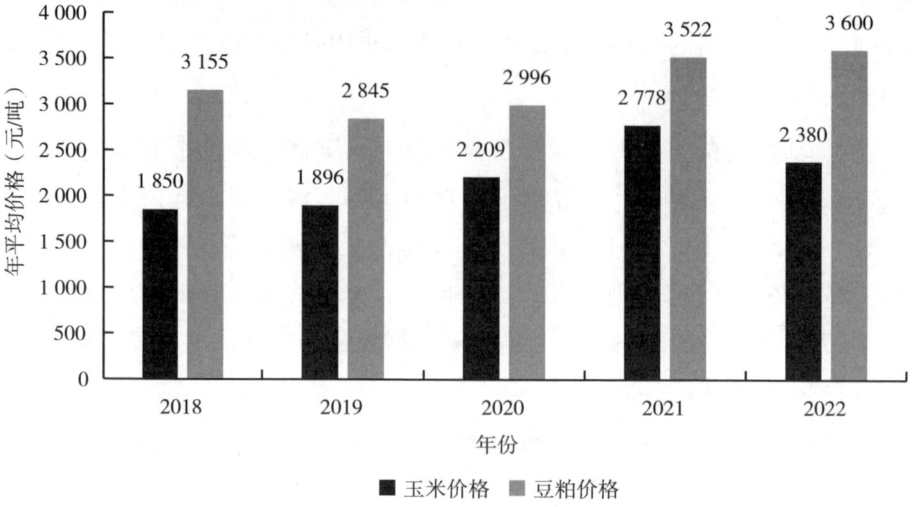

图 5　2018—2022 年饲料原料价格变化

落至 45 元/千克。2022 年因为生产供应趋紧、养殖成本上升，上半年价格延续 2021 年以来的较强走势，下半年由于疫情在全国范围内呈多点频发状态，各地加强防疫措施，运输受阻，内蒙古及其他驴产区均采取了临时封控措施，交易暂时停止，对生产经营产生许多不利影响。

驴肉价格近 10 年平稳增长，2021 年上涨为 90 元/千克；2022 年与 2021 年基本持平，继续维持在 90 元/千克。这段时期驴肉价格上涨是多方面因素共同作用的结果。首先，社会对驴肉消费需求的增加。前几年驴的价格低，驴肉餐饮得到快速发展，使驴肉消费成为部分人的习惯，而野生动物保护法促使喜好野味的部分消费者转向食用驴肉，尤其在南方地区；其次，驴存栏数量减少，出栏量降低，驴肉产量下降，导致驴肉在供给端难以提供足量产品。再次，在非洲马瘟与新冠肺炎疫情的双重影响下，国外进口驴肉大幅减少；最后，驴肉品种使得消费群体相对固定，且随着时间的延长一直在缓慢增加（图 6）。

驴皮价格 2017 年 5 月从 160 元/千克开始下降，2018 年 10 月至 2020 年 9 月维持在 40~50 元/千克，2021 年 5 月涨到 90 元/千克，并一直维持到 2022 年 3 月，从 4 月开始出现小幅下降，价格为 80 元/千克，下降幅度 11.1%。驴皮价格低时，部分餐饮或屠宰企业做带皮驴肉，也有的自己熬制驴皮胶（阿胶），以增加收入。

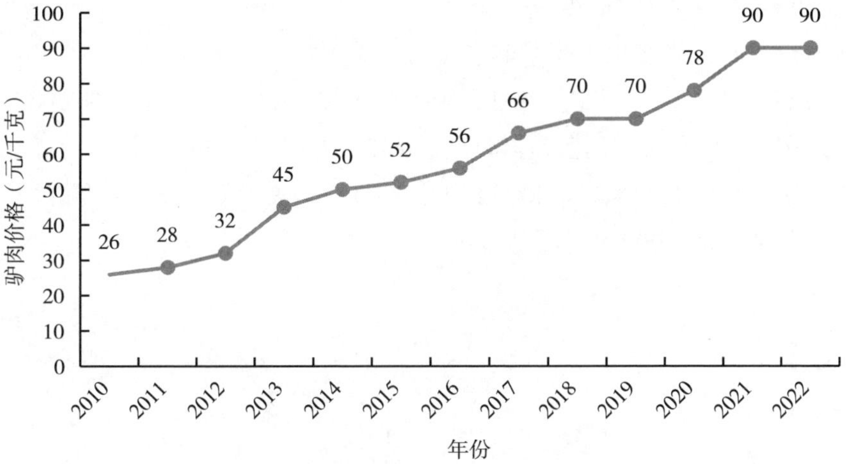

图 6　2010—2022 年驴肉价格变化

（二）梅花鹿产业市场分析及发展潜力

1. 养殖效益分析

不包含投资、固定资产折旧、人工费和母鹿仔鹿费用分摊，仅从饲料支出和产品收入方面核算养殖梅花鹿的经济效益（这里只是提供一种成本计算方式，饲料成本随着市场价格变化随时波动）。支出方面，精饲料需要量 365 天×1 千克/天＝365 千克；365 千克×2.93 元/千克＝1 069.45元；粗饲料需要量 365 天×2 千克/天＝730 千克；730 千克×1.1 元/千克＝803 元。防疫、锯茸、保定的费用 150 元/头，总计养殖支出2 022.45元。收入方面，生产二杠鹿茸平均 2 千克×2 000元/千克＝4 000元。

总体看，养殖户养殖 1 头梅花鹿公鹿的效益为 4 000 － 2 022.45 ＝ 1 977.55元。

2. 产品加工情况

目前已研发相关鹿产品 40 余种，包括：鹿茸、鹿胎、鹿心血、鹿茸血、鹿血、鹿尾、鹿肾、鹿筋、鹿肉、鹿骨、鹿鞭及其衍生产品。主要的发展方向为食准字、保健准字、药准字产品研发及市场的推广和品牌建设，积极推动企业注册蒙达红商标，努力打造高品质的梅花鹿产品品牌。

3. 销售价格变化情况

活体梅花鹿价格变化主要受养殖情况及鹿茸市场变化影响，2019 年成年公鹿价格最高，此后逐年下跌，2022 年跌至9 000元/头，较最高时期每只减少6 000元。成年母鹿、仔公鹿及仔母鹿在 2012—2021 年价格不断攀升，截至 2021 年价格分别为8 000元/头、8 000元/头、7 000元/头，但 2022 年价格均有所下降，每头分别降低1 000元（图 7）。

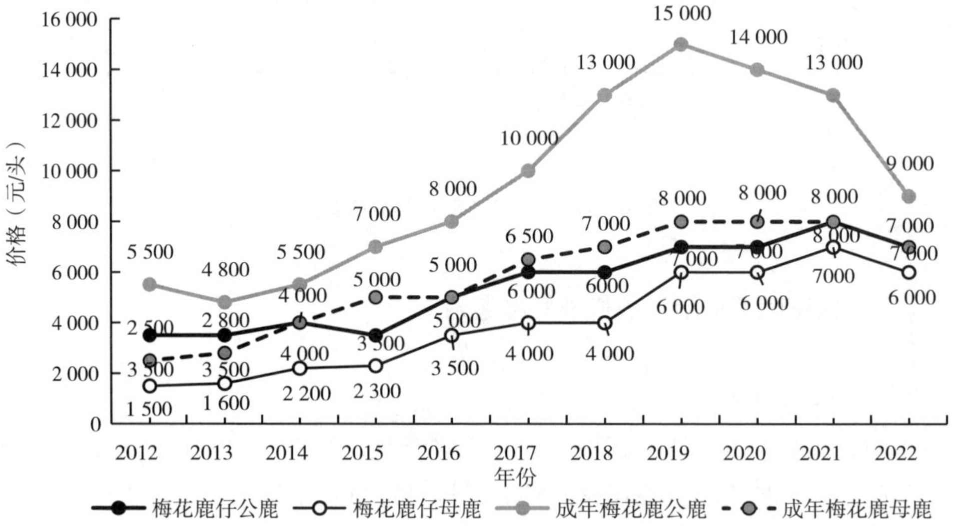

图 7　2012—2022 年成年及仔梅花鹿价格变化

鹿茸是养鹿业主要产品，其市场价格直接决定着整个养殖行业的效益。2020—2022 年梅花鹿鹿茸价格基本在同一水平，二杠茸干茸价格基本稳定在10 000元/千克，鲜茸为2 400～2600 元/千克；三杈茸干茸价格基本为5 000元/千克，鲜茸在1 500～1 800元/千克，根据市场行情变化有所波动（图 8）。

4. 市场潜力

目前，鹿产业已发展成为最具潜力的产业之一，市场需求较大。从进出口数据来看，仅2022 年进口鹿肉及其他产品就高达2 460吨、进口鹿茸781 吨。由于人们生活水平的提高，市场对以鹿茸、鹿鞭、鹿血、鹿胎等为主要原料生产的几百种中西药品、保健品、化妆品等需求逐日升温。此外，鹿肉质地鲜嫩，营养价值远高于牛羊肉，具有更广阔的国内外市场。而且鹿作为吉祥动物，寓

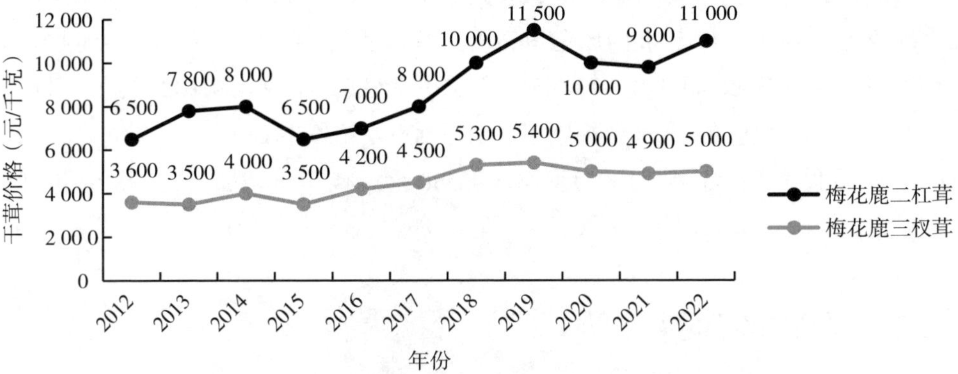

图 8　2012—2022 中国梅花鹿二杠茸、三杈茸干茸价格变化

意美好，也是各地发展旅游等产业的重要资源，有条件的地区可采取农户+公司的合作模式，既满足公司对原料的需求，又能带动养殖户致富，助力乡村振兴。所以，大力推动鹿产业发展，有助于实现一二三产业融合，提高经济效益和社会效益。

（三）鸵鸟产业养殖效益分析

鸵鸟的生产性能表现为，母鸵鸟年均产蛋 30~40 枚，蛋平均重1 500克，受精蛋孵化率可达 80%，每只母鸵鸟年孵化小雏鸟 26~28 只，育雏期 0~30 日龄成活率可以达 90%，30~365 日龄成活率达 95%，每只成年鸵鸟净产肉 40~45 千克。体重成年母鸵鸟 110~120 千克，成年公鸵鸟 140~160 千克。屠宰率 50%，净肉率 33%。

从养殖成本看，每只鸵鸟苗到 1 年龄年均饲养费用1 000元，1 年龄到 2 年龄饲养费用1 600~1 800元。2 年后成年鸵鸟年饲养费用1 800~2 000元。产蛋成年鸵鸟每只日采食玉米、豆粕为主要原料的混合精饲料 1.5 千克，干草粉 1 千克。

从销售价格看，当前鸵鸟蛋市场价 120~150 元/枚；孵化后刚出壳鸵鸟苗售价 300~400 元/只，1 年龄以上鸵鸟苗售价2 500元/只，2 年龄3 500~4 000元/只；鸵鸟肉 70 元/千克，通常 1 只成年鸵鸟胴体出肉 38 千克，屠宰后净肉收入2 660元；鸵鸟皮收入 100 元/只，鸵鸟毛 500 元/只。1 只 2 年龄公鸵鸟屠宰后收入3 260元。

从养殖收益看，以实际鸵鸟苗300元加上2年饲养成本2 700，总成本3 000元，纯收益260元，加上市场风险和养殖疾病风险，鸵鸟屠宰产肉年纯收益较低。母鸵鸟年孵化26只小鸵鸟，市场价350元/只，年收入9 100元，一只母鸵鸟需要负担0.5只公鸵鸟饲养费用，合计3 000元年饲养成本，年利润6 100元。母鸵鸟如果仅卖蛋35枚×130元/枚 = 4 550元，减年饲养成本3 000元，利润1 550元。

三、存在的问题

（一）驴产业发展存在的主要问题

1. 优质品种匮乏

当前国内主要养殖的驴品种都是中国传统驴中产量较高的地方型驴。这些驴在适应性、繁殖性能等方面较好，但是缺乏品种优势，容易出现疾病和质量问题。此外，随着城市化和现代化的快速发展，对于高效性和优质性的驴品种需求日益增加，因此培育和推广优良的驴品种尤为重要。

2. 龙头企业带动不强

龙头加工企业带动能力不强，养殖户自产自销经营方式为主，受市场价格波动和养殖技术瓶颈影响，养殖户经济效益不高。特别是2019年肉驴养殖进入低谷和2020年沙门氏菌传染冲击，农户肉驴养殖意愿断崖式下降，提升养殖积极性仍需时间。

3. 驴肉市场需求不稳定

当前国内驴肉消费习惯尚未形成，市场需求相对较低，导致驴产品的价格偏低，限制了驴产业的发展。此外，相关标准和政策法规尚不完善，跨区域经营也存在一定的难度，加大了驴产业营销和推广的难度。

4. 养殖管理水平较低

许多家庭式、小规模的驴养殖户对饲养管理技术了解不足，没有正确的喂养、疾病预防等技术指导。同时，驴的生长性能较差，发情前后行为特征明显，产犊量低，毛色和阳具表现得非常敏感等因素，需要掌握先进的繁殖技术和养殖管理知识，才能保证在驴产业中取得良好的经济效益。

5. 养殖环境受限

近年来驴的数量持续下降，牧区草原与草原生态恢复和保护政策的出台，使得草原资源供给略显不足，也限制了驴产业的健康发展。此外，驴的环境适应性较差，也限制了驴产业的空间扩展和地域拓展。

（二）梅花鹿产业发展存在的主要问题

1. 投入成本较高

梅花鹿养殖与其他畜牧业相比，更加注重环境和饲料的质量，同时饲养时间长，需要长期人工喂养和疾病预防。这些环节都需要投入大量的资金和人力资源，并且价格波动较为剧烈，投资风险也相应较高。

2. 养殖效益较低

梅花鹿养殖行业的市场规模较小，而且肉类价格较高，导致了其竞争压力较大，从而使得其效益比较低。同时，受到市场需求周期长的影响，梅花鹿养殖的回报周期也比较长。

3. 精深加工水平有待提升

虽然与梅花鹿相关的药品、保健食品和食品企业众多，但总体规模较小，缺少特色品牌。功能食品多为初级农产品，同质化现象严重，缺乏高技术含量和高附加值的名牌产品。梅花鹿产品科技研发力量不足，基础研究薄弱，无法准确解读深加工产品的医疗保健价值，缺乏对产业的引领和支撑。

4. 销售渠道单一

受新冠肺炎疫情等因素影响，市场销售环节受到巨大的压力，传统产品销售方式进一步弱化，这些情况都有待进一步克服和加强。

（三）鸵鸟产业发展存在的主要问题

1. 市场需求不稳定

鸵鸟肉对于中国消费者来说仍是一种新奇的食材，价格较高，同其他肉类相比不具备优势，因此市场需求相对较小，也不算稳定。

2. 产业链尚未形成

多数尚未形成育种、养殖、加工、贮藏保鲜、销售为一体的全产业链。鸵鸟废弃物的加工、处理、再利用方面做得也不够。

3. 饲料价格波动大

鸵鸟养殖需要大量的饲料，但是由于价格波动较为剧烈，因此饲料问题一直是制约鸵鸟养殖的一个问题。同时，饲料的部分成分对于鸵鸟的生长和发育极其重要，需要经过精细的配比和制作。

4. 疫病防治难度大

鸵鸟由于个体大、活动能力小、取食方式单一等特点，容易感染各种疾病，因此在养殖过程中需要进行一些疾病预防和防控工作。而这些工作对于技术人员的专业能力和临床经验都有着较高的要求。

四、特种养殖产业发展预测及下一步工作建议

（一）思路与目标

1. 指导思想

为了深入贯彻党的二十大精神和习近平总书记交给内蒙古建设好重要农畜产品生产基地的任务，统筹推进内蒙古农牧业优势特色产业集群建设，按照国家和内蒙古自治区“十四五”发展规划要求，建立健全特种养殖产业体系，加强技术支持和人才培养，推动特种养殖向规模化、集约化、高效化方向发展。

2. 发展目标

在保障产品质量安全的前提下，通过科技创新、品种改良、管理提升等手段，不断提高特种养殖生产效益和经济效益，推动特种养殖向规模化、集约化、高效化方向发展，促进农村经济和社会发展。其一，通过科技创新、品种改良、管理提升等手段，不断提高特种养殖生产效益和经济效益。其二，培育和推广高产、优质、抗病、适应性强的特种养殖品种，提高特种养殖生产效益和竞争力，通过品种选育和推广，实现特种养殖品种的优化和升级，提高养殖产业的核心竞争力。其三，提高特种养殖产品质量和安全水平，加强特种养殖产品质

量安全监管，保障消费者的健康和安全。其四，加强特种养殖信息化建设，提高特种养殖信息化水平和管理水平，实现特种养殖的数字化、智能化和网络化。

（二）下一步工作建议

1. 驴产业

一是抓好品种改良。实施良种工程，引进优良品种。坚持繁育和引进相结合的原则，引进优质种驴，建立良种驴繁育群，配套开展良种扩繁生产，培育高品质杂交品种。巩固完善现有改良站点，加快细管冻精技术推广，扩大良种覆盖面。

二是打造标准化规模养殖。采取集中连片，逐村推进的模式，对符合标准的养殖场、养殖小区和养殖大户在棚圈建设、饲草加工机械购置、品种改良和饲草料基地建设等方面给予优惠政策和项目扶持。

三是继续抓好龙头企业、专业市场、合作社和养殖大户建设。依托现有公司加快下游产品研发，进一步延长产业链条，提高产品附加值。

四是完善科技服务支撑体系，强化科技、防疫、质量措施，为基地建设提供技术保障和优质服务。进一步加强技术交流与区内外科研院所的合作，为内蒙古肉驴产业发展提供技术支撑。同时，采取多种形式，加强对饲养管理、繁殖配种、牧草种植等方面的技术培训，引导广大养殖户走科学养殖之路，提高养殖效益。

五是统筹安排和整合涉农项目、资金，支持肉驴产业发展。推行“专业村+家庭牧场”模式，加大财政支持力度，统筹考虑乡站建设、动物防疫、品种改良、科技推广等工作。支持合作社与当地农户合作发展家庭牧场，探索形成可复制、可推广的肉驴养殖利益联结模式。

六是重点建设核心区“一心、一园、两区”，即科技创新中心、生态观光养殖园、农牧循环发展区、肉驴全产业链发展区，全力构建起“养、加、销、服”一体化发展格局。

2. 梅花鹿产业

一是重视加强基础种源、种群建设，选育更加优良的品种，大力推广改良繁育技术，促进总量的迅速扩张；探索饲料开发新途径，降低饲养成本，获得最佳经济效益。

二是在鹿产品深加工上攻关，深入开展鹿产品有效成分及作用分析方面的研究，在食品、药品、生化制品、旅游工艺品、皮革制品等深度加工领域取得突破性进展，从根本上打破切片、泡酒、保健等多年一贯制的局面；突出特色，高中低端并举。

三是严把质量关，在鹿产品检验检测上攻关，制定和完善标准化生产指标体系、产品检验检测体系，确保鹿业生产标准化、管理规范化、经营科学化。

四是加强市场开拓，建立科学有效完善的线上线下销售体系和网络，理顺市场营销渠道，把地域特色、产业特色、民族特色结合起来。

3. 鸵鸟产业

一是加强科技创新，通过技术创新提高鸵鸟的繁殖能力、生长速度和产品质量，提高养殖效益。加强科技攻关，培育新品种，提高鸵鸟的品质和产量，加强鸵鸟的疾病防控和饲养管理。

二是合理规划养殖场，要在选址、建设、规划等方面合理规划养殖场，保障鸵鸟的生命健康，提高养殖效益。同时，加强鸵鸟饲养环境的改善，打造优质的养殖环境。

三是发挥市场优势，拓展鸵鸟产品的市场，提高产品附加值。加强鸵鸟产品的宣传和推广，拓宽销售渠道，提高产品的知名度和美誉度。

四是加强政策支持，加大对鸵鸟产业的政策扶持和资金支持，鼓励农民积极参与鸵鸟产业，提高养殖效益和农民收入。加强鸵鸟产业的标准制定和实施，提高鸵鸟产品的质量和安全性。